KB205789

구약 예언서 수업

차준희 지음

구약 예언서 수업

지음   차준희
편집   김덕원, 이찬혁

발행처   감은사
발행인   이영욱
전화   070-8614-2206
팩스   050-7091-2206
주소   서울특별시 강동구 암사동 아리수로 66, 401호
이메일   editor@gameun.co.kr

종이책
초판발행 2024.02.29.
ISBN   9791193155394
정가   29,000원

전자책
초판발행 2024.02.29.
ISBN   9791193155400
정가   22,800원

* 이 저서는 2023년도 한세대학교 교내학술연구비 지원에 의하여 연구되었음.
This work was supported by the Hansei University Research Fund of 2023.

Lectures on the Old Testament Prophetic Books

Jun Hee Cha

| 일러두기 |

1. 인용문에 사용된 [대괄호]는 본서의 저자가 이해를 돕기 위해 첨가 또는 부연 설명한 것입니다.

2. 본서에서 인용된 성경은 개역개정판을 사용했습니다.

3. 개역개정판을 그대로 인용하면서 몇몇 인명 및 지명은 본서에서 사용한 것과 다소 불일치할 수 있습니다(예. 여호와 vs. 야웨/야훼; 바벨론 vs. 바빌로니아[제국]/바빌론 [도시]; 애굽 vs. 이집트; 앗수르 vs. 아시리아).

© 감은사 2024

이 책의 저작권은 감은사에 있습니다. 신 저작권법에 의하여 한국 내에서 보호받는 저작물이므로 무단 전재와 무단 복제를 금합니다.

머리말 / 7

제1부   예언서 개론 / 11
　　제1장   문서 예언서 이해 / 13
　　제2장   예언서 연구사 / 43
　　제3장   예언서 연구의 최근 동향 / 67
　　제4장   예언 선포의 의도 / 85
　　제5장   포로기 이전 문서 예언자들의 미래 선포 이해:
　　　　　　조건적인가 무조건적인가? / 117
　　제6장   예언 양식 / 131

제2부   예언서 신학 / 167
　　제1장   예언과 환경 / 169
　　제2장   예언서의 평화 이해: 미가 4:1-5을 중심으로 / 193
　　제3장   예언서의 윤리 이해: 미가 6:6-8을 중심으로 / 219
　　제4장   예언서의 금식 이해: 이사야 58:1-14을 중심으로 / 251
　　제5장   예언서의 아브라함 이해 / 279

제3부   설교를 위한 예언서 / 309
　　제1장   열두 소예언서의 메시지 / 311
　　제2장   아모스서 개론과 메시지 / 357
　　제3장   예언자의 우울증: 모세, 엘리야, 예레미야 / 391
　　제4장   예언서 오독 바로잡기 / 413
　　제5장   내가 추천하는 예언서 베스트 주석 / 429

부록 / 441

　　예언서 연구를 위해 무엇을 읽을 것인가? / 443

　　『팀 켈러의 방탕한 선지자』 북 리뷰 / 455

　　『예언자적 상상력』 북 리뷰 / 461

참고 문헌 / 472

머리말

필자는 한국 교회의 급성장기에 신학을 공부하기 시작했고, 성장 정체기 동안 후학을 가르쳤으며, 성장의 하락기에 안타까워하며 교수 사역을 마무리하고 있는 중이다. 2010-2012년을 전후로 한국 교회의 양적 성장은 모든 교단에서 멈춰 섰다고 한다. 게다가 2020-22년, '코로나19'라는 팬데믹 사태를 맞으며 양적 쇠퇴는 가속화 단계에 접어들었다. 마치 침몰을 앞둔 배에서 하선하며 빠져나가는 사람들이 여기저기서 생겨나는 것 같다. 오늘의 한국 교회는 동력과 방향을 상실한 것으로 보인다.

한국 교회의 덕을 보며, 더불어 한국 교회에 대한 책임에서 자유롭지 못한 목회자요 신학자로서 교회의 쇠락 속도를 늦추거나 새로운 방향을 제시해야 하는 과제 앞에서 전전긍긍하며 탄식의 기도를 멈출 수 없다. 필자는 한국 교회에 무엇보다도 '예언자의 영성'이 수혈되어야 한다고 줄곧 주장하고 있다. 예수님의 영성(마 23:23)도 알고 보면 예언자의 영성(미 6:8)이다. 예수님의 피에는 예언자의 피가 흐르고 있다. 이 책이 예언자의 영성을 이해하고 공감하는 데 조금이라도 도움이 됐으면 한다.

이 책은 필자가 30년 이상 예언서 전공자로서 예언서를 공부하고 강의하면서 작성했던 원고 가운데 남길 만한 가치가 있는 것들만 추린 것이다. 여기에는 예언서에 관한 개론적 내용, 학술논문, 예언서 설교를 위한 내용이 포함되어 있다.

제1부는 예언서 개론을 다룬다. 이 부분에는 예언서 이해에 가장 중요한 기본 내용을 담았다. 여기서 문서 예언서에 관한 기초적인 내용을 서술하고, 예언서에 관한 연구사를 최근의 동향까지 포함하여 소개했다. 예언서 연구의 큰 흐름과 최신 경향을 파악하는 데 도움이 될 것이다. 또한 예언 선포의 본래적 의도가 사회 비판이나 회개 촉구가 아니고 미래 선고이며, 이는 조건적이 아니라 무조건적이라는 주장은 우리나라 구약학계에서는 처음으로 소개하는 것으로 평가된다. 이를 통해 포로기 이전 문서 예언의 독특성이 부각될 것이다. 또한 예언서 이해에서 필수적인 것은 예언양식을 구별하는 것이다. 예언의 독특한 말투를 파악하고 그 기원과 의도를 숙지해야 예언의 메시지가 좀 더 분명해진다.

제2부는 예언서 신학에 관한 논문을 담고 있다. 예언서의 자연환경, 평화, 윤리, 금식, 아브라함 이해에 대한 연구 논문을 통해 예언서의 깊은 신학 사상을 접할 수 있을 것이다.

제3부는 설교를 위한 예언서를 다룬다. 이 부분에서는 열두 소예언서의 핵심 메시지, 아모스서 개론과 메시지, 예언자의 우울증, 예언서 오독 바로잡기, 내가 추천하는 예언서 베스트 주석 등을 담고 있다. 이어지는 부록 부분도 예언서 이해와 설교에 도움이 됐으면 한다.

기존에 발표된 글들이지만, 30여 년의 긴 여정에서 나온 것들이라, 다시 읽어 보니 다듬어야 할 문장들과 보완할 내용들이 눈에 많이 들어와서 탈고하는 일에 적지 않은 시간이 투자됐다. 지난한 작업에 영원한 조교 홍태민 전도사가 함께해 주었다. 영원히 옆에 두고 싶을 정도로 탁월한 조교이다. 믿음직스러운 김현찬 조교와, 더불어 그동안 함께 도와 준 딸 같은 장혜원 조교와 신실한 김치현 조교에게도 감사하다는 마음을 표하고 이를 글로 남기고 싶다. 부족한 선생을 지근거리에서 도와 준 조교 생활이 이들의 삶에 좋은 추억거리가 됐으면 한다. 감은사의 이영욱 대표님에게도 감사를 표하고 싶다. 성서학에 관한 양서의 책들을 탄생시키는 안목과 뚝심에 박수를 쳐주고 싶다.

한세대학교 연구실에서

구약 전도사

차준희

제1부

예언서 개론

1. 고전적 예언이란?

1) 문서 기준

고전적 예언이란 **후기 예언서**로 알려진 성서 정경의 일부분으로서, 이사야서, 예레미야서, 에스겔서, 열두 소예언서로 구성된다. 고전적 예언 이전에는 '고전 이전'의 예언들이 자리잡고 있다. 이는 정경에서 '전기 예언서'로도 불리는데, 여호수아서, 사사기, 사무엘서, 열왕기가 거기에 속한다. 고전적 예언 이후에는 우리가 묵시문학이라고 부르는 새로운 특징들을 가진 문서가 자리잡고 있

---

*   이 장은 다음의 논문을 정리한 것이다. H. W. Wolff, "Einführung in die klassische Prophetie," in: H. W. Wolff, *Studien zur Prophetie: Probleme und Erträge: Mit einer Werkbibliographie* (Theologische Bücherei 76; München: Chr. Kaiser Verlag, 1987), 9-24.

다. 이는 히브리 성서의 '성문서'에 속하는 다니엘서에 나타난다. 이렇게 고전적 예언은 이사야서에서 말라기서에 이르는 '후기 예언서' 안에서 발견된다.

하지만 후기 예언서에 속한 **모든** 본문들이 고전적 예언에 속하는 것은 **아니다**. 정확히 말하자면, 고전 이전의 예언 전승에 나오는 전설적 전승들이 고전적 예언 안에 등장하기도 한다(예. 왕하 18-20장을 차용한 사 36-39장; 왕하 14:25 같은 기록을 요나서에서 소설적인 이야기 형태로 변환한 것). 그 밖에도 초기 형태의 묵시문학적 단편들 역시 고전적 예언 안에서 발견된다(예. 사 24-27장; 욜; 슥 12-14장). 그러므로 고전적 예언은 정경에서 '후기 예언서'로 불리는 부분과 문헌적으로 구분된다.

2) 연대 기준

고전적 예언이 발생한 시기는 대략 **주전 8세기에서 5세기**로 볼 수 있다. 신아시리아제국이 세력을 넓히던 때에 아모스와 호세아가 북 왕국 이스라엘에 나타났고 이사야와 미가는 남 왕국 유다에 나타났다. 좁은 의미에서 이러한 주전 8세기 예언자들이 '고전적' 예언자라고 불리기도 한다.

신아시리아가 바빌로니아제국으로 전환되는 변혁기인 주전 7세기 후반에는 나훔, 하박국, 스바냐, 특히 주전 587년 예루살렘이 멸망할 때까지 활동했던 예레미야가 등장한다. 이러한 멸망 직후에 오바댜가 예루살렘에서 활동했다. 이 멸망 시기 전후에 에스겔은

[문서 예언자의 활동 연대][1]

주전 922년	남북 왕국 분열	
	760년 **아모스** [북 왕국]	
	750-725년 **호세아** [북 왕국]	
	735년 유다와 시리아-에브라임 동맹군의 전쟁	
	740-701년 **이사야** [남 왕국]	
	740(?)-700년 **미가** [남 왕국]	
722년	아시리아에 의한 북 이스라엘 멸망	아시리아 통치기
	701년 아시리아의 산헤립의 예루살렘 침공	
	650년경 **나훔**	
	630년경 **스바냐**	
	627-585년 **예레미야**	
	622년 요시야 종교개혁	
	600년경 **하박국**	
587년	바빌로니아에 의한 남 유다 멸망	바빌로니아 포로기
	593-571년 **에스겔** [바빌로니아 포로지]	
	587년 이후 **오바댜** [예루살렘]	
	550-540년 **제2이사야**	
539년	페르시아에 의한 바빌로니아 멸망과 고레스 칙령으로 인한 포로 귀환(538년)	페르시아 통치기
	520년 **학개**	
	520-518년 **스가랴**	
	520-515년 **제3이사야**	
	515년 제2성전(스룹바벨 성전) 봉헌	
	400년대 중반 혹은 후반 **말라기**	
333년	알렉산더 대왕 등장(페르시아에 대한 이소스 전쟁에서의 승리)	그리스 통치기
	165년 다니엘서	
	164년 마카비 혁명 동안의 성전 정화와 재봉헌	
64년	로마의 등장(로마에 의한 팔레스타인 정복)	로마 통치기

---

1. 차준희, 『6개의 키워드로 읽는 이사야서』 (서울: 성서유니온, 2020), 16.

오랫동안 바빌론에 포로로 유배된 사람들을 상대로 활동했다. 주전 6세기 중반에 우리가 제2이사야로 부르는 위대한 미지(未知)의 예언자가 바빌론에 나타났다(사 40-55장). 스가랴는 포로로부터 귀환하여 예루살렘에서 새로운 시작을 하던 시기에 등장해 학개와 함께 성전 재건을 호소했다(주전 520년). 말라기는 주전 5세기 페르시아 시대에 포로기 이후 공동체의 내부 위기와 관련해 활동했다. 스가랴서에 첨가된 부분은 예언이 더 이상 합법적 지위를 갖지 못했던 시기에 속한다(슥 13:2-6).

3) 내용 기준

고전적 예언에 나오는 양식과 내용의 가장 중요한 특징은 무엇인가? 전승 차원에서 볼 때 대부분의 고전적 예언은 순수한 **신탁 수집물**(Spruchsammlungen)을 특징적으로 가지고 있다. 이것은 아모스로부터 시작되는데, 아모스서에서 이야기체 요소는 매우 드물게 나타나며, 나타나더라도 그 요소는 개별 신탁을 보조하는 역할만을 한다(예. 암 7:10-17). 이것이 엘리야와 엘리사에까지 이르는 고전 이전 예언의 순수한 이야기체 전승들과 다른 점이다.

　여기서 또한 묵시문학과의 경계도 인식할 수 있다. 이야기체와 특히 폭넓은 환상 보도로 나타나는 묵시문학의 유산은 본질적으로 문서의 성격을 띠고 있는데, 그에 반해 고전적 예언자들의 말들은 원래 구두로 선포됐고, 그 이후 2차적인 작업으로 문서화됐다(참조. 사 8:16; 30:8; 렘 36장).

예언자의 신탁 수집물은 법규 전승과 지혜문학 범주 안에서 볼 수 있는 수집물과도 다르다. 예언의 경우 거의 항상 개인의 **이름**이 수집물의 시작 부분에 명시되어, 예언들이 다양한 역사 속 인물에게서 비롯된 것임이 밝혀진다. 그에 반해 가장 초기 시대부터 신명기를 지나 포로기 이후 시대의 제사장적 단편들에 이르는 율법의 말들은 그 원초적 권위를 공통적으로 모세에게 두고, 이와 비슷하게 전도서에까지 이르는 지혜의 말들은 솔로몬을 지혜자의 원형으로 간주한다. 또한 묵시문학에서는 익명성의 사용이라는 특징을 보인다.

그러나 '아모스의 말', '이사야의 환상', '호세아에게 임한 여호와의 말씀' 등과 같은 예언 신탁 수집물에서는 저마다의 저자가 명시된다. 이때 예언자의 고향이나 선포 장소 그리고 활동 시기에 대한 정보가 첨가되기도 한다("지진 전 이 년", 암 1:1; "웃시야 왕이 죽던 해", 사 6:1; "유다 왕 요시야가 다스린 지 십삼 년", 렘 1:2; "여호야긴 왕이 사로잡힌 지 오 년", 겔 1:2; "다리오 왕 제이 년 여섯째 달 곧 그달 초하루", 학 1:1). 예언 선포에서 예언자들의 이름, 장소, 시기 등이 제시되는 이유는 무엇인가? 이는 예언자의 말이 분명히 **역사 속에서 기능**을 했음을 보여 준다(반면 묵시문학의 전망은 내세를 포함하며, 익명을 사용한다). 예언자들은 이스라엘을 거대한 역사의 변혁 안으로 끌고 들어가며, 그 선포에 대하여 개인적으로 책임도 진다.

예언의 선포 대상과 관련해서는 어떠한가? 예언자들의 메시지는 보통 **이스라엘 전체**를 향하고 있는데, 이때 실제로 당대의 역사 상황 안에서―그래서 아시리아, 바빌로니아와 페르시아 같은 세계 열강들이 고전적 예언의 지평에서 숨김없이 나타난다―이스라엘을 다룬다. 예언자들의 고발은 이스라엘 전체의 종말에 대한 근거를 제시하고(암 8:2), 이스라엘과 야웨의 언약에 대한 심판의 이유를 제시한다(호 1:9).[2] 이는 고전 이전 예언자들이 개인으로서의 왕들이나 다른 책임자 집단들에게 선포했던 것과는 궤가 다르다.

그렇다면 예언자들의 선포가 이토록 광범위한 의미를 가지고 있음을 염두에 둘 때 개별 예언자의 개인적 특성들은 어떻게 이해해야 할까?

2. 소명과 파송

이 예언자들이 역사에 등장하게 된 이유는 무엇일까? 그것은 바로 야웨의 부름 때문이었다.

1) 소명

예언자들의 활동 동기에 관한 기록들은 아주 다양하다(암 7:14-15;

---

2.   참조. W. Zimmerli, *Das Gesetz und die Propheten* (1963)의 제7-8장과 G. von Rad, *Theologie des Alten Testaments* II (⁴1965)의 제3장, 즉 421쪽 이하의 논쟁을 보라 [= 허혁 역, 『구약성서신학 II: 이스라엘의 예언적 전승의 신학』, 왜관: 분도출판사, 1977].

사 6장; 렘 1장; 겔 1-3장; 사 40:1-8; 참조. 암 7:1-8; 8:1-2; 9:1-4; 호 1:2-3; 미 3:8). 그런데 인상적인 것은 그들이 이구동성으로 **야웨의 부름**으로 인해 활동하게 됐다고 증언했다는 사실이다. 그들이 원해서 부름을 받은 것이 아니었다(예. 렘 1:6). 예언자들은 부름을 받았을 때 모두 피할 수 없는 강압감을 느꼈다(암 3:8).

또한 예언자들은 동시에 야웨에게 사로잡힌 바 되어 황홀경과 같은 현상을 경험했다. 하지만 이런 현상이 그들의 관찰, 사상, 의지를 대체했다는 가정은 적절하지 않다. 황홀경 현상은 제3자만이 보도할 수 있기에, 그 가정은 고전적 예언자들의 소명 기사와 파송 명령이 자서전적인 성격을 갖고 있다는 사실만 보아도 문제가 있음이 드러난다. 따라서 그런 보도의 성격이 고전적 예언자들과 황홀경에 취한 자들을 구별하게끔 해 준다. 고전적 예언자들은 자의식을 완전히 유지한 상태에서 야웨를 경험했다. 그들은 듣고, 생각하고, 대답했다. 이사야는 "내가 누구를 보낼까?"라고 묻는 목소리를 듣고서 자유로운 결정으로 응답했으며("내가 여기 있나이다 나를 보내소서", 사 6:8), 백성을 완고하게 하라는 모진 책임을 맡았을 때도 의식을 잃지 않고 되묻기도 했다(사 6:11). 예레미야도 환상을 주의 깊게 관찰하는 가운데 부름 받았다(렘 1:11, 13; 참조. 암 7:8; 8:2).

예언자는 자신이 본 바를 말로 나타내야 했다. 이는 개인의 고유한 은사가 선포 사역의 수행에 적용된다는 사실을 보여 주는 중요한 증거가 된다. 모든 예언자는 관찰, 검토, 결정하여 말씀의 형태로 나타내야만 했다. 이들 중 자아를 잃은 사람은 아무도 없었다. 각 개인은 자신의 고유한 특성을 지닌 채로 예언자로서의 책임을 맡아야 했다(참조. 겔 3:16 이하).

이러한 야웨의 부름은 예언자들을 큰 고독 속으로 밀어넣었다. 소명과 파송이 고독한 일이긴 했지만 예언자들은 이스라엘 대중 앞에서 공개적으로 소명에 대해 보고했다. 이런 소명 보고는 예언자의 정당성에 이의를 제기하는 이스라엘 사람들의 반발에 대한 불가피한 답변이었기 때문이다.

2) 직업

고전적 예언자는 본래의 제도적인 직업에 속해 있었는가? 고전적 예언자들 가운데 몇몇은 예루살렘 성전에서 제사장들과 함께, 특히 개인 예배 그리고 민족 탄식 예배와 관련하여 성소 예언자직을 수행했을 수도 있지만(예. 오바댜와 하박국; 참조. 합 2:1), 통상적으로 성전에서 직무를 가진 예언자들과 제사장들에게 강하게 반대하곤 했다(사 28:7 이하; 호 4:5; 미 3:5-8, 11; 렘 23:11; 26:7-8; 겔 7:26; 22:25 이하).

농부였던 아모스는 자신이 예언자 집단에 속하지 않았다고 주장하면서(암 7:14),[3] 공적인 성전 체제와는 무관함을 강조했다. 예레미야(렘 1:1)와 에스겔(겔 1:3)은 제사장 가문 출신이었다. 이사야는 예루살렘에 있는 지혜 교사들 중 한 사람일 수 있으며,[4] 아모스처

---

3.   참조. J. Lindblom, *Prophecy in Ancient Israel* (Philadelphia: Fortress Press, [2]1963), 182 이하.

4.   J. W. Whedbee, *Isaiah and Wisdom* (Nashville: Abingdon Press, 1971); 참조. H. W. Wolff, *Amos geistige Heimat*, WMANT 18 (1964).

럼 미가는 모레셋의 자유로운 농부였는데 그 고장의 장로들 가운
데 하나였을 수도 있다.[5] 고전적 예언자들은 본래 **다양한 직업**을
가지고 있었지 결코 같은 종류의 제의 기관에 속한 사람들은 아님
이 확실하다.

제의 기관에 속한 사람들과 그들을 구별해 주면서 동시에 그
들을 서로 관련짓게 해 준 것은 이스라엘의 모든 사람에게 전하는
야웨의 새로운 말씀이었다. 말씀 선포는 저항할 수 없는 일이었다.
그들이 부름을 받았을 때 전 생애에 걸쳐 선포할 메시지를 모두
한번에 받은 것은 아니었다. 따라서 그들은 늘 말씀이 새로이 주
어질 것을 기대해야 했다. 예컨대, 이사야 8:11에서 이사야는 자신
의 제자들에게 선포했는데, 이는 6장에 기록된 파송 명령 이후에
주어진 것이다. 예레미야는 야웨의 말씀이 부재할 때 자신의 의견
을 약간 전한 후에(렘 28:6 이하) 대적자 하나냐에게서 떠나야 했다
(11절). 야웨의 말씀이 새로이 오기만을 기다려야만 했기 때문이다
(12절 이하). 예레미야 42:7은 예언자가 하나님의 말씀을 받기를 기
다린 10일의 기간에 대해 말한다. 이렇게 고전적 예언자는 항상
야웨의 말씀에 예속되어 있었고, 계속 그런 관계를 유지해야 했다.
이러한 사실 이외에 그들의 직업에 관해서는 더 이상 말할 수 없
다.

---

5.   H. W. Wolff, "Micah the Moreshite: The Prophet and His Background,"
      Israelite Wisdom (Festschrift Samuel Terrien, 1978), 77-84.

3) 출현의 성격

고전적 예언자들의 출현의 성격은 서로 달랐고 개별적이었다. 미
가는 통치자들에 직접 맞설 만큼 기력이 넘쳤지만(미 3:8과 미 3:1-7,
9-12을 비교하라), 예레미야는 고립되어 있었다(렘 15:17; 20:8-10). 예레
미야서에는 친구에 대한 언급(렘 32:12; 36:4 이하; 43:3 이하)이나 심지
어 제자 집단에 대한 이야기(참조. 사 8:16)[6]도 거의 나오지 않는다.
고전적 예언자들은 본질적으로 선포의 주제에 있어서만 서로 연
결되어 있었으며, 서로 간에 사적이거나 조직적인 연관성은 거의
없었다(암 6:1-7과 사 5:11-13, 사 5:8-10과 미 2:1-5, 미 3:12과 렘 26:17-19을 비교
하라). 또한 이들은 공통적으로 야웨의 심부름꾼이었기 때문에 그
들이 말하는 '나'는 하나님의 '나'를 가리켰다.

공적 출현에 있어서 예언자들의 **상징 행동**[7]은 하나님께서 그
들의 생활에 얼마나 깊이 관여하고 계신지 충격적으로 보여 준다.
호세아는 음란한 여인과 결혼해야만 했다(호 1:2-3). 예레미야는 결
혼을 금지당하여 아내와 자녀를 포기해야만 했다(렘 16:1 이하). 에스
겔은 아내의 죽음을 슬퍼하지 말아야 했다(겔 24:15 이하). 호세아(호
1:4, 6, 9)와 이사야(사 7:3; 8:3-4)는 자녀들에게 독특한 이름을 지어

---

6.   이 밖에 예언서들에 대한 문학비평적이고 편집사적 분석은 가장 영향력 있
      는 예언자들의 제자 집단이 전승의 전달자였음을 보여 준다. 예를 들면, '신
      명기사가의 예레미야 설교 형성 방식'(참조. W. Thiel, *Die deuteronomis-
      tische Redaktion von Jeremia 1-25*, WMANT 41, 1973); 또는 '고대 아모스 학
      파'(참조. H. W. Wolff, *Joel und Amos*, BK XIV/2, 131-135)가 그러하다.
7.   참조. G. Fohrer, *Die symbolischen Handlungen der Propheten*, AThANT 54
      ([2]1968).

주어야만 했다. 이사야는 몇 년 동안 완전히 벗은 채로 다녀야 했
고(사 20:1 이하), 예레미야는 등에 소의 멍에를 메야 했다(렘 27:2 이
하). 이사야와 예레미야의 이러한 행동들은 이스라엘의 정치적 멸
망을 선포하기 위한 것이었다. 예언자들의 출현과 함께 선포된 것
은 이스라엘 역사 속에 나타나기 시작했다(참조. 사 8:1-2). 예언자들
을 통해 이스라엘 역사 안에 전례 없는 새로운 일들이 시작됐다.
고전적 예언자들의 출현과 함께 시작된 새로운 것이란 과연 무엇
인가?

3. 미래 선포

예언에서 현재 상황에 대한 비판이 상당한 역할을 하고 있지만 이
보다 훨씬 더 중요하고 특징적인 것은 미래에 대한 말이다.[8] 이는
두 가지 기초적 관찰에서 비롯된 것이다. 첫째, 모든 소명 위임과
환상에 담긴 내용은 동시대인들의 죄에 대한 것이 아니라 야웨에
의해 발생하고, 다가올 미래 사건에 관한 것이다. 둘째, 예언 신탁
의 구조를 면밀히 검토하면, 현재 상황에 대한 고발과 미래 선포
가 모두 하나님의 말씀으로 나오지 않을 경우에는 오직 미래 선포
만이 하나님의 말씀으로 소개되며, 단 한 번도 청중에 대한 고발

---

8.   참조. W. H. Schmidt, *Zukunftsgewissheit und Gegenwartskritik: Grundzüge
      prophetischer Verkündigung*, Biblische Studien 64 (1973).

이 단독으로 하나님의 말씀으로 소개되는 경우는 없다(참조. 암 3:9-
11; 4:1-3; 사 5:8-10; 미 2:1-5). 그렇다면 고전적 예언자들은 미래에 대
해 무엇을 선포했는가?

1) 종말

아모스는 종말을 선포한 첫 번째 사람이다.

> 내 백성 이스라엘의 끝[종말]이 이르렀은즉(암 8:2).

이것은 이후 모든 예언서에서 여러 가지 변형된 표현으로 반복된
다. 아모스는 이스라엘의 죽음을 선포한다(암 5:2). 이 죽음에는 제
한도 없고 남은 자도 없었다(암 9:1-4). 신학적으로 보자면 이는 지
금까지의 구원의 역사와 선택의 역사가 끝났음을 의미한다. 그들
은 야웨로부터 선물 받은 땅에서 추방되고(암 2:9와 7:11, 17을 비교하
라), 선택된 자들은 심판을 받게 된다(암 3:2). 출애굽의 백성은 다른
민족에 비해 더 이상 특별한 존재가 아니었다(암 9:7). 이전에 결코
선포된 적이 없었던 총체적인 재난으로 지금까지의 역사가 와해
된다는 것은 과거의 구속사 전통과는 정확히 반대되는 것이었다.
　일례로, 호세아는 이스라엘-하나님의 고대의 언약 관계를 완
전히 부정했다.

　너희는 내 백성이 아니요

　나는 너희 하나님이 되지 아니할 것임이니라(호 1:9).

이사야는 야웨가 고대의 거룩한 전쟁의 공격 방향을 반대로 돌렸다고 설명한다. 야웨가 과거에 이스라엘 편에 서서 이방 민족에 대항하여 싸웠다면, 지금은 반대로 이방 민족들의 앞에 서서 이스라엘을 공격한다(사 28:21).[9] 예레미야는 느부갓네살을 야웨의 종이라 선포한다(렘 27:6). 미가는 선택받은 예루살렘에 대하여 완전한 멸망을 선포했다(미 3:12). 에스겔은 주전 597년의 예루살렘 정복에도 불구하고 그 도시가 무사할 수 있다고 본 낙관주의에 대해 경고했다(겔 4-5장; 24장).

　이와 같은 것이 고전적 예언에 등장하는 새롭고도 가혹한 메시지다. 고전적 예언서들에서는 이집트 탈출로 시작하여 예루살렘 선택에서 마지막 인을 쳤던 하나님의 위대한 구속사, 즉 이스라엘과 함께 걸어온 하나님의 구속사가 불가피하게 멸망과 종말을 향하여 치닫는다.

2) 전환

그러나 예언이 그런 멸망과 종말 예언으로 끝나는 것은 아니다. 심지어 일말의 희망도 보이지 않았던 아모스의 말들에도 심판 집

9.　참조. J. A. Soggin, "Der prophetische Gedanke über den heiligen Krieg, als Gericht über Israel," *VT* 10 (1960): 79-83.

행 이후에는 야웨의 자비에 대한 언급이 나타난다(암 9:11 이하; 참조.
암 5:14-15). 호세아는 야웨의 엄격한 조처란 단지 그의 사랑하는 백
성을 지속적이고도 궁극적인 사랑의 관계로 이끌기 위한 '교육 수
단'이었다고 아주 명백하게 말한다(호 2:6-7, 14-15; 3:1-5).[10] 이스라엘
은 우상 숭배로 파국의 언저리까지 이르러서야 비로소 회개를 생
각하게 된다(호 2:7).

이사야 역시 예루살렘에 대한 야웨의 심판 행위를 '정화를 위
한 심판'으로 이해한다(사 1:21-26). 야웨는 완악하고 멸망이 임박한
백성의 공동체 가운데서 새로운 미래를 향해 가는 작은 신앙 공동
체를 모으신다(사 7:1-17; 8:11-15; 28:16). 야웨의 심판의 도구, 즉 강국
아시리아는 이스라엘과 유다에게 엄청난 고통을 준 동시에(사 7:18-
20; 8:4; 28:1-4) 교만함으로 인해 야웨의 심판도 경험해야 했다. 이
렇게 예루살렘 백성은 혹독한 고통 가운데에서 놀라운 전환을 경
험하게 된다(사 10:5-15; 29:1-8). 예루살렘이 포위되는 위급한 상황
가운데 살았던 예레미야도 역시 전환점을 희망하며 산다.

사람이 이 땅에서 집과 밭과 포도원을 다시 사게 되리라(렘 32:15).

3) 새로운 사건

하나님의 백성을 위협했던 멸망과 종말은 땅, 국가, 성소의 상실에
서 드러나게 됐다. 주전 587년의 사건은 포로기 이전 예언자의 말

---

10.   참조. H. W. Wolff, *Hosea* BK XIV/1, XXVIII-XXIX.

들을 수집하게 하는 하나의 계기가 됐다. 이제는 상황의 전환이 더 분명하게 선포될 뿐만 아니라, 그 전환 너머의 새로운 사건이 점차로 명확하게 윤곽을 드러낸다.

새로운 사건이라는 개념이 고전적 예언에서 처음으로 나타난다는 사실은 주목할 만하다. 예레미야 31:31-34은 옛 언약과 구분되는 '새 언약'을 약속한다. 몇몇 특성들이 갱신되기는 하지만 이러한 전환이 이전의 구속사로 되돌아가는 것은 아니다. 본질적으로 새로운 것은 삼중의 형태로 기대된다.

(1) 하나님의 뜻이 이스라엘의 '마음속에 기록'될 것이다. 즉, 율법과 함께 순종을 위한 의지와 능력도 더불어 주어질 것이다(33절).

(2) 서로 간의 가르침이 불필요하다. 왜냐하면 모든 사람이 하나님과 직접적으로 만나며 살아가기 때문이다(34a절).

(3) 그러나 무엇보다도 모든 죄의 근절이 새 언약의 기초가 되어서 그것은 깨어질 수 없게 된다(34b절).

그것이 아직 이스라엘에게만 한정되어서 신약에서처럼 아직 보편적 범위로 확장되지 않았다손 치더라도 여기서는 최종적인 새로운 사건에 대한 메시지가 빛을 발하기 시작한다.

새로운 사건의 개념은 비슷한 상황에 있었던 에스겔에게도 나타난다. 예루살렘의 멸망을 알려 주는 사람이 도착하고 난 이후

에스겔은 희망의 메시지를 전하기 위하여 입을 연다(겔 33:10-22).[11] 야웨께서 '새로운' 마음과 '새로운' 영을 주고 돌 같은 마음을 제하실 것이라는 선포가 바로 그 메시지다(겔 11:19; 36:26-27).

제2이사야에서 '새로운 사건'은 단순히 미래의 것을 선포하기 위한 신학적 슬로건이 됐는데, 그는 처음으로 '미래'라는 개념을 사용한다(사 41:22-23). 그 '새로운 사건'은 '이전의 사건'과 구분될 것이다(사 42:9-10). 그것은 지금까지 전혀 알려지지 않은 것이다(사 48:6). 그리고 새로운 사건에 반대되는 과거의 것은 완전히 잊혀지게 될 것이다(사 43:18-19). 따라서 이사야가 말하는 새로운 출애굽은 새로운 구원 시대의 시작이므로 옛것과는 근본적으로 구별된다. 그 새로운 사건은 찬양과 평화 속에서 생겨나며(사 52:8-9; 55:12-13), 이 새로운 구원은 보편적인 것으로 확장된다(사 45:14 이하, 20 이하).

에스겔 18장과 33장에서 이스라엘의 온 세대와 개인들의 새로운 삶은 모든 면에서 회개와 연관된다. 그러나 호세아[12]는 야웨가 백 년 동안 이스라엘에 대해 길이 참으시는 가운데서 사랑의 증거들과 심판들에도 불구하고 결국 그의 백성의 회개를 헛되이 기다려야만 했다는 것을 알았다. 게다가 위협의 심판(호 2:6-7; 3:4-5)도 그 목적을 성취하지는 못했다. 그래서 야웨가 자발적으로 회개하지 않은 자들을 치료할 것이라는 지금까지 들어보지도 못한 메시

---

11.   참조. W. Zimmerli, *Ezekiel* BK XIII의 서론 § 7, 5.
12.   참조. 위 각주 9번.

지가 호세아를 통하여 나타난다(호 2:19-20; 11:8-9; 14:4). 이 점에서 호세아는 예레미야 31:31-34의 새 언약, 에스겔에 있는 절망하는 자들을 위한 소생의 메시지(겔 37:1-4), 제2이사야에 있는 구원의 메시지(사 43:22-25)의 선구자다.

이렇게 이스라엘에 대한 하나님의 오랜 구원의 역사가 끝장났다는 메시지, 전환에 대한 메시지, 구약 속에서의 '새로운 사건'에 대한 메시지를 보여 주는 고전적 예언에서 이미 신약의 복음이 싹트고 있다. 사실, '새 하늘과 새 땅'조차도 이사야 65:17과 66:22에 의해 이미 기대됐던 바다.

각각의 고전적 예언은 미래를 다양하게 표현하고 있지만 한 가지 사실, 곧 종말, 전환, 새로운 사건을 가져오시는 분이 바로 야웨라는 사실은 모두 동일하다. 에스겔서에서 거의 모든 신탁마다 "사람들이 내가 여호와인 줄 알리라"[13]라는 양식으로 끝을 맺는 것은 그와 관련이 있다. 미래에 대한 모든 예언적 선포들은 하나님과 직접 관련된다.

4. 동시대인들에 대한 고발

예언자들의 말은 확실히 다가올 미래의 일들을 선포하면서 동시에 동시대의 청중들을 겨냥하고 있다.

---

13. 참조. W. Zimmerli, *Ezekiel* BK XIII의 서론 § 5c(증명의 말).

1) 기능

보통, 미래를 향한 하나님의 말씀 앞에는 동시대인들에 대한 예언
자들의 고발이 나온다(암 3:11과 그 앞의 3:9-10; 암 4:2-3과 그 앞의 4:1; 사
5:9-10과 그 앞의 5:8; 미 2:3과 그 앞의 2:1-2을 비교하면서 보라). 이때 예언자
들은 임박한 심판이 그들의 죄로 인한 것이라고 증언한다(렘 2:13;
호 4:9b; 12:2b; 욥 15b절). 곧, 예언자의 현실 비판은 **심판의 이유를 제
시**하는 기능을 한다.[14] 이는 권고와는 다르다(권고는 옛 심판 예언들 안
에서 매우 드물게 나타날 뿐이다. 예를 들어, 암 5:4; 사 1:16-17을 보라). 예언자
는 고발에 기초하여 백성의 회개를 촉구하고 상황의 변화를 기대
하고 있는 것이 아니다. 회개에 관한 말은 일반적으로 권고가 아
니다. 회개 언급은 성취되지 않음을 지적하기 때문에 고발의 기능
만을 할 뿐이다(예. 암 4:6-11; 사 30:15).

　　호세아도 회개를 권고가 아니라 고발의 의미로 사용한다.

> 그들의 행위가 그들로 자기 하나님에게 돌아가지 못하게 하나니
> 이는 음란한 마음이 그 속에 있어 여호와를 알지 못하는 까닭이
> 라(호 5:4).

따라서 예언자들을 개혁자나 혁명가로 이해하는 것은 그들을 크

---

14. 참조. W. H. Schmidt(위 각주 8번); 다른 견해에 대하여는 M. Buber, *Der
    Glaube der Propheten* (1950), in Werke II: Schriften zur Bibel (München
    und Heidelberg, 1964), 9-230 [= 남정길 역, 『예언자의 신앙』, 서울: 대한기
    독교출판사, 1977].

게 오해하는 것이다. 예언자들의 인간관은 그와 같은 낙관주의와
는 상당한 거리가 있다. 예레미야는 인간에게 어떤 변화를 기대하
는 것이 얼마나 가능성 없는 일인지를 분명하게 말한다.

> 구스인이 그의 피부를,
>
> 표범이 그의 반점을 변하게 할 수 있느냐
>
> 할 수 있을진대
>
> 악에 익숙한 너희도 선을 행할 수 있으리라(렘 13:23).

이렇게 현실 비판은 심판의 근거를 제시하는 기능을 한다.

2) 주제

예언자들은 청중들을 향한 비난을 매우 구체적으로 쏟아놓는다.
예언자들의 고발은 무엇보다도 먼저 '사회의 전 영역'을 포괄한
다. 아모스는 야웨의 고발을 이렇게 요약한다.

> 6) 여호와께서 이와 같이 말씀하시되
>
> 이스라엘의 서너 가지 죄로 말미암아
>
> 내가 그 벌을 돌이키지 아니하리니
>
> 이는 그들이 은을 받고 의인을 팔며
>
> 신 한 켤레를 받고 가난한 자를 팔며
>
> 7) 힘 없는 자의 머리를 티끌 먼지 속에 발로 밟고

연약한 자의 길을 굽게 하며

아버지와 아들이 한 젊은 여인에게 다녀서

내 거룩한 이름을 더럽히며(암 2:6-7).

부자와 권력자는 거짓 진술을 하며 재판관들에게 뇌물을 줌으로써 자기들에게 유리하게 판결을 왜곡시키는 방법을 알고 있다(암 5:7, 10, 12; 사 5:23; 미 3:1 이하, 9 이하). 가난한 사람들을 희생시킨 대가로 그들은 엄청난 사치를 누리며 떠들썩한 잔치를 연다(암 4:1-3; 5:11; 6:1-7). 그들의 재산은 점점 늘어나게 되고, 토지는 소수의 사람에게만 집중된다(암 3:9-10; 사 5:8-13; 미 2:1-2). 이들은 거짓 저울, 품질 나쁜 상품들, 터무니없이 인상된 가격 등을 통해 백성을 속인다(암 8:4-6). 예루살렘의 여자들은 극도의 허영으로 책망받는다(사 3:16 이하). 가난한 자와 약자는 항상 예언자의 심판 기준이 된다.

예언자들은 외교 정책의 결정들도 고발한다. 만약 이스라엘이 명석한 외교나 군사력에 의지한다면 그들은 길을 잘못 판단한 것이다. 이는 자신을 하나님의 심판에 넘겨버리는 결과만을 초래했다(사 7:17). 엘라의 아들 호세아의 통치하에 북 왕국 이스라엘의 일부가 아시리아의 대왕 디글랏빌레셀에게 예속되어 있을 때, 예언자 호세아는 다음과 같이 말했다.

그가 능히 너희를 고치지 못하겠고

너희 상처를 낫게 하지 못하리라(호 5:13).

이스라엘은 조공의 대가로 '바람'만 수확하고, 불안정한 상태만 지속된다(호 12:1). 대제국의 권세조차도 단지 인간의 손으로 만든 것에 불과하다(호 14:3). 전차 군단조차도 멸망할 '육체'[15]에 불과할 뿐 하나님의 절대적인 능력에 비해 상대가 되지 않는다(사 31:1, 3). 아하스 왕은 이사야의 예언의 말을 듣지 않고 자신의 판단대로 정치적 결정을 내렸다(사 7:12).

예언자들은 '종교 관습'에 대해서도 비판했다. 제사장들은 예배에서 야웨의 뜻을 가르치고 배우며 행하는 대신에 제사 형식에만 치중했다. 이스라엘 백성은 가나안 사람의 선정적인 성적 제의를 통해 다산(多産)을 추구하고, 이교도적인 신탁 관행을 통해 응답을 얻으려고 했다(호 4:6, 8, 12, 13-14). 백성은 하나님의 율법을 준행하는 대신에 순례를 통해 자기만족을 꾀했다. 그들은 경건한 체하며 희생 제물을 드리는 예배 행위를 빌미로 하나님을 자기들 아래로 예속시키려고 한다(암 4:4-5; 5:21-24; 참조. 사 1:10-17; 렘 7:3 이하). 이사야 58장은 이스라엘이 행하고 있는 금식을 비판한다. 사람들은 머리를 갈대같이 숙이고 베옷과 재를 깔고 누워 있기보다 "흉악의 결박을 풀어 주며, 멍에의 줄을 끌러 주며, 압제당하는 자를 자유하게 하며, 모든 멍에를 꺾으며, 주린 자에게 양식을 나누어 주며, 집 없이 유리하는 빈민을 집에 들이며, 헐벗은 자를 입히며, 또 골육(동료, 이웃)을 피하여 스스로 숨지 말아야 한다"(사 58:6-7). 결국 스

---

15.   H. W. Wolff, *Anthropologie des Alten Testaments* (³1977), 31 이하 [= 문희석 역, 『구약성서의 인간학』, 왜관: 분도출판사, 1976].

가랴는 포로 시대의 고통스러운 경험들이 거짓 '금식'과 이에 대하여 말한 예언의 말을 부인한 결과라고 회상한다(슥 7:4-14). 예언자들의 구체적인 고발들은 심판의 정당성을 증명한다.

3) 동기

호세아는 이스라엘이 야웨의 구원 행위를 잊었다고 한다. 이스라엘은 그들을 광야에서 인도해 왔고 가나안 땅을 주셨던 유일한 구원자인 하나님을 잊어버렸다.

> 4) 그러나 애굽 땅에 있을 때부터
>
> 나는 네 하나님 여호와라
>
> 나 밖에 네가 다른 신을 알지 말 것이라
>
> 나 외에는 구원자가 없느니라
>
> 5) 내가 광야 마른 땅에서
>
> 너를 알았거늘
>
> 6) 그들이 먹여 준 대로 배가 불렀고
>
> 배가 부르니 그들의 마음이 교만하여
>
> 이로 말미암아 나를 잊었느니라(호 13:4-6; 참조. 호 2:8).

이사야의 고발 역시 이스라엘이 그들을 양육하셨고 크게 만들어 주셨으며 좋은 것을 모두 주셨던 하나님께 반역했다는 사실에 기초를 두었다.

하늘이여 들으라

땅이여 귀를 기울이라

여호와께서 말씀하시기를

내가 자식을 양육했거늘

그들이 나를 거역했도다(사 1:2; 참조. 사 5:1-7).

예레미야는 야웨를 이스라엘이 저버린, '생명의 근원/샘'이라고 말한다.

내 백성이 두 가지 악을 행했나니

곧 그들이 생수의 근원되는 나를 버린 것과

스스로 웅덩이를 판 것인데

그것은 그 물을 가두지 못할 터진 웅덩이들이니라(렘 2:13).

이렇게 모든 개별적인 고발의 첫 번째 근원은 구속사의 하나님이 잊혀지고 거부됐다는 데 있다.

　하나님에 대한 지식과 더불어 진실, 사랑, 공법, 정의가 상실됐다(호 4:2; 6:6). 생명을 위한 전통적인 율법 규정들도 거부됐다(참조. 호 8:12; 암 5:24; 6:12; 미 3:1, 9; 렘 22:15). 이사야의 고발 역시 선포된 하나님의 말씀에 대한 유다 백성의 불신을 질책하는 데 뿌리를 둔다.

여호와께서 행하시는 일에 관심을 두지 아니하며

그의 손으로 하신 일을 보지 아니하는도다(사 5:12b; 참조. 사 22:11b).

이스라엘의 거룩하신 이를 앙모하지 아니하며

여호와를 구하지 아니하나니(사 31:1b).

너희가 돌이켜 조용히 있어야 구원을 얻을 것이요

잠잠하고 신뢰하여야 힘을 얻을 것이거늘(사 30:15).

그들이 듣지 아니했으므로(사 28:12).

여호와의 법을 듣기 싫어하는 자식들이라(사 30:9).

이렇듯 이스라엘 모든 죄와 그로 인한 모든 재앙은 **야웨**와 **그분의 구원을 거절**한 데에서 기인했다(사 5:24; 30:12).

심판 가운데서 완전히 새로운 구원의 약속이 주어진 것은 백성이 야웨 쪽으로 방향을 돌렸기 때문이 아니다. 구원은 백성의 절망과 불신앙에도 불구하고(참조. 겔 37:1-14, 특히 11절; 사 40:25 이하; 49:14 이하), 야웨의 자유로운 은혜로 일어나는 것이었다(위의 §3. 미래 선포 중 "3) 새로운 사건" 부분을 보라).

5. 예언자의 고통

1) 시련

우리가 아는 한 어떤 참 예언자도 **역경**을 겪지 않았던 예언자는 없다. 아모스는 야웨께 사로잡힘을 갑자기 부르짖는 사자 앞에 서 있는 공포와 비교했다(암 3:8). 곧, 그는 야웨 앞에서 생명의 위협을 느꼈던 것이다. 호세아는 미친 바보로 조롱당하는 수모를 겪는다 (호 9:7). 이사야는 청중들로부터 비웃음을 당했을 뿐 아니라(사 5:19; 28:9-10) 하나님께 몹시 실망하기도 했다. 하나님이 주신 메시지가 성취될 것을 계속해서 기다리고 있을 수밖에 없었기 때문이다(참조. 사 8:17과 5:19을 비교하라). 그는 말씀이 아직 성취되지 않았다고 해서 그 말씀이 유효하지 않다고 생각할 수 없었다. 그래서 그는 제자들이 보는 앞에서 말씀을 보관하도록 한다(사 8:16). 이는 '미래의 날에 증거'가 될 문서였다(참조. 사 30:8). 모레셋의 미가는 심판 예언으로 인해 강한 반발을 샀다(미 2:6-7). 그런 저항과 공격은 특히 공직자들로부터 강하게 일어났다.

2) 갈등

미가 때부터, 고전적 예언자들은 성전에서 공직을 맡고 있는 다른 예언자들[16]과 심각한 갈등을 겪었다. 미가는 그들이 돈을 주는 사람들에게 예속되어 있음을 폭로한다.

16.　참조. G. Quell, *Wahre und falsche Propheten* (1952).

> 내 백성을 유혹하는 선지자들은
> 이에 물 것이 있으면 평강을 외치나
> 그 입에 무엇을 채워 주지 아니하는 자에게는
> 전쟁을 준비하는도다(미 3:5).

> 그들의 선지자는 돈을 위하여 점을 치면서도[또는 '예언을 하면서도']
> (미 3:11).

이로부터 100년 후, 예레미야 역시 그들의 청중에게 예속되어 있는 예언자들을 지적한다.

> 항상 그들이 나를 멸시하는 자에게 이르기를
> 너희가 평안하리라
> 여호와의 말씀이니라 하며
> 또 자기 마음이 완악한 대로 행하는 모든 사람에게 이르기를
> 재앙이 너희에게 임하지 아니하리라 했느니라(렘 23:17).

예레미야의 주요한 대적자인 하나냐는 예레미야가 바빌로니아에 대한 복종의 표시로 메고 있던 멍에를 망가뜨리고 구원이 가까이 왔음을 선포한다(렘 28:1 이하; 위의 §2. 소명과 파송 중 "3) 출현의 성격" 부분을 보라). 이에 대해 예레미야는 선배 예언자들 중 참 예언자들은 대개 심판 예언자이었음을 상기시키면서 하나냐에게 대항한다(렘

28:8-9). 다른 곳에서 예레미야는 거짓 예언자들을 인식하는 표시로서 "간음하는 행위와 전적으로 악행을 저지르는 행위"를 언급한다(렘 23:14; 29:21-23).

청중들은 이 두 가지, 즉 참 메시지와 거짓 메시지가 서로 갈등을 일으킬 때 예언자들이 어디에 예속되어 있는지를 살펴봄으로써 참과 거짓을 구분할 수 있다. 예언자가 '청중'의 눈치를 보는가? 아니면, 청중으로부터 자유로운가? 예언자가 자신의 '욕망'에 지배를 받는가? 아니면, '하나님의 뜻'에 지배를 받는가?

3) 고난

예레미야의 일관된 고난 이야기가 우리에게 전달된다(렘 37-43장). 장면 장면마다 어떻게 야웨의 말씀에 대한 거부가 하나님의 예언자에 대한 거부로 나타나는지 드러난다. 예언자의 고난은 결국 하나님의 말씀의 고난인 셈이다.[17]

예언자 예레미야가 겪는 가장 심한 고통이 하나님과 예레미야의 대화('예레미야의 탄원' 또는 '예레미야의 고백'으로 불리는 부분)에 나타난다. 여기에는 동료 인간들의 개인적인 공격으로부터 오는 고통뿐만 아니라(렘 11:18-23), 자신의 사명에 대한 의심도 기록되어 있다. 그는 심판을 선포해야 하는 압박과 청중들의 조롱 사이에서 기진맥진하기에 이른다. 곧, 그가 침묵하면 하나님의 말씀의 불이

---

17. A. J. Heschel, *The Prophets* (New York: Harper & Row, 1962) [= 이현주 역, 『예언자들』, 서울: 삼인, 2004].

그의 속에서 그를 태우고, 그가 말하면 비웃음과 박해에 둘러싸이게 된다(렘 20:7-10). 그는 탄식한다.

> 나의 고통이 계속하며
> 상처가 중하여 낫지 아니함은 어찌 됨이니이까
> 주께서는 내게 대하여
> 물이 말라서 속이는 시내 같으시리이까(렘 15:18).

예레미야는 극도의 고통 가운데 어머니의 태가 자기 무덤이었으면 하는 원망을 내비치는 한계 상황까지 이르러 자기 생명을 저주하고 있다(렘 20:14-18). 단지 야웨의 새로운 말씀만이 그를 그러한 고통으로부터 건져낼 수 있다(렘 15:19-21).

　이와 비슷하면서도 훨씬 더 광범위한 예언적 임무로 인한 고난은 제2이사야의 '고난받는 하나님의 종의 노래'에 나타난다. 아마도 무명의 예언자 자신이 그 모델이었던 것 같다. 이사야 42:1-4은 그 종의 소명을 소개한다. 그의 말은 이방 민족의 세계에서도 유효하다. 두 번째 노래(사 49:1-6)에서 이미 그는 무력하고 억압받는 자로 나타난다. 그러나 동시에 그는 '이방 민족들의 빛'으로도 표현된다. 이사야 50:4-9은 육체적으로 공격당하면서도 하나님만이 그를 구원할 수 있다며 순종하는 제자들의 더 심한 고통에 대해 말한다. 이사야 52:13-53:12에서는 종의 극도의 고통에도 불구하고 구원이 사망 및 무덤보다 더 강력하다는 것이 입증된다. 거기서 특히 종의 고난의 의미가 드러난다. 즉, 그는 심판을 받아 마땅한 모든 사람들을 '대속하는 자'이다. 그렇게 직무와 사람이 완전히 하나가 된다. 메시지와 메신저가 동일시된다. 구원의 의미가 체화되어 드러나는 셈이다.

제2장
예언서 연구사*

1. 예언자의 선포에서 오늘의 예언서로

현재의 예언서는 하늘에서 갑자기 떨어진 것이 아니다. 오랜 시간을 두고 복잡한 과정을 통하여 형성되었다. 그렇기 때문에 예언서를 올바로 이해하기 위해서는 이러한 형성 과정을 가능한 한 충분하게 검토하는 것이 필요하다.

예언자의 구두 선포(言)에서 오늘의 예언서(書)로 형성된 과정을 약술하면 다음과 같다.[1] 먼저 예언자는 본래 하나님의 말씀을

---

* 이 장은 원래 "최근 예언서 연구 동향(I): 예언 선포의 의도를 중심으로"라는 제목으로 『기독교사상』 442호 (1995, 10월): 100-116에 실린 것을 일부 수정 보완한 것이다.

1. 예언 선포에서 예언서로의 보다 상세한 형성 과정을 위해서는 다음을 참조하라: W. Zimmerli, "Vom Prophetenwort zum Prophetenbuch," *Theologi-*

선포한 자이지, 그 말씀을 문서로 남기려고 한 저술가가 아님을 유념해야 한다. 예언자들은 동시대의 청중들과 직접 대면하여 그들에게 구두로 메시지를 선포하였다. 사실 예언서는 2-3절로 된 작은 단위들로 구성되어 있다. 이 소단위는 그 자체로 독자적인 메시지를 담고 있다. 이 소단위가 상호 결합하여 보다 큰 단위를 이루기도 한다. 예를 들면 아모스서에 나오는, 이방 국가들을 향한 신탁(암 1:3-2:16)이 여기에 해당된다. 또한 예언자가 행한 하나하나의 말들이 수집되어 복합체를 이루기도 한다. 우리는 이러한 경우를 소위 이사야의 회고록(sog. Denkschrift Jesajas: 사 6:1-8:18)에서 만나게 된다. 이렇게 하여 생긴 여러 가지의 복합체가 모아진 수집물들이 예언자의 제자들(사 8:16), 그리고 그 이후의 최종 편집자의 손을 거쳐 상호 결합되고 보충되어서(렘 36:32) 오늘의 예언서가 탄생하게 된 것이다.[2]

때로는 예언자 자신이 자신의 메시지를 기록으로 남기기도 하였다(사 8:1; 30:8; 렘 30:2; 51:59-64).[3] 그러므로 현재의 예언서로 정착

---

sche Literaturzeitung 104 (1979): 481-496; O. Kaiser, *Einleitung in das Alte Testament: Eine Einführung in ihre Ergebnisse und Probleme* (Gütersloh: Gütersloher Verlagshaus Mohn, [5]1984), 306-313 [= 이경숙 역, 『구약성서 개론: 그 연구 성과와 문제점들』, 왜관: 분도출판사, 1995].

2.   참조. W. H. Schmidt, *Einführung in das Alte Testament* (Berlin; New York: de Gruyter [5]1995), 178-185 [= 차준희·채홍식 역, 『구약성서입문』 서울: 대한기독교서회, 2007].

3.   참조. F. Gradl & F. J. Stendebach, *Israel und sein Gott: Einleitung in das Alte Testament* (Stuttgart: Verlag Katholisches Bibelwerk, 1992), 204.

되기 전에 구전전승과 더불어 문서전승도 함께 전승되었다고 보
아야 한다. 성서전승의 복잡한 과정을 고려하여 구약성서학자들
은 성서의 저자를 논할 때 선포자, 구전자, 기록자 그리고 편집자
전체를 통틀어 '성서의 공동 저자'라고 말한다.[4]

이러한 전(前) 이해를 가지고 예언서 연구 동향을 간단하게 약
술하려고 한다. 먼저 19세기를 기점으로 하여 그 이전과 그 이후
의 연구를 살펴보기로 한다. 그러고 나서 최근 예언서 연구에서
중심 논쟁거리로 부각된 예언 선포의 의도를 소개하고 비판적으
로 검토하려고 한다.[5]

---

4.   참조. 민영진, "창세기 12장 연구: 이스라엘의 자기 이해에 비추어 본 한국교
      회 선교에 대한 반성자료," 『제3회 연신원 목회자 신학세미나 강의집』
      (1983), 376.

5.   최근의 예언서 연구 동향을 파악하기 위해서는 다음의 연구를 참조하라. F.
      Vawter, "Neue Literatur über die Propheten," *Concilium* 1 (1965): 848-854;
      J. Scharbert, "Die Prophetische Literatur: Der Stand der Forschung," *De
      Mari ā Qumrân*. FS J. Coppens I (Gembloux; Paris, 1969), 58-118; J. M.
      Schmidt, "Probleme der Prophetenforschung," *Verkündigung und Forschung*
      17 (1972): 39-81; 같은 저자, "Ausgangspunkt und Ziel prophetischer
      Verkündigung im 8. Jh," *Verkündigung und Forschung* 22 (1977): 65-82; L.
      Markert & G. Wanke, "Die Propheteninterpretation: Anfragen und
      Überlegungen," *Kerygma und Dogma* 22 (1976): 191-220; D. Kinet, "Künder
      des Gerichts oder Mahner zur Umkehr?: Ein Literaturbericht über die
      neuere Prophetenforschung," *Bibel und Kirche* 33 (1978): 98-101; J.
      Limburg, "The Prophets in Recent Study: 1967-1977," *Interpretation* 32
      (1978): 56-68 [= 문희석 편, 『최근의 예언서 연구』, 서울: 대한기독교출판사,
      1979, 129-152]; P. H. A. Neumann (Hrsg.), *Das Prophetenverständnis in der
      deutschsprachigen Forschung seit Heinrich Ewald*, Wege der Forschung 307;
      Darmstadt, 1979; W. McKane, "Prophecy and the Prophetic Literature," G.

2. 19세기 이전의 예언서 연구: '토라(율법)의 해석자'

신약성서는 구약성서를 '율법과 예언서'라고 부르고 있다.

그러므로 무엇이든지 남에게 대접을 받고자 하는 대로 너희도 남
을 대접하라 이것이 **율법**이요 **선지자**니라(마 7:12).

바로 이 율법과 예언서의 관계가 일찍이 예언서 연구의 중심 주제
로 떠올랐다.

W. Anderson (Hrsg.), *Tradition and Interpretation: Essays by Members of the Society for Old Testament Study* (Oxford: Clarendon Press, 1979), 163-188; J. Jeremias, "Grundtendenzen gegenwärtiger Prophetenforschung," *Der evangelische Erzieher* 36 (1984): 6-22; E. Osswald, "Aspekte neuerer Prophetenforschung," *Theologische Literaturzeitung* 109 (1984): 641-650; G. M. Tucker, "Prophecy and the Prophetic Literature," D. A. Knight & G. M. Tucker (Hrsg.), *The Hebrew Bible and Its Modern Interpreters* (Philadelphia: Fortress Press, 1985), 325-368 [= 박문재 역, 『히브리 성서와 현대의 해석자들』, 서울: 크리스찬다이제스트, 1996]; W. H. Schmidt, "Die Prophetie," W. H. Schmidt, W. Thiel & R. Hanhart, *Altes Testament* (Grundkurs Theologie Band 1 / Urban-Taschenbücher Band 421; 1989), 50-69; H. M. Barstad, "No Prophets? Recent Developments in Biblical Prophetic Research and Ancient Near Eastern Prophecy," *Journal for the Study of the Old Testament* 57 (1993): 39-60; R. P. Gordon, "A Story of Two Paradigm Shifts," R. P. Gordon (ed.), *The Place is Too Small for us: The Israelite Prophets in Recent Scholarship* (Winona Lake, Indiana: Eisenbrauns, 1995), 3-26 [= 차준희 역, "최근 예언서 연구 동향: 두 가지의 패러다임 전이," 『예언과의 만남』, 서울: 대한기독교서회, 1999, 127-166].

19세기까지는 이 두 전승(율법과 예언서)의 관련성에만 주력해왔다. 그 예로 정통 유대교의 입장을 들 수 있다. 주후 300년경에 활동하였던 유대인 랍비 쉐무엘(Schemuël)에 의하면 "그 어떤 예언자도 하나님으로부터 직접적으로 전권을 위임받은 적이 없으며, 예언자는 모세의 토라(율법)를 넘어서는 그 어떤 메시지도 말하지 않았다."[6] 결국 토라가 성서의 중심에 위치하며 동시에 예언자의 전권도 제한한다고 보았다. 이를 다른 말로 표현하면 '모세가 예언자의 가르침의 표준이 된다'는 것이다. 즉 예언자는 토라의 해석자(Gesetzesausleger)에 불과하다는 것이다. 정통 유대교는 이러한 입장을 오늘날까지도 고수하고 있다.

예언자의 이해에 있어서는 종교개혁자 루터(M. Luther)도 이러한 유대교 입장과 다르지 않다. 루터는 다음과 같이 주장한다.

> 예언은 율법의 설명에 지나지 않는다. 다른 말로 하면 예언은 율법의 (현재적) 실천과 적용이다.[7]

다음의 한 문장은 19세기 이전까지의 예언과 오경(율법)의 관계에

6.　Jeremias, "Grundtendenzen," 6.

7.　"Prophetia enim nihil alind quam expolitio et (ut sic dixerim) praxis et applicatio legis fuit," in: *Martin Luthers Werke: Kritische Gesamtausgabe* Ⅷ (1883ff), 105; G. von Rad, *Theologie des Alten Testaments* Band II: *Die Theologie der prophetischen Überlieferungen Israels* (München: Kaiser ⁹1987), 13 각주 2 재인용 [= 허혁 역, 『구약성서신학 제2권: 이스라엘의 예언적 전승의 신학』, 왜관: 분도출판사, 1977, 13 각주 2].

대한 이해를 잘 대변해 준다.

예언자를 참 예언자로 공인해 주는 것은 모세전승이다.[8]

그러므로 19세기 이전에는 예언을 토라(율법)에 종속시켜서, 예언
자를 주어진 텍스트(토라)의 설교자 내지는 해석자로만 이해하였
다. 그러므로 19세기 이전까지는 예언자의 본질적 특성과 독자적
중요성에 대한 올바른 규명에는 아직 도달하지 못하였다고 할 수
있다.[9]

3. 19세기 이후의 예언서 연구의 주류

1) '예언'(Prophetie)의 발견: 둠

19세기에 이르러 예언(Prophetie)이 율법의 의존으로부터 풀려나게 되
었다. 이때야 비로소 예언자의 특성에 대하여 올바르게 이해하게 된
것이다.[10] 이것은 오경의 뼈대를 이루고 있는 제사장 문서
(Priesterschrift)와 이에 속한 제의 법규(Kultgesetz)가 후대에 생성되었다는
오경 연구[11]의 결과에서 기인한다(lex post prophetas: 율법이 예언보다 후대의

8.　Jeremias, "Grundtendenzen," 7.
9.　참조. von Rad, *Theologie* II, 13-14 [= 허혁 역, 13-14].
10.　참조. Schmidt, Thiel & Hanhart, *Altes Testament*, 53.
11.　오늘날 오경 연구는 새로운 국면에 도달하게 되었다고 볼 수 있다.

것이다).[12] 이로써 예언자들이 율법에 의존하였다는 주장은 그 설득력

Wellhausen—이른바 오경 문서설은 Wellhausen 한 개인의 독창적 가설이 아니다. 그의 역할은 당시의 기존 연구의 4문서들 가운데 가장 오래된 기본 문서층(Grundschrift)으로 간주되었던 제사장 문서(P)를 포로기라는 가장 후대의 것으로 돌리는 것에 불과하다. 정확하게 말하면 Reuss-Graf-Kuenen-Wellhausen 가설이라 이름 붙여야 한다—의 전통적 문서설(the Traditional Documentary Hypothesis)이 강하게 공격받기 시작한 것이다. 물론 Cassuto 같은 유대인 학자의 문서설 거부라는 비판적 입장이 일찍부터 개진된 바 있다. 그러나 무엇보다도 문서설의 고향이라 할 수 있는 독일 구약학계에서 문서설을 거부하는 움직임이 일어나고 있다는 점이 주목을 끈다. 오경의 전통설을 가장 강력하게 공격하는 대표적인 학자인 하이델베르크대학의 은퇴 교수 Rendtorff는 최근의 한 논문에서 다음과 같이 주장하고 있다: "나는 전통적 문서설이 끝이 났다고 믿는다. 물론 야위스트(Yahwist), 심지어 그것의 존재에 대해서는 일찍부터 문제시되었던 엘로히스트(Elohist)를 회생시키려고 하는 시도들이 여전히 행해지고 있다. 그러나 나는 [역사의] 수레바퀴를 되돌릴 수 있는 어떤 새로운 근거도 찾아볼 수 없다. 그러므로 나는 Thomas Kuhn의 용어를 빌려서 오늘날의 구약학은 '위기'(in crisis)에 처하게 되었다고 생각한다. Wellhausen의 패러다임은 더 이상 구약 주석에 있어서 상식으로 인정된 전제로서 받아들여질 수 없다"(R. Rendtorff, "The Paradigm is Changing: Hopes and Fears," *Biblical Interpretation* 1, 1993, 44). 최근의 오경 연구 동향을 위해서는 다음을 참조하라: 임태수, "구약학의 첨단 사상들: 최근의 오경 비평(1986)," 임태수, 『구약성서와 민중』 (서울: 한국신학연구소, 1993), 9-15; 구덕관, "오경문서설의 생사여부," 『신학과 세계』 24 (1992), 80-98; 왕대일, "오경해석과 성서비평(I): 벨하우젠(J. Wellhausen)부터 렌토르프(R. Rendtorff)까지," 『신학과 세계』 25 (1992): 39-100; J. Blenkinsopp, *Two Centuries of Pentateuchal Scholarship, The Pentateuch: An Introduction to the First Five Books of the Bible* (New York: Doubleday, 1992), 1-30; B. Seidel, "Entwicklungslinien der neueren Pentateuchforschung im 20. Jahrhundert," *Zeitschrift für die alttestamentliche Wissenschaft* 106 (1994): 476-485; E. Otto, "Kritik der Pentateuchkomposition," *Theologische Rundschau* 60 (1995), 163-191.

12. 율법이 예언보다 후대의 것이라는 명제는 오늘날까지도 제사장 문서(P)에

을 상실하게 되었다. 이제 예언자는 율법에 의존하지 않는, 이스라
엘 신앙 역사에서 새로운 단계를 가져다 준 창시자로 간주되었다.

1875년에 출판된 둠(B. Duhm)의 저서 『예언자의 신학』[13]은 현대
예언서 연구의 효시로 간주된다. 둠은 예언자의 특성을 최초로 발
견한 사람으로 평가되고 있다. 그에 따르면 예언자들은 율법과 무
관한 자유인이며, 하나님과 직접 통하는 창조적인 인격을 지닌 자
들이었다. 그는 특히 예언자의 개인성(Individualität)을 강조한다. 예
언자의 이러한 창조적 개인성은 이스라엘 종교를 자연종교와 제
사종교의 수준에서 윤리종교로 발전시켰다고 본다.[14] 그에게 예언
종교는 이스라엘 종교의 가장 중요한 부분일 뿐 아니라, 이스라엘
종교의 모든 발전의 기본 토대이다. 이 점은 그의 책 『예언자의 신
학』의 다음과 같은 부제목에서도 분명히 드러난다. "이스라엘 종
교의 내적 발전 역사를 위한 근본으로서의 예언자 신학"(Die
Theologie der Propheten als Grundlage für die innere Entwicklungsgeschichte der

---

관한 한 여전히 유효한 것으로 받아들여진다. 그러나 전승사적으로 고대의
것으로 보이는 언약책(Bundesbuch: 출 20:22-23:19)의 경우에 이 명제는 적
용되기 어렵다. 사실 오경의 많은 부분들이 주전 8세기의 소위 문서 예언자
들보다 시기적으로 후대에 속한다. 예를 들면 신명기의 모체가 되는 원신명
기(Urdeuteronomium: 신 12-26장)는 요시야 종교개혁(주전 621년)과 밀접
한 관련이 있다(왕하 22:8). 또한 제사장 문서는 포로기인 주전 550년경에
생긴 것이다. 그렇다면 오경의 적지 않은 분량을 차지하고 있는 두 문학층
(신명기[D]와 제사장 문서[P])은 주전 8세기에 기원한 문서 예언자들(아모
스, 호세아, 이사야, 미가)보다 후대에 속한 것이 된다.

13. B. Duhm, *Die Theologie der Propheten* (Bonn, 1875).
14. 참조. Duhm, *Die Theologie*, 103.

israelitischen Religion).[15] 다음은 예언자에 대한 둠의 유명한 주장이다.

　　예언자는 영원히 새로운 사람이다(die Männer des ewig Neuen).[16]

둠의 연구에 와서야 비로소 '예언'의 독자적 중요성이 확보되었다고 볼 수 있다.[17]

2) 예언서에 나타난 '비이성적인 것'(Irrationale)의 발견: 궁켈

예언자의 개인성의 중요성이 발견된 이후에는 연구의 관심이 자연스럽게 예언자의 모습에 집중되었다. 그리하여 몇몇의 학자들은 예언자의 비이성적인 경험을 이해하고 설명하기 위해 '황홀경'(Ekstase)이라는 개념을 사용하게 되었다. 궁켈은 종교적인 체험에 대한 논의를 처음으로 부각시킨 학자들 중 한 사람이다.[18] 궁켈

---

15. 참조. R. Rendtorff, "Der Ort der Prophetie in einer Theologie des Alten Testaments," R. Rendtorff, *Kanon und Theologie: Vorarbeiten zu einer Theologie des Alten Testaments* (Neukirchen Vluyn, 1991), 64.

16. B. Duhm, *Israels Propheten* (Tübingen: J. C. B. Mohr, ²1922), 8.

17. Duhm의 예언서 연구 소개와 그에 대한 평가에 대해서는 다음을 참조하라: R. E. Clements, *One Hundred Years of Old Testament Interpretation* (Philadelphia: The Westminster Press, 1976), 51-57 [= 문동학·강성렬 역, 『구약성서 해석사: 벨하우젠 이후 100년』, 서울: 나눔사, 1988]; H. Graf Reventlow, "Die Prophetie im Urteil Bernhard Duhms," *Zeitschrift für Theologie und Kirche* 85 (1988): 259-274.

18. 참조. J. H. Hayes, *An Introduction to Old Testament Study* (Nashville: Abingdon, ³1981), 254 [= 이영근 역, 『구약학 입문』, 서울: 크리스찬다이제스트, 1994].

은 다음과 같이 주장한다.

> 우리가 이 비밀스런 체험들을 이해하지 않는 한, 이 이상한 사람들
> [예언자들]은 궁극적으로 우리가 이해할 수 없는 상태로 남게 된다.[19]

그는 구약 예언자들의 이러한 독특성을 강조하였다. 그는 "모든 예언자들의 근본 체험은 바로 황홀경이다"[20]라고 주장한다. 그리하여 예언자들은 일반적 종교사의 연구에서 잘 알려진 '황홀경에 빠진 사람들'과 비교되었다.[21]

3) 예언 '양식'(Gattung)의 발견: 궁켈

예언자의 황홀경 체험을 강조하였던 궁켈은 양식사 연구의 대가답게 예언 선포의 양식(Gattung)에도 관심을 기울였다. 그는 1923년 그의 제자 슈미트의 저서 『구약성서의 문서』라는 책에 실린 "작가와 시인으로서의 예언자들"[22]이라는 자신의 논문에서 예언 선포의

---

19. H. Gunkel, "Die geheimen Erfahrungen der Propheten," W. H. Schmidt, *Die großen Propheten: Die Schriften des Alten Testaments* Band II/2 (Göttingen: Vandenhoeck & Ruprecht ²1923), XVII-XXXIV, 특히 XVII.
20. Gunkel, *Die großen Propheten*, XVIII.
21. 예언자들과 황홀경 체험에 대한 논의는 다음의 책에 비교적 자세히 나와 있다: Hayes, *Introduction*, 254-260 [= 이영근 역, 234-239].
22. H. Gunkel, "Die Propheten als Schriftsteller und Dichter," Schmidt, *Die großen Propheten*, XXXIV- LXX.

양식들을 체계적으로 분석하였다.[23] 그는 예언 선포 양식의 연구
분야에 개척자로 간주될 수 있다.[24]

그는 여러 가지의 예언 양식들 가운데서 '본래의 예언 양식'으
로 '약속' 혹은 '위협'으로 나오는 '미래 선포'를 꼽는다. "예언자의
일차적 임무는 미래를 선포하는 것"이라고 보기 때문이다.[25] 그는
처음으로 예언 선포의 기본적인 두 양식을 찾아낸 것이다. 즉 첫
번째 양식은 심판 행위를 선포하는 '위협의 말'(Drohwort / threat)이
고, 두 번째 양식은 그 심판에 대한 이유를 설명하는 '책망의
말'(Scheltrede / reproach)이다.[26]

오늘날에 와서 궁켈의 이러한 용어 선택은 그 적절성에 있어
서 문제가 되지만,[27] 예언 선포 양식의 양대 기둥을 발견한 공로는

---

23. 그가 분류한 예언 선포의 양식들은 다음과 같다: 약속(Verheißungen)과 위
    협(Drohungen), 죄의 기술(Schilderungen der Sünde), 훈계(Ermahnungen),
    제사장적 법령(priesterliche Satzungen), 역사 회고(geschichtliche
    Rückblicke), 논쟁 담화(Streitgespräche), 다양한 종류의 노래(Lieder allerlei
    Art), 종교 시(religiöse Gedichte)와 세속 시의 모방(Nachahmungen von
    profanen Gedichte), 탄원 시(Klagelieder)와 기념 축제 노래(Jubellieder), 긴
    의식문(ganze Liturgien), 우화(Parabeln), 비유(Allegorien) 등등. Gunkel,
    Die großen Propheten, XLVI.
24. 참조. Hayes, *Introduction*, 274 [= 이영근 역, 252].
25. Gunkel, *Die großen Propheten*, XLVI.
26. 참조. C. Westermann, *Basic Forms of Prophetic Speech* (Philadelphia: The
    Westminster Press, 1967), 64.
27. 예를 들면 위협(Drohung)은 선포된 말의 성취 여부가 불분명하다. 반면에
    예언자의 말은 반드시 성취된다는 특성을 갖고 있다. 또한 위협 대상의 죄의
    유무도 분명하지 않다. 죄 없는 자들도 위협을 당할 수 있기 때문이다. 이 외
    의 궁켈의 용어 선택의 문제점에 대해서는 다음을 참조하라: Westermann,

여전히 인정받을 만하다.[28] 최근의 경향에 의하면 위협은 '미래 선포'(Zukunftsansage)로, 책망의 말은 '고발'(Anklage) 혹은 '근거'(Begründung)라는 일반적인 용어로 바꾸어 사용되고 있다.[29] 학자에 따라서는 '심판 선포와 고발'[30]로 혹은 '심판 예언과 상황 지시'[31]로 명명하여 사용하기도 한다.

4) 예언의 '전승에 매여 있음'(Traditionsgebundenheit)의 발견: 폰 라트

폰 라트(G. von Rad)는 1960년에 출판한 『구약성서신학』 제2권[32]에서 예언자의 창조적 개인성(schöpferische Individualität)에만 집중하였던 기존의 연구를 정면으로 공격한다.

예언자들은 당시 사람들이 생각했던 것처럼[33] 그렇게 독창적이지도 않고, 개인적이지도 않으며 그리고 신(神)과 직접적으로 만나

"The Terms 'Threatening-Speech' and 'Reproaching-Speech'," *Basic Forms*, 64-70.

28. 참조. G. M. Tucker, "Prophetic Speech," *Interpretation* 32 (1978): 38-39 [= 문희석 역, 『최근의 예언서 연구』, 서울: 대한기독교출판사, 1979, 116).

29. 참조. Schmidt, *Einführung*, 189-191.

30. 참조. Westermann, *Basic Forms*, 64-70.

31. 참조. K. Koch, *Was ist Formgeschichte?: Methoden der Bibelexegese* (Neukirchen-Vluyn, ⁵1989), 258-270 [= 허혁 역, 『성서주석의 제방법: 양식사학이란 무엇인가?』, 왜관: 분도출판사, 1975].

32. 위의 각주 7번을 보라.

33. von Rad는 여기서 19세기 이후의 예언서 연구자들을 염두에 두고 있는 것 같다. 예를 들면 Ewald, Wellhausen, Duhm을 거론할 수 있다. 참조. von Rad, *Theologie* II, 13 [= 허혁 역, 13].

는 자들도 아니었다.[34]

이는 예언자를 전승과 무관한 개인으로만 간주하였던 기존 연구에 대한 반성이다. 예언자는 기존 전승과 함께 성장하였다고 보는 것이다. 그는 예언자를 당시 "잘 알려진 고대 제의 전통의 선포자이자 동시에 현실적인 해석자"[35]로 이해한다. 그래서 그는 예언자가 동족의 종교전승에 깊이 뿌리를 내리고 있음을 지적한다.[36] 따라서 예언자를 더 이상 전혀 새로운 인물로 보아서는 안 된다는 것이다.[37]

그러나 폰 라트가, 예언이 전승에 의존하고 있다고 주장한다고 하여 19세기 이전의 유대교와 루터식의 예언자 이해로 회귀한 것은 물론 아니다.[38] 그는 예언자가 고대전승에 의존하여 그 전승을 해설하고 있다고 지적하지만, 동시에 그 예언자의 독창성도 주장하고 있다.

---

34. von Rad, *Theologie* II, 14 [= 허혁 역, 14].
35. von Rad, *Theologie* II, 181 [= 허혁 역, 172].
36. 참조. von Rad, *Theologie* II, 183 [= 허혁 역, 174].
37. 참조. von Rad, *Theologie* II, 15 [= 허혁 역, 15].
38. "von Rad는 예언을 전승과의 끊임없는 대화라고 정의한다. [그러나 여기서] 이 전승이 토라를 가리키는 것으로 보는 것은 불가능하게 되었다." Jeremias, "Grundtendenzen," 7.

그들[예언자들]은 근본적으로 새로운 것(etwas fundamental Neues)을
가져왔다.[39]

그런 면에서 그는 예언자들의 "심판 메시지는 고대 야웨 전통에
그 근거를 두고 있지 않았다"[40]고 본다. 예언자들은 그들의 청중들
과 함께 고대 야웨전승이라는 같은 토대 위에 서 있었다. 그러나
그들은 이 전승들로부터 '전혀 다른 것'(etwas völlig anderes)을 읽어
냈다는 것이다.[41] 그는 예언의 특수성을 부각하고 있는 셈이다.

지금까지 출판된 구약성서신학에 대한 책들 중에서 폰 라트와
같이 예언 부분을 따로 떼어서 독립된 한 권의 책으로 출판한 예
가 없다.[42] 그의 『구약성서신학』 제2권은 "이스라엘의 예언전승 신

---

39. von Rad, *Theologie* II, 191 [= 허혁 역, 182].
40. von Rad, *Theologie* II, 191 [= 허혁 역, 182].
41. von Rad, *Theologie* II, 185 [= 허혁 역, 176].
42. 이러한 현상은 최근에 출간된 독일어권의 구약성서신학 책들에서도 더 이상
    찾아볼 수 없는 독특한 것이다. 가장 최근의 구약성서신학 책은 다음과 같다:
    H. D. Preuß, *Theologie des Alten Testamend. Band I: JHWHs erwählendes
    und verpflichtendes Handeln* (Kohlhammer, 1991); 같은 저자, *Theologie des
    Alten Testament. Band II: Israels Weg mit JHWH* (Kohlhammer, 1992); A. H.
    J. Gunneweg, *Biblische Theologie des Alten Testaments: Eine Religions-
    geschichte Israels in biblisch-theologischer Sicht* (Kohlhammer, 1993); O.
    Kaiser, *Der Gott des Alten testaments: Theologie des Alten Testaments I:
    Grundlegung* (Uni-Taschenbücher 1747, Göttingen, 1993); A. Deissler, *Die
    Grundbotschaft des Alten Testaments: Ein theologischer Durchblick* (Freiburg;
    Basel; Wien: Verlag Herder, 1995); J. Schreiner, *Theologie des Alten
    Testaments* (Würzburg: Echter Verlag, 1995).

학"(Die Theologie der prophetischen Überlieferungen Israels)이라는 부제를
달고 있다. 이러한 입장은 그가 예언서를 특별 취급하고 있음을
보여 주는 단적인 좋은 예가 된다.[43]

한마디로 정리하면, 폰 라트는 예언의 '전승에 대한 매
임'(Traditionsgebundenheit)과 동시에 '전승에 대한 새로운 해석' 내지
는 '독립성'(Neuheit)이라는 양면을 강조하고 있다.[44] 달리 표현하면
예언자의 메시지는 '전승과의 대화'[45]일 뿐만 아니라 '전승과의 비
판적 대화' 혹은 '전승을 새롭게 현실화하는 대화'[46]라고 하는 것이
다. 폰 라트의 이러한 예언 이해는 오늘날까지도 그 가치를 인정
받고 있다.

5) 예언의 '제의에 대한 매임'의 지나친 강조: 뷔르트봐인과 그 외

뷔르트봐인(E. Würthwein)은 1950년에 발표한 "아모스 연구" 논문
에서 "예언(Nebiim)과 제의(Kult)는 함께 속해 있다. 다른 말로 표현
하면, 예언자들은 다름 아닌 [성소에서 직업적으로 일하는] 제의 예언자
들(Kultpropheten)이었다"[47]고 주장하였다. 그에 의하면 "아모스는 활

---

43. 다음의 학자들도 von Rad의 이러한 태도를 중요한 것으로 지적하고 있다:
    Schmidt, Thiel & Hanhart, *Altes Testament*, 52; Rendtorff, *Kanon und
    Theologie*, 65.
44. 참조. Schmidt, Thiel & Hanhart, *Altes Testament*, 53; Rendtorff, *Kanon und
    Theologie*, 66.
45. von Rad, *Theologie* II, 183 [= 허혁 역, 174].
46. von Rad, *Theologie* II, 144 [= 허혁 역, 138].
47. E. Würthwein, "Amos-Studien," *Zeitschrift für die alttestamentliche*

동 초기에는 [구원을 선포하고, 백성들의 평화와 번영을 위해서] 중보기도를
하는 제의 예언자[Nabi: 뷔르트봐인이 쓰는 Nabi는 사실상 '제의 예언자'이다]
였으나, 점차적으로 다가오는 심판을 확신하고 설득당하게 되었
다"48는 것이다. 그래서 아모스는 환상이라는 체험을 통하여 "구원
예언자(Heilsnabi)에서 심판 예언자(Unheilspropheten)"49로 발전하였다
는 것이다.50

　　뷔르트봐인의 이 입장은 군네벡(A. H. J. Gunneweg)의 연구에서
한 걸음 더 나아간다. 군네벡의 연구는 "문서 예언자들은 원래 나
비(Nabis: 예언자)였고, 그들은 성소에서 공직 직함을 가진 성소의 공
무원이었으며,"51 그 성소에서 예언자들의 메시지가 문서로 전승
되었다는 결론에 도달하게 되었다.

Wissenschaft 62 (1949/50), 11. Würthwein은 여기에서 Mowinckel(S.
Mowinckel, *Psalmenstudien* Ⅲ: *Kultprophetie und prophetische Psalmen*,
Oslo, 1923), Junker(H. Junker, *Prophet und Seher in Israel: Eine
Untersuchung über die ältesten Erscheinungen des israelitischen
Prophetentums, insbesondere der Prophetenvereine*, Trier, 1927), Johnson(A.
R. Johnson, *The Cultic Prophet in Ancient Israel*, Cardiff, 1944)과 Haldar(A.
Haldar, *Associations of Cult Prophets among the Ancient Semites*, Uppsala,
1945)의 기존 연구를 자신의 연구의 기초로 삼고 있다. Würthwein, "Amos-
Studien," 11-13.

48. Würthwein, "Amos-Studien," 29.
49. Würthwein, "Amos-Studien," 28.
50. 참조. Würthwein, "Amos-Studien," 29.
51. A. H. J. Gunneweg, *Mündliche und schriftliche Tradition der vorexilischen
　　　Prophetenbücher als Problem der neueren Prophetenforschung* (Forschungen
　　　zur Religion und Literatur des Alten und Neuen Testaments 73; Göttingen,
　　　1959), 122.

이러한 주장들은 그라프 레벤트로우(H. Graf Reventlow)의 아모스에 대한 연구 학술지에서도 나타난다. 그는 다음과 같은 주장을 편다.

아모스의 선포는 암픽티오니[52]의 중심에 해당하는 언약 축제 (Bundesfest)에 기반을 둔 암픽티오니 선포이다.[53]

그러나 소위 문서 예언자들 모두를 제의 공직자로 이해하는 것은 무리가 있어 보인다.[54] 예를 들면 다음과 같은 예언자들의 왕권 비 판[55]은 성소에 속한 국가공무원의 신분으로서는 상상하기 어렵기 때문이다.

---

52. Noth의 암픽티오니 가설에 대한 우리말로 된 자세한 소개와 이에 대한 비판 적 입장을 위해서는 다음을 보라. 차준희, "M. Noth의 '암픽티오니 (Amphiktyonie)설'에 대한 비판적 연구," 연세대학교 대학원 미간행 석사학 위논문, 1986.

53. H. Graf Reventlow, *Das Amt des Propheten bei Amos* (Forschungen zur Religion und Literatur des Alten und Neuen Testaments 80; Göttingen, 1962), 113.

54. 참조. H. W. Wolff, "Hauptprobleme alttestamentlicher Prophetie (1955)," *Gesammelte Studien zum Alten Testament* (Theologische Bücherei 22; München, 1964), 225.

55. 구약성서에 나타난 왕권 비판을 위해서는 다음을 참조하라. W. H. Schmidt, "Kritik am Königtum," in: H. W. Wolff (Hrsg.), *Probleme biblischer Theologie*. Festschrift G. von Rad (München, 1971), 440-461; F. Crüsemann, *Der Widerstand gegen das Königtum: Die antiköniglichen Texte des Alten Testamentes und der Kampf um den frühen israelitischen Staat* (Wissenschaftliche Monographien zum Alten und Neuen Testament 49; Nuekirchen-Vluyn, 1978).

10) 때에 벧엘의 제사장 아마샤가 이스라엘의 왕 여로보암에게
보내어 이르되 이스라엘 족속 중에 아모스가 **왕을 모반하나니** 그
모든 말을 이 땅이 견딜 수 없나이다 11) 아모스가 말하기를 **여로
보암은 칼에 죽겠고** 이스라엘은 반드시 사로잡혀 그 땅에서 떠나
겠다 하나이다(암 7:10-11).

그들이 **왕들을 세웠으나**

내게서 난 것이 아니며

그들이 지도자들을 세웠으나

내가 모르는 바이며(호 8:4a; 참조. 호 1:4; 3:4; 13:11 등등).

문서 예언자들 전체를 제의 예언자로 간주하거나 혹은 그것과 연
관시키려는 위에서 언급한 몇몇 학자들의 시도는 오늘날 더 이상
의 지지자를 확보하는 데는 실패하였다.[56]

---

56. 참조. Jeremias, "Grundtendenzen," 14. 그러나 몇몇 문서 예언자들은 제의
예언자로 간주될 수도 있다. 예를 들면 하박국 예언자를 제의 예언자로 보는
주장을 위해서는 신약학자 Joachim Jeremia의 아들인 구약학자 Jörg
Jeremias의 다음의 교수 자격 취득 논문(Habilitation)을 보라: J. Jeremias,
Kultprophetie und Gerichtsverkündigung in der späten Königszeit Israels
(Wissenschaftliche Monographien zum Alten und Neuen Testament 35;
Neukirchen-Vluyn, 1970), 특히 90-107. 오바댜 예언자를 제의 예언자로 보
는 주장을 위해서는 다음을 보라: H. W. Wolff, *Dodekapropheton 3: Obadja,
Jona* (Biblischer Kommentar Altes Testament XIV/3; Neukirchen-Vulyn,
²1991[1977]), 특히 3-5; 같은 저자, "Obadia - ein Kultprophet als interpret
(1977)," *Studien zur Prophetie: Probleme und Erträge* (Theologische Bücherei

6) 예언의 '과격성'(Radikalität)의 발견: 볼프와 그 외

고대 이스라엘 예언에서만 나타나는 독특한 성격이 볼프(H. W. Wolff)에 의하여 처음으로 설득력 있게 강조되었다.[57] 그는 최초의 문서 예언자 아모스의 선포에서 그 독특성을 발견한다. 그는 아모스가 본 다섯 가지 환상[58] 가운데 네 번째 환상을 기록해 주고 있는 아모스 8:2에서 그 독특성을 발견하게 된다.

> 내 백성 이스라엘의 끝이 이르렀은즉
>
> 내가 다시는 그를 용서하지 아니하리니(암 8:2).

볼프는 다음과 같이 주장한다.

> 다른 환상들의 경우와 마찬가지로 아모스는 여기에서도 이스라엘에게 회개를 촉구하라는 위탁을 받지 않았다. 한 번도 특정 범죄나 총체적인 범죄들이 심판의 근거로서 지적되고 있지도 않는다. 오

76; München, 1987), 109-123.

57. H. W. Wolff, *Die Stunde des Amos: Prophetie und Protest* (München, ⁶1986[1969]) [= 이양구 역, 『예언과 저항: 아모스서 연구』, 대한기독교출판사, 1980).

58. 아모스서에 나오는 환상 사이클(Visionszyklus)은 다음과 같다. 첫째 환상: 메뚜기 재앙(암 7:1-3), 둘째 환상: 불의 재앙(암 7:4-6), 셋째 환상: 다림줄 재앙(암 7:7-9), 넷째 환상: 여름 실과 환상(암 8:1-3), 다섯째 환상: 성전 파괴 환상(암 9:1-4).

로지 이스라엘의 종말 자체만이 아모스에게 전해지고 있다.[59]

이러한 "메시지는 이스라엘에서 이전에는 들어 본 일이 없는 전혀 새로운 것"[60]이라는 것이다. 이러한 것은 고대 전통의 예를 들면, 저주의 말[61]에서도, 문서 이전의 예언자[62]에서도 찾아볼 수 없는 것으로, "이스라엘의 완전한 파국은 아모스가 처음으로 선포한 것이 틀림없다"[63]고 보는 것이다. 자기 백성 전체에게 심판을 선포한 아모스의 메시지는 '전혀 새로운 메시지'(ganz neue Botschaft)라는 것이다.

아모스의 이러한 완전히 새로운 메시지는 어디서 기원한 것일까? 이에 대하여 볼프는 다음과 같이 대답한다.

원하지도 않았고 저항할 수도 없었던 말씀 사건(Wortgeschehen)[64]

---

59. Wolff, *Die Stunde*, 27-28 [= 이양구 역, 34].
60. Wolff, *Die Stunde*, 30 [= 이양구 역, 38].
61. "물론 신명기 27장에서와 같이 고대에도 이미 저주의 말이 있었으나, 이것은 오직 개인들에게 선포된 것이고, 저주를 받아서 마땅한 사람을 제거함(죽임)으로써 전체 공동체의 존속을 보장하려는 의도였다." Wolff, *Die Stunde*, 30 [= 이양구 역, 38].
62. "물론 나단으로부터 엘리사에 이르기까지의 문서 이전의 예언자들도 심판의 말을 선포하였다. 그러나 그 예언들은 오직 개인들에게, 특히 왕에게만 해당되거나, 혹은 백성이라 할지라도 어떤 특정한 부분적인 심판을 선고한 것이지, 결코 그 민족 전체의 종말을 선포한 것은 아니었다." Wolff, *Die Stunde*, 30 [= 이양구 역, 38].
63. Wolff, *Die Stunde*, 30 [= 이양구 역, 38].
64. 여기에서 말씀 사건이란 아모스가 예언자로 활동하게 된 결정적인 사건을 말한다. 즉 하나님이 아모스를 예언자로 강권적으로 부르신 사건이다. 이 사

이 야웨 자신이 몰고 오는, 임박한 이스라엘 국가의 종말에 관한 철저한 확신을 아모스에게 심어 주었다.[65]

이러한 철저한 확신은 아모스라는 인간 전체를 사로잡았고, 아모스는 야웨의 심판이 이스라엘 백성 전체에 곧 임한다는 철저한 확신을 가지고 기존 전통을 수용, 변화시키거나 혹은 거부하기도 한다.[66] 예를 들면, 아모스는 약속의 땅을 선물로 받았다는 전통[67]과 야웨의 전쟁 전통[68]을 뒤집어 놓고, 출애굽 전통[69]을 일반화시켜 놓으며, 이스라엘을 향하여 조가(Totenklage)[70]를 불러댄다. 이로써 그

건은 아모스 7:15과 3:8에 반영되어 있다.

65. Wolff, *Die Stunde*, 34 [= 이양구 역, 43].

66. 참조. Wolff, *Die Stunde*, 34 [= 이양구 역, 43].

67. 이스라엘 백성이 약속의 땅을 선물로 받음으로써 구속사(Heilsgeschichte)가 시작되었다면, 그 땅을 빼앗김으로써 그 구속사는 종말에 이르게 된다. 이제 이스라엘 백성들이 포로로 잡혀갈 것이라는 아모스의 심판 선포는 약속의 땅으로부터의 추방을 말하며, 동시에 구속사의 종말을 고하는 것이다(암 2:9; 4:2-3; 5:27; 7:11, 17).

68. 이스라엘을 '위하여'(für) 이방 백성들을 대항하여 싸우는 전쟁의 신으로 이해되었던 야웨가 이제는 그 반대로 이스라엘을 '대항하여'(gegen) 이스라엘을 철저히 심판하신다(암 2:13-16; 9:1-4; 참조. 암 5:18-20).

69. 이스라엘 신앙 형성의 뿌리에 해당되는 출애굽 사건이 이제는 더 이상 이스라엘만의 특권이 될 수 없다. 아모스는 야웨가 이스라엘만 이집트에서 인도한 것이 아니고 그들의 철천지원수인 블레셋 족속도 갑돌에서 인도하여 내었다고 하며 출애굽 사건을 일반화시키고 있다(암 9:7; 참조. 암 2:10; 3:2).

70. 아모스는 이스라엘의 멸망을 결정적인 것으로 명백하게 하기 위하여 죽은 자를 위하여 부르는 노래(Totenklage)를 채용하여 살아 있는 이스라엘을 향하여 그들의 죽음을 애도하고 있다(암 5:1-2).

의 말은 기존의 전통에서는 찾아볼 수 없는 전혀 새로운 것이 되었고, 이제까지 통용되었던 신앙의 확신들은 무기력해졌다. 이제 야웨가 아모스를 통하여 하시는 말씀은 기존의 모든 구원 선포와는 정반대의 것이다.[71] 이렇게 되어 아모스의 예언에서 지금까지는 찾아볼 수 없었던 '새로운 경전'(ein neuer Kanon)[72]이 시작되었다.

볼프의 제자인 슈미트(W. H. Schmidt)에 이르러 고대 이스라엘 예언의 독특성 혹은—자기 백성 전체에게 심판을 선언했다는 면에서—예언의 과격성(Radikalität)이 체계적으로 정리되어 단행본으로 출판되었다.[73] 슈미트도 아모스 8:2을 주요한 본문으로 다루고 있다.

> 백성 전체를 향한 심판 선포는 고대 근동에서도 그리고 이스라엘 스스로도 알지 못한 전혀 새로운 것이다.[74]

그는 "이스라엘의 예언자들은 죄를 범한 개개인 혹은 불순종하는 집단을 제거함으로 전체의 구원을 보존하려고 노력하는 이스라엘

---

71. 참조. Wolff, *Die Stunde*, 37 [= 이양구 역, 48].

72. Wolff, *Die Stunde*, 37 [=이양구 역, 49].

73. W. H. Schmidt, *Zukunftsgewiβheit und Gegenwartskritik: Grundzüge prophetischer Verkündigung* (Biblische Studien 64; Neukirchen-Vluyn, 1973). Schmidt는 단행본 출판 이전에 그 중심 테제를 소논문으로 발표한 바 있다. W. H. Schmidt, "Die prophetische 'Grundgewiβheit': Erwägungen zur Einheit prophetischer Verkündigung," *Evangelische Theologie* 31, 1971: 630-650.

74. Schmidt, *Zukunftsgewiβheit*, 15.

의 고대 전통(수 7장; 신 13:6 이하 등등)과는 다르다"[75]는 점을 지적한
다. 또한 그는 "예언자들의 백성 전체에 대한 심판 선언은 항상 구
원을 약속해 주는 소위 구원 예언자(Heilspropheten) 혹은 제의 예언
자들(Kultpropheten)의 메시지(렘 14:13; 23:16 이하 등등)와도 전혀 다르
다"[76]는 점도 강조한다.

볼프의 또 다른 제자인 예레미아스(J. Jeremias)도 문서 이전의
예언자와 문서 예언자와의 중요한 차이점을 밝혀냈다.

> 문서 이전의 예언자들은 이스라엘 개개인의—그리고 때로는 왕
> 의—범행을 들춰내고, 야웨의 심판에 그 개인을 세워 놓는다. 그
> 렇게 함으로 전체로서의 이스라엘을 재난으로부터 보존시키고
> 야웨가 지시하는 올바른 길을 걸어가도록 한다. 그러나 문서 예
> 언자들은 이러한 길을 폐쇄시키고 있다.[77]

이러한 점들은 마리 문서(Mari-Text)나 고대 근동에서도 그 유사점
을 찾아볼 수 없는 이스라엘 문서 예언자들만이 가지는 독특한 면
이라는 것이다.[78] 고대 이스라엘의 예언 현상과 유사한 평행구를

---

75. Schmidt, Thiel & Hanhart, *Altes Testament*, 55.
76. Schmidt, Thiel & Hanhart, *Altes Testament*, 55.
77. J. Jeremias, "Die Vollmacht des Propheten im Alten Testament," *Evangelische Theologie* 31 (1971): 312.
78. "이스라엘에서 나타나는 예언자의 설교는 마리 문서 혹은 그 외의 고대 근동에서 찾아볼 수 없다. 국가 전체 혹은 전 우주를 겨냥하는 무조건적인 심판선포는 마리 문서에서는 발견되지 않는다." F. Nötscher, "Prophetie im

많이 보여 주는 마리 문서에 의하면 예언자들은 왕에게 조건적 심판을 선포하는 반면에, 이스라엘의 문서 예언자들은 자기 백성 모두에게 무조건적 심판을 선언하기 때문이다.[79] 철저한 제의 비판(암 5:21 이하; 사 1:10 이하)과 중보기도의 엄격한 금지(렘 14:11; 15:1)는 예언의 이러한 과격성에 잘 부합된다.

볼프와 그의 제자들인 슈미트와 예레미아스의 예언 이해는 예언자의 전승의 수용과 재해석이라는 볼프의 스승인 폰 라트의 입장과 형식적으로는 일치하고 있다. 그러나 그들은 예언과 전승의 연결이라는 '전승의 수용'에 주안점을 두었던 폰 라트의 입장과는 달리, 예언자의 '전승의 재해석' 내지는 '전승의 거부'에 중심을 두었다. 그들의 연구에 의하면 문서 예언자들의 심판 선포는 그 유사점을 찾아볼 수 없이 전혀 새로운 것이며, 자기 백성들에게 무조건적인 심판을 선언했다는 과격한 내용을 담고 있다. 문서 예언의 과격한 선포는 고대 이스라엘의 전통들에서도, 문서 이전의 예언자들에게서도, 문서 예언자들과 동시대에 활동한 구원 예언자들과 제의 예언자들에게서도, 또한 이웃 국가인 고대 근동에서도 찾아볼 수 없는 독특한 현상이라는 것이다. 즉 문서 예언의 '과격성'을 발견하게 된 것이다.

Umkreis des alten Israel," *Biblische Zeitschrift* 10 (1966): 161-197, 특히 186. 이 외 마리 문서와 구약 예언자와의 결정적 차이를 위해서는 다음을 참조하라. Jeremias, "Grundtendenzen," 11.

79. 참조. Jeremias, "Grundtendenzen," 11.

제3장
예언서 연구의 최근 동향[*]

1. 들어가는 말

이 장은 목회자들의 설교를 풍성해지도록 돕는 데 주목적이 있다. 신학교를 떠나 짧지 않은 기간 목회 현장에서 성도들을 말씀과 기도와 심방과 상담으로 섬기는 일에 전념하다 보면, 목회자들의 신학적인 면이 무뎌지고 고갈되기 쉽다. 그러나 신학이라는 뼈대가 약화되면, 목회도 정체성과 방향성을 잃어버리기 쉽다. 따라서 목회는 신학의 정기적인 점검을 받아야 건강을 유지할 수 있다. 모든 신학이 그러하듯이, 특히 성서신학은 그동안 많은 변화를 겪으면서 발전해 왔다. 사실 최근의 학문적 연구 결과가 목회 현장에

---

*   이 장은 "구약 신학 연구의 최근 동향: 선지서 연구의 최근 동향," 『목회와 신학』 381 (2021, 3월): 166-171에 발표된 것을 일부 수정한 것이다.

적용되기까지는 상당한 시간을 요한다. 또한 최근의 연구라고 무조건 존중되고 수용되어야 하는 것도 아니다. 그러나 현장 목회자들이 최근 예언서 연구 동향을 이해하고, 수용하고, 적용하는 것의 여부를 떠나서, 그 흐름만이라도 숙지하고 있다면 설교의 방향을 점검하는 데 도움이 될 것이다. 여기서는 대표적인 구약 예언서 연구의 최근 동향과 몇 가지 이슈만 다루고자 한다.

2. '예언'(인물)에서 '예언서'(문서)로 이동: '예언자의 신앙'에서 '예언서의 신학'으로

구약성서 연구를 조망하는 최근의 연구에서 '패러다임의 변화'가 언급되고 있다. 예언서 연구의 초점이 예언자 '인물'로부터 작별하고, 예언자의 '문서'로 전환되었다는 것이다.[1] 그동안 구약 예언자에 대한 학문적이고 교회적인 진술은 예언자라는 인물에 초점을 맞추었다. 이러한 입장은 20세기를 지배했을 뿐만 아니라, 오늘날까지도 부분적으로 유지되고 있다.[2]

---

1.   U. Becker, "Die Wiederentdeckung des Prophetenbuches: Tendenzen und Aufgaben der gegenwärtigen Prophentenforschung," *BThZ* 21 (2004): 30-60, 특히 31.

2.   라인하르트 G. 크라츠, "예언 연구의 문제점," 토마스 뢰머 외 6인, 『구약신학 연구동향』, 민경구 역 (서울: 기독교문서선교회, 2016), 255-277, 특히 256.

예언자라는 인물에 초점을 맞춘 연구는 현재의 예언서에서 예언자가 직접 한 '입말'(ipsissima verba)을 찾는 것이 주된 목표였다. 학문적 방법으로 역사적 예언자와 대면하면, 예언자가 직접 선포한 말을 본격적으로 증명할 수 있는 것처럼 보였다. 이러한 연구는 역사적 예언자를 '창의적 개인'으로 표현하기에 이르렀다. 성서의 예언자는 '광야에서 고독하게 외치는 자', '개인적 경건성의 진수를 보여 주는 자', '비밀리에 하나님으로부터 임무를 받은 자', '하나님으로부터 혹독한 훈련을 받으며, 백성에게 멸시와 천대를 받지만 성실하게 자신의 임무를 실행하는 자'로 간주되었다.[3]

그러나 21세기에 와서는 '예언자가 누구인가?'라는 질문에서 '예언서가 어떤 책인가?'를 확인하는 일이 예언서 해석의 주된 화두가 되었다. 이는 '예언'(말)과 '예언서'(글)를 서로 구분해서 파악해야 한다는 말이다.[4] 예언이 선포되었던 '말의 자리'(Sitz in der Rede)와 예언서라는 책을 형성시킨 '삶의 자리'(Sitz im Leben)는 결코 동일한 것이 아니다. 구두로 선포되었던 짧막한 신탁들이 기록된 '삶의 자리'와 그것들이 편집자의 신학적 관점이나 의도에 맞춰 최종적으로 편집된 '문서의 자리'(Sitz in der Literatur)는 결코 같지 않다는 것이다.[5]

---

3. 크라츠, "예언 연구의 문제점," 뢰머 외, 『구약신학 연구동향』, 255-277, 특히 257-258.

4. 왕대일, 『구약신학』(개정판) (서울: 대한기독교서회, 2015), 246.

5. M. Sweeney, "Formation and Form in Prophetic Literature," in: J. L. Mays, D. L. Petersen & K. H. Richard (eds.), *Old Testament Interpretation: Past,*

한 가지 예를 들면, 아이드볼(G. Eidevall)은 그의 최근 아모스 주석에서, "내 의견으로는, 실용적이고 방법론적인 이유들로 인하여 역사적 아모스의 탐구를 취소할 때가 되었다"고 선언한다. 그는 "나는 이러한 역사적 인물의 존재를 부정하는 것보다, 아모스의 전기의 어떠한 재구성도 필연적으로 너무 사변적이어서 학문적인 해석의 근거가 될 수 없을 것이라고 주장하고 있는 것이다"라고 말한다.[6]

최근의 흐름은 구약 예언에 대한 해석학적 지평이 '예언자의 신앙'에 있지 않고, '예언서의 신학'에 있다는 쪽으로 이동해 가고 있다.[7] 예언서 해석의 중심이 '예언'에서 '예언서'로, '인물'에서 '문서'로, '예언자의 신앙'에서 '예언서의 신학'으로 이동하고 있다. 그러나 구약의 예언서에서 읽을 수 있는 의미의 층은 하나가 아니라 최소한 둘(예언이 선포되던 자리와 예언서가 편집되던 정황) 이상이다. 적어도 예언은 선포되었던 자리와 그 예언이 한 권의 책으로 묶인 상태의 자리라는 두 가지 정황에서 살펴보아야 한다. 예언자의 신앙도 소중히 간직한 채, 예언서의 신학을 주목해야 할 것이다.

Present, and Future (Nashville: Abingdon, 1995), 115-116.

6.   G. Eidevall, *Amos* (AYB 24G; New Haven: Yale University Press, 2017), 7.

7.   왕대일, 『구약신학』, 253.

3. 고대 근동 예언 텍스트의 발견

구약의 예언 현상은 고대 근동에서는 유래가 없는, 성서에서만 나타나는 유일무이한 현상은 아니다. 코흐(K. Koch)도 지적하고 있듯이, 이스라엘의 예언은 '국제적 운동'의 한 부분이다.[8] 이스라엘 주변 국가들에서도 이와 유사한 예언 현상이 발견된다. 성서 외의 고대 근동의 텍스트들이 끊임없이 발견되고 출판되는 추세이기 때문에, 이러한 텍스트들이 예언 현상을 새롭게 이해하는 데 빛을 던져줄 가능성은 상당히 크다고 할 수 있다.[9]

구바빌로니아 시대(주전 18세기)의 것으로 보이는 텍스트가 마리에서 발견되었다. 보다 최근의 것들은 이스칼리(Ischali)에서 발견된 텍스트들이고, 가장 최근의 텍스트들은 신아시리아 시대(주전 7세기)에 속한 것들도 있다.[10]

우선 '마리 텍스트'는 편지 형식으로 되어 있다. 이 내용에 의하면, 예언자는 신과 인간 사이의 중재자로서 전문가와 평민을 막론하고 다양한 사람들에게 신으로부터 받은 계시를 전달하고 통찰력을 제공하는 역할을 한다. '이스칼리 텍스트'는 이 시기에 중

---

8. K. Koch, *The Prophets vol. 1, The Assyrian Period*, trans. M. Kohl (Philadelphia: Fortress, 1983), 12.

9. 데이비드 W. 베이커, "이스라엘의 예언자와 예언," in: 브루스 K. 월키 외, 『현대 구약성서 연구』, 강소라 역 (서울: 새물결플러스, 2019), 435-480, 특히 446.

10. 베이커, "이스라엘의 예언자와 예언," 445.

재(intermediation)의 관습이 마리에만 국한된 것이 아님을 알려 준
다. 이때에는 중재 역할이 일상적인 사회 활동에서 부수적인 것으
로 간주되었다. 왜냐하면 계시를 확증하는 데는 종종 점술이나 저
주와 같은 다른 수단들이 사용되었기 때문이다. 또한 '아시리아의
예언 텍스트'에는 개별적인 예언들뿐만 아니라 계시 모음도 포함
되어 있다. 여기에는 중재자들에게 호칭이 주어지기도 한다. 그중
하나는 '마후'(mahhû)인데, 그 뜻은 '황홀경에 빠진 사람'이다. 또한
이스라엘에서 예언자를 가리킬 때 사용되는 '나비'(נָבִיא, nābîʾ)와
동일한 어원을 가진 용어가 발견되었다. 그리고 보다 최근에 이러
한 용어가 지리적으로 좀 더 가까운 곳에 위치한 북시리아 에마르
(Emar)의 주전 13세기 유적에서도 발견되었다. 이렇게 성서에서 예
언자를 가리키는 용어와 동일한 어원을 가진 동족어가 이들 문화
에서도 발견된다는 사실은 '나비'(נָבִיא)와 관련된 예언의 전통이
시리아 서부에서 유래했다는 것을 암시한다.[11]

또한 주전 7세기의 아람어 발람 문서가 요르단의 데이르 알라
(Deir ʿAlla)에서 발굴되었다. 이 문서에는 '브올의 아들인 발람'이라
는 표현이 나온다. 현존하는 최고의 가나안 예언 문서인 이 텍스
트의 저자가 구약성서 텍스트(민 22-24장)에 기록된 인물을 알고 있
었다는 사실은 매우 흥미 있는 대목이다.[12]

마리 텍스트는 구약 예언자의 중재자 역할과 유사하다. 이스

---

11. 베이커, "이스라엘의 예언자와 예언," 446-447.
12. 베이커, "이스라엘의 예언자와 예언," 447-448.

칼리 텍스트는 예언의 중재 기능보다 점술이나 저주의 기능이 예언 현상에서 우위를 차지했다는 사실을 통하여 구약의 예언과 차별됨을 보여 준다. 구약성서는 적어도 예언자의 점술 기능을 분명하게 정죄하고 있다(신 18:9-14). 아시리아의 예언 텍스트는 '황홀경에 빠진 자'와 '나비'와 동일한 어원을 가진 용어를 보여줌으로 구약 예언에 나타나는 황홀경 예언 현상과 '나비' 예언 현상이 고대 근동의 보편적 현상이었음을 입증해 주고 있다. 고대 근동의 구약성서 관련 텍스트의 발굴은 구약본문을 객관적으로 이해하는 데 큰 빛을 선사한다. 근동의 예언 현상과 구약의 예언 현상의 공통점과 차이점은 구약 예언의 독특성을 밝혀주는 중요한 단서가 된다. 땅속에 묻혀 있는 고대 근동의 텍스트가 발굴될 때마다 구약성서의 감추어진 독특성(진리와 진실)이 하나하나씩 드러나게 될 것이다.

4. 예언 관련 고고학적 유물의 발견

최근 들어 고고학적 유물들도 예언서 해석에 새로운 빛을 비추어 주고 있다. 고고학은 예언자의 메시지를 수용하는 공동체의 정황뿐만 아니라 예언자가 어떤 배경에서 메시지를 선포하게 되었는지에 대해서도 조명해줄 수 있다.[13]

13.　베이커, "이스라엘의 예언자와 예언," 454.

예언서와 관련하여 세 가지 고고학적 주제가 관심을 끌었다. 첫째, '미르자흐'(מִרְזַח)/'마르제아흐'(מַרְזֵח)라는 단어가 구약성서에서 아모스 6:7(מִרְזַח, '미르자흐')과 예레미야 16:5(מַרְזֵח, '마르제아흐')에만 언급된다. 이 단어는 우가리트(주전 13세기)와 시리아의 팔미라(주후 2-4세기)에서 나온 텍스트들을 근거로 포도주와 기름이 주로 사용된 '장례 식사'를 의미하는 것으로 해석된다.[14] 이후 이 단어가 직접적으로 언급은 되어 있지 않지만, 이사야 28:1-6과 같은 본문도 '마르제하' '연회 장면'을 묘사하는 것으로 보는 견해도 등장했다.[15]

둘째, 주전 9세기의 텔 단 유적에서 '다윗의 집'(בֵּית דָּוִד, '베이트 다비드')이라는 문구가 새겨진 아람어 비문을 발견하였다. 어떤 학자는 아모스 9:11에 근거하여 이를 장차 회복될 '다윗의 장막'(סֻכַּת דָּוִיד, '수카트 다비드')과 평행구로 해석한다.[16] 이 텍스트는 성서를 제외하고 다윗이라는 이름을 언급한 가장 오래된 자료이기 때문에 역사적으로 매우 중요하다.[17] 이스라엘 역사를 해석하는 연구에는 크게 두 가지 흐름이 있다. 하나는 '최대주의자의 접근'(Maximalist approach)이고, 다른 하나는 '최소주의자의 접근'(Mini-

---

14. S. M. Paul, *Amos* (Hermeneia; Minneapolis: Fortress, 1991), 210-212.

15. B. A. Asen, "The Garlands of Ephraim: Isaiah 28.1-6 and the *Marzeah*," *JSOT* 71 (1996): 73-87.

16. P. R. Davies, "*Bytdwd* and *Swkt Dwyd*: A Comparison," *JSOT* 64 (1994): 23-24.

17. 베이커, "이스라엘의 예언자와 예언," 457.

malist approach)이다. 전자는 성서의 역사 기술의 역사성을 최대한 인정하는 입장이고, 후자는 성서의 역사 기술의 역사성을 최소로 인정하는 입장이다. 최소주의자들은 일반적으로 족장 시대는 물론이고, 모세의 역사성을 인정하지 않고, 다윗의 역사성까지도 의심한다. 이들의 지나친 주장을 반박할 수 있는 중요한 증거가 '다윗의 집'이라고 새겨진 아람어 비문이라 할 수 있다.

셋째, 예레미야서에 등장하는 인물들의 이름이 적힌 인장들과 관인들도 발견되었다. 예를 들면, 사반의 아들 그마랴(렘 36:1-12),[18] 왕의 아들 여라므엘(렘 36:26),[19] 예레미야의 서기관인 네리야의 아들 바룩(렘 32:12; 43:1-7)을 비롯한 다른 인물들의 이름이 발견된 것이다. 이 중 하나에서 육안으로 확인할 수 있는 바룩의 지문을 발견했다고 주장하는 학자도 있다.[20]

고고학적 유물에는 성서를 이해하는 데 도움을 주는 중요한 힌트들이 담겨 있다. 유물 자체는 성서 해석의 실마리를 간접적으로 제공하지, 결정적인 증거가 되는 것은 아니다. 다만 성서 이외의 또 다른 관련 본문을 확보하게 될 뿐이다. 이 또한 해석이 필요한 텍스트라는 것이다. 성서의 수수께끼를 해결할 수 있는 성서 이외의 유물들은 계속해서 발굴되고 있다. 현재의 상태에서 해석되지 않는 본문을 놓고 끙끙거리는 성서학자들에게 고고학적 유

---

18. P. J. King, *Jeremiah: An Archaeological Companion* (Louisville: Westminster John Knox Press, 1993), 94-95.

19. King, *Jeremiah*, 95-97.

20. King, *Jeremiah*, 95.

물은 하나님의 새로운 선물이다.

5. 페미니즘 비평

페미니즘 비평(feminism criticism)은 대부분의 남성 해석자들이 놓치거나 잘못 해석한 내용들을 지적하고 새로운 길을 제시한다. 예를 들면, 성서에 나타난 여성들이 수행한 중요한 역할, 일상생활과 하나님을 섬기는 데 있어 여성들이 당면했던 불이익과 같은 문제들을 파헤치고 여성의 시각에서 본문을 새롭게 해석한다.[21]

페미니즘 비평은 예언서 연구에 중요한 기여를 했다고 평가를 받는다. 이 비평은 '의심의 해석학'(a hermeneutics of suspicion)으로 작업을 하면서, 다수의 학자들이 예를 들면, 아모스서가 재산을 잃을 위험에 처한 자유 시민들, 아마도 남성들에게 사회적 관심을 집중시킨다고 가정한다. 아모스 시대 여성들도 남성들과 마찬가지로 그들의 가정에서 가난에 시달렸을 텐데, 일반적으로 여성의 경제적 곤경이 갖고 있는 특정한 상황에 대해서는 전혀 인식하지 못하고 있다고 지적한다.[22]

아모스서에서 여자가 매춘을 감행할 것이라는 예언조차도 남

---

21. 베이커, "이스라엘의 예언자와 예언," 479.

22. M. D. Carroll R., "Twenty Years of Amos Research," *Currents in Biblical Research* 18 (2019): 32-58, 특히 48.

편의 관점에서 묘사된다(암 7:17). 한 여성이 한 아버지와 아들에게 성적으로 착취를 당하고(암 2:7), 임신한 여성이 배가 갈리고(암 1:13), 처녀 이스라엘이 쓰러지고(암 5:2), 부유한 여성이 '바산의 암소'라고 비하된다(암 4:1). 이 모든 것들은 하나님의 심판과 관련된 묘사들이다. 그러나 하나님의 심판의 폭력성이 잠재적으로 "충실함이나 사랑을 보장하기 위한 합법적인 수단으로 학대 행위를 묵인하거나 심지어 조장하는 데 잘못 이용될 수 있기"[23] 때문에 페미니즘 비평은 아모스서에서 이 점을 문제삼는 것이다. 페미니즘 비평은 아모스의 하나님의 전쟁 이미지가 배우자 학대를 정당화하도록 이끈다고 주장하는 것은 심각한 오독이라는 점을 잘 드러내고 있다.

최근에 임효명 박사는 에스겔 16장에 대하여 페미니즘 시각에서 해석한 논문을 발표했다.[24] 에스겔 16장은 야웨의 1인칭 서술로 예루살렘에 대해 비유적으로 이야기한다. 야웨는 은혜를 입은 예루살렘의 파렴치한 배신과 이에 대한 무자비한 징계를 언급하고 있다. 우리는 독자로서 아내 예루살렘을 징계하는 남편 야웨를 접하고 불편한 마음을 숨길 수 없다. '아무리 그래도 그렇지, 아내에

---

23. A. Erickson, "Amos," in: C. A. Newsom, S. H. Ringe & J. E. Lapsley (eds.), *Women's Bible Commentary* (Louisville: Westminster John Knox Press, 2012), 315.

24. 임효명, "에스겔 16장의 폭력 남편 야웨," in: 박유미 외, 『"이런 악한 일을 내게 하지 말라": 구약성서와 성폭력 그리고 권력』 (한국구약학회 구약신학선집 1호; 서울: 동연, 2020), 167-188.

게 저렇게 폭력을 휘두르다니! 너무 심한 것 아닌가? 그것도 야웨 하나님이?'

임효명은 이에 대하여 '캐릭터'로서의 야웨와 '신' 야웨를 분리하여 볼 것을 제안한다. '신' 야웨는 이스라엘의 구속사와 심판, 회복의 주체이다. 그러나 '캐릭터'인 남편 야웨는 '신' 야웨의 문화적 '재현'으로서 메시지의 효과적인 전달을 위한 '매개체'이며 '시대성'을 가진다고 말한다.[25] 임효명의 다음의 결론은 귀담아들을 필요가 있다.

> 문학적 장치로 생성된 이미지가 야웨의 실존을 대변한다고 볼 수는 없다. 상징은 그 시대의 문화와 청중에 맞춰진 것으로 시대에 따라 깨어지고 새롭게 구성될 필요가 있다. 신실하지 못한 아내에 대한 남편의 징계가 에스겔 시대에는 당연하고 자연스러운 것으로 받아 들여졌을지 모르나, 데이트 폭력, 가정 폭력, 여성의 대상화에 민감한 현세대에게 아내를 폭력적으로 징계하는 남편 야웨의 상은 호소력을 가질 수 없다. 현대의 독자는 유다의 죄에 대한 충격보다 죄를 징계하는 야웨의 이미지에 더욱 충격을 받게 된다.[26]

상징은 한 문화의 구성원들이 세상을 이해하는 방법의 일환이다.

---

25. 임효명, "에스겔 16장의 폭력 남편 야웨," 170.
26. 임효명, "에스겔 16장의 폭력 남편 야웨," 187.

즉 상징과 문화는 뗄 수 없는 관계에 있으며, 문화가 바뀌면 상징도 바뀌어야 한다.[27] 아내에게 폭력을 행하는 야웨의 캐릭터는 상징이지 본 모습은 아니다. 매체와 실체를 정확히 구분해야 함을 알 수 있다.

구약성서가 가부장적 사회에서 남성 저자들에 의해 남성의 시각에서 기록된 문헌이기 때문에, 더는 가부장적 사고가 발붙일 수 없는 현대 사회에서 성서 본문은 여성의 시각에서 본 재해석이 필요하다. 전 세계적으로 여성 성서학자들이 점점 많아지고, 영향력을 확대하고 있다. 남성 연구자들에 의해서 태생적으로 가려진 본문들의 본래적 의미가 페미니즘 비평에 의해서 새롭게 밝혀지고 균형을 잡아가는 것은 반길 일이다. 남성 설교자들에 의해서 포위당한 한국의 설교 강단에서도 과격한 페미니즘이 아닌, 건전한 페미니즘 비평으로 재해석된 신선한 메시지가 원활하게 수용되기를 기대해 본다.

6. 탈식민주의 비평

탈식민주의 비평(postcolonial criticism)은 식민 지배를 받았던 사람들의 관점에서 식민 지배 권력과 제국주의 권력에 대한 경험들과 대응들을 이론화하는 방법으로 20세기 후반에 발전하였다. 이 비평

---

27. 임효명, "에스겔 16장의 폭력 남편 야웨," 187.

을 구약성서의 본문들을 해석하는 도구로 사용하는 것은 바빌로 니아와 그 이후 페르시아 제국하에서의 유다와 그 주민의 경험이 유사한 관점에서 유용하게 조사될 수 있다는 인식에 근거한다. 이 비평은 특별히 권위의 구성과 행사에 초점을 맞추는데, 식민 지배 를 받는 개인들과 무리들이, 공공연하게든 아니면 은밀하게든 간 에, 그러한 권위에 저항하는 방식들에 특히 주목한다.[28]

예를 들면, 데이비슨(S. V. Davidson)은 예레미야 32장의 아나돗 의 밭 매입 이야기를 탈식민주의 비평에 입각하여 새롭게 해석한 다. 그는 이 이야기를 "제국에 대한 민족주의적 저항 행위로" 해석 하며, 여기서 예레미야의 "조상의 재산 매입은 물질 영역에 제국 의 권력을 개입시키지 않고, 오히려 영적 영역에서 국가적 주권을 지키고 주장하는 전략적 선택의 실례를 보여 준다"고 진술한다.[29] 데이비슨은 예레미야의 상징 행위 그 자체에 우선권을 준다. 그 땅은 타인에게 양도할 수 없고, 법적으로, 영구적으로 그 가족 내 에 묶여 있는 것이라는 사상에 의존한다. 그 땅은 결코 바빌로니 아인들에게 속할 수 없다. 가족은 국가와 제국보다 우선한다는 것 이다.[30]

---

28. C. L. Crouch, *An Introduction to the Study of Jeremiah* (T&T Clark Approaches to the Biblical Studies; London: Bloomsbury T&T Clark, 2017), 125.

29. S. V. Davidson, *Empire and Exile: Postcolonial Readings of the Book of Jeremiah* (LHBOTS 542; London: T&T Clark, 2011), 56.

30. Crouch, *An Introduction to the Study of Jeremiah*, 126.

또 하나의 예를 들어 보자. 캐롤(M. D. Carroll R.)은 아모스 9:11-
15을 라틴 아메리카의 현실과 연관하여 해석한다. 캐롤은 이 본문
단락을 1996년, 36년간의 내전이 끝난 후 과테말라에서 희망의
등불을 보여 주는 본문으로 읽었다. 이 단락을 전쟁과 파괴, 포로
유배, 굶주림, 목마름 대신에 평화의 시대, 폐허의 재건, 본토로의
귀환, 풍부한 음식과 음료의 시대에 대한 묘사로 해석했다. 평화
협정이 체결되면서, 과테말라는 아모스 9:10과 9:11 사이의 공간
에, 즉 황폐와 기대 사이의 공간에 서 있었다. 고통을 되돌아보는
것(암 9:10)과 그와는 다른 내일을 내다보는 것(암 9:11) 사이에 서 있
는 것이다.[31]

그러나 캐롤은 중앙아메리카 지협의 갈등은 사회적 변화만으
로는 충분하지 않음을 깨닫는다. 서로 다른 사람들과 상황을 육성
하기 위한 도덕적 풍토와 평화 및 정의의 문화가 절실하였다는 것
이다. 라틴 아메리카의 난제들 중 하나는 종교와 이념의 결혼(좌파
든 우파든)이었다. 캐롤은 아모스가 이스라엘의 사회적·군사적 가
식을 논박하고, 국가의 신이 축복과 승리의 신이었던 국가의 이데
올로기를 반박했음을 발견한다. 이러한 신을 정당화하고 찬양하
는 제의(예배)는 용납될 수 없었다. 캐롤은 군사적인 면과 사회경제
적인 면 모두에서의 아모스의 폭력과 부패에 대한 비판을 라틴 아
메리카의 상황과 연관 지었다. 아모스의 종교 비판을 통해 라틴
아메리카에서 이루어지는 종교와 정치의 연결 고리, 만연한 불평

---

31. Carroll R., "Twenty Years of Amos Research," 50.

등의 맥락에서의 종교의 비효능성, 일부 기독교 집단의 선정성을 비판하였다. 캐롤은 아모스 9:11-15에 대해 이 본문은 "고통받는 사람들과 세계를 위한 구체적인 희망이다"라고 해석하였다.[32]

이렇듯 탈식민주의 비평은 가해자가 아니라 피해자의 시각에서 성서 본문을 새롭게 해석하는 것이다. 지금까지 주의 깊게 관찰하지 못했던 피해자 중심의 성서 읽기는 주류 성서 연구자들과 설교자들에게 새로운 시각을 열어 준다. 일반적으로 가해자는 힘이 있고, 피해자는 힘이 없는 경우가 많다. 그 힘이 권력의 힘이건 금권의 힘이건 언론의 힘이건 간에 말이다. 그래서 고통을 당하는 사람 쪽에서 이해한 신학이 옳다. 욥과 같은 고난당하는 자의 탄원은 비신앙적이고 배척해야 할 신앙인의 잘못이나 악이 아니라, 오히려 합법적이고 정당한 신앙인의 언어이다. 탈식민주의 비평에서도 귀담아들어야 할 메시지가 담겨 있다.

7. 나가는 말

21세기는 역사적 비평, 편집적 비평, 신학적 접근법, 정경적 접근법들과 같은 전통적인 접근법과 더불어 성서를 해석하는 새로운 해석적 접근법들이 계속해서 시도되고 있다. 예를 들면, 공포 이론(horror theory), 영화 연구(film studies), 공간의 구성(constructions of

---

32. Carroll R., "Twenty Years of Amos Research," 50-51.

space), 본문의 상호 관계성(intertextuality), 성서 내적인 암시(inner-biblical allusion), 포스트모더니즘(postmodernism), 수용사(reception history) 및 영향사(influence history), 독자-반응 비평(reader-response criticism), 탈식민주의 비평(postcolonial criticism), 페미니즘 비평(feminism criticism), 젠더 비평(gender criticism) 및 퀴어 이론(queer theory) 등 셀 수 없이 많은 성서 해석 방법론들이 성서 연구에 속속들이 도입되고 있다.

　물론 최신의 해석 접근법이라고 무조건 정당한 해석법은 아니다. 해석 방법론의 타당성(적합성과 적실성)은 전문 성서학자들의 치열한 연구의 몫이다. 설교자들은 새로운 방법론에서 얻을 수 있는 새로운 메시지들 가운데 한 가지를 선택하면 된다. 설교자들에게는 여러 가지 주석적 결과들 가운데 하나를 선택할 수 있는 '판단의 소명'(a judgement call)이 특권으로 주어져 있다.[33] 성서의 본문은 본질적으로 다면성(multivalence)과 다기능성(polyvalence)을 가지고 있다. 성서는 다중의 의미를 담고 있는 보물 저장고이다.[34] 이 보물 저장고는 무한한 보물을 소장하고 있기에 단 하나의 마스터키는 존재하지 않는다. 각 시대마다 서로 다른 다양한 열쇠를 가지고 있어야 그 시대에 적절한 보물을 발견할 수 있을 것이다.

33.　T. G. Long, *The Witness of Preaching* (Louisville, Kentucky: Westminster John Knox Press, 2005), 100.

34.　Crouch, *An Introduction to the Study of Jeremiah*, 140.

제4장
예언 선포의 의도[*]

1. 들어가는 말

예언 선포의 본질적 의도는 무엇인가? 정의로운 사회를 건설할 목적으로 사회 개혁을 겨냥한 사회 비판(Sozialkritik)인가? 아니면 올바른 행실로 돌이키려는 회개 촉구(Bußruf)인가? 혹은 피할 수 없는 임박한 심판을 알리는 미래 선고(Zukunftsansage)인가? 이러한 시도들이 오늘날의 예언서 연구에서 논쟁점으로 부각되고 있다.[1]

---

[*] 이 장은 원래 "최근 예언서 연구 동향(II): 예언 선포의 의도를 중심으로"라는 제목으로 『기독교사상』 443호 (1995, 11월): 96-117에 실린 것을 일부 수정 보완한 것이다.

1. 1992년에 출판된 Preuß의 『구약 신학』에서도 이 점이 지적되고 있다. H. D. Preuß, *Theologie des Alten Testament. Band II: Israels Weg mit JHWH* (Kohlhammer, 1992), 84; 참조. W. H. Schmidt, *Einführung in das Alte Testament* (Berlin; New York: de Gruyter ⁵1995, 194). 다음 논문은 이 주제

위의 세 가지 입장을 비판적으로 검토해 보기로 한다.

2. 사회 비판

한때 학자들은 고발과 미래 선포(주로 심판 선포)로 구성되어 있는 예언 선포 중에서 고발 부분에 해당되는 예언자들의 사회 비판 메시지에 초점을 집중하여 예언자의 본질을 파악하려고 했었다. 이런 맥락에서 블로흐(E. Bloch)의 예언자 이해가 많은 공감대를 형성했던 시기가 있었다. 그는 구약의 예언자들을 '사회 혁명가' 내지는 '사회 개혁가'로 보았다.[2] 예언자들의 신랄한 사회 비판의 의도는 당시대의 죄를 들쳐 내서 변화를 촉구하는 것으로 간주되었다.

이러한 예언자 이해는 제3세계에서 그 나라의 억압적인 정치·경제 상황 때문에 적극적으로 수용되었다. 그래서 예언자들은 "억압자와 폭력, 착취와 법의 남용에 대항하여 싸우고 정의와 평화를 위해서 일하는 투사"[3]로 이해되었다. 다음의 슬로건은 예언자를 이런 식으로 이해하는 사람들에 의해서 흔히 사용되었다.

에 대한 가장 최근의 것이다. A. Tångberg, "Waren die 'klassischen' Propheten Israels Bußprediger?," A. Tångberg (ed.), *Text and Theology: Studies in Honour of Prof. M. Saebø* (Oslo: Verbum, 1994), 319-335.

2.   E. Bloch, *Atheismus im Christentum* (Frankfurt am Main, 1968), 126-135.

3.   J. M. Schmidt, "Zukunftsperspektiven alttestamentlicher Prophetie," *Der evangelische Erzieher* 37 (1985), 257.

'판잣집들과는 평화―궁전들과는 전쟁'

혹은 '칼을 쳐서 보습으로.'[4]

특히 사회 정의에 관심이 많은 그룹들은 이러한 식의 예언자 이해
를 선호하였다. 물론 우리는 예언자들에게서 사회를 비판하는 메
시지를 적지 않게 들을 수 있다. 하지만 사회 비판 자체를 예언자
의 과제로 보기에는 무리가 있어 보인다. 오늘날에 와서 예언자를
사회 개혁가로 보는 입장은 구약성서학자들에게 더 이상 지지를
받지 못하고 있다.[5]

최근에 예언자의 사회 비판이 많이 연구되었으며,[6] 이 주제에

---

4. Schmidt, "Zukunftsperspektiven," 257-258.

5. Schmidt, "Zukunftsperspektiven," 258.

6. 예언자의 사회 비판에 대한 연구는 다음과 같다. H.-J. Kraus, "Die
prophetische Botschaft gegen das soziale Unrecht Israels," *Evangelische
Theologie* 15 (1955): 295-307; H. Donner, "Die soziale Botschaft der
Propheten im Licht der Gesellschaftsordnung Israels" (1963), P. H. A.
Neumann (Hrsg.), *Das Prophetenverständnis in der deutschsprachigen
Forschung seit Heinrich Ewald* (Wege der Forschung Bd. 307; Darmstadt,
1979), 483-514; O. H. Steck, "Die Gesellschaftskritik der Propheten," in: W.
Lohff & B. Lohse (Hrsg.), *Christentum und Gesellschaft*, Ringvorlesung der
Evangelisch-Theologischen Fakultät der Universität Hamburg (Göttingen,
1969), 46-62; K. Koch, "Die Entstehung der sozialen Kritik bei den
Profeten," *Probleme biblischer Theologie*, Festschrift G. von Rad (München,
1971), 236-257; G. Wanke, "Zu Grundlagen und Absicht prophetischer
Sozialkritik," *Kerygma und Dogma* 18 (1972): 1-17; M. Fendler, "Zur
Sozialkritik des Amos: Versuch einer wirtschafts- und sozialgeschichtlichen
Interpretation alttestamentlicher Texte," *Evangelische Theologie* 33 (1973):

관한 한 학자들 간에 거의 일치점에 도달하고 있다.

> 주전 8세기의 예언자들은 단순히 개인이나 개개인의 행실을 비
> 난하는 것이 아니라 모든 체제를 싸잡아서 비판하고 있다. … 그
> 들은 그 어떠한 갱신의 시도에도 회의적인 입장을 취한다. 그들
> 은 더 이상 윤리적이고 제의적인 부패를 문제삼는 것이 아니라,
> 고위 기관, 사법 기관, 정치 기관, 제의 기관에 이르기까지 기존에
> 있는 모든 제도를 남김없이 철저히 공박하고 있다.[7]

예언자들은 "사회의 새로운 상을 제시하지 않는다."[8] 또한 그들의

32-53 [= "아모스의 사회 비판," 『신학사상』 21 (1978, 여름), 267-293]; F. Stolz, "Aspekte religiöser und sozialer Ordnung im alten Israel," *Zeitschrift für evangelische Ethik* 17 (1973): 145-159; O. Lorets, "Die prophetische Kritik des Rentenkapitalismus: Grundlagen-Probleme der Prophetenforschung," *Ugarit-Forschungen* 7 (1975): 271-278; S. Holm-Nielsen, "Die Sozialkritik der Propheten," *Denkender Glaube*, Festschrift C. H. Ratschow (Berlin, 1976), 7-23; J. K. de Geus, "Die Gesellschaftskritik der Propheten und die Archäologie," *Zeitschrift des Deutschen Palästina-Vereins* 98 (1982): 50-57; R. Bohlen, "Zur Sozialkritik des Propheten Amos," *Trierer Theologische Zeitschrift* 95 (1986): 282-301; G. Fleischer, *Von Menschenverkäufern, Baschankühen und Rechtsverkehrern* (Bonner Biblische Beiträge 74; 1989); A. D. H. Mayes, "Prophecy and Society in Israel," *Of Prophets' Visions and the Wisdom of Sages*, Festschrift R. N. Whybray, (Journal for the Study of the Old Testament Supplement Series 162; 1993), 25-42.

7. Koch, "Die Entstehung," 238.
8. Wanke, "Grundlagen," 11.

메시지에는 "정의 사회를 향한 프로그램도 결여되어 있다."[9] 정리하자면 소위 문서 예언자들은 그들의 철저한 사회 비판에서 정의로운 사회라는 구원의 미래상을 전혀 제시하지 않는다는 것이다. 즉 예언자는 미래의 대안을 제시하는 개혁자가 아니라는 것이다.

또한 예언자들이 천한 자, 약자 그리고 가난한 자들의 편에 서서 그들만을 옹호하는 자들이었다는 이해도 편협한 것이다.[10]

> 예언자의 사회 비판은 인간적 고려에 의해서 나온 것도 아니고, 가난한 자들과 억압당하는 자들 때문에 생긴 것도 아니며 야웨와 [전체] 이스라엘 때문에 등장한 것이다.[11]

> 예언 활동의 근거와 의도는 권리를 박탈당하고 무시당하는 집단이나 사람들을 옹호하는 것에 있지 않고 오히려 [모든 사람들의]

---

9. Stolz, "Aspekte," 154.

10. 서인석과 왕대일은 예언자를 약자의 옹호자로 이해한다. "예언자들이 노린 것은 경제적으로 약세에 내몰린 가난한 자들의 권리(法)를 옹호하는 데 있었다." 서인석, "예언자들의 비판 정신" (1975), in: 서인석, 『오늘의 구약성서 연구』 (서울: 성바오로 출판사, 1983), 67; 같은 저자, 『성서의 가난한 사람들』 (왜관: 분도출판사, 1979), 128, 132, 150. "바로 여기에 주전 8세기 예언자들이 약자 편에 서서 불의를 고발하게 되었다고 말할 수 있다. … [예언자들은: 아모스, 미가, 이사야, 호세아] 모두 한결같이 약자의 옹호자로 나서서, 약자들을 돌보게 했던 아름다운 옛 전통을 상기시키고 있는 것이다." 왕대일, 『신앙공동체를 위한 구약성서이해』 (서울: 성서연구사 1993), 162.

11. Holm-Nielsen, "Sozialkritik," 22-23.

불의를 폭로하는 데 있다.[12]

예언자들은 백성 전체(가난한 자이건 부자이건 간에 모두)에게 심판을
선포하고 있기 때문이다(암 8:2). 미가는 예언자로서의 자기 이해에
서 이 점을 분명히 보여주고 있다.

> 오직 나는 여호와의 영으로 말미암아
>
> 능력과 정의와 용기로 충만해져서
>
> **야곱의 허물과 이스라엘의 죄**를 그들에게 보이리라(미 3:8).

고대 이스라엘의 예언자들은 어느 한 계층, 특히 가난하고 억압받
는 계층을 옹호하기 위해서 사회를 비판한 것이 아니었다. 또한
사회 변혁을 목적으로, 정의 사회 구현을 위해서 사회 비판을 행
한 것도 아니었다. 예언자의 선포 가운데 사회 비판이 갖는 기능
은 백성 전체에게 임할 심판의 근거를 제시하는 데 있다. 사회 비
판의 본질적인 의도는 약한 계층의 옹호가 아니라 죄를 지적하여
임박한 심판의 정당성을 마련해 주는 것이다.[13]

---

12. S. Herrmann, "Das prophetische Wort, für die Gegenwart interpretiert,"
    Evangelische Theologie 31 (1971), 655; 참조. J. Jeremias, "Die Vollmacht des
    Propheten im Alten Testament," *Evangelische Theologie* 31 (1971), 313.

13. 참조. W. H. Schmidt, *Zukunftsgewißheit und Gegenwartskritik: Grundzüge
    prophetischer Verkündigung* (Biblische Studien 64; Neukirchen-Vluyn,
    1973), 68. "아모스는 백성이 범하고 있는 범죄를 지적하여야 한다. 이러한
    면에서 아모스는 피억압자의 대변인이 아니라 야웨의 옹호자로서 [사회 비

3. 회개 촉구

우리는 예언 선포의 양대 기둥인 고발과 미래 선포 가운데 고발
부분—고발 내용 중에서도 사회 비판—에 집중하여 예언자를 파악
하려는 한때의 시도가 단편적인 이해였음을 지적하였다. 이제는
예언 선포의 기본이 되는 두 양식 중에서 나머지 부분에 속하는
미래 선포에 주목해 보기로 한다. 예언자의 미래 선포는 아모스의
경우를 제외한다면,[14] 심판과 구원을 모두 포함하고 있다. 그런데
미래 선포에서 주종을 이루는 것은 심판 메시지이다. 그렇기 때문
에 예언자의 미래 선포를 거론할 때 특별한 언급이 없다면 그것을
심판 선포로 이해하여도 무방하다. 과연 예언자의 심판 선포가 의
도하는 것은 무엇일까?

적지 않은 학자들이 예언 선포의 의도를 회개 촉구로 파악하
고 있다. 유대인 학자 부버(M. Buber)는 1950년에 출판한 그의 책
『예언자의 신앙』에서 포로기 이전의 예언자를 '회개 촉구자'로 이

판의] 목소리를 높였다." Bohlen, "Sozialkritik," 297.
14. 암 9:11-15이 아모스의 말(이것을 주장하는 대표적 학자는: W. Rudolph,
   Joel-Amos-Obadja-Jona, Kommentar zum Alten Testament, Band XIII/2;
   Gütersloh 1971, 102. 278 이하)인지 후대의 재해석(대다수의 학자들이 이를
   지지한다. 대표적 학자로는: H. W. Wolff, *Dodekapropheton 2: Joel, Amos*,
   Biblischer Kommentar Altes Testament, Band XIV/2; Neukirchen-Vluyn,
   ³1985, 138. 405-406)인지는 여전히 논란이 되기 때문에 이 구절을 제외한다
   면 아모스는 심판 선포만 하고 있는 셈이다. 그러나 아모스를 제외한 대부분
   의 예언자들은 심판뿐 아니라 구원도 선포한다.

해한다.[15] 그는 다음과 같이 주장한다.

> 참 예언자는 변경될 수 없는 숙명적인 사실을 사람들에게 알리지
> 않았다. 그들은 그 시점에서 사람들로 하여금 결단을 내릴 수 있
> 도록 하기 위해서 말한 것이었고, 그들이 고한 심판 메시지는 이
> 결단에 좌우될 성질의 것이었다.[16]

> 예언자가 미래의 심판을 예언하는 것은 인간의 이 같은 자기 결
> 단의 힘에 호소하기 때문이다. … 예언자의 말은 단지 인간의 마
> 음속에 뚫고 들어가서 회개(悔改)라는 궁극적 행위에 이르게 한
> 다.[17]

또한 암슬러(S. Amslér)에 따르면, 아모스는 '11시의 예언자'이다. 당
시의 백성들이 아직 늦지 않았다는 것이다. 즉 아모스의 심판 선
포를 오히려 야웨께서 허락하신 '소망의 표시'로 본다.[18] 캐펄루드
(A. S. Kaperlud)는 아모스의 과제는 백성들에게 회개를 촉구하는 것
이며, 그렇기 때문에 아모스의 심판 선포는 이스라엘 백성이 회개

---

15. M. Buber, *Der Glaube der Propheten* (1950), in: *Werke II: Schriften zur Bibel*
    (München und Heidelberg, 1964) [= 남정길 역, 『예언자의 신앙』, 서울: 대
    한기독교출판사, 1977].

16. Buber, *Der Glaube*, 345 [= 남정길 역, 163].

17. Buber, *Der Glaube*, 345 [= 남정길 역, 163-164].

18. 참조. S. Amslér, "Amos, prophète de la onzième heure," *Theologische
    Zeitschrift* 21 (1965), 327-328.

하지 않을 경우 일어날 수 있는 일을 가리킨 것이라고 본다.[19]

다음은 예언자들이 청중의 참회를 촉구하기 위해 심판을 선포
하였다고 주장하는 학자들 중 대표자 격인 포러(G. Fohrer)의 주장
을 살펴본다. 그는 포로기 이전의 예언을 일관성이 있는 한 목소
리로 이해하며, 그의 예언 이해에 기초를 제공하는 성서적 근거로
에스겔 18:23을 제시한다.[20]

> 주 여호와의 말씀이니라 내가 어찌 악인이 죽는 것을 조금인들
> 기뻐하랴 그가 돌이켜 그 길에서 떠나 사는 것을 어찌 기뻐하지
> 아니하겠느냐(겔 18:23).

이 본문에 근거하여 그는 하나님의 심판은 피할 수 없는 것은 아
니며, 인간의 잘못된 행실도 극복할 수 없는 것은 아니라고 본다.
그렇기 때문에 예언자들은 새로운 구원의 가능성을 보았다고 주
장한다.[21] 그에 따르면 예언자들은 주로 현재를 결정짓는 임박한
미래를 말한다. 예언자들에게 본질적으로 중요한 것은 바로 예언

19. A. S. Kaperlud, "New Ideas in Amos," *Vetus Testamentum*. Supplement 15 (1966), 197.
20. G. Fohrer, *Studien zur alttestamentlichen Prophetie* (1949-1965). (Beihefte zur Zeitschrift für die alttesmentliche Wissenschaft 99; Berlin, 1967), 16; G. Fohrer, *Geschichte der israelitischen Religion,* (Berlin, 1969), 274. 이 본문 이외에 그가 그의 주장의 근거로 제시하는 중심 본문으로는 사 1:16-17; 암 5:4-6; 5:14-15 등이 있다.
21. 참조. Fohrer, *Geschichte*, 274.

자들의 현재였다는 것이다.[22] 그는 여기에서 그의 예언서 이해를
위한 결정적인 두 가지 명제를 끌어낸다.

> 첫째, 예언자들은 먼 미래를 미리 말할 의도가 없었으며, 오히려
> 그들의 현재를 규정하고, 형성시키려고 하였다. 그래서 그들은
> 죄를 질책하고, 죄로 인한 위협적인 멸망을 경고하였고 새로운
> 구원의 현존에 이르도록 촉구하였다. 둘째, 예언 메시지의 주제
> 는 죄로 인해 원래 죽을 수밖에 없는 죄인의 가능한 회개였다. 그
> 러한 구원이 어떻게 일어날 수 있는가 하는 질문에 대한 첫 번째
> 대답이 회개 촉구였다. 이 회개 촉구는 문서 예언자들 모두에게
> 서 발견된다.[23]

그는 예언 선포의 의도를 회개 촉구로 간주하며, 회개 촉구를 다
음과 같이 정리한다.

> '회개하라'는 것은 거짓되고 죄악에 물든 현존을 떠나서 하나님
> 의 통치권(Gottesherrschaft) 아래에서 그리고 하나님과의 교제
> (Gottesgemeinschaft)에 몸을 헌신하고 신뢰를 다하는 특별한 현존으
> 로 전향하라는 것이다! 인간이 이 같은 회심을 결행한다면 야웨
> 는 그 인간에게 은총을 주신다. 이러한 회개 촉구가 예언자의 현

---

22. Fohrer, *Geschichte*, 275.
23. Fohrer, *Geschichte*, 275.

재에 놓여졌다. 그의 현재는 전혀 새로운 인간이 될 것인지 아니면 옛 인간에 머물 것인지를 결정하는 선택 앞에 놓여 있다. 그 양자택일의 선택이 그 이후 뒤따라올 모든 결과를 책임진다.[24]

[예언자들의] 도래할 사건에 대한 강력한 선포는 사실은 우선적으로는 조건적이며, 그 선포의 최종적 성격도 인간과 하나님의 행위 사이에서 나타나는 상관관계(Korrelation)에서 결정된다. 이것은 인간이 하나님에게 찬성하느냐 반대하느냐 하는 인간의 결정에 달려 있다. 그러므로 예언자들은 백성들이 올바른 결정을 하도록 하기 위해서 씨름한다.[25]

포러는 "심판은 하나님의 원래 의도가 아니며 오히려 심판 선포는 회개를 유도하는 데 본래 의도가 있다"고 본다.[26] 만약 마지막 순간까지라도 회개하지 않는다면 그때 비로소 심판이 내려진다는 것이다.[27]

---

24. Fohrer, *Geschichte*, 275.
25. Fohrer, *Studien zur alttestamentlichen Prophetie*, 264.
26. G. Fohrer, *Die Propheten des Alten Testaments* I (Gütersloh, 1974), 16, 30, 55.
27. Fohrer의 예언 선포의 이해는 그의 이사야서 연구에서도 잘 나타난다. "[이사야는 그의 백성들을] 하나님의 심판을 통한 멸망과 악한 길을 떠나서 하나님께로 전향하는 회심을 통한 구원이라는 양자택일(Entweder-Oder) 앞에 서게 한다." G. Fohrer, *Das Buch Jesaja (Jes 1-23)*, Band 1, (Zürcher Bibelkommentar 19/1; Zürich, ³1991), 16. "이사야에게 문제가 되는 것은 회개와 고집스러운 반항, 즉 구원과 심판 사이의 결정이다." G. Fohrer, "Jesaja

이와 유사한 입장을 우리는 포러의 제자인 호프만(H. W. Hoff-
mann)의 『이사야 선포의 의도』[28]라는 그의 학위논문에서도 발견할
수 있다. 그는 이사야 예언자에게 활동 말기에 와서 사고의 변화
가 왔다고 추정한다.[29] 그는 "이스라엘이 회개치 않아서 마지막 기
회를 다 써버린 [그 사고의 전환기인][30] 주전 701년 전까지는 이사야의

---

1 als Zusammenfassung der Verkündigung Jesajas," *Zeitschrif für die
alttestamentliche Wissenschaft* 74, 1962, 161. "그러므로 이사야는 그의 모든
예언 활동 기간 동안 회개 촉구의 예언자였다." Fohrer, *Geschichte*, 258.

28. H. W. Hoffmann, *Die Intention der Verkündigung Jesajas* (Beihefte zur
Zeitschrift für die alttestamentliche Wissenschaft 136; Berlin, 1974).

29. Hoffmann은 이사야의 마지막 활동에 속하는 본문으로 그의 스승 Fohrer의
입장을 따라서 사 22:1-14과 29:9-10을 꼽는다. 참조. Hoffmann, *Die
Intention*, 58.

30. Hoffmann에 의하면 이 시기의 경험을 반영하고 있는 본문으로 사 6:9 이하
의 이른바 (백성의 마음을) 완고하게 하는 명령(Sog. Verstockungsauftrag)이
해당된다. Hoffmann, *Die Intention*, 80. 이사야서 연구에서 중요한 주제에
속하는 '소위 완고하게 하는 명령'에 대하여는 다음을 참조하라. F. Hesse,
*Das Verstockungsproblem im Alten Testament: Eine
frömmigkeitsgeschichtliche Untersuchung* (Beihefte zur Zeitschrift für die
alttestamentliche Wissenschaft 74; Berlin 1955); J. M. Schmidt, "Gedanken
zum Verstockungsauftrag Jesajas," *Vetus Testamentum* 21 (1971): 68-90; O.
H. Steck, "Bemerkungen zu Jesaja 6," *Biblische Zeitschrift* 16 (1972): 188-
206; W. H. Schmidt, "Die Einheit der Verkündigung Jesajas: Versuch einer
Zusammenschau," *Evangelische Theologie* 37 (1977): 260-272; C. Hardmeier,
"Jesajas Verkündigungsabsicht und Jahwes Verstockungsauftrag in Jes 6,"
Die Botschaft und die Boten. Festschrift H. W. Wolff (Neukirchen-Vluyn,
1981), 235-257; R. Kilian, *Jesaja 1-39*. (Erträge der Forschung Bd. 200;
Darmstadt, 1983), 112-130; J. L. Mclaughlin, "Their Hearts were Hardened,"
Biblica 75 (1994): 1-25.

선포 의도가 백성을 회개토록 변화시키는 것이었다"[31]고 본다. 주전 701년까지의 이사야는 회개 촉구의 예언자였다는 것이다.[32] 그러므로 그는 심판 위협은 "현 행위의 변화를 간접적으로 요구"[33]한 것으로 이해하여야 한다고 주장한다. 이 외에도 몇몇 학자들은 예언자의 임무가 하나님의 백성들을 회개시키는 것에 있었다고 이해하고 있다.[34]

그러나 이와 같은 이해는 다음과 같은 몇 가지 문제를 갖고 있다.

첫째, 주전 8세기 문서 예언자에서 '돌이키라, 회개하라'는 '슈브'(שוב)의 명령형이 권고의 말에 나타나지 않는다는 점이다. 일반적으로 '회개'라는 개념은 오직 고발의 말에서만 사용되고 있다.[35]

---

31. Hoffmann, *Die Intention*, 47.
32. 참조. Hoffmann, *Die Intention*, 59.
33. Hoffmann, *Die Intention*, 81 이하.
34. 여기에 속하는 학자들로는 다음을 꼽을 수 있다. Th. M. Raitt, "The Prophetic Summons to Repentance," *Zeitschrift für die alttestamentliche Wissenschaft* 83 (1971): 30-49; H. Wildberger, *Jesaja (Jesaja 1-12)* (Biblischer Kommentar Altes Testament X/1; Neukirchen-Vluyn ²1980 (1972), 특히 227; F. Huber, *Jahwe, Juda und die anderen Völker beim Propheten Jesaja* (Beihefte zur Zeitschrift für die alttestamentliche Wissenschaft 137; 1976), 특히 180; O. Keel, "Rechttun oder Annahme des drohenden Gerichts?: Erwägungen zu Amos, dem frühen Jesaja und Micha," *Biblische Zeitschrift* 21 (1977): 200-218.
35. 참조. H. W. Wolff, "Die eigentliche Botschaft der klassischen Propheten" (1977), 같은 저자, *Studien zur Prophetie: Probleme und Erträge* (Theologesche Bücherei 76; München 1987), 40 그리고 각주 8을 보라. Wolff는 이미 1951년의 연구논문에서 이 점을 밝혀 둔 적이 있다. "주전 8세

예를 들면 다음과 같다.

> 그들의 행위가 그들로 자기 하나님에게 **돌아가지**(שׁוּב, '슈브') 못
> 하게 하나니(호 5:4).

> 내게 **돌아오기**(שׁוּב, '슈브')를 싫어하니(호 11:5b).

> 너희가 **돌이켜**(שׁוּב, '슈브') 조용히 있어야 구원을 얻을 것이요
> 잠잠하고 신뢰하여야 힘을 얻을 것이거늘
> 너희가 원하지 아니하고(사 30:15; 참조. 사 9:13; 마소라 본문[MT]은
> 9:12).

아모스 4:6-12에서 후렴구로 반복되는 "너희가 내게로 **돌아오지**
(שׁוּב, '슈브') 아니하였느니라"는 표현은 회심 주제가 순수한 회개
촉구에 목적이 있는 것이 아니었고, 회개의 기회를 무시했다는 죄
를 지적하는 기능으로 쓰였음을 잘 보여 준다.

둘째, 주전 8세기 문서 예언자들에게서 권고의 말이 놀라울 정

기 예언에 있어서 발견되는 놀라울 만한 사실은 '회심'(Umkehr) 주제가 권
고의 말(Mahnrede)에서는 전혀 나타나지 않는다는 점이다." H. W. Wolff,
"Das Thema 'Umkehr' in der alttestamentlichen Prophetie" (1951),
Gesammelte Studien zum Alten Testament, (Theologische Bücherei 22;
München 1964), 130-150, 특히 138.

도로 드물게 나타난다는 사실은 이미 잘 알려진 사실이다.[36] 그렇
다면 "만약 회개가 예언자들의 중심 의도였다면 예언자들은 분명
하게 권고의 말과 요구문에서 말하였을 것이고, [호프만이 주장하는
식의] 심판 선포를 통한 간접적 회개 촉구에 만족하지는 않았을 것
이다."[37] 예언자의 출발점이 백성들이 회개를 했어야 했는데 그러
나 회개하지 않았다는 시점이라는 사실이 중요하다. 그래서 결국
예언자들은 하나님의 심판을 선포할 수밖에 없었다.[38]

　셋째, 예언자들이 자신들의 임무를 말하는 본문들에서 야웨가
그들에게 회개하라는 식의 경고 설교(Mahnpredigt)를 하도록 명령했
다는 내용은 어디에서도 찾아볼 수 없다.[39] 예를 들면, 아모스의 환
상에서 예언자가 본 것은 오직 돌이킬 수 없는 심판뿐이었다(암 7:8;
8:2; 9:1-4). 호세아 1:2-9의 상징적 메시지에서 나타난 호세아에게
임한 야웨의 말씀도 심판뿐이었다.[40] 미가의 예언자로서의 임무는
이스라엘의 죄를 드러내는 것뿐이었다(미 3:8). 이사야의 소명 기사
에서 그의 선포의 목적은 오히려 회개를 저지하는 것이었다.

---

36. 참조. A. S. van der Woude, "Three classical prophets: Amos, Hosea and
　　Micah," *Israel's Prophetic Tradition*, Festschrift P. R. Ackroyd (Cambridge
　　1982), 32-33.
37. E. Osswald, "Aspekte neuerer Prophetenforschung," *Theologische
　　Literaturzeitung* 109 (1984): 646.
38. 참조. Wolff, "Die eigentliche Botschaft," 41.
39. 참조. Wolff, "Die eigentliche Botschaft," 41.
40. 호 1장의 세 자녀의 상징적 의미를 위해서는 다음을 보라. 차준희, "삶으로
　　구현된 메시지: 호 1-3장," 『그말씀』 26 (1994), 122-136.

이 백성의 마음을 둔하게 하며

그들의 귀가 막히고

그들의 눈이 감기게 하라

염려하건대 그들이 눈으로 보고

귀로 듣고

마음으로 깨닫고

다시 **돌아와**(בוש, '슈브') 고침을 받을까 하노라 하시기로(사 6:10).[41]

예언자들은 백성들에게 회개를 촉구하라는 위임을 받은 적이 없으며, 오히려 이사야의 경우에는 그의 소명 체험에서 회심을 방해하라는 명령을 받는다.[42]

물론 예언자들은 회개에 대하여 언급하고 있다. 그러나 그들이 돌이킴(회개)을 말할 때는 이것을 등한히 여겨 이미 놓쳐 버린 기회로 언급한다.

---

41. Sauer의 이사야서 연구에서 이미 입증되었듯이 "우리는 이사야서에서 임박한 심판이 최후의 순간에 이르러 백성들의 방향 전환(회심)을 가져오게 할 수 있다는 언급을 전혀 찾아볼 수 없다"(G. Sauer, "Die Umkehrforderung in der Verkündigung Jesajas," *Wort-Gebot-Glaube: Beiträge zur Theologie des Alten Testaments*, Festschrift W. Eichrodt, Abhandlungen zur Theologie des Alten und Neuen Testaments 59; Zürich 1970, 291). 이사야는 이스라엘 백성들의 회개를 실제적으로는 불가능한 것으로 보았다(참조. Wolff, "Das Thema 'Umkehr'," 139).

42. 참조. Wolff, "Das Thema 'Umkehr'," 139; Kilian, *Jesaja 1-39*, 110.

주 여호와 이스라엘의 거룩하신 이가 이같이 말씀하시되

너희가 **돌이켜**(שׁוּב, '슈브') 조용히 있어야 구원을 얻을 것이요

잠잠하고 신뢰하여야 힘을 얻을 것이거늘

너희가 원하지 아니하고(사 30:15).

그리하여도 그 백성이 자기들을 치시는 이에게로 **돌아오지**(שׁוּב, '슈브') 아니하며

만군의 여호와를 찾지 아니하도다(사 9:13; 참조. 호 7:10).

이 예루살렘 백성이 항상 나를 **떠나**(שׁוּב, '슈브')

물러감(מְשֻׁבָה, '메슈바')은 어찌함이냐

그들이 거짓을 고집하고

돌아오기(שׁוּב, '슈브')를 **거절하도다**(렘 8:5).

호세아는 한 걸음 더 나아가 회개는 불가능하다고 결론을 내린다.

그들의 행위가 그들로

자기 하나님에게 **돌아가지**(שׁוּב, '슈브') 못하게 하나니

이는 음란한 마음이 그 속에 있어

여호와를 알지 못하는 까닭이라(호 5:4; 참조. 호 5:6; 11:5).

예레미야도 호세아와 같이 이스라엘의 회개의 불가능성에 대하여

선포하고 있다.

> 주 여호와의 말씀이니라
> 네가 잿물로 스스로 씻으며
> 네가 많은 비누를 쓸지라도
> 네 죄악이 내 앞에 그대로 있으리니(렘 2:22).

> 구스인[에티오피아인]이 그의 피부를,
> 표범이 그의 반점을 변하게 할 수 있느냐
> 할 수 있을진대[새번역: 만약 그렇게 할 수만 있다면]
> 악에 익숙한 너희도 선을 행할 수 있으리라(렘 13:23; 참조. 렘 4:22).

흑인인 에디오피아 사람이 그들의 피부를, 표범이 가죽의 반점을 변화시킬 수 없듯이 사람은 악한 행실에서 돌이킬 수 없다는 것이다. 예레미야는 죄가 이미 지울 수 없는 인간의 '두 번째 본성'(zweite Natur)[43]이 되었음을 지적한다.

위에서도 언급하였듯이 이사야는 자신의 소명 기사에서 놀랍게도 백성들의 회개를 저지하라는 임무를 받기도 한다(사 6:9-10). 포로기 이전의 문서 예언자들에게 있어서 이스라엘의 회심은 실제적으로는 불가능하였다. 예언자들의 선포에 등장하는 회개(שׁוּב,

---

43. W. Rudolph, *Jeremia* (Handbuch zum Alten Testament 12; Tübingen [3]1968), 97.

'슈브')라는 단어는 '돌이킬 수 있었음에도 불구하고 돌이키지 않았다'는 점을 지적한 것으로 결국 죄의 고발을 하기 위하여 언급된 것이다.

아모스는 그의 다섯 번째 환상에서 예언자의 미래 선포, 즉 임박한 심판은 불가피하다는 점을 생생하게 들려주고 있다. 아무도 하나님의 심판에서 벗어날 수 없다.

> 1) 내가 보니
> 주께서 제단 곁에 서서 이르시되
> 기둥머리를 쳐서 문지방이 움직이게 하며
> 그것으로 부서져서 무리의 머리에 떨어지게 하라
> 내가 그 남은 자를 칼로 죽이리니
> 그중에서 한 사람도 도망하지 못하며
> 그중에서 한 사람도 피하지 못하리라
> 2) 그들이 파고 스올로 들어갈지라도
> 내 손이 거기에서 붙잡아 낼 것이요
> 하늘로 올라갈지라도
> 내가 거기에서 붙잡아 내릴 것이며
> 3) 갈멜 산 꼭대기에 숨을지라도
> 내가 거기에서 찾아낼 것이요
> 내 눈을 피하여 바다 밑에 숨을지라도
> 내가 거기에서 뱀을 명령하여 물게 할 것이요

4) 그 원수 앞에 사로잡혀 갈지라도

내가 거기에서 칼을 명령하여 죽이게 할 것이라

내가 그들에게 주목하여 화를 내리고

복을 내리지 아니하리라 하시니라(암 9:1-4; 참조. 시 139:7 이하).

예언자들의 선포에 의하면 이스라엘은 회개할 의지도 없었고, 회개할 능력도 없었다. 그들을 기다리는 것은 피할 수 없는 심판뿐이었다. 그렇다면 다시 말해서 이스라엘에게 회심이 불가능하고 심판을 피할 수 없다면 그들에게 구원은 전혀 불가능한 것인가? 아니다. 이스라엘의 회심 불가능에 상응하여 예언자들은 **오직 하나님 자신만을 통한 돌이킴**을 약속할 수 있었다. 아모스는 오직 심판만 선고하였지만 나머지 다른 문서 예언자들은 심판과 더불어 구원도 선포하였다. 한 예언자의 입에서 심판과 구원이 함께 선포된다면 상호 모순이 아닌가? 그러나 모순이 아니다. 예언자들은 구원을 사람에 의해 유지될 수 있는 상태로 생각하지 않고, 또한 인간의 회심으로 불러들일 수 있는 것으로도 보지 않으며, 심판 가운데(in) 혹은 심판받은 이후에(nach) 하나님에 의해서만 주어질 수 있는 선물로 간주하였다.

내가 그들의 **반역(מְשׁוּבָתָם, '메슈바탐')**을 고치고

기쁘게 그들을 사랑하리니

나의 진노가 그에게서 **떠났음(שׁוּב, '슈브')**이니라(호 14:4; 마소라 본문 [MT]은 14:5).

'회심에 대한 거절'과 동시에 '회심의 무능력'을 함축하고 있는 이스라엘의 '반역'을 치료하시는 분은 하나님이다. 회심은 하나님의 치료에 의해서만 가능하다. 그런데 이 본문은 심판을 통한 멸망이 이미 전제되어 있다.

> 사마리아가 그들의 하나님을 배반하였으므로
> **형벌을 당하여 칼에 엎드러질 것이요**
> 그 어린아이는 **부서뜨려지며**
> 아이 밴 여인은 **배가 갈라지리라**(호 13:16).
> 이스라엘아 네 하나님 여호와께로 돌아오라
> 네가 불의함으로 말미암아 **엎드러졌느니라**(호 14:1).

하나님의 심판은 인간의 죄악 된 행실에서 비롯되었다.

> 그 하나님을 배반하였으므로.

그러나 구원은 인간의 행위에 의해서 영향을 받지 않는다. 인간의 회심을 통해서 하나님의 구원이 오는 것이 아니다. 즉 인간의 행위가 미래의 구원을 불러들이는 것이 아니고 정반대로 하나님에 의한 미래의 구원이 인간의 행위를 변화시키는 것이다. 즉 회심은 구원을 받게 하는 조건이 아니고, 선포된 구원이 회심의 전제 조건이다. 구원이 회심을 가능케 하는 근거가 되는 것이다.

포로기 이전 문서 예언자들의 미래 선포는 이스라엘의 행동 변화(회심)에 따라서 바뀔 수 있는 조건적 메시지가 아니라 이미 결정된 사실이었다. 그것은 바로 이스라엘 전체를 향한 하나님의 심판이었다. 이스라엘은 이 하나님의 심판을 피할 도리가 없었다. 그러나 예언자의 시선은 심판에만 머물지 않았다. 그들의 시선은 심판 너머의 구원에까지 이르렀다. 그러나 그 구원은 하나님의 심판을 경험한 자들에만 주어지는 하나님의 선물인 것이다. 포로기 이전의 예언자들―최소한 주전 8세기 예언자들―[44]에게서 우리는 이

---

44. 필자가 포로기 이전의 예언자, 특히 주전 8세기 예언자로 제한하는 점을 주목해 주기 바란다. 포로기 이전 예언자들의 심판 예언이 주전 587년에 가서 성취되었다. 갖은 조롱과 박해를 받으면서도 줄기차게 외쳤던 개별 예언자들(아모스, 호세아, 이사야 등등)의 심판 예언이 드디어 성취가 된 것이다. 그러나 포로기에 와서 예언 선포의 강조점이 달라진다. 포로기 이전에는 강조점이 미래 선포, 즉 주로 심판 선고에 있었으나 이미 심판을 경험한 포로민에게 그 중요성은 사실상 퇴조하기 시작하였고, 그보다는 죄의 지적과 권고(회심 촉구) 쪽으로 무게 중심이 옮겨졌다. 포로기(주전 587-539년)와 포로기 이후(주전 539년 이후)에는 예언자를 '마지막 경고자' 혹은 '회개의 촉구자'로 이해하기에 이르렀다. 이러한 점은 포로기의 상황을 적절하게 묘사해 주고 있는 예레미야애가 2:14, 보통 포로기에 기원한 것으로 간주되는 신명기 역사서(여호수아-열왕기하)에 속하는 몇몇 본문들(예를 들면, 삿 6:7-10; 왕하 17:13-14), 포로기에 행해진 예레미야서의 신명기사가의 편집 본문들(예를 들면, 렘 23:14aβ, 22; 26:3, 4b, 5; 36:3, 7 등등), 그리고 포로기 이후에 활동한 스가랴 예언자의 증언(슥 1:4)에서 잘 나타난다. 이 연구에서는 포로기 이전의 예언자, 즉 하나님의 심판을 경험하기 이전에 활동한 예언자들의 선포에 국한하고 있다. 예언자들을 회개 촉구자로 보는 것은 주전 8세기 예언자들의 본질과는 거리가 있는 것으로 보이며, 이러한 이해는 포로기 혹은 포로기 이후의 문헌에서나 발견되는 후대의 현상으로 보인다. 즉 포로기 이전의 예언자 이해와 포로기와 포로기 이후의 예언자 이해는 서로 다르다(참

스라엘을 심판에서 벗어나게 하기 위하여 회개를 촉구하는 메시지를 찾아보기 어렵다.[45]

조. W. H. Schmidt, "Die prophetische 'Grundgewißheit': Erwägungen zur Einheit prophetischer Verkündigung," *Evangelische Theologie* 31 (1971), 634 각주 11, 같은 저자, *Zukunftsgewißheit*, 52; R. E. Clements, *Prophecy and Tradition*, Oxford, 1975, 41-57, 특히 44; Wolff, "Die eigentliche Botschaft," 40 각주 7; J. Jeremias, "נביא nābī' Prophet," *Theologisches Handwörterbuch zum Alten Testament* Band II, München; Zürich, ³1984, 7-26, 특히 24).

45. 예언 선포의 의도를 회개 촉구에서 찾으려는 시도에 대하여 비판적 입장을 취하는 학자들로는 다음을 들 수 있다. Wolff, "Das Thema 'Umkehr'" (1951), 130-150; "Die eigentliche Botschaft" (1971), 39-49; R. Smend, "Das Nein des Amos" (1963), in: *Die Mitte des Alten Testaments* Gesammelte Studien Band I (München, 1986), 85-103; Sauer, "Die Umkehrforderung" (1970), 277-295; Schmidt, "Die prophetische 'Grundgewißheit'" (1971), 630-650; W. H. Schmidt, W. Thiel & R. Hanhart, *Altes Testament* (1989), 50-69; Jeremias, "Die Vollmacht" (1971), 305-322; G. Warmuth, *Das Mahnwort: Seine Bedeutung für die Verkündigung der vorexilischen Propheten Amos, Hosea, Micha, Jesaja und Jeremia* (Beträge zur biblischen Exegese und Theologie 1; Frankfurt am Main, 1976); W. Zimmerli, "Wahrheit und Geschichte in der alttestamentlichen Schriftprophetie," *Vetus Testamentum Supplement* 29 (1978): 1-15, van der Woude, "Three classical prophets" (1982), 32-57, 특히 32-34; Kilian, *Jesaja 1-39* (1983), 107-111; Osswald, "Prophetenforschung" (1984), 641-650; J. Barton, "Begründungsversuche der prophetischen Unheilsankündigung im Alten Testament," *Evangelische Theologie* 47 (1987): 427-435 등등.

4. 미래 선고

예언 선포의 의도를 회개 촉구로 파악하는 것은 이미 한국 성서학계는 물론, 한국 교계에서도 아무런 비판 없이 오히려 적극적으로 수용되고 있다.[46] 즉 예언자는 이스라엘 백성들에게 하나님의 심판을 모면케 하려고 회개를 부르짖었다고 본다. 이것이 포로기 내지는 포로기 이후의 예언자를 가리킨다면 부분적으로 옳다고 볼수 있다. 그러나 이 입장은 위에서 비판적으로 지적된 것같이, 즉포로기 이전 예언 활동의 황금기였던 주전 8세기의 예언 선포를이렇게 이해하는 것은 예언 선포의 의도를 올바로 파악하고 있지는 못한 것이다. 필자는 예언 선포의 의도를 임박한 심판을 알리는 미래 선고에서 찾는다. 이 점은 아직 한국 성서학계에 소개되지 않은 것으로 보인다.[47]

---

46. 우리는 이러한 현상을 예를 들면 서인석과 왕대일에게서 찾아볼 수 있다. 서인석, 『오늘의 구약성서 연구』, 특히 43-48; 같은 저자, 『성서의 가난한 사람들』, 160; 왕대일, 『신앙공동체를 위한 구약성서이해』, 특히 136.

47. 1987년 7월 2일에 개최되었던 독일 본(Bonn)대학 개신교 신학부 주최 신학세미나에서 영국의 옥스포드(Oxford)대학의 구약학자 Barton은 예언 선포의 의도가 회개 촉구에 있는 것이 아니고 더 이상 돌이킬 수 없는 임박한 심판을 알리는 것에 있다는 예언의 새로운 이해가 이제야 비로소 점차적으로 영국, 그리고 미국에도 알려지고 수용되기 시작했다고 보고했다(J. Barton, "Begründungsversuch," 428). 우리는 미국의 주석가 Hunter의 다음의 진술에서도 이를 확인할 수 있다. "우리는 심판이라는 예민한 부분이 일시적인 회개의 무효력을 내포하고 있다는 사실을 깨닫고 나서야 비로소 고전적 심판 예언의 완전하고 소름 끼치는 충격을 파악할 수 있었다. 그럼에도 불구하고 백성들에게 그 회개가 촉구되었다"(A. V. Hunter, *Seek the Lord! A Study*

예언자들이 본래 '미래 선포자'였다는 주장은 일찍이 궁켈(H. Gunkel)에 의해서 대두되었다.[48] 또한 바이져(A. Weiser)도 1929년에 출판한 『아모스서 연구』에서 "예언자들의 심판 확신의 근거를 법적-윤리적 측면에서 찾으려는 노력은 쓸모없다. 예언자들은 동시대 사람들 개개인의 부패한 상태에서 그 파국의 근거를 발견하기 전에 이미 파국 확신을 확고하게 가지고 있었다"[49]고 말한다. 예언자들이 이스라엘의 부패한 죄의 상태를 먼저 보고 그에 따른 당연한 결과로 하나님의 심판을 선언한 것이 아니라, 오히려 그 반대로 심판의 확신을 먼저 갖게 되었다는 것이다. 예언자들에게 일차적으로 주어진 것은 현실이 아니라 미래의 사건이었다. 그들에게 주어진 심판의 미래를 선포하는 것이 그들의 일차적 임무였다고 보는 것이다.

폰 라트(G. von Rad)도 이와 비슷한 주장을 하고 있다.

아모스가 자신의 환상[50]에서 체험한 것은 오로지 야웨가 이제는 더 이상 용서하지 않는다는 것뿐이다.[51] 그러나 무엇이 더 이상

---

of the Meaning and Function of the Exhortations in Amos, Hosea, Isaiah, Micah and Zephaniah, Baltimore 1982, 280).

48. 참조. H. Gunkel, "Propheten II: Seit Amos," *Die Religion in Geschichte und Gegenwart* IV (1913), 1866-1886, 특히 1881, 1884 (^{2}1930. 1538-1554).

49. A. Weiser, *Die Profetie des Amos* (Beihefte zur Zeitschrift für die alttestamentliche Wissenschaft 53; Gießen, 1929), 310-311.

50. 암 7:1-8; 8:1-2; 9:1-4.

51. "주께서 이르시되 내가 다림줄을 내 백성 이스라엘 가운데 두고 다시는 용서

용서받을 수 없고, 이스라엘이 어떤 잘못을 저질렀는지를 인식하고 지목하는 것을 야웨는 그의 예언자들에게 떠맡겼다.[52]

예언자들에게 처음에 계시된 것은 단지 파국과 심판의 사실(Daß)뿐이었다. 그들은 당시의 특수한 상황을 관찰하고 숙고한 후에 비로소 그 심판의 방법(Wie)에 대하여 확신하게 되었다.[53]

아모스는 사형 선고를 받은 백성들 사이를 두루 돌아다니며 살폈다. 여기에서 그의 주변은 갑자기 달리 보였다. 그리고 그때 처음으로 부패한 현실이 더 이상 지탱될 수 없는 지경에 이르게 되었음을 알게 된다. 그래서 우리는 아모스가 특별히 임박한 심판의 적절한 동기를 찾아내는 과제에 열중하고 있음을 보게 된다.[54]

예언자들이 환상에서 받아들이고 확신하게 된 심판이 임박해 있다는 통찰력은 물론 백성들의 죄를 전제로 한다.[55] 그러므로 이제 막

하지 아니하리니"(암 7:8b). "여호와께서 내게 이르시되 내 백성 이스라엘의 끝이 이르렀은즉 내가 다시는 그를 용서하지 아니하리니"(암 8:2b).
52. G. von Rad, *Theologie des Alten Testaments* Band II: *Die Theologie der prophetischen Überlieferungen Israels* (München: Kaiser 9 1987), 141 [= 허혁 역, 『구약성서신학 제2권: 이스라엘의 예언적 전승의 신학』, 왜관: 분도출판사, 1977, 134].
53. von Rad, *Theologie* II, 138 [= 허혁 역, 132].
54. von Rad, *Theologie* II, 138-139 [= 허혁 역, 132].
55. 참조. 암 7:8; 8:2; 사 6:5 등등.

도래할 파국은 백성들의 죄로 인한 하나님의 심판이라는 것이다.

크게 보면 코흐(K. Koch)도 이들과 같은 입장이다. 그런데 그는 다른 각도에서 이를 설명하고 있다. 그는 포로기 이전 문서 예언자들의 사상을 타원으로 비유하였다.

> 그들의 사상은 두 가지 초점을 끊임없이 순환한다. 한쪽은 이스라엘 혹은 유다 왕국이 더 이상 지탱하기 어려운 부패한 상태이고, 다른 한쪽은 바깥쪽에서 점점 밀고 들어오는 파국의 미래다.[56]

이러한 표상은 예언 선포에 나타나는 기본 구성 인자인 심판 선포와 고발(죄의 지적)의 관계를 명백하게 보여 준다. 코흐는 "예언자에게 직관적(intuitiv)으로 주어진 확신과 그 이후에 깨달은 인식(die nachlaufende Erkenntnis)"을 구분하였고, 이 두 가지 가운데 전자인 미래 확신의 중요성을 부각하고 있다. 즉 "예언자들에 의해서 구두로 선포되었고, 문서로 기록된 것들은 경험의 분석에서 나온 결과가 아니고, 하나님에 의해서 직접 주어진 환상(Visionen)과 환청(Auditionen)에서 유래한 것이다"[57]는 주장이다. 그렇기 때문에 예언자들은 하나님의 주도에 의해서 그들에게 열려진 것들을, 이후에 깨닫게 되는 통찰로 입증하려고 했다는 것이다.[58]

---

56. Koch, "Die Entstehung," 236.
57. K. Koch, *Die Profeten I: Assyrische Zeit* (Urban-Taschenbücher Band 280; Stuttgart, ²1987), 15.
58. 참조. Koch, *Die Profetie I*, 15.

코흐의 논지를 정리하면, 예언자들은 이스라엘의 파국을 하나님에 의해서 직관으로 받아서 알게 되었고, 그 파국의 이유를 나중에야 비로소 이스라엘의 죄악에서 찾게 되었다는 것이다. 예언선포의 기본 요소인 미래 선포와 고발 가운데서 하나님에 의해 직접 주어진 미래 선포에 우선권을 부여하는 것이다.

볼프(H. W. Wolff)는 1977년에 "고전적 예언자의 본래적 메시지"라는 소논문을 발표하였다. 여기에서 그는 문서 예언자의 선포 의도가 무엇이었는지를 심도 있게 다루고 있다. 그는 고전 예언자들의 선포의 독특성을 오고 있는 역사 변혁의 선포에서 찾는다. 예언자들은 파국이 온다는 미래 확신(Zukunftsgewiβheit)에 사로잡힌 자들이라는 것이다.[59] 그 미래는 "이스라엘이 피할 도리 없이 맞이하여야 할 하나님의 돌진(습격)"[60]이다. "이스라엘이 전혀 새로운 날을 가져다줄 숨어 있는 하나님의 습격을 당할 것이다"라는 예언은, 고대 근동은 물론 구약 예언과 유사한 평행구를 많이 제공하는 마리 문서에서도 찾아볼 수 없는 독특한 현상이라는 것이다.[61]

---

59. '미래 확신'이라는 용어는 원래 그의 제자 Schmidt가 예언서 연구에서는 처음으로 사용한 것이다. Schmidt가 이 용어를 선택하게 된 이유에 대해서는 다음을 참조하라. 참조. Schmidt, *Zukunftsgewiβheit*, 18 각주 10. Wolff는 이 용어를 최초로 사용한 Schmidt의 위의 책이 출판되기 전에는 '근본 확신'(Grundgewiβheit)이라는 용어를 사용하였다. 이와 같은 맥락에서 이미 오래전에 Gunkel은 '초인적인 미래 지식'(eine übermenschliche Kenntnis der Zukunft)이라고 표현하였다(H. Gunkel, "Die Propheten als Schriftsteller und Dichter," Schmidt, *Die großen Propheten*, XXXII).

60. Wolff, "Die eigentliche Botschaft," 44.

61. 참조. Wolff, "Die eigentliche Botschaft," 46.

그에 의하면 예언의 원래 의도는 회개 촉구도 아니고 또한 역사의
근본적 개혁을 알리는 것 자체도 아니다. 그는 "너의 하나님을 만
날 준비를 하라"(암 4:12)는 간청에서 예언 선포의 의도를 찾는다.[62]
즉 도래할 야웨와의 만남을 준비시키는 것이다. 볼프 또한 임박한
심판의 미래를 이스라엘에게 알리는 것을 예언 선포의 의도로 보
고 있는 것이다.

마지막으로 필자의 지도 교수이기도 한 슈미트(W. H. Schmidt)
의 입장을 정리하면 다음과 같다.

> 예언자들의 미래 인식은 두말할 것도 없이 현 상황에 대한 깊은
> 통찰, 즉 현실의 진단에서 비롯된 것이 아니라, 오히려 그 반대로
> 도래할 사건의 인식이 예언자들로 하여금 현재를 보다 더 날카롭
> 게 분석하도록 인도하였다. 예언자들은 맨 처음 경험한 미래에
> 대한 인식으로 현실을 지금까지와는 달리 보게 되었고, 현실의
> 결함을 발견하게 되었다. 즉 예언자들은 현실에서 미래를 본 것
> 이 아니고, 미래에서 현실을, 다시 말해서 내일에서 오늘을 바라
> 본 것이다.[63]

62. 참조. Wolff, "Die eigentliche Botschaft," 47; W. Zimmerli, "Die Bedeutung der großen Schriftprophetie für das alttestamentliche Reden von Gott," *Studien zur alttestamentlichen Theologie und Prohetie*, (Theologische Bücherei 51; München, 1974), 60.
63. Schmidt, "Die prophetische 'Grundgewißheit'," 632.

그에 의하면 "예언의 의도는 먼 미래를 미리 알리는 것으로도, 현재의 분석으로도 충분히 규명되지 않는다. 예언의 의도는 오히려 현재 상황에 결정적인 영향을 끼치는 [임박한] 미래를 알리는 데에 있다."[64] 예언자들에게 심판의 사실(Daβ)은 확실하지만, 그 방법(Wie)은 처음에는 구체화되지 않았다.[65] 예를 들면, 최초의 문서 예언자 아모스가 환상을 통해서 하나님께 받은 것은 이스라엘의 파국이었다(암 8:2). 그러나 그 파국의 이유도, 그 방법도 처음에는 구체적으로 제시되지 않는다. 그렇기 때문에 예언 선포에서 일반적으로 미래 선포는 하나님의 말씀으로, 고발은 예언자의 말씀으로 나온다.[66]

이것은 예언자들의 심판 내용은 유사하고, 그 심판에 대한 이유에 해당하는 고발 부분이 예언자들 간에 차이가 있다는 점과도 일치한다. 아모스는 주로 사회적 고발을 하고, 호세아는 제의의 부패를 지적하며, 이사야는 야웨를 떠나 강대국의 힘에만 의존하는 불신앙적인 외교 정책을 비판한다. 결국 이스라엘의 죄를 지적하는 것이 예언자의 임무가 된다(미 3:8). 의심할 여지없이 환상을 통하여 예언자에게 주어진 다가올 심판의 통찰은 백성의 죄를 전제

---

64. Schmidt, "Die prophetische 'Grundgewiβheit'," 632.
65. 참조. Schmidt, "Die prophetische 'Grundgewiβheit'," 639.
66. 예를 들면, 암 3:9-11; 4:1-2; 사 5:8-9; 미 2:1-3 등등; 참조. F. Gradl & F. J. Stendebach, *Israel und sein Gott: Einleitung in das Alte Testament* (Stuttgart: Verlag Katholisches Bibelwerk, 1992), 203; W. H. Schmidt, *Einführung*, 190.

로 한다(암 7:8; 8:2; 사 6:5 등등). 다시 말하면 이스라엘이 직면한 심판
은 죄에 대한 하나님의 징벌이다. 이러한 심판의 미래를 알리는
것이 예언자들의 선포 의도였다는 것이다.

지금까지의 논의를 요약하면 다음과 같다. 예언자들은 예언
활동의 자격증에 해당되는 소명 체험에서 환상을 통하여 이스라
엘의 파국을 맨 먼저 경험하고 확신하게 되었다. 그의 최초의 환
상에서는 그 파국의 이유(Warum)도 그 방법(Wie)도 구체적으로 주
어지지 않았다. 예언자들은 나중에야 비로소 그 파국의 원인이 이
스라엘 백성의 불의, 부패에 있다는 것을 깨닫게 된다. 이제 막 다
가올 파국이 바로 이스라엘의 죄에 대한 하나님의 심판이라는 사
실을 알리는 것이 고대 이스라엘 예언자들의 주 과제였다.

예언자들은 윤리적 교사가 아니며, 심판이 온다는 확신에 사
로잡힌 자들이었다. 그들은 회개를 요구하지도 않았고 하나님의
용서를 알리는 자도 아니었다. 그들의 임무는 "그들이 듣든지 아
니 듣든지"(겔 3:11), "야곱의 허물과 이스라엘의 죄악을 지적하는
것"(미 3:8)이었다. 그러므로 이스라엘에게 임할 파국을 이해시키려
고 하였다. 즉 이스라엘은 야웨가 "예루살렘에서 행한 모든 일이
이유 없이 한 것이 아닌 줄을 알게 될 것이다"(겔 14:23). 다시 말하
면 이스라엘에 임할 파국은 그들의 죄로 인한 하나님의 징벌이었
음을 알리는 것이다. 예언자의 과제는 윤리적 갱신이 아니었으며,
하나님의 정당성(Gottesgerechtigkeit)을 선포하는 것이었다.[67]

---

67. 참조. J. Barton, "Begründungsversuche," 435.

5. 나가는 말

위에서 우리는 최근 예언서 연구의 동향을 살펴보았다. 예언서 연구의 현재적 출발점은 19세기로 볼 수 있다. 19세기에 오경에 대한 학문적 이해가 정립된 이후(소위 오경 문서설) 이 결과가 예언서 연구에도 영향을 미치게 된 것이다. 19세기 이후 예언서에 대한 획기적 연구 결과 등이 발표되었다. 위에서 소개한 19세기 이후의 예언서 연구 가운데 중심 흐름인 여섯 가지는 오늘날까지도 그 영향력을 행사하고 있다. 이 외에도 보다 더 세분화하면 여러 가지 연구 방향이 거론될 수도 있으나 여기서는 커다란 물줄기와도 같은 주류들만 정리해 본 것이다.

필자는 최근의 예언서 연구 방향 중 가장 중요한 부분에 해당하는 예언 선포의 의도를 비판적으로 검토하였다. 예언 선포의 본래적 의도가 약 20년 전에 가장 두드러지게 부각되었던 사회 비판에 있는 것도 아니고, 오늘날까지도 만만치 않게, 아니—최소한 우리나라에서는—전폭적으로 지지를 받고 있는 회개 촉구에도 있지 않음을 지적하였다. 예언자의 본래적 의도는 이제 막 도래할 멸망이 이스라엘의 죄로 인한, 더 이상 피할 수 없는 하나님의 심판임을 알리는 것이다. 그렇게 함으로 예언자들은 야웨의 정당성을 변호하였다.

포로기 이전 문서 예언자들의 미래 선포 이해: 조건적인가 무조건적인가?*

1. 들어가는 말: '포로기 이전 문서 예언자'와 '미래 선포'

먼저 '포로기 이전 문서 예언자'와 '미래 선포'라는 용어에 대하여 살펴보자. 포로기 이전 문서 예언자에 해당되는 대표적 예언자는 주전 8세기의 아모스, 호세아, 이사야, 미가 그리고 주전 7세기의 예레미야를 들 수 있다. 연대적으로 보면 아모스의 등장 시기인 주전 약 760년부터 포로기의 시작인 주전 587년까지 활동하였던 예언자들을 지칭한다. 이 예언자들은 엘리야, 엘리사 같은 소위 문서 이전 예언자들과 구별되며, 또한 포로기(주전 587-539년)와 포로기 이후(주전 539년 이후)의 예언자들(예를 들면, 포로기의 에스겔과 제2이사

---

* 이 장은 서울신학대학교 야간신학교의 〈에벤에셀〉 17호 (1994, 12월): 14-20 에 실린 것을 수정 보완한 것이다.

야, 포로기 이후의 학개와 스가랴 등)과도 구분되어야 한다. 여기에서는
포로기 이전 문서 예언자들의 예언만을 논의의 대상으로 삼는다.

예언이 '위협의 말'(Drohwort)과 '책망의 말'(Scheltrede)이라는 두
가지 기본 양식으로 되어 있다는 사실은 독일의 성서학자이며, 양
식비평가인 헤르만 궁켈(H. Gunkel)에 의해 처음으로 발견되었다.
전자는 '미래의 재난'을 가리키고, 후자는 그 '재난에 대한 이유'를
일컫는다. 그러나 아모스와 같이 예외적으로 심판만 선포하는 예
언자가 있기는 하지만(암 9:11-15을 제외하면), 모든 예언자들이 심판
만을 선포하는 것이 아니고 심판과 더불어 구원도 약속한다. 대부
분의 예언자들은 심판뿐만 아니라 구원도 선포하기 때문에 중립
적 표현으로 '위협의 말' 대신에 '미래 선포'(Zukunftsansage)라는 용
어가 더 적절하게 보인다. 물론 예언자들의 미래 선포는 주로 심
판이 주류를 이루고 있다.

이상의 두 가지 전문 술어의 이해를 바탕으로 여기에서는 특
히 포로기 이전 문서 예언자의 미래 선포가 청자인 이스라엘의 회
개를 통하여 돌이킬 수 있었던 조건적 메시지인지, 아니면 더 이
상 돌이킬 수 없이 이미 하나님에 의해 결정된 사항인지를 묻는
다. 필자는 후자의 입장을 지지한다.

2. 소위 문서 이전의 예언자들의 미래 선포: '마지막 경고'

열왕기에서는 소위 문서 이전 예언자들의 미래 선포가 '마지막 경고'로 이해되고 있다.

> 13) 여호와께서 각 **선지자**('나비')와 각 **선견자**('호제')를 통하여 이스라엘과 유다에게 지정하여 이르시기를 너희는 **돌이켜**('슈브') 너희 악한 길에서 떠나 나의 명령과 율례를 지키되 내가 너희 조상들에게 명령하고 또 내 종 **선지자**('나비')들을 통하여 너희에게 전한 모든 율법대로 행하라 하셨으나 14) **그들이 듣지 아니하고 그들의 목을 곧게 하기를 그들의 하나님 여호와를 믿지 아니하던 그들 조상들의 목같이 하여**(왕하 17:13-14).

3. 포로기와 포로기 이후의 예언자들의 미래 선포:
회개로의 '권고'

포로기 시대를 반영하는 문헌인 예레미야애가에는 주전 587년의 예루살렘 멸망에 대하여 상세하게 기록되어 있다(애 2:6-10; 4:20; 5:2). 예레미야애가는 예루살렘이 이러한 파국에 도달하게 된 데에는 예언자의 잘못도 한 몫을 차지하고 있다고 지적한다.

네 **선지자('나비')**들이 네게 대하여

헛되고 어리석은 묵시를 보았으므로

네 죄악을 드러내어서

네가 사로잡힌 것을 **돌이키지('슈브')** 못하였도다

그들이 거짓 경고와 미혹하게 할 것만 보았도다(애 2:14).

여기에서 고발당하고 있는 예언자는 심판을 예고한 소위 문서 예언자들이 아니고 아마도 허망한 구원을 약속한 구원 예언자들이었을 것이다. 아무튼 이 본문도 예언자의 메시지를 회개를 촉구하는 권고로 파악하고 있음은 분명해 보인다. 포로기 이후 예언자인 스가랴도 예언자를 권고자로 이해하고 있다.

3) 그러므로 너는 그들에게 말하기를

만군의 여호와께서 이처럼 이르시되

너희는 내게로 돌아오라('슈브')

만군의 여호와의 말이니라

그리하면 내가 너희에게로 **돌아가리라('슈브')**

만군의 여호와의 말이니라

4) 너희 조상들을 본받지 말라 옛적 **선지자('나비')**들이 그들에게 외쳐 이르되 만군의 여호와께서 이같이 말씀하시기를 너희가 악한 길, 악한 행위를 떠나서 돌아오라('슈브') 하셨다 하나 **그들이 듣지 아니하고 내게 귀를 기울이지 아니하였느니라** 여호와의 말이니라(슥 1:3-4).

4. 요나서: '이방인을 위한 하나님의 자비'

예언자를 회개 촉구자로 보는 일반적 이해의 주요 동인은 주로 요나서에서 비롯된다. 그런데 요나서는 열두 소예언서들과는 다른 독특한 양상을 띠고 있다. 요나서는 예언서의 기본 요소가 되는 예언자의 선포(오직 욘 3:4만 예언자의 말)로 구성되어 있지 않고, 산문체로 된 예언자에 관한 이야기로만 형성되어 있다.

또한 요나는 "사십 일이 지나면 니느웨가 무너지니라"(욘 3:4)하고 외친다. 물론 이러한 선포를 문서 예언자들도 말할 수는 있다. 그러나 사십 일이라는 시기 설정은 문서 예언자들에게 있어서 매우 드문 경우에 속한다. 요나서의 본래 의도는 회개 촉구라고 할 수 없다. 요나서는 예언을 묘사하려고 하지 않는다. 요나서의 의도는 요나 자신을 통해서 구체화된 이방 민족에 대하여 지독하리만큼 냉정한 이스라엘과는 전혀 다른 하나님의 자비와 관용을 알리는 것이다.

> 10) 하나님이 그들이 행한 것 곧 그 악한 길에서 돌이켜 떠난 것을 보시고 하나님이 뜻을 돌이키사 그들에게 내리리라고 말씀하신 재앙을 내리지 아니하시니라 1) 요나가 매우 싫어하고 성내며 (욘 3:10-4:1).

10) 여호와께서 이르시되 네가 수고도 아니하였고 재배도 아니하였고 하룻밤에 났다가 하룻밤에 말라 버린 이 박 넝쿨을 아꼈거든 11) 하물며 이 큰 성읍 니느웨에는 좌우를 분변하지 못하는 자가 십이만여 명이요 가축도 많이 있나니 내가 어찌 아끼지 아니하겠느냐 하시니라(욘 4:10-11).

그러므로 전통적인 문서 예언서들과는 아주 다른 문학 형태를 취하고 있는 요나서를 통하여 전체 예언자를 이해하려는 것은 적지 않은 무리가 따르는 것으로 보인다. 보다 더 중요한 것은 요나서는 이방 민족들을 향한 하나님의 자비를 보여 주는 교과서와도 같다는 사실이다. 사실상 요나서와 회개는 직접적인 관련성이 있어 보이지는 않는다. 그러므로 요나서의 근본 주제를 회개 촉구로 보는 것은 근시안적 통찰에서 기인한 것 같다.

5. 포로기 이전 문서 예언자들: '결정적인 미래 선포'

위에서 본 바와 같이 문서 이전 예언자들의 미래 선포는 '마지막 경고'로 이해되었고, 포로기와 포로기 이후의 문서 예언자들의 미래 선포도 그와 유사하게 '회개를 위한 권고'로 간주되고 있다고 볼 수 있다. 그러나 포로기 이전 문서 예언자들의 경우는 이와는 다르게 나타난다. 적어도 포로기 이전 문서 예언자들을 회개 권유자, 촉구자로 이해하려는 시도는 성서적 근거가 박약하다.

최초의 문서 예언자 아모스는 "내가 **그 벌을 돌이키지 아니하리니**"(암 1:3; 참조. 암 8:2)라고 선포한다. 호세아도 "나는 **너희 하나님이 되지 아니할 것임이니라**"(호 1:9; 출 3:14의 반대)라고 단언한다. 이사야의 아들 이름인 '스알야숩'(사 7:3)은 보통의 순서가 뒤바뀌어서 나온다. 즉 '야숩스알'로, 그 의미는 '남은 자가 (반드시) 돌아온다'이다. '남은 자의 돌아옴'을 강조한다. 그러나 현재의 순서는 드문 형태라는 데 주목해야 한다. 이 표현은 '돌아온 남은 자'를 뜻한다. 이는 반드시 (전쟁터 등에서) 돌아온다는 식의 귀환에 주안점이 있는 것이 아니고, 단지 전쟁터에서 간신히 살아서 되돌아온 **패잔병으로서의 남은 자**를 가리킨다. 즉 '스알야숩'이라는 이름은 구원의 약속이 아니라 심판을 가리킨다. 이 점에 있어서는 많은 주석가들도 동의하고 있다.

그렇다면 포로기 이전 문서 예언자들은 이미 결정된, 더 이상 용서받을 수 없는 심판의 무조건적인 미래를 선포했다고 보는 것이 논리적 귀결이라고 할 수 있다. 이러한 주장을 뒷받침해 주는 근거는 다음과 같다.

첫째, 소위 문서 이전의 예언자들은 청중들이 그들의 미래를 결정할 수 있도록 기회(Chance)를 제공한다.

엘리야가 모든 백성에게 가까이 나아가 이르되 너희가 어느 때까지 둘 사이에서 머뭇머뭇하려느냐 **여호와가 만일 하나님이면 그**

를 따르고 바알이 만일 하나님이면 그를 따를지니라 하니 백성이 말 한마디도 대답하지 아니하는지라(왕상 18:21; 참조. 삼하 24:10-17).

그러나 이러한 **선택(기회)은 소위 문서 예언자부터, 즉 아모스부터는 더 이상 존재하지 않는다.** 미래는 더 이상 백성이 선택할 수 있는 그 어떤 것이 아니다. 미래의 일은 이미 사람의 손을 떠났다. 미래의 사건을 결정하는 것은 사람의 일이 아니라, 바로 하나님 단독의 일인 것이다.

둘째, 아모스부터 시작된 소위 문서 예언자들은 청중들의 자세를 가다듬게 하는 **권고의 말을 아주 드물게 사용한다.** 대부분은 죄 지적과 미래 선포로 일관하고 있다. 만약 예언자의 미래 선포가 조건적이었다면 예언자들은 죄를 지적하고 그에 따른 심판을 예고하기에 주력하기보다는, 권고의 말로 이스라엘을 설득하고 심판을 모면케 하기 위해서 그들의 행실을 돌이키려고 노력하였을 것이다. 그러나 문서 예언자들에게서 권고의 말의 사용이 극소화된 것은 이스라엘에게 임할 심판이 이미 결정된 것임을 전제하고 있는 것으로 보인다.

셋째, 가설적 접속사(영어의 if)를 사용하여 미래를 예속시키는 **조건문도 또한 극히 희박하게 나온다**(사 1:19). 이러한 조건문은 주로 포로기, 경우에 따라서는 포로기 이후의 산물인 예레미야서의 후대 신명기사가의 편집 본문들에서 두드러지게 나타난다.

5) 너희가 만일 길과 행위를 참으로 바르게 하여 이웃들 사이에 정의를 행하며 6) 이방인과 고아와 과부를 압제하지 아니하며 무죄한 자의 피를 이곳에서 흘리지 아니하며 다른 신들 뒤를 따라 화를 자초하지 **아니하면** 7) 내가 너희를 이곳에 살게 하리니 곧 너희 조상에게 영원무궁토록 준 땅에니라(렘 7:5-7).

넷째, 예언자들은 **남은 자**에 대하여 언급을 할 수 있다. 그러나 이는 적어도 포로기 이전 문서 예언자들에게 있어서는 새로운 삶을 향한 '소망의 대표자'가 아니다. 이것은 미래를 잉태하고 있는 남은 자(참조. 사 1:9; 4:3; 6:13; 10:20-21; 11:11, 16; 28:5. 이 구절들은 모두 후대의 첨가로 의심받고 있는 본문들이다)가 아니라, **멸망의 표시와 증인**이다(암 3:12; 사 1:8; 17:3, 5-6; 30:14, 17). 이 남은 자에 대한 이해는 후대의 회고에서 다른 모습을 띠게 된다. 즉 후대 사람들(포로기와 포로기 이후의 공동체)은 본래 심판의 의미로 선포한 남은 자에 대한 포로기 이전 예언자의 말을 수용하고, 이를 생존한 남은 자와 새롭게 시작하는 남은 자라는 소망의 씨앗으로 재해석하였다.

다섯째, 물론 예언자들은 **회개**에 대하여 말할 수 있다. 그러나 예언자들이 돌이킴을 말할 때는 이것을 **등한히 여겨 이미 놓쳐 버린 기회**로 언급한다.

주 여호와 이스라엘의 거룩하신 이가 이같이 말씀하시되 너희가 **돌이켜**('슈브') 조용히 있어야 구원을 얻을 것이요 잠잠하고 신뢰하여야 힘을 얻을 것이거늘 **너희가 원하지 아니하고**(사 30:15).

호세아와 예레미야는 한 걸음 더 나아가 사람들의 **회개는 불가능하다**고 결론을 내린다.

> 그들의 행위가 그들로
> 자기 하나님에게 **돌아가지**('슈브') **못하게 하나니**
> 이는 음란한 마음이 그 속에 있어
> 여호와를 알지 못하는 까닭이라(호 5:4; 참조. 호 5:6; 11:5).

> 구스인[에티오피아인]이 그의 피부를,
> 표범이 그의 반점을 변하게 할 수 있느냐
> 할 수 있을진대[새번역: 만약 그렇게 할 수만 있다면]
> 악에 익숙한 너희도 선을 행할 수 있으리라(렘 13:23).

흑인인 에티오피아 사람이 그들의 피부를, 그리고 표범이 가죽의 반점을 변화시킬 수 없듯이 사람은 악한 행실에서 돌이킬 수 없다는 것이다. 예레미야는 죄가 이미 지울 수 없는 인간의 '두 번째 본성'(zweite Natur)이 되었음을 지적한다.

이사야는 자신의 소명 기사에서 놀랍게도 **백성들의 회개를 저지하라는 임무**를 받고 있다.

9) 여호와께서 이르시되

가서 이 백성에게 이르기를

너희가 듣기는 들어도 깨닫지 못할 것이요

보기는 보아도 알지 못하리라 하여

10) 이 백성의 마음을 둔하게 하며

그들의 귀가 막히고 그들의 눈이 감기게 하라

염려하건대 그들이 눈으로 보고

귀로 듣고 마음으로 깨닫고

다시 **돌아와**('슈브') 고침을 받을까 하노라(사 6:9-10).

문서 예언자들에게 있어서 이스라엘의 **회심은 실제적으로 불가능하였다.** 예언자들의 선포에 등장하는 회개라는 단어는 '돌이킬 수 있었음에도 불구하고 그렇게 하지 않았다'라고 죄를 지적함으로 고발을 하기 위하여 언급되었을 뿐이다.

　여섯째, 이스라엘의 회심이 불가능하다면, 그들에게 구원은 없는 것인가? 아니다. 이스라엘의 회심 불가능성에 상응하여 예언자들은 **'오직 하나님 자신만을 통한 돌이킴'**을 약속할 수 있었다. 아모스는 오직 심판만 선고하였지만 나머지 다른 문서 예언자들은 구원도 선포하였다. 그렇다면 한 예언자의 입에서 심판과 구원이 함께 선포된다면 상호 모순이 아닌가? 그러나 모순이 아니다. 예언자들은 구원을 사람에 의해 유지될 수 있는 상태로 생각하지 않고, 또한 인간의 회심으로 불러들일 수 있는 것으로도 보지 않으

며, '심판 가운데' 혹은 '심판받은 후'에 하나님에 의해서만 주어질
수 있는 선물로 간주하였다.

> 내가 그들의 **반역**('메슈바탐': '슈브' 동사의 명사형)을 고치고('라파')
> 기쁘게 그들을 사랑하리니
> 나의 진노가 그에게서 **떠났음**('슈브')이니라(호 14:4; 마소라 본문[MT]
> 은 14:5).

회개에 대한 거절과 회개의 무능력을 압축한 표현인 이스라엘의
'반역'을 치료할 수 있는 분은 하나님 한 분밖에 없다. 회심은 하나
님의 치료('라파')에 의해서만 가능하다. 그런 의미에서 회개는 하
나님의 은혜요, 선물이라 할 수 있다. 그런데 구원을 약속하는 이
본문은 심판을 통한 멸망이 이미 전제되어 있다.

> 16) 사마리아가 그들의 하나님을 배반하였으므로
> 형벌을 당하여 칼에 엎드러질 것이요
> 그 어린아이는 부서뜨려지며
> 아이 밴 여인은 배가 갈라지리라
> 1) 이스라엘아
> 네 하나님 여호와께로 돌아오라
> 네가 불의함으로 말미암아 **엎드러졌느니라**(호 13:16-14:1; 마소라 본
> 문[MT]은 14:1-2).

하나님의 심판은 인간의 죄악 된 행실에서 비롯되었다.

> 그들의 하나님을 배반하였으므로(호 13:16).

인간은 죄 된 행실로 하나님의 심판을 자초한다. 그러나 인간은 그 심판을 피할 수도 없으며, 더 나아가 하나님의 구원을 가져오게 할 수도 없는 존재이다. 구원은 인간의 행위에 의해서 좌우되지 않는다. 인간의 회심을 통해서 하나님의 구원이 오는 것이 아니다. 즉, 인간의 행위가 미래의 구원을 불러들이는 것이 아니고 정반대로 하나님에 의한 구원이 인간의 행위를 변화시키는 것이다. 곧, 회심이 구원을 받게 하는 조건이 아니고, 선포된 구원이 회심의 전제 조건이다. 구원이 회심을 가능케 하는 근거가 되는 것이다.

6. 나가는 말

위에서 살펴본 바와 같이 포로기 이전 문서 예언자들의 미래 선포는 이스라엘의 행동 변화(회심)에 따라서 바뀔 수 있는 조건적 메시지가 아니라 이미 결정된 사실이었다. 그것은 바로 이스라엘 전체를 향한 하나님의 심판이었다. 당시 이스라엘은 이 하나님의 심판을 피할 도리가 없었다(암 9:1-4; 참조. 시 137:7 이하). 그러나 예언자의 시선은 심판에만 머물지는 않았다. 그들의 시선은 심판 너머의 구원에까지 이르렀다. 하지만 그 구원은 하나님의 심판을 경험한 자들에만 주어지는 하나님의 선물인 것이다.

제6장
예언 양식*

1. 양식 능력과 양식 개념

인간은 일반적으로 음성을 의미 있는 문장과 본문으로 구성하거
나 혹은 그러한 것을 이해할 수 있는 능력을 가지고 있을 뿐 아니
라, 예를 들어 요리법과 시문(詩文)을, 혹은 신문의 보고와 소설을
구분할 수 있는 능력도 가지고 있다. 이러한 두 개의 능력들 중에
서 전자를 '언어 능력'(N. Chomsky[1]: '언어적인 능력'[linguistic competence])
이라고 부르며, 두 번째의 능력은 첫 번째 것에 비추어 유비적으
로 표현하여 '양식 능력'(M. Gerhart: '속[屬]과 관련된 능력'[generic

---

*   이 장은 제26회 연세 목회자신학세미나(2006년 6월 21일) 초청 특강에서 강
     연한 내용을 이번 기회에 갈무리하여 원고화한 것이다.

1.   참조. N. Chomsky, *Aspekte der Syntax-Theorie* (Frankfurt a. M.: Peter Lang,
     1969), 14.

competence])이라고 부른다. 이 두 가지 능력들은 바른 커뮤니케이션뿐 아니라 본문을 제대로 이해하기 위해서는 필수적인 것들이다.

양식 능력은 커뮤니케이션에서 구체적인 본문들에 대한 이해와 '기능'에 있어서 많은 도움을 주며, 실제로 필수불가결한 것이다. 우리는 양식 능력에 힘입어 '친애하는'으로 시작되는 말이 '말 그대로' 그리고 '진심 어린' 의미를 담고 있는 것인지 아니면 단지 미사여구로 사용된 것인지를 결정한다. 학문적인 연구나 필기시험을 신문의 가십란의 문체로 작성하는 사람은 독자들에게 호응을 얻을 수 없을 것이다.

'양식들'(Gattungen)은 다양한 일상생활에서 나타나는 구두적인 진술들이나 문서 본문들에 각인되어 있다. 예를 들면, 환영의 표현들과 작별의 표현들, 매우 상이한 종류의 편지들, 요리법, 부고(訃告) 등에 특정한 양식들이 사용된다. 매우 특별한 종류의 삶의 사건들과 관련된 것들에는 보다 특별한 종류의 양식들이 존재한다. 예를 들어, 대학교 생활에서 만나게 되는 세미나 발제 자료의 양식이나 필기시험 혹은 교회에서 행해지는 설교나 찬송가 등이 그러하다.

2. 양식비평과 양식사

양식 분석은 두 개의 단계로, 즉 양식비평(Gattungskritik)과 양식사 (Gattungsgeschichte)로 구분된다. 양식비평은 두 가지의 과제를 갖고 있다.

첫째, 양식비평은 구체적인 개별 본문들의 형식과 주제들이 특정 양식에 의해 각인되어 있는지의 여부와 각인된 방식에 관해 조사한다. 이를 위해서 양식비평은 개별 본문의 형식과 주제로부터 시작하여 특정한 일상적인 양식들에 의해 나타나는 형식적이거나 주제적으로 각인된 특징들을 조사한다. 이것은 원칙적으로 구약, 구약의 고대 근동적인 주변 세계 그리고 그 밖에 멀리 떨어진 지역의 유사한 문헌들의 다른 본문들을 통한 비교를 통해 이루어진다. 본문의 양식 관련성을 파악하기 위해서 해당되는 이차적인 문헌의 도움을 받을 수도 있다.

둘째, 양식비평은 특정한 양식을 야기시켰던 '삶의 자리'(Sitz im Leben)를 규명한다. 이러한 '삶의 자리'는 대개 자명하게 주어지는 양식만큼 그렇게 분명하게 드러나지는 않는다. 즉 삶의 자리는 본문으로부터, 때에 따라서는 고고학의 도움을 받아서 재구성되어야만 한다. 이미 양식에서처럼, 삶의 자리를 규정하는 일은 해당되는 이차적인 문헌이 없이는 이루어질 수 없다.

'양식사'란 개념상 양식들이 사회사적이고 문화사적인 변화에 영향을 받아 변화하는 과정을 연구한다. 상여 소리의 삶의 자리는

운구 행렬이고, 매매계약서의 삶의 자리는 장사이며, 판결문의 삶
의 자리는 법정이다. 이런 여러 가지 양식들은 또한 시대에 따라
달라지기 때문에 각기 나름대로 역사를 지니게 된다.[2]

3. 예언 양식

예언자들은 본래 글을 쓰는 문필가가 아니었다. 그들은 야웨의 메
신저로서 하나님의 말씀들을 우선 구체적인 상황 안에서 구체적
인 사람들에게 전했다. 그들의 말은 후대에 와서야 비로소 문서화
되었다.[3] 예언자들은 하나님으로부터 받은 말씀을 당시 사람들이
말하고 쓰는 특정 언어 양식에 담아서 이스라엘 백성들에게 전달
하였다. 따라서 예언 선포와 예언서의 본 의도를 파악하기 위해서
는 무엇보다도 먼저 예언 양식을 이해하는 것이 선행되어야 한다.
예언 양식에 관한 연구는 구약의 양식비평의 '창시자'인 궁켈(H.
Gunkel)에 의하여 시작되었다.[4] 이후 베스터만(C. Westermann)이 궁

---

2.   참조. 박동현, 『구약성경과 구약학』 (서울: 장로회신학대학출판부, 1999),
      207.
3.   참조. 옷토 카이저, 『구약성서 개론』, 이경숙 역 (왜관: 분도출판사, 1995),
      331.
4.   참조. H. Gunkel, "Die Propheten als Schriftsteller und Dichter," in: W. H.
      Schmidt, *Die Großen Propheten* SAT 2,2 (Göttingen: Vandenhoeck &
      Ruprecht, 1923), XVII-XXXIV.

켈의 양식 용어를 수정하여 발전시켰다.[5] 예언서 연구의 필수적인
예언 양식에 관한 연구는 오늘날까지도 계속해서 이어지고 있다.[6]

　예언 양식을 특정한 틀에 넣어서 정리하는 것은 쉽지 않다. 따
라서 예언 양식에 대한 학자들의 분류도 통일성을 찾아볼 수 없
다. 예를 들면, 포러(G. Fohrer)는 예언 선포의 양식을 '예언자의 신
탁'(Prophetensprüche), '예언자의 보도'(Prophetenberichte) 그리고 '다른
영역에서 차용한 연설 형식'(Redeformen)으로 삼 구분한다.[7] 카이저
(O. Kaiser)는 예언자적 전승 전체를 세 가지의 문학적인 기본형으
로 나눈다. 즉 1) 보고들, 2) 인간을 향한 예언자의 말들, 3) 하나님
을 향한 말들, 즉 기도문들로 구분한다.[8] 예언 양식에 대하여 최근
에 연구를 한 피터슨(D. L. Petersen)은 그의 논문 "예언문학의 기본
유형"에서 예언문학을 다섯 가지로 나눈다. 1) 신점(神占) 연대기
(divinatory chronicle), 2) 환상 보고(vision report), 3) 예언 연설(prophetic

---

5.　참조. C. Westermann, *Grundformen prophetischer Rede* (München: Chr.
　　Kaiser Verlag, 1964); C. Westermann, *Prophetische Heilsworte im Alten
　　Testament* (Göttingen: Vandenhoeck & Ruprecht, 1987).

6.　예언 양식에 관한 최근 연구 동향을 위해서는 다음을 참조하라. E. B. Zvi,
　　"The Prophetic Book: A Key Form of Prophetic Literature," M. A. Sweeney
　　& E. B. Zvi (editors), *The Changing Face of Form Criticism for the Twenty-
　　First Century* (Grand Rapids, Michigan: Eerdmans, 2003), 276-297; M. H.
　　Floyd, "Basic Trends in the Form-Critical Study of Prophetic Texts," M. A.
　　Sweeney & E. B. Zvi (editors), *The Changing Face of Form Criticism for the
　　Twenty-First Century* (Grand Rapids, Michigan: Eerdmans, 2003), 298-311.

7.　참조. G. Fohrer, *Einleitung in das Alte Testament* (Heidelberg: Quelle &
　　Meyer, [12]1979), 384-391, 특히 384.

8.　카이저, 『구약성서 개론』, 337.

speech), 4) 전설(legend), 5) 예언적 역사 기록(prophetic historiography) 등이다.[9] 여기서는 예언 양식을 '연설 공식'(Redeformeln), '연설 양식'(Redegattungen), '이야기체 양식'(Erzählende Gattungen)으로 나누어 살펴보기로 한다.

1) 연설 공식(Redeformeln)

예언 본문들에는 일련의 공식들이 발견된다. 이 공식들은 자체적인 양식구를 형성하는 것이 아니라, 특별히 구조적인 기능만을 가지고 있다. 이것들은 청중들과 독자들에게 그들의 메시지가 보다 고차원적인 신적인 권위를 가지고 있다는 점을 드러낸다(참조. 렘 28:11, 15). 연설 공식에 속하는 대표적인 양식으로 다음과 같은 세 가지를 언급할 수 있다. 즉 (1) 메신저 공식, (2) 하나님 발언 공식, (3) 말씀 사건 공식 등이다.

(1) **메신저 공식**(Botenformel / Messenger Formula).[10] '메신저 공식'이란 "여호와께서 이와 같이 말씀하셨느니라/말씀하시느니라"(יְהוָה כֹּה אָמַר, '코 아마르 야웨')는 표현을 일컫는다. 이는 예언서에서 약

---

9. 참조. D. L. Petersen, "The Basic Forms of Prophetic Literature," M. A. Sweeney & E. B. Zvi (editors), *The Changing Face of Form Criticism for the Twenty-First Century* (Grand Rapids, Michigan: Eerdmans, 2003), 269-275, 특히 274.

10. 양식 명칭의 독일어 표기와 영어 표기는 Sweeney의 다음의 연구를 참조하라. M. A. Sweeney, *Isaiah 1-39: with an Introduction to Prophetic Literature* (FOTL 16; Grand Rapids, Michigan: Eerdmans, 1996), 512-547.

360회 나타난다.[11] 주로 예레미야서와 에스겔서에서 많이 나타나며, 호세아서, 요엘서, 하박국서에서는 많이 나오지는 않는다(렘 2:2, 5; 겔 5:5, 7; 6:11; 7:5; 암 1:3, 6, 9, 11; 학 1:7 등). 예를 들면 다음과 같다.

실례 1) 메신저 공식

16) 이제 너는 여호와의 말씀을 들을지니라 네가 이르기를 "이스라엘에 대하여 예언하지 말며 이삭의 집을 향하여 경고하지 말라" 하므로 17) 따라서[개역개정은 생략] **여호와께서 이와 같이 말씀하시길**(כֹּה אָמַר יְהוָה, '코 아마르 야웨') "네 아내는 성읍 가운데서 창녀가 될 것이요 네 자녀들은 칼에 엎드러지며 네 땅은 측량하여 나누어질 것이며 너는 더러운 땅에서 죽을 것이요 이스라엘은 반드시 사로잡혀 그의 땅에서 떠나리라" 하셨느니라(암 7:16-17: 벧엘의 제사장 아마샤에게 전한 아모스의 말).

이 공식은 아마도 구두로 전한 메시지 전달의 일상적인 과정으로부터 차용한 것 같다. 이 공식은 세속적인 편지 문체로 된 문서적인 메시지 전달에서도 입증된다. 그와 같은 예로는 주전 14세기의 '아마르나 서신들'이라는 외교적인 서신 교환들이 있다.[12] 메신저 공식은 비(非)이스라엘적인 예언 맥락들인 주전 18세기의 메소포

---

11.   참조. M. 드라이차, W. 힐브란츠 & H. 슈미트, 『구약성서연구 방법론』, 하경택 역 (서울: 비블리카 아카데미아, 2005), 182.

12.   참조. 편지의 머리말; O. Kaiser (Hg.), *Texte aus der Umwelt des Alten Testaments* I (Gütersloh: Gütersloher Verlagshaus Gerd Mohn, 1981), 512 이하.

타미아의 도시 마리의 편지들에서도 증언되고 있다.

> **마리의 예언 메시지들의 문서전승에서 나타나는 메신저 공식**[13]
>
> 내 주께 말하라(왕에게 그 편지를 전달하는 메신저와/혹은 낭독자에 대한 지시).
>
> "다음과 같이 쉬브투(Schibtu), 당신의 여종: (발신자 보고; Schibtu는 분명히 왕의 부인 중 하나임) 안누니툼(Annunitum: '궁전의 여신', 이쉬타르[Ischtar]의 현현 형태)의 성전에서,
>
> 다간-말릭(Dagan-malik)의 딸, 아하툼(Ahatum)이 황홀경에 빠졌다.
>
> **그녀가 이와 같이 말하기를 …"**
>
> (이하에서 신탁이 이어진다!)

이 공식의 '삶의 자리'는 메시지가 전달되는 여러 가지 다양한 상황이다. 따라서 무조건적으로 구두적인 커뮤니케이션 상황일 필요는 없다. 이 공식의 기능은 이러한 공식을 통해 그때그때의 명령자에게 의존하는 메신저나 편지발신자에게 권위와 정당성을 부여하는 것이다.

(2) **하나님 발언 공식**(Gottesspruchformel / Oracular Formula). '하나님 발언 공식'은 '여호와의 말씀'(נְאֻם־יְהוָה, '네움 야웨')이라는 표현을 가리킨다. 이 공식구는 예언서에서 350회 이상 나타난다. 이 공식

---

13. O. Kaiser (Hg.), *Texte aus der Umwelt des Alten Testaments* II (Gütersloh: Gütersloher Verlagshaus Gerd Mohn), 93.

은 예언자의 선포가 하나님의 말씀이라는 사실을 드러낸다. 즉 예언 선포의 원천이 야웨임을 밝혀두고, 또한 그분이 이 메시지의 실행에도 관여하신다는 사실을 강조한다. 이 공식은 예언 선포의 처음, 중간, 마지막에 나타난다. '네움'(נְאֻם)이라는 명사는 본래 '중얼거림'을 의미한다. 그런데 이 명사가 신명(神名)과 관련되어 예언 문헌에서는 전문 용어가 되었고, 보통 '여호와의 진술'로 표현된다.

> **실례 2) 하나님 발언 공식이 문장의 시작에 위치한 경우**
>
> 이스라엘의 쫓겨난 자를 모으시는
>
> **주 여호와가 말하노니**(נְאֻם אֲדֹנָי יְהוִה, '네움 아도나이 야웨')
>
> 내가 이미 모은 백성 외에 또 모아
>
> 그에게 속하게 하리라 하셨느니라(사 56:8).

이 구절의 '주 여호와가 말하노니'라는 주(אֲדֹנָי, '아도나이')가 첨부된 하나님 발언 공식이 우리말 성서의 순서와는 달리 히브리어 본문에서는 첫 단어로 나오고 있다.

> **실례 3) 하나님 발언 공식이 문장의 중간에 위치한 경우**
>
> **여호와께서 이르시되**(נְאֻם־יְהוָה, '네움 야웨')
>
> 그날에 내가 응답하리라
>
> 나는 하늘에 응답하고 하늘은 땅에 응답하고(호 2:21).

이 구절의 '여호와께서 이르시되'라고 번역된 하나님 발언 양식이
히브리어 본문에서는 '그날에 내가 응답하리라'라는 문장 다음에
위치하고 있다.

> **실례 4) 하나님 발언 공식이 문장의 끝에 위치한 경우**
> 또 너희 아들 중에서 선지자를,
> 너희 청년 중에서 나실인을 일으켰나니
> 이스라엘 자손들아 과연 그렇지 아니하냐
> 이는 **여호와의 말씀이니라**(נְאֻם־יְהוָה, '네움 야웨')(암 2:11).

(3) **말씀 사건 공식**(Wortereignisformel / Prophetic Word Formula). '말씀
사건 공식'은 '여호와의 말씀이 누구에게 임하였다'(דְּבַר־יְהוָה אֶל
וַיְהִי, '봐예히 드바르-야웨 엘')는 표현구를 가리킨다. 이 공식은 예언적
말씀을 수령하는 맥락과 관련된 이야기체에서도 사용되며(참조. 삼
상 15:10; 왕상 6:11), 예언 문헌에서 예언적 말씀을 소개하는 역할을
하기도 한다(렘 11:1). 또한 이는 예언서의 표제로도 사용된다(호 1:1;
욜 1:1; 미 1:1; 습 1:1).

> **실례 5) 말씀 사건 공식**
> **여호와의 말씀이 또 내게 임하니라**(וַיְהִי דְבַר־יְהוָה אֵלַי, '봐예히 드
> 바르-야웨 엘라이') 이르시되 예레미야야 네가 무엇을 보느냐 하시
> 매 내가 대답하되 내가 살구나무 가지를 보나이다(렘 1:11).

이 공식은 특별히 후대의 예언서(예를 들어, 예레미야서)의 여러 구절들에서 예언자의 기능을 나타내는 고유한 표징이다. 이 공식은 예언자의 기능을 말씀 수령과 말씀 전달로 고정시킨다.[14]

2) 연설 양식(Redegattungen)

예언 문헌에 있어서 가장 중요한 양식은 '연설 양식'이다. 예언자들은 그들 특유의 연설 양식을 사용하기도 하고 종종 다른 '삶의 자리'로부터 기원한 양식을 차용하여 사용하기도 한다. 예언자의 연설 양식으로 분류되는 것으로는 다음의 여섯 가지를 예로 들 수 있다. (1) 심판의 말씀, (2) 재판 연설, (3) 화 외침, (4) 권고의 말씀, (5) 논쟁의 말씀, (6) 구원의 말씀 등이다.

(1) **심판의 말씀**(Gerichtswort / Announcement of Punishment). '예언자의 심판의 말씀'은 분명히 예언자의 고유한 연설 양식일 것이다. 이것은 우리가 그 양식의 삶의 자리를 예언자의 구두 선포에서 찾을 수 있다는 사실을 의미한다. '예언자의 심판의 말씀'은 특히 포로기 이전의 예언서들에서 흔하게 나타난다. 심판의 말씀의 대상이 되는 청중들은 개인들(예를 들어, 암 7:16-17에서는 제사장 아마샤, 혹은 왕 혹은 고위 관료) 혹은—이보다 더 흔하게는—백성 전체나 백성 중의

---

14. 참조. H. Utzschneider & S. A. Nitsche, *Arbeitsbuch literaturwissenschaftliche Bibelauslegung: Eine Methodenlehre zur Exegese des Alten Testaments* (Gütersloh: Kaiser, 2001), 137.

일부 무리이다.

예언자의 심판의 말씀은 이방 민족들에게도 향할 수 있다(이방 민족들에 대한 신탁들, 참조. 암 1:3-2:3). 그러나 이방 민족들에 관한 이러한 신탁들은 그 수신자가 자신의 백성인 이스라엘이기 때문에, 이 경우들은 본래 구원의 말씀들과 관련이 있다. 이는 이방 민족들에 대한 심판이 흔히 자신의 백성에게는 구원을 의미하는 것이기 때문이다. 이 심판의 말씀에는 다음과 같은 세 가지 전형적인 요소들이 나온다. 즉 첫째, 고발, 둘째, 보통은 '따라서'(לְכֵן, '라켄')로 도입되는 메신저 공식, 셋째, 심판 통고이다. 항상 그런 것처럼, 여기에서도 개별적인 요소들이 독립적으로 더 등장할 수도 있다.

아모스 3장에 나오는 다음과 같은 말씀은 북 왕국의 수도인 사마리아의 부유한 주민들을 겨냥한 것이다.[15]

실례 6) 예언자의 심판의 말씀

9) 아스돗의 궁궐들과

애굽 땅의 궁궐들에 선포하여 이르기를

"너희는 사마리아 산들에 모여

그 성 중에서 얼마나 큰 요란함과 학대함이 있나 보라" 하라

---

15. 심판의 말들에 관한 그 밖의 예들에 관해서는 다음을 참조하라. C. Westermann, *Grundformen prophetischer Rede* (München: Chr. Kaiser Verlag, 1964), 124-125.

고발

10) "자기 궁궐에서 포학과 겁탈을 쌓는 자들이

바른 일 행할 줄을 모르느니라"

여호와의 말씀이니라(נְאֻם־יהוה, '네움 야웨')

'따라서/그러므로'(לָכֵן, '라켄')를 동반하는 메신저 공식

11) 그러므로(לָכֵן, '라켄') 주 여호와께서 이와 같이 말씀하시되

심판 통고

"이 땅 사면에 대적이 있어

네 힘을 쇠하게 하며

네 궁궐을 약탈하리라"(암 3:9-11).

적지 않은 예언 본문들 전체 혹은 일부분은 이와 비슷한 구조를 보여주고 있다(참조. 암 4:1-3; 호 2:7-9; 사 30:12-14 등). 그 본문들은 이스라엘/유다 백성 혹은 백성 중의 일부 무리를 겨냥하고 있다. 이것들은 메신저 공식이나 다른 표지에 의해 두 부분으로 나누어지는데, 그 첫 번째 부분은 과거와 현재의 비난받을 만한 행동을 한 청중을 고발하는 반면에, 두 번째 부분은 그들의 행동의 결과로 청중들에게 미래의 재앙을 통고한다. 즉 심판의 말씀은 죄를 지적하는 '고발'과 죄에 따른 심판을 예고하는 '심판 통고'로 구성되어 있다.

위에서 언급했듯이, 예언자의 심판의 말씀은 고유한 예언자적 양식이다. 이러한 연설방식이 예언의 어떤 기능에 속하는 것인지에 대해서는 의견이 상당히 분분하다. 이런 사실은 이 심판의 말씀을 구성하는 두 부분을 지칭하는 전문 용어가 학자들마다 다르다는 점에서도 잘 드러난다.

- 고발 → לָכֵן ('라켄', 따라서) 메신저 공식 → 통고(C. Westermann)
- 책망의 말씀 → לָכֵן ('라켄', 따라서) 메신저 공식 → 위협의 말씀(H. Gunkel)
- 상황 지적 → לָכֵן('라켄', 따라서) 메신저 공식 → 예언(K. Koch)

대다수의 학자들이 수용하는 베스터만의 전문 용어들은 예언자의 행동의 윤리적-법적인 근거를 강조한다. 따라서 예언자의 심판 그 자체는 무조건적인 것으로 이해된다. 더 이상 돌이킴이나 회개를 위한 어떤 무대도 존재하지 않는다. 이에 반해 궁켈의 명칭들은 그가 예언자의 심판의 말씀이 교육적 의도를 가지고 있으며, 돌이킴을 목적으로 하고 있는 것으로 보았다는 사실을 인식하도록 해 준다. 그리고 마지막으로 코흐(K. Koch)는 자신의 전문 용어들을 통해 예언자의 행동이 갖는 예측적인 차원을 부각시킨다.

수많은 구약 주석가들의 견해에 따르면, 포로기 이전의 심판 예언자들에게서 우리가 발견하는 예언자의 심판의 말씀은 보통 무조건적인 의미를 가지고 있으며, 행동 변화를 목적으로 하고 있

지 않다.[16]

(2) **재판 연설**(Gerichtsrede / Trial Genres). '재판 연설' 혹은 '재판 유형'
은 재판과 관련된 요소들을 모두 포괄하는 집합 개념으로, 사법
절차와 법정 상황과 밀접하게 결합되어 있다. 이 연설의 삶의 자
리는 '성문'에서 열리는 시민 법정의 재판일 수도 있고(룻 4:1-12),
'성소'에서 일어나는 신성한 재판일 가능성도 있으며(수 7장; 렘 26
장), '왕궁'의 재판일 수도 있다(삼하 12:1-6; 왕상 3:16-28). 대개 법률적
양식과 규정들이 일상의 매우 다양한 삶 속에서 자주 나타난다.
이러한 것들이 예언자의 연설에도 반영되어 있는 것이다.

　이 재판 연설에 속하는 양식 가운데 가장 주목할 만한 것으로
소위 '리브 패턴'(rib-pattern) 혹은 '언약 소송'(covenant lawsuit)이라는
것이 있다.[17] 이 양식에 속하는 본문으로는 이사야 1장, 예레미야 2
장, 호세아 4장, 미가 6장 그리고 제2이사야서의 다양한 본문들이
있다. 히브리어 '리브'(רִיב, rib)는 '논쟁/말다툼'을 의미하며, 한쪽
에서 다른 한쪽을 고소하는 법적인 분쟁 상황을 언급한다. 예언서
의 경우에서는 전형적으로 야웨와 이스라엘 사이에 맺어진 언약
관계를 위반한 이스라엘에 대한 야웨의 법률적 논쟁을 가리킨다.
특정 본문에서는 '사전 심의 단계의 논쟁'과 '고발 연설' 혹은 '변

---

16. 참조. H. Utzschneider & S. A. Nitsche, *Arbeitsbuch literaturwissenschaftliche Bibelauslegung: Eine Methodenlehre zur Exegese des Alten Testaments* (Gütersloh: Kaiser, 2001), 139.

17. 참조. Sweeney, *Isaiah 1-39*, 541.

호 연설' 등으로 세분할 수도 있다.[18]

실례 7) 예언자의 재판 연설

여호와께서 **변론하러**(רִיב, '리브') 일어나시며
백성들을 심판하려고 서시도다(사 3:13).

그러므로 내가 다시 **싸우고**(רִיב, '리브')
너희 자손들과도 **싸우리라**(רִיב, '리브')
여호와의 말씀이니라(렘 2:9).

이스라엘 자손들아
여호와의 말씀을 들으라
여호와께서 이 땅 주민과 **논쟁하시나니**(רִיב, '리브')
이 땅에는 진실도 없고
인애도 없고
하나님을 아는 지식도 없고(호 4:1).

1) 너희는 여호와의 말씀을 들을지어다
너는 일어나서 산을 향하여 **변론하여**(רִיב, '리브')

---

18. 참조. H. J. Boecker, *Redeformen des Rechtslebens im Alten Testament* (WMANT 14; Neukirchen-Vluyn: Neukirchener, 1970); K. Nielsen, *Yahweh as Prosecutor and Judge* (JSOTS 9; Sheffield: JSOT Press, 1978).

작은 산들이 네 목소리를 듣게 하라 하셨나니

2) 너희 산들과 땅의 견고한 지대들아

너희는 여호와의 **변론을**(ריב, '리브') 들으라

여호와께서 자기 백성과 **변론하시며**(ריב, '리브')

이스라엘과 변론하실 것이라(미 6:1-2).

(3) **화 외침**(Weherufe / Woe Cry).[19] 예언자의 '화(禍) 외침'은 '화 있을 진저'(히브리어 הוי, '호이', 우리말 번역으로는 '아이고!'가 더 적절하다)로 시작하고 이어서 명사 혹은 분사가 뒤따른다. 이 분사는 한 개인이나 집단의 행위를 묘사하고 그 행위에 대하여 책임을 부과한다. 화 외침은 개별 단위로 나오기도 하고(암 5:18-20; 사 1:4; 3:11; 10:5; 나 3:1), 시리즈로 연속해서 사용되기도 한다(사 5:8-24; 28-33장; 합 2:6-20).

예언자들은 이 '화 외침'을 어디서 빌려 왔을까? 이 양식의 삶의 자리를 규정하는 작업에는 많은 논쟁이 있어왔다. 이 양식이 지혜 집단에서 유래했다고 보는 입장도 있고(Gerstenberger, Whedbee,

---

19. 지금까지 '호이 양식'의 독일어 표기인 Weherufe를 영어로는 Woe Oracle로 번역해 왔다. 그러나 이 양식은 '신탁'(Oracle)이라기보다는 '외침'(Cry)을 의미하기 때문에 Woe Cry로 번역하는 것이 더 적절해 보인다.

Wolff),[20] 저주에서 기원했다는 주장도 있다(Westermann).[21] 그러나 이 양식은 장례식의 곡소리에서 기원한 것으로 보인다.[22] 이는 죽은 사람을 위하여 통곡하는 장면을 묘사하고 있는 다음의 본문을 통해서도 알 수 있다.

곧 그의 시체를 자기의 묘실에 두고 **오호라**(הוֹי, '호이') 내 형제여 하며 그를 위하여 슬피 우니라(왕상 13:30).

18) 그러므로 여호와께서 유다의 왕 요시야의 아들 여호야김에게 대하여 이와 같이 말씀하시니라

무리가 그를 위하여 **슬프다**(הוֹי, '호이') 내 형제여,

슬프다(הוֹי, '호이') 내 자매여 하며

통곡하지 아니할 것이며

---

20. E. Gerstenberger, "The Woe-Oracles of the Prophets," *JBL* 81 (1962): 249-263; J. W. Whedbee, *Isaiah and Wisdom* (Nashville: Abingdon, 1971), 80-110; H. W. Wolff, *Amos the Prophet: The Man and His Background* (Philadelphia: Fortress, 1973), 17-34.

21. C. Westermann, *Grundformen prophetischer Rede* (München: Chr. Kaiser Verlag, 1964).

22. 이러한 입장을 취하는 학자들은 다음과 같다. R. J. Clifford, "The Use of HOY in the Prophets," *CBQ* 28 (1966): 458-464; G. Wanke, "ôy und hôy," *ZAW* 78 (1966): 215-218; J. G. Williams, "The Alas-Oracles of the Eighth Century Prophets," *HUCA* 38 (1967): 75-91; W. Jansen, *Mourning Cry and Woe Oracle* (BZAW 125; Berlin: de Gruyter, 1972); C. Hardmeier, *Texttheorie und biblische Exegese* (BEvT 79; München: Kaiser, 1978).

그를 위하여 **슬프다**(הוֹי, '호이') 주여

슬프다(הוֹי, '호이') 그 영광이여 하며

통곡하지도 아니할 것이라

19) 그가 끌려 예루살렘 문밖에 던져지고

나귀같이 매장함을 당하리라(렘 22:18-19).

예언자는 그의 청중들에게 죽음의 씨앗이 특정한 인간의 행위에 이미 내재해 있다는 것을 생생하게 알리기 위해, 죽은 자가 아닌 아직 살아 있는 사람들을 향하여 그것을 적용하여 사용하였다.

실례 8) 예언자의 화 외침

화 있을진저(הוֹי, '호이') 여호와의 날을 사모하는 자여

너희가 어찌하여 여호와의 날을 사모하느냐

그날은 어둠이요 빛이 아니라(암 5:18).

악을 선하다 하며

선을 악하다 하며

흑암으로 광명을 삼으며

광명으로 흑암을 삼으며

쓴 것으로 단것을 삼으며

단것으로 쓴 것을 삼는 자들은

화 있을진저(הוֹי, '호이')(사 5:20).

그들이 침상에서 죄를 꾀하며

악을 꾸미고

날이 밝으면 그 손에 힘이 있으므로

그것을 행하는 자는

화 있을진저(הוֹי, '호이')(미 2:1).

이사야 5:20과 미가 2:1의 화 외침(הוֹי, '호이')은 우리말 성서와는 달리 히브리어 본문에서는 첫 단어로 나오고 있다.

(4) 권고의 말씀(Mahnrede / Exhortation). '예언자의 권고의 말씀'이라는 양식은 그 기원과 그 '삶의 자리'가 본래 예언적인 것이 아니라,[23] 그 원형을 매우 상이한 삶의 영역들에서 가지고 있다(예를 들면, 지혜, 법[호 2:4 이하], 전쟁[호 5:8; 렘 6:1; 욜 2:1], 제의 등).[24] 아마도 예언자의 권고의 말씀은 지혜문학적 권고의 말씀에서 비롯된 것으로 보인다. 즉 "너의 행사를 여호와께 맡기라 그리하면 네가 경영하는 것이 이루어지리라"(잠 16:3; 참조. 잠 22:6, 10, 20; 25:16-17 등)는 지혜문학의 표현에서 예언문학의 권고의 말씀이 유래한 것으로 판단

---

23. 이와는 다른 견해로는 K. A. Tångberg, *Die prophetische Mahnrede. Form- und traditionsgeschichtliche Studien zum prophetischen Umkehrruf* (FRLANT 143; Göttingen: Vandenhoeck & Ruprecht, 1987).

24. 참조. 이에 대해서는 G. Warmuth, *Das Mahnwort, seine Bedeutung für die Verkündigung der vorexilischen Propheten Amos, Hosea, Micha, Jesaja und Jeremia* (Frankfurt a. M.: Peter Lang, 1976), 21-24.

된다. 간단히 말해서 이 양식의 본래적인 삶의 자리는 가장 포괄적인 의미에서 보면 고대 이스라엘의 교육 체계에서 찾아볼 수 있을 것이다.

이 양식의 형태는 매우 단순하다. 권고의 말씀은 명령형으로 시작된다. 이 명령형에는 청취 대상자의 태도를 변화시키려는 모습이 두드러지게 나타난다. 게다가 태도 변화의 획득을 암시하거나, 청취 대상자가 태도를 변화시키지 않았을 경우에 당하게 되는 부정적인 결과들을 경고하는 것을 포함하는 긍정적인 혹은 부정적인 목적 문장이 이 양식의 두 번째 부분에 추가된다.

아모스 5:4-6은 권고의 말씀의 세부 형식들과 형식들의 결합이라는 매우 다채로운 모습을 보여 준다.

실례 9) 예언자의 권고의 말씀

4) 여호와께서 이스라엘 족속에게 이와 같이 말씀하시기를[메신저 공식]

"너희는 나를 찾으라

그리하면 살리라[긍정적인 목적 문장을 가진 권고의 말씀]

5) 벧엘을 찾지 말며

길갈로 들어가지 말며

브엘세바로도 나아가지 말라

길갈은 반드시 사로잡히겠고

벧엘은 비참하게 될 것임이라" 하셨나니[심판 통보와 결합되어 있는 부정적인 권고의 말씀]

6) "너희는 여호와를 찾으라
그리하면 살리라
그렇지 않으면 그가 불같이
요셉의 집에 임하여 멸하시리니
벧엘에서 그 불들을 끌 자가 없으리라"[긍정적이고 부정적인 목적 문장을 가진 권고의 말씀](암 5:4-6).

(5) **논쟁의 말씀**(Disputationswort / Disputation).[25] 이 '논쟁의 말씀'(Disputationswort)은 '토론의 말씀'(Diskussionswort) 혹은 '다툼의 대화'(Streitgespräch)라고도 불린다. 이 연설 양식은 이사야(사 28:23-29 등), 제2이사야(사 49:14-21 등), 예레미야(렘 13:23 등)에서 그리고 많은 주석가들이 논쟁의 말씀의 모음집으로 이해하는 말라기서에 이르기까지 전체 예언 문헌에 걸쳐 산재해 있다. 논쟁의 말씀 역시도 그것이 '지혜적인 교육 대화'나 성문 재판에서의 '법적인 다툼' 혹은 또 다른 재판 상황과 관련된 삶의 자리로부터 유래한 것이든 아니든 간에 '차용된 양식'임에는 틀림없다.

---

25. 참조. 이에 대한 최근의 것으로는 다음을 참조하라: D. F. Murray, "The Rhetoric of Disputation: Re-Examination of a prophetic Genre," *JSOT* 38 (1987): 95-121; M. A. Sweeney, "Concerning the Structure and Generic Character of the Book of Nahum," *ZAW* 104 (1992): 364-377.

논쟁의 말씀들은 비록 흔적만 남아 있는 모습을 통해서이긴 하지만 자신들의 청중의 **반대 논제**(Gegenthese)에 반응하거나 그러한 반대 명제를 야기시키는 예언자들의 **논제**(These)를 포함하고 있음이 틀림없다. 따라서 이는 '다툼의 대화'라는 특징을 가지고 있다. 예언자는 다툼의 대화 속에서 수사학적인 질문과 자신의 처지와의 비교라는 수단을 통해 자신의 청중을 설득시키려고 노력한다.

논제, 반대 논제 그리고 논쟁이라는 세 단계가 비록 다른 순서로 나타난다고 하더라도 특별히 이사야 49:14-15의 논쟁의 말씀에 각인되어 있다.

실례 10) 예언자의 논쟁의 말씀

반대 논제

14) 오직 시온이 이르기를

여호와께서 나를 버리시며

주께서 나를 잊으셨다 하였거니와

논쟁

15) 여인이 어찌 그 젖 먹는 자식을 잊겠으며

자기 태에서 난 아들을 긍휼히 여기지 않겠느냐

그들은 혹시 잊을지라도

논제

나는 너를 잊지 아니할 것이라(사 49:14-15).

논쟁의 말씀은 생생한 '어휘'(비유 연설)와 그 속에 담겨진 적대자가 품고 있는 논쟁하는 자에 대한 비판을 가지고 있다는 점에서 극적인 장르에 특별히 가깝다(참조. 렘 13:23).

(6) **구원의 말씀**(Heilswort / Announcement of Salvation). '예언자의 구원의 말씀'의 내용적 특징은 그것이 심판의 말씀과는 정반대이고, 대부분의 권고의 말씀과는 달리 구원이 확실한 미래를 통고하고 있다는 점이다. 그러나 이 연설 양식은 이러한 특징 외에는 거의 통일성을 가지고 있지 않다. 흔히 사용되는 도입 공식은 '그날에는/그날'(호 2:16 이하; 욜 3:1), '말일에'(사 2:2), '보라, 날이 이르리니'(렘 31:31) 등이다. 아무튼 구원의 말씀 역시 심판의 말씀처럼 보통 하나님을 1인칭으로 표현함으로써 미래를 가능하게 만들고, 미래를 이끌어 나가는 분이 하나님이심을 강조하고 있다(호 14:5; 사 1:26 등).

　구원의 말씀의 청중은 대개 이스라엘, 시온 혹은 예루살렘이다. 예언자의 구원의 말씀을 담고 있는 구절들은 대개 후대(포로기-포로기 이후) 시대로 연대가 결정된다. 물론 포로기 이전의 예언자들도 구원의 말씀을 선포하고 있다(참조. 호 2:14 이하; 사 2:2-4 등). '구원의 말씀'이라는 개념은 이와 유사한 수많은 연설 방식들을 포괄하는 집합적인 개념이다. 여기에 속하는 수많은 가능성들이 여기에서 모두 서술될 수는 없다.[26] 우리는 베스터만이 '구원 약속'(Heils-zusage, 사 41:8-13)이라 명명했던 제2이사야의 한 예에 국한해서 살펴볼 것이다.

구원 약속은 형태상 뚜렷한 특징을 가지고 있으며, 특별히 하나의 삶의 자리로 소급될 수 있다. 이러한 '구원 약속'이라는 양식 형태는 형식상 세 가지 특징들을 가진다. (1) 구원 약속은 **2인칭 부름**으로 시작한다. (2) 여기에 '너는 두려워 말라'라는 단수 형태의 **구원 확언**이 이어진다. (3) 그리고 나서 '키'(כִּי, "왜냐하면")로 시작되는 **근거**로 끝이 난다.

실례 11) 예언자의 구원 약속

2인칭 부름

8) 그러나 나의 종 너 이스라엘아

내가 택한 야곱아

나의 벗 아브라함의 자손아

9) 내가 땅끝에서부터 너를 붙들며

땅 모퉁이에서부터 너를 부르고

네게 이르기를

---

26. 참조. 이에 관한 자세한 서술을 위해서는 다음을 보라: C. Westermann, *Prophetische Heilsworte im Alten Testament* (FRLANT 145; Göttingen: Vandenhoeck & Ruprecht, 1987).

"너는 나의 종이라

내가 너를 택하고

싫어하여 버리지 아니하였다" 하였노라.

구원 확언

10) 두려워하지 말라,

내가 너와 함께 함이라.

놀라지 말라,

나는 네 하나님이 됨이라.

내가 너를 굳세게 하리라

참으로 너를 도와주리라

참으로 나의 의로운 오른손으로 너를 붙들리라

구원 통고

11) 보라 네게 노하던 자들이 수치와 욕을 당할 것이요

너와 다투는 자들이 아무것도 아닌 것같이 될 것이며

멸망할 것이라.

12) 네가 찾아도 너와 싸우던 자들을 만나지 못할 것이요

너를 치는 자들은 아무것도 아닌 것 같고

허무한 것같이 되리니

마무리 근거

13) 이는(ֹכִּי, '키') 나 여호와 너의 하나님이 네 오른손을 붙들고
네게 이르기를

새로운 구원 확언

"두려워하지 말라
내가 너를 도우리라" 하실 것임이니라(사 41:8-13).

3) 이야기체 양식(Erzählende Gattungen)

이야기체 양식에서는 언제나 자기 보고(1인칭 단수)인지 아니면 타
자 보고(3인칭 단수)인지의 여부가 구분되어야만 한다. 이야기체 양
식들에서는 대개 특정한 삶의 자리를 제시하는 것이 불가능한데,
이는 이야기가 대개 문학적인 산물이기 때문이다. 어쨌든 우리는
이야기된 사건에 관해서 삶의 자리를 질문할 수는 있다. 이 이야
기체 양식에 속한 양식으로는 ⑴ 소명 이야기, ⑵ 환상 이야기, ⑶
상징 행위 이야기 등이 있다.

⑴ **소명 이야기**(Berufungserzählung / Vocation Account). '소명 이야기'
란 예언자의 소명 혹은 임명에 관한 보고를 가리킨다. 소명 이야
기는 1인칭 보도에 속한다(사 6장; 40장; 렘 1장; 겔 1장). 소명 이야기는
다시 두 가지 근본 형식으로 구분된다.

첫째는 '대화 형식'이다. 이는 하나님과 예언자 사이의 직접적

인 대화에서 생긴다. 이 대화에서는 당사자 이외의 어떤 이도 참석하고 있지 않은 것으로 간주된다. 이 형식에는 모세(출 3-4장), 기드온(삿 6장), 사울(삼상 9-10장)과 예레미야(렘 1장)의 소명 이야기가 속한다.

둘째는 '천상 회의의 환상 형식'이다. 이는 대화 형식보다 극적인 사건인 신 현현(神顯顯, Theophanie) 혹은 하나님이 보좌에 앉아 계신 장면을 전제한다. 곧 야웨가 고대 근동의 통치자와 유사하게 묘사되고 있는 상황을 보여 준다. 야웨는 심의회 중앙에 위치한 자신의 보좌 위에 앉아 있다(참조. 사 6장; 40장; 겔 1장과 더불어 또한 왕상 22:18 이하). 보통 전자를 '예레미야 타입'이라고 하며, 후자를 '이사야 타입'이라 한다.[27]

우리가 보통 소명 이야기라 하면 예레미야 타입을 가리킨다. 이 타입은 다음과 같은 네 가지 양식 요소들을 가지고 있다. (1) 부름, (2) 거절(부름받은 자의 거절), (3) 설득(거절에 대한 하나님의 거부), (4) 약속(표징) 등이다.[28] 소명 이야기가 고유한 예언적 양식인지 여부는 단언할 수 없다. 많은 정황을 고려할 때, 이러한 보고들은 고위 관료를 임명할 때 사용되는 양식 공식을 따라 형성된 것으로 보인

---

27. 참조. H. Utzschneider & S. A. Nitsche, *Arbeitsbuch literaturwissenschaftliche Bibelauslegung: Eine Methodenlehre zur Exegese des Alten Testaments* (Gütersloh: Kaiser, 2001), 143.

28. 이 분야의 대표적인 학자인 Habel은 여섯 가지 요소를 주장한다: (1) 하나님과의 대면, (2) 서론적 말, (3) 파송, (4) 예언자의 거부, (5) 재확인, (6) 표징. N. Habel, "The Form and Significance of the Call Narratives," *ZAW* 77 (1965): 297-323.

다.[29]

실례 12) 예레미야 타입의 소명 이야기

말씀 사건 공식

4) 여호와의 말씀이 내게 임하니라 이르시되,

하나님의 부르심(소명의 말)

5) "내가 너를 모태에 짓기 전에 너를 알았고

네가 배에서 나오기 전에 너를 성별하였고

너를 여러 나라의 선지자로 세웠노라" 하시기로

거절(부름 받은 자의 거절)

6) 내가 이르되

"슬프도소이다

주 야웨여 보소서

나는 아이라 말할 줄을 알지 못하나이다" 하니

설득(거절에 대한 하나님의 거부)

7) 여호와께서 내게 이르시되

"너는 아이라 말하지 말고

---

29. 참조. K. Baltzer, *Die Biographie der Propheten* (Neukirchen-Vluyn: Neukirchener, 1975).

내가 너를 누구에게 보내든지 너는 가며

내가 네게 무엇을 명령하든지 너는 말할지니라

구원 약속/구원 신탁

8) 너는 그들 때문에 두려워하지 말라

내가 너와 함께하여 너를 구원하리라"

결말 공식

나 여호와의 말이니라 하시고

사역 지침/표징

9) 여호와께서 그의 손을 내밀어 내 입에 대시며

여호와께서 내게 이르시되

"보라 내가 내 말을 네 입에 두었노라

10) 보라 내가 오늘 너를 여러 나라와 여러 왕국 위에 세워

네가 그것들을 뽑고 파괴하며

파멸하고 넘어뜨리며

건설하고 심게 하였느니라" 하시니라(렘 1:4-10).

(2) **환상 이야기**(Visionserzählung / Vision Report). '환상 이야기'는 고유
한 예언적 양식이며, 다음과 같은 요소들을 포함한다. ⑴ 도입, ⑵

환상의 모습, (3) 하나님의 확인 질문, (4) 예언자를 통한 명확한 확
증, (5) 해석을 제공하는 하나님의 신탁 등이다.

실례 13) 언어유희 환상 이야기

말씀 사건 공식

11) 여호와의 말씀이 또 내게 임하니라 이르시되,

하나님의 확인 질문

"예레미야야 네가 무엇을 보느냐" 하시매

예언자를 통한 명확한 확증

내가 대답하되,

"내가 살구나무 가지(שָׁקֵד, '샤케드')를 보나이다"

해석을 제공하는 하나님의 신탁

12) 여호와께서 내게 이르시되,

"네가 잘 보았도다.

이는 내가 내 말을 지켜(שֹׁקֵד, '쇼케드')

그대로 이루려 함이라" 하시니라(렘 1:11-12).

여기에서 이 예언자가 본 광경은 특별히 묘사되지는 않는다. 오히
려 문학적으로 매우 기교적인 모습을 보이며, 간략한 형태로 나타

난다. 그가 본 것은 대화를 통해서야 비로소 명백해진다. 예언자가 본 것과 그것을 통해서 그에게 전해진 말의 결합은 그림-언어유희를 넘어서서, 어느 정도 여러 가지 매체를 통해서 이루어진다.

11절에 나오는 살구나무 가지에 해당되는 히브리어 단어 '샤케드'(שָׁקֵד)는 '쇼케드'(שֹׁקֵד, '주의 깊게 살펴보다')라는 동사 어근에서 유래한 것이다. 야웨의 연설(하나님의 신탁)은 동사 어근과 이와 함께 관찰되고 있는 사물에 대한 해석을 위해 '지켜보다'라는 개념을 사용한다(참조. 이와 비슷한 언어유희 환상이나 언어 유음 환상에 대해서는 암 7:7-9; 8:1-3을 보라).

환상 이야기 양식에 속하는 또 다른 형태들로는 '참석 환상'(Anwesenheitsvision, 예언자 자신은 환상 중에서 수동적이거나 능동적인 역할을 감당한다: 예. 사 6장, 겔 1-3장)과 '사건 환상'(Ereignisvision, 암 7:1-6; 렘 4:23-26: 예언자는 직접적으로 통고된 사건을 본다)이 있다.[30] 구약의 후대의 본문들에 나타난 환상에서는 '해석 천사'(angelus interpres)가 하나님의 역할을 물려받을 수도 있다(참조. 슥 1:9 등). 이때 예언자는 그에

---

30. 이 분야의 고전적인 연구가인 Horst는 환상 이야기를 세 가지 유형으로 나눈다: (1) 참석 환상(사 6장; 렘 1:4-10; 겔 1:4-28), (2) 언어 유음 환상(렘 1:11-12, 13-15; 암 8:1-3), (3) 사건 환상(사 13:4-5; 21:1-9; 나 3:1-3). F. Horst, "Die Visionsschilderungen der alttestamentlichen Propheten," *EvT* 20 (1960): 193-205. Long도 이와 비슷하게 세 가지로 구분한다: (1) 신탁 환상(oracle vision, 암 7:7-8; 렘 1:11-14), (2) 극적인 말씀 환상(dramatic word vision, 암 7:1-6; 사 6장; 겔 9:1-10), (3) 계시적 신비적 환상(revelatory-mysteries-vision, 슥 2:3-4; 4:1-6a). B. O. Long, "Report of Vision Among the Prophets," *JBL* 95 (1976): 353-365.

게 이해를 위해서 질문을 던지기도 한다(슥 2:2 등).

(3) **상징 행위 이야기**(Symbolhandlungserzählung / Report of a Symbolic Action). 소위 '표징 행위'(Zeichenhandlung) 또는 '상징 행위'(Symbolhandlung)에 관한 이야기들은 예언 문헌 내에서 특별히 흥미로운 한 양식이다. 이것들은 예언자의 선포가 어떻게 이루어질 것인지를 분명하게 보여 준다. 표징 행위들은 예언자가 현재의 것이나 미래의 것을 눈앞에 생생하게 제시하는 역할을 통해 예언자에게 주목하도록 한다. 랑(B. Lang)은 예언자의 상징 행위를 '거리 공연'(Straßentheater) 이라고 말한다. 랑에게 있어서 그것은 "대중을 고려한 그리고 대중에게 영향을 미치는 충동 행위"이다.[31]

이 양식의 요소들은 다음과 같다. (1) 하나님의 명령, (2) 실행 보고, (3) 해석 등이다.

실례 14) 상징 행위(사 20:1-6)

1) 앗수르의 사르곤 왕이 다르단을 아스돗으로 보내매 그가 와서 아스돗을 쳐서 취하던 해니라

하나님의 명령

2) 그때에 여호와께서 아모스의 아들 이사야에게 말씀하여 이르

---

31. 참조. B. Lang, *Kein Aufstand in Jerusalem. Die Politik des Propheten Ezechiel* (Stuttgart, 1978), 169.

시되,

명령

"갈지어다 네 허리에서 베를 끄르고 네 발에서 신을 벗을지니라"
하시매

실행 보고

그가 그대로 하여 벗은 몸과 벗은 발로 다니니라.

해석

3) 여호와께서 이르시되,

"나의 종 이사야가 삼 년 동안

벗은 몸과 벗은 발로 다니며

애굽과 구스에 대하여 징조와 예표가 되었느니라

4) 이와 같이 애굽의 포로와 구스의 사로잡힌 자가

앗수르 왕에게 끌려갈 때에

젊은 자나 늙은 자가 다 벗은 몸과

벗은 발로 볼기까지 드러내어

애굽의 수치를 보이리니

5) 그들이 바라던 구스와

자랑하던 애굽으로 말미암아

그들이 놀라고 부끄러워할 것이라.

6) 그날에 이 해변 주민이 말하기를

'우리가 믿던 나라 곧 우리가 앗수르 왕에게서 벗어나기를 바라고

달려가서 도움을 구하던 나라가 이같이 되었은즉

우리가 어찌 능히 피하리요' 하리라"(사 20:1-6).

이 단락은 우리에게 주어진 이사야서의 소위 '이방 민족들에 대한 신탁'인 이사야 13-23장이라는 매우 커다란 맥락 속에 위치하기 때문에, 이사야 20:6("이 해변의 거주자들")을 통해 "블레셋에 적대적인 이방 민족들에 대한 신탁"[32]이 된다. 이것은 이사야 20장의 문학적인 구성에 있어서 '상징 행위 이야기'라는 양식으로부터 유래한 '본문들'이 사용되었다는 것을 의미한다.

---

32. H. Wildberger, *Jesaia, 2. Teilband: Jesaja 13-27* (BK; Neukirchen-Vluyn: Neukirchener, 1978), 754.

제2부
예언서 신학

제1장
예언과 환경 *

1. 들어가는 말

오늘날 생태계의 문제를 연구하는 수많은 학자들은 이제 우리가
봉착한 문제는 더 이상 '생태계의 위기' 문제가 아니라 '살아남느
냐 아니면 죽느냐'의 문제, 즉 '생존의 문제'이며 한 걸음 더 나아
가 '세계 종말의 문제'라고 주장한다. 적지 않은 학자들은 오늘날
이러한 생태계의 위기를 초래한 근본 원인과 책임이 기독교에 있
다고 일침을 가한다. 기독교의 인간 중심적인 세계관이 서구에 전
파되었고, 이들 서구 국가들은 이러한 기독교 정신으로 자연과 과
학을 다스렸기 때문에 환경 파괴가 초래되었다고 하는 것이다. 즉

---

* 이 장은 기독교환경운동연대 20주년을 기념하여 출판한 『녹색의 눈으로 읽
는 성서』 서울: 대한기독교서회, 2002, 85-103에 투고한 내용을 일부 수정
보완한 것이다.

"인간이 '창조의 중심'이요, '창조의 완성'이고, '창조의 면류관'이며 따라서 '만물의 영장'이다. 세계의 모든 것은 인간을 위하여 존재한다. 인간이 '세계의 중심'이다"라고 기독교는 가르쳐 왔다는 것이다. 이러한 인간 중심적 세계관은 '자연은 인간의 것'이라는 사고를 갖게 했으며, 인간으로 하여금 자연을 마음대로 연구하고 분석하고 파괴하고 이용하게 하는 정신적 기틀을 마련해 주었다는 것이다.

사실 지금까지 기독교는 초월적 하나님과 피조 세계를 철저히 분리하고, 인간 세계와 자연 세계를 극단적인 이분법적으로 이해하고, 이에 따라서 자연을 인간의 지배와 이용의 대상으로만 다루어 온 면이 없지 않다. 그러나 사실 이러한 왜곡된 인간관과 자연관은 성서적이 아니다. 성서적인 인간관과 자연관에 대해서 예언서, 곧 이사야서, 예레미야서 그리고 에스겔서라는 3대 예언서를 중심으로 살펴보기로 하자.

2. 인간의 구원은 본래적인 관계성 회복

먼저 인간의 구원이라는 측면에서 성서가 말하는 인간에 대하여 간략하게 알아보기로 하자. 인간의 구원이란 구원의 원형 상태(proto-type)를 보여 주는 창세기 1-2장과 최초의 인간의 타락을 기록해 주는 창세기 3장을 함께 살펴보면 파악된다.

1) 인간과 하나님의 관계 회복

하나님은 인간을 하나님의 형상대로 창조하였다(창 1:26). 피조물 가운데 하나님의 형상대로 지음 받은 생물체는 오직 인간뿐이다. 인간만이 하나님과 교제할 수 있는 특권을 부여받은 것이다. 하나님은 인간을 하나님의 대화 파트너로 삼으셨다. 인간과 하나님의 관계는 원래 대화가 통하는 상호 신뢰하는 관계였다.

그런데 불행하게도 인간은 하나님이 주신 자유의지를 남용하여 하나님께 반역한다. 외부의 유혹에 자기 교만이 발동하여 하나님과의 관계가 끊어진 것이다. 그 이후 인간과 하나님의 관계에 변화가 왔다. 인간은 하나님의 낯을 피하게 되었고(창 3:8), 하나님은 반역한 인간이 생명나무의 실과에도 손을 댈 것을 우려하여 이 나무로 근접하는 것을 금하게 되었다(창 3:22-24). 상호 신뢰의 관계가 깨진 것이다. 낙원에서 볼 수 있었던 하나님과 인간의 조화는 더 이상 존재하지 않는다. 인간은 그 낙원에서 추방되었고 하나님과 인간의 관계는 깨져 버렸다. 이 단절된 관계가 원래의 관계로 회복되는 것이 구원이다.

2) 인간과 또 다른 인간과의 관계 회복

최초의 인간 아담에게 최초의 이웃, 즉 자기(我)가 아닌 남(他人)은 바로 아내 하와였다. 엄밀하게 말하면, 이웃이란 자기를 제외한 모든 사람을 가리킨다고 할 수 있다. 낙원에서의 최초의 인간관계는 행복한 부부관계였다. 인간관계 가운데 거의 한 몸이라 할 수 있는 부부관계보다 더 가까운 관계는 없을 것이다. 최초의 이웃을 아내로 맞이하는 아담은 "이는 내 뼈 중의 뼈요 살 중의 살"(창 2:23)이라고 노래한다. 두 사람은 벌거벗었으나 서로 부끄러워하지 않았다. 이것은 물론 실상을 묘사한 것이지만, 이 외에 두 사람 사이에 그 어떤 것도 끼어들 수 없을 정도로 밀착된 관계를 뜻하기도 한다. 낙원은 인간과 인간이 한 몸을 이루는 화해의 터전이었다.

그러나 인간과 하나님의 관계가 파괴되자마자 그토록 밀착되었던, 한 몸인 부부관계마저도 마침내 금이 가고 말았다. 아담은 하나님의 책임 추궁에 자기 몸의 반쪽과도 같았던 아내에게 그 책임을 전가한다(창 3:12). 여기에서 우리는 인류 최초의 부부 싸움을 보게 된다. 이 부부 싸움은 인간들이 본래적으로 갖고 있었던 한 몸의 관계가 깨졌다는 것을 보여 주는 상징적 사건이다. 이러한 왜곡된 인간관계가 본래의 관계로 회복되는 것, 그것이 바로 구원이다.

3) 인간과 자연(환경)의 관계 회복

인간과 자연은 원래 하나였다. 인간(אָדָם, '아담')은 흙/땅(אֲדָמָה, '아다마')에서 태어나, 흙/땅이 주는 것을 먹고 살다가 흙/땅으로 되돌아가게 되어 있다(창 3:19). 인간을 뜻하는 히브리어 '아담'(אָדָם)과 흙/땅(자연)을 뜻하는 히브리어 '아다마'(אֲדָמָה)가 어근이 같다는 사실은 간과되어서는 안 된다. 사람을 칭하는 명칭이 '아담'(אָדָם)

이 된 것은 사람이 '아다마'(אֲדָמָה)에서 왔기 때문이다. 이는 인간
은 흙/땅에 속한 존재요 인간과 흙/땅은 본래 하나임을 보여 준
다. 낙원에서의 인간은 그 뿌리요, 결국 되돌아가야 할 본향인 자
연을 가꾸고 관리하는 자로 자연 속에서, 자연이 주는 기쁨 속에
서 그리고 자연과 더불어 자연스럽게 잘 살았다.

그러나 인간과 하나님의 관계 파괴로 인하여 인간과 인간이
서로 소외되었고, 그 결과 인간과 자연의 관계도 적대 관계로 전
락하였다. 초대 교부시대 이래로 이른바 '원복음'(原福音: Proto-
evangelium)으로 지칭되고 있는 창세기 3:15은 전후 문맥을 고려하
면 사실은 '인간과 자연의 원수 관계'를 보여 주는 구절이다. 이러
한 관계는 인간의 불순종 때문에 내려진 하나님의 심판에서 비롯
된 것이다. 이 때문에 땅도 저주를 받아 인간과 멀어진다(창 3:17-
18). 인간과 자연의 깨어진 관계로 모든 피조물들이 탄식하며 고통
당하는 오늘의 현실은 낙원의 상태로 되돌아가야 한다. 이것이 구
원이다.

인간이란 알고 보면 홀로 존재할 수 없는, 오직 관계 안에서만
존재할 수 있는 피조물이다. 인간은 적어도 삼중 관계를 맺고 살
고 있기 때문에, 인간과 하나님과의 관계만 회복되면 된다는 개인
적인 구원 이해는 너무 협소한 생각이다. 물론 모든 관계 가운데
하나님과 인간의 관계가 가장 중요하다. 이 관계가 파기되자 도미
노 현상같이 나머지 모든 관계도 무너졌기 때문이다. 이 관계가
해결되지 않고서는 나머지 관계의 복원은 불가능하다. 그러므로

인간과 하나님의 관계 회복은 구원의 완성을 향한 의미심장한 첫 걸음이라 할 수 있다. 그러나 그것은 말 그대로 첫걸음이요 시작에 불과하다. 인간의 구원이 여기서 멈추어서는 안 된다. 다른 인간과의 관계도 신뢰의 관계로 회복되어야 한다. 그리고 더 나아가 인간과 자연과의 관계도 본래 하나인 관계로 회복되어야 한다. 여기까지 이르러야 인간의 구원이 완성되는 것이다.

3. 인간과 더불어 구원의 대상인 자연

1) 자연은 '찬양의 대상'이 아니라 인간과 함께 하나님을 찬양하는 '동료 성가대원'이다.

구약성서에서는 자연 세계란 다른 종교에서처럼 신(神)이 사는 곳이 아니며, 자연 자체도 신적인 존재들이 아니고, 다만 야웨 하나님의 피조물에 불과하다. 예를 들어, 이집트에서 숭배되던 태양이나 바빌로니아에서 숭배되던 달, 별 들도 구약성서에서는 모두 신적인 존재가 아니라 야웨의 피조물로서 간주되어 야웨가 부여한 기능만을 담당하는 존재일 뿐이다.

> 하나님이 두 큰 광명체를 만드사 **큰 광명체**[태양]로 낮을 주관하게 하시고 **작은 광명체**[달]로 밤을 주관하게 하시며 또 별들을 만드시고(창 1:16).

고대 이스라엘의 신앙인들은 자연 자체를 찬양하거나 노래하지 않는다. 자연은 인간의 찬양과 숭배의 대상이 될 수 없다. 다만 이를 지으신 창조주 하나님만을 찬양할 뿐이다.

> 여호와 우리 주여
>
> 주의 이름이 온 땅에 어찌 그리 아름다운지요
>
> 주의 영광이 하늘을 덮었나이다(시 8:1).

> 주의 손가락으로 만드신 주의 하늘과
>
> 주께서 베풀어 두신 달과 별들을 내가 보오니(시 8:3).

온 우주에서 찬양과 숭배의 대상은 하나님밖에 없다. 모든 피조물은 창조주 하나님의 작품으로 하나님을 찬양하도록 지음 받았기 때문이다. 포로기의 예언자 제2이사야는 그의 구원 신탁에서 동물들도 인간과 더불어 하나님을 찬양할 것을 내다본다.

> 20) **장차 들짐승 곧 승냥이와**
>
> **타조도 나를 존경할 것은**
>
> 내가 광야에 물을,
>
> 사막에 강들을 내어
>
> 내 백성, 내가 택한 자에게 마시게 할 것임이라
>
> 21) 이 백성은 내가 나를 위하여 지었나니

나를 찬송하게 하려 함이니라(사 43:20-21).

하나님을 찬양하는 대열에는 인간과 동물들만 초대받은 것은 아
니다. 여기에는 모든 피조물들도 포함된다. 포로기의 예언자는 미
래에 일어날 사건을 미리 앞당겨 부르는 '종말론적 찬양의 노래'
에서 하나님이 이스라엘에게 행하신 구원 사건을 찬양하도록 모
든 피조물들을 초청한다.

> 여호와께서 이 일을 행하셨으니
>
> **하늘**아 노래할지어다
>
> **땅의 깊은 곳들**아 높이 부를지어다
>
> **산들**아
>
> **숲과 그 가운데의 모든 나무들**아 소리 내어 노래할지어다
>
> 여호와께서 야곱을 구속하셨으니
>
> 이스라엘 중에 자기의 영광을 나타내실 것임이로다(사 44:23; 참조.
> 사 49:13).

2) 자연은 '정복과 착취의 대상'이 아니라 '가꿈과 돌봄의 대상'이다.

창세기 1:28의 "생육하고 번성하여 땅에 충만하여라. 땅을 정복하
여라(כָּבַשׁ, '카바쉬'). 바다의 물고기와 공중의 새와 땅 위에서 살아
움직이는 모든 생물을 다스려라(רָדָה, '라다')"는 하나님의 명령은
흔히 인간이 자연을 정복하고 착취해도 된다는 식으로 풀이되기

쉽다. 그러나 이 구절은 그렇게 이해되어서는 안 된다. '땅을 정복하라'(כָּבַשׁ, '카바쉬')라는 명령은 '하나님이 그들에게 복을 주시며'라는 구절과 관련이 있다. 땅을 정복하라는 것은 인간을 위한 하나님의 축복이다. 그렇다면 이 정복은 자연의 파괴나 착취를 의미할 수는 없다. 자연을 파괴하거나 착취하면서 인간이 축복을 받을 수는 없기 때문이다. 여기서 말하는 정복은 인간이 자연을 가꾸며 자연과 더불어 건강하고 행복하게 살라는 것이다. 여기서 '정복하다'라는 말은 '가꾸다'라는 의미를 갖고 있다. 이는 모든 피조물들간의 평화로운 공생(共生)을 뜻한다. 또한 '다스리다'(רָדָה, '라다', radah)라는 뜻은 억압하고 파괴하는 것이 아니라 다스림을 받는 자의 행복을 위하여 '돌보다'라는 뜻이다. 자연은 인간의 정복과 착취의 대상이 아니라 오히려 '가꿈'(כָּבַשׁ, '카바쉬')과 '돌봄'(רָדָה, '라다')의 대상이다.

인간은 자연을 정복하고 파괴할 것이 아니라, 하나님이 창조하시고 하나님이 주인이신 자연을 관리하고 보호하며 보전해야 하는 존재이다. 첫 사람 아담의 창조 목적에서도 이 점이 분명하게 드러난다.

> 여호와 하나님이 땅에 비를 내리지 아니하셨고 **땅**(אֲדָמָה, '아다마')을 **갈**(עָבַד, '아바드') **사람**(אָדָם, '아담')도 없었으므로 들에는 초목이 아직 없었고 밭에는 채소가 나지 아니하였으며(창 2:5).

여호와 하나님이 그 **사람**을 이끌어 에덴동산에 두어 그것을 **경작하며**(עָבַד, '아바드') 지키게 하시고(창 2:15).

3) 자연은 인간과 동료이며 인간과 같이 하나님의 구원의 대상이다.

위에서 언급했듯이 '아담'(אָדָם, 인간)은 '아다마'(אֲדָמָה, 흙/땅/자연)와 한 뿌리요 동료이다. 즉 인간과 자연은 원래 한 동료라는 것이다. 사람, 동물, 식물 모두 대지의 흙에서 빚어진 동반자이다(창 1:11-12; 2:7, 19). 이러한 관계는 짐승과 나무 그리고 땅 등이 인간과 함께 하나님의 심판을 함께 받는다는 점에서도 분명해진다.

그러므로 주 여호와께서 이와 같이 말씀하시니라 보라 **나의 진노와 분노를 이곳과 사람과 짐승과 들나무와 땅의 소산에 부으리니** 불같이 살라지고 꺼지지 아니하리라 하시니라(렘 7:20).

주 여호와께서 이같이 이르시되 내가 나의 네 가지 중한 벌 곧 칼과 기근과 사나운 짐승과 전염병을 예루살렘에 함께 내려 **사람과 짐승을 그중에서 끊으리니** 그 해가 더욱 심하지 아니하겠느냐(겔 14:21).

자연과 인간은 하나님의 심판을 함께 나누어 받는 심판 공동체요, 심판의 동지이다(창 6:13). 그런데 인간과 심판을 함께 나누는 동지에게 심판만 주어지고, 인간에게 주어지는 구원이 없다면 불공평한 것이 아닐까? 바빌론 포로로 끌려와 있는 동족들에게 말씀을 전했던 에스겔 예언자는 에스겔 36:18-38에서 사람의 구원과 자연의 구원을 동시에 언급하고 있다. 이 본문의 주된 주제는 이스라엘의 새 창조라고 말할 수 있다. 이스라엘 백성의 새로운 창조는 하나님이 모든 더러움에서 그들을 정결케 하고, 새로운 영과 새로운 마음을 심어줌으로 가능해진다.

> 25) 맑은 물을 너희에게 뿌려서 너희로 정결하게 하되 곧 너희 모든 더러운 것에서와 모든 우상숭배에서 너희를 정결하게 할 것이며 26) 또 새 영을 너희 속에 두고 새 마음을 너희에게 주되 너희 육신에서 굳은 마음을 제거하고 부드러운 마음을 줄 것이며(겔 36:25-26).

그러고 나면 이스라엘 백성들은 하나님의 모든 율례대로 행동하며 모든 규례를 지키고 실천하게 된다는 것이다. 그런데 하나님의 구원의 말씀은 여기에서 멈추지 않는다.

> 29) 내가 너희를 모든 더러운 데에서 구원하고 곡식이 풍성하게 하여 기근이 너희에게 닥치지 아니하게 할 것이며 30) 또 나무의 열매와 밭의 소산을 풍성하게 하여 너희가 다시는 기근의 욕을 여러 나라에게 당하지 아니하게 하리니(겔 36:29-30).

여기에서 곡식과 나무와 밭의 소출이 많아지는 것은 단순히 사람들의 양식을 풍요롭게 하는 차원을 넘어선다. 예언자들은 땅 자체의 복구를 인간 구원의 종속적 요소로 보지 않고, 하나님의 백성들이 회생하는 것의 본질적인 요소로 보았다.

> 나 여호와가 시온의 모든 황폐한 곳들을 위로하여
> 그 사막을 에덴 같게,
> 그 광야를 여호와의 동산 같게 하였나니
> 그 가운데에 기뻐함과 즐거워함과
> 감사함과 창화하는 소리가 있으리라(사 51:3; 참조. 호 2:21-23).

예언자 에스겔도 이 전통에 서서 황폐했던 땅이 에덴동산같이 회복될 것이라고 내다보고 있다.

> 34) 전에는 지나가는 자의 눈에 황폐하게 보이던 그 황폐한 땅이 장차 경작이 될지라 35) 사람이 이르기를 이 땅이 황폐하더니 이제는 에덴동산같이 되었고 황량하고 적막하고 무너진 성읍들에 성벽과 주민이 있다 하리니(겔 36:34-35).

한 구약학자가 이 부분을 주석하면서 "하나님의 구원을 협소하게 인간의 존재 이해에 국한시키는 것은 성서의 창조 신앙을 하나의 희화(戱畵, Karikatur)로 만들고 말 것이 틀림없을 것이다"라고 내린 결론은 귀담아들을 만하다.

인간만이 하나님의 구원 대상이 아니고 자연도 마찬가지로 구원의 대상이다. 우리는 여기서 노아의 홍수 이후에 하나님이 노아와 맺은 언약이 사람과 단독적으로 맺은 언약이 아니고 '숨 쉬는 모든 짐승들'을 포함한 '생태학적 언약'(Ecological Covenant)이라는 사실을 상기할 필요가 있다. 이 언약은 동물이건 사람이건 간에 생명에 대한 존중을 요구하고 있다. 이는 오늘날의 지구 윤리학(Global Ethics)에 중요한 암시를 제공한다.

또한 예언자 요나의 심판 선포를 듣고 니느웨의 사람뿐만 아니라 동물들도 회개의 대열에 초대되고(욘 3:7-8), 결국 하나님은 사람뿐만 아니라 동물들도 아끼고 구원해 주셨다는 사실을 가벼이 넘겨서는 안 된다(욘 4:11). 하나님의 관심과 사랑의 대상은 인간만이 아니다. 창조주 하나님의 피조물인 모든 동물과 식물을 포함한 전 우주가 하나님의 사랑과 구원의 대상이다. 아무튼 자연은 인간의 '심판 동지'인 동시에 '구원 동지'이기도 하다.

정리하면, 자연은 절대로 인간의 '도구'가 아니라 인간의 '친구'이다. 자연은 인간을 위한 보조적인 '환경'(Umwelt)이 아니다. 자연은 인간도 그곳에 포함되어 있는 본래적인 '공동 세계'(共同世界, Mitwelt)이며 인간의 '본향'(本鄕, Urwelt)이다. 구원의 대상은 '인간'만

1.　W. 아이히로트, 『에제키엘』(국제성서주석; 천안: 한국신학연구소, 1991), 592.

이 아니다. 이것은 하나님의 구원을 지나치게 인간 중심적으로만 이해하는 것이며, 하나님의 구원을 협소화시키는 것이다. 예언자들은 일찍부터 온 만물의 회복, 즉 만물의 구원을 전망하고 있었다(참조. 롬 11:36; 엡 1:10; 골 1:20). 그러므로 하나님의 구원은 이 '세계로부터의 구원'(Erlösung aus der Welt)이 아니라 '세계의 구원'(Erlösung der Welt)이다. 이 세계는 완벽한 '신적인 것'도 아니지만 인간이 도피하거나 포기해야 할 '악마적인 것'도 아니다. 이 세계는 인간과 더불어 하나님에 의해서 구원받아야 할 대상일 뿐이다(참조. 요 3:16).

오늘의 신학에 있어서도 하나님의 구원은 온 우주에 해당되는 보편적 구원으로 이해된다. 인간의 영혼이나 정신뿐만 아니라 온 우주가 하나님의 구원의 대상이다. 물론 자연도 구원의 대상에서 제외될 이유가 없다. 자연을 포함하는 구원의 보편성을 일찍부터 강조한 20세기의 한 구약학자의 선견지명은 이에 대하여 지금까지 무관심해 온, 21세기를 사는 우리들을 부끄럽게 한다.

> 우리의 사회 구원은 다만 영혼의 구원이나 악의 세계에서 개인을 해방하거나 상처받고 고민하는 사람들을 위로하는 데에만 그치지 않고 종말론적으로 정의가 실현되며 인간이 인간화되며 인간의 자유가 공평하게 사회에서 실현되며 모든 피조물의 평화가 최종적으로 실현되는 데에까지 이르러야 한다.[2]

---

2. 김찬국, 『성서와 역사의식』 (서울: 평민사, 1978), 77.

4. 인간의 죄로 고난받는 자연

자연은 인간과는 달리 스스로 타락하거나 죄를 짓지 않는다. 이사
야 예언자는 백성들을 꾸짖을 때 이 점을 전제하고 있다.

> 2) 하늘이여 들으라
>
> 땅이여 귀를 기울이라
>
> 여호와께서 말씀하시기를
>
> 내가 자식을 양육하였거늘
>
> 그들이 나를 거역하였도다
>
> 3) 소는 그 임자를 알고
>
> 나귀는 그 주인의 구유를 알건마는
>
> 이스라엘은 알지 못하고
>
> 나의 백성은 깨닫지 못하는도다 하셨도다(사 1:2-3).

이사야는 인간의 죄를 추궁하는 소송에서 사람들 가운데에서는
죄 없는 자가 하나도 없기 때문에 죄 없는 증인으로 지금까지 인
간의 죄의 역사를 묵묵히 목도해 왔던 하늘과 땅을 부른다. 소나
나귀 같은 짐승들도 주인에게는 신실하며 그에게 복종한다. 하늘
과 땅은 사람과는 다르게 하나님의 명령을 따라 변함없이 자기 자
리를 지킨다. 소나 나귀도 사람과는 달리 하나님이 주신 본능을
따라 자신의 궤도를 좀처럼 이탈하지 않는다. 예레미야도 이와 비

슷하게 날짐승들도 하나님이 입력해 놓으신 그 때를 따라 움직이고 있음을 주시하고 있다.

> 공중의 학은 그 정한 시기를 알고
> 산비둘기와 제비와 두루미는 그들이 올 때를 지키거늘
> 내 백성은 여호와의 규례를 알지 못하도다(렘 8:7).

따라서 자연이 하나님의 법도인 자연의 순리대로 살고 있음에도 불구하고 황폐화되는 것은 전적으로 인간의 책임이라 할 수 있다. 다시 말하면, 자연의 파괴는 모두 인간의 죄 때문에 비롯된 것이다. 예를 들면 인간의 죄로 인하여 땅은 저주를 받았고(창 3:17-18), 가인의 죄로 인하여 땅은 곡식을 내지 못하며(창 4:12), 인간의 죄 때문에 노아 홍수도 일어났다(창 6:11-13). 이러한 사고는 예언서에서도 잘 나타난다. 먼저 예레미야는 이스라엘 백성들의 죄 된 행동으로 말미암아 땅과 하늘과 산과 모든 언덕이 파괴된 것을 환상을 통하여 본다.

> 23) 보라 내가 땅을 본즉
> 혼돈하고 공허하며
> 하늘에는 빛이 없으며
> 24) 내가 산들을 본즉
> 다 진동하며 작은 산들도 요동하며

25) 내가 본즉

사람이 없으며

공중의 새가 다 날아갔으며

26) 보라 내가 본즉

좋은 땅이 황무지가 되었으며

그 모든 성읍이 여호와의 앞

그의 맹렬한 진노 앞에 무너졌으니(렘 4:23-26).

포로기 초기에 바빌론에서 활동한 예언자 에스겔의 선포에서도 인간의 죄악으로 자연이 황폐되고 있음이 지적된다.

인자야 가령 어떤 나라가 불법을 행하여 내게 범죄하므로 내가 손을 그 위에 펴서 그 의지하는 양식을 끊어 기근을 내려 사람과 짐승을 그 나라에서 끊는다 하자(겔 14:13).

포로기 후기의 예언자 제2이사야도 인간의 죄악으로 인한 하나님의 심판이 자연의 파괴로 나타나고 있음을 선포한다.

2b) 보라 내가 꾸짖어 바다를 마르게 하며

강들을 사막이 되게 하며

물이 없어졌으므로

그 물고기들이 악취를 내며 갈하여 죽으리라

3) 내가 흑암으로 하늘을 입히며

굵은 베로 덮느니라(사 50:2b-3).

예레미야는 생태계(Ecosystem)가 붕괴될 것을 남들보다 앞서서 보고 심히 괴로워하며 다음과 같이 탄식한다.

내가 산들을 위하여 울며 부르짖으며

광야 목장을 위하여 슬퍼하나니

이는 그것들이 불에 탔으므로 지나는 자가 없으며

거기서 가축의 소리가 들리지 아니하며

공중의 새도 짐승도 다 도망하여 없어졌음이라(렘 9:10).

어째서 이런 일이 벌어졌는가? 예레미야는 이에 대한 하나님의 답변을 소개한다.

13) 여호와께서 말씀하시되 이는 그들이 내가 그들의 앞에 세운 나의 율법을 버리고 내 목소리를 순종하지 아니하며 그대로 행하지 아니하고 14) 그 마음의 완악함을 따라 그 조상들이 자기에게 가르친 바알들을 따랐음이라(렘 9:13-14).

한마디로 말하면, 인간이 하나님의 법을 버리고 하나님의 목소리를 청종치 않았기 때문에 생태계가 파괴된 것이다. 자연의 파괴는 하나님을 떠난 인간들의 탐욕과 이기심에서 비롯된 것이다. 자연은 스스로 죄를 짓거나 파괴되지 않고 인간 때문에 벌을 받고 파괴된다(참조. 렘 12:4; 호 4:3).

5. 자연에게도 하나님의 영이

보통 하나님의 영은 사람에게만 임하는 것이 상식이다. 그러나 이러한 상식은 이사야의 다음의 메시지에서 무너진다.

> 15) 마침내 위에서부터 영을 우리에게 부어 주시리니
>
> 광야가 아름다운 밭이 되며
>
> 아름다운 밭을 숲으로 여기게 되리라
>
> 16) 그때에 정의가 광야에 거하며
>
> 공의가 아름다운 밭에 거하리니
>
> 17) 공의의 열매는 화평이요
>
> 공의의 결과는 영원한 평안과 안전이라
>
> 18) 내 백성이 화평한 집과 안전한 거처와
>
> 조용히 쉬는 곳에 있으려니와
>
> 19) 그 숲은 우박에 상하고
>
> 성읍은 파괴되리라
>
> 20) 모든 물가에 씨를 뿌리고

소와 나귀를 그리로 모는 너희는 복이 있느니라(사 32:15-20).

이사야 32:15-20은 위에서부터 부어 주신 하나님의 영(성령)을 통해 앞으로 일어날 구원의 때의 큰 변화에 대해서 말하고 있다. 이사야에 따르면, 구원의 때가 되면 하나님의 영이 인간에게만 임하는 것이 아니라 우선 자연에게도 작용한다. 여기서의 하나님의 영은 생명을 새롭게 창조하시는 영이다. 시편 기자도 하나님의 영이 이 땅을 새롭게 창조하실 것을 노래하고 있다.

주의 영을 보내어 그들을 창조하사
지면을 새롭게 하시나이다(시 104:30).

자연에게도 생명이 있다. 하나님은 이 땅의 생명을 새롭게 창조하실 것이다. 하나님의 영은 황무지를 기름진 땅으로, 또한 기름진 땅을 곡창지대로 변화시킬 것이다. 다시 말해서, 이 땅은 천국으로 바뀌고 인간은 결국 정의롭고 평화로운 공동생활을 하게 될 것이다. 이 본문은 지금까지 크게 주목받지 못했던 본문이었다. 그러나 이 본문은 오늘날 생태계가 심각하게 위협당하는 현실에서 새롭게 주목을 받아야 할 중요한 내용이다. 자연은 인간과 더불어 하나님의 영으로 새롭게 태어나야 할 동반자이다.

6. 인간만 바로 살면 자연은 자연히 산다

레위기의 저자에 의하면 인간이 야웨의 규례와 계명을 지키면 인간은 자연과 더불어 다시 소생할 수 있다.

> 3) 너희가 내 규례와 계명을 준행하면 4) 내가 너희에게 철따라 비를 주리니 땅은 그 산물을 내고 밭의 나무는 열매를 맺으리라 (레 26:3-4).

인간의 죄악으로 황폐케 된 자연을 원래의 상태로 되돌릴 수 있는 유일한 방책은, 당연히 인간이 자연의 주인이 아니고 하나님만이 유일하신 자연의 주인임을 인정하고 하나님의 뜻대로 자연을 가꾸고 돌보는 길밖에는 없다. 자연이 살아야 사람도 산다. 자연이 살려면, 자연의 주인인 것처럼 자연을 대했던 인간들이 먼저 이 점을 깊이 회개하고 하나님의 뜻대로만 살면 된다. 인간만 바로 살면, 인간과 식물의 화해뿐만 아니라 인간과 동물의 화해도 이룩된다. 그때가 되면, 동물도 동물의 야만성(Barbarism)이 사라지고 낙원에서의 본래의 모습을 회복한다. 모든 동물들의 식량은 본디 육식이 아니라 채식이었다(창 1:30). 낙원에서는 인간들과 동물들 사이에 평화가 유지되었다. 이사야는 낙원에서의 상태, 즉 동물들로 인한 상처와 위협이 없고 상호 평화롭게 공존했던 상태의 회복을 노래하고 있다. 이 노래는 유토피아적인 망상이 아니다. 이는 오늘

의 인간들이 식물과 동물과 함께 합창해야 할 '전 피조물의 우주
적 교향곡'이 되었다.

> 6) 그때에 이리가 어린양과 함께 살며
>
> 표범이 어린 염소와 함께 누우며
>
> 송아지와 어린 사자와 살진 짐승이 함께 있어
>
> 어린아이에게 끌리며
>
> 7) 암소와 곰이 함께 먹으며
>
> 그것들의 새끼가 함께 엎드리며
>
> 사자가 소처럼 풀을 먹을 것이며
>
> 8) 젖 먹는 아이가 독사의 구멍에서 장난하며
>
> 젖 뗀 어린아이가 독사의 굴에 손을 넣을 것이라
>
> 9) 내 거룩한 산 모든 곳에서
>
> 해 됨도 없고 상함도 없을 것이니
>
> 이는 물이 바다를 덮음 같이
>
> 여호와를 아는 지식이 세상에 충만할 것임이니라(사 11:6-9; 참조. 사
> 65:25).

7. 나가는 말

사람들이 낙원에서 추방되면서 잃어버린 언어가 있다. 식물과의

언어, 동물과의 언어가 그것이다. 이 언어를 되찾아야 한다. 자연과의 막혔던 대화의 물꼬가 이제는 터져야 한다. 성령의 교통(소통)하심은 인간과 하나님과의 사이만이 아니라, 인간과 인간과의 관계를 넘어서서 인간과 자연의 사이에서도 역사하신다. 막혀 있는 모든 통로를 소통케 하시는 성령의 역사를 간절히 기대해 본다. 오늘날은 아시시의 성(聖) 프란치스코(Saint Francis of Assisi, 1182-1226)가 자연을 찬미하고 자연 속에서 자연과 대화하며 하나님의 자비와 섭리를 경험했던 그러한 영성(靈性)이 절실한 시대이다. 이제는 프란치스코의 노래가 자연스럽게 들려져야 할 때가 이른 것은 아닐까?

가장 높으시고, 전능하시며 선하신 주님,

모든 찬양을 받으소서.

모든 찬양은 오직 당신에게만 속합니다.

당신께서 만드신 만물을 통해 찬양을 받으소서.

나의 주님,

우리의 자매, 매우 아름답고 밝은 하늘에 놓인 달과 별들을 통해,

모든 찬양을 받으소서.

나의 주님,

우리의 형제, 바람과 공기,

그리고 모든 기후, 흐린 날, 고요한 날 또는 폭풍의 날에,

당신께서 만들어 번성하게 하는 모든 것들을 통해

모든 찬양을 받으소서.

나의 주님,

아주 소중하고 유익하며 겸허하고 순결한,

우리의 자매인 물을 통해,

모든 찬양을 받으소서.

나의 주님,

불이 얼마나 기쁘고!

얼마나 아름답고 강합니까!

우리의 형제인 밤을 밝게 비추는 불,

모든 찬양을 받으소서.

나의 주님,

우리를 부양하고, 열매, 허브와 다채로운 꽃들을 주는

우리의 어머니,

우리의 자매인 땅을 통해,

모든 찬양을 받으소서.

나의 주님을 찬양하고 축복하라.

겸손으로 그분께 감사하고 섬겨라.[3]

---

3. M. Mayo, *Brother Sun, Sister Moon: The Story of St. Francis* (London: Great Britain, 2000), 64-67.

제2장
예언서의 평화 이해:
미가 4:1-5을 중심으로*

1. 들어가는 말

장윤재의 다음의 진술은 간과하기 쉬운 인류 역사의 중대한 단면
을 직시하게 한다.

> 문자 기록으로 남아 있는 인류의 역사는 3,525년밖에 안 된다고
> 한다. 그런데 어느 역사학자의 조사에 의하면, 그중 전쟁이 한 번
> 도 없었던 해는 전체의 고작 8% 정도인 286년밖에 안 된다고 한
> 다. 나머지 92%인 3,239년 동안 인류는 한 해도 거르지 않고 전
> 쟁을 벌였다는 말이다. 그렇다면 인류의 역사는 전쟁으로 날이

---

* 이 장은 "거짓 평화와 참 평화: 미가 4장 1-5절을 중심으로," 『구약논단』 70
(2018): 156-178에 실린 것을 일부 수정한 것이다.

새고 전쟁으로 날이 졌다 해도 과언이 아니다. 그러니까 인류는
평화의 시기를 살다가 가끔 전쟁을 벌이는 게 아니라, 늘 전쟁의
시기를 살다가 가끔 평화의 순간을 맞이하는 것이다. 그것이 더
사실에 가까운 정확한 역사관이다.[1]

지나간 인류의 역사는 전쟁이 일상이었고 평화가 특별한 상황이
었다는 불편한 진실은 현대인들을 두려움으로 몰아넣기에 충분하
다. 인류의 역사는 전쟁의 역사였다는 것이다. 그러나 21세기의 전
쟁은 과거의 전쟁과는 확연히 다르다. 이 점이 오늘의 우리를 더
욱 옥죄고 있다. 조용훈은 다음과 같이 현대적 전쟁의 가공할 만
한 위험을 잘 표현하고 있다.

> 핵전쟁은 적의 목숨만 아니라 아군의 목숨도 위태롭게 하며, 전
> 투 요원만 아니라 민간인의 목숨을 빼앗으며, 인류의 목숨만 아
> 니라 자연 생태계를 포함한 지구적 파멸을 가져오는 대재앙이 될
> 수 있다. 핵전쟁은 현재의 인류만 아니라 미래 세대에 대해서도
> 끔찍한 고통을 남긴다. 핵전쟁에서는 승자 없이 모두가 패배자가
> 된다. 따라서 핵무기로 무장한 시대에 평화란 선택의 대상이 될
> 수 없다. 평화 외에 인류가 생존할 수 있는 길이 없기 때문이다.
> 일찍이 예언자 이사야[미개]가 꿈꾸었던 평화의 비전이 지금 우리

---

1. 장윤재, "세계화 시대, 성장의 종말과 그리스도교의 선교," in: 김경재 외, 『무
례한 복음』 (서울: 산책자, 2007), 244-267, 특히 250.

시대, 우리 사회보다 더 절실한 때는 없었다.[2]

인류가 생존할 수 있는 길은 평화의 길밖에 없다. 이 장은 성서적 평화의 핵심을 담아내고 있는 미가 4:1-5의 본문을 중심으로 성서적 '샬롬'(שָׁלוֹם, 평화)의 의미를 분석하는 데 목적을 둔다.[3]

---

2. 조용훈, 『우리 시대를 위한 하나님의 열 가지 말씀: 십계명의 영성과 윤리』 (서울: 동연, 2015), 200.
3. 이 주제에 관해서는 다음의 논문을 참조하라. W. Brueggemann, "'Vine and Fig Tree': A Case Study in Imagination and Criticism," *CBQ* 43 (1981): 188-204; T. Veerkamp, "오직 그의 의만이 평화를 이룰 수 있다: 미가 4,1-15에 대한 설교 및 몇 가지 주석적 언급들," 김창락 편, 『새로운 성서해석: 무엇이 새로운가』 (서울: 한국신학연구소, 1987), 100-118; 김이곤, "구약성서적 입장에서 본 평화," 『구약성서의 고난신학』 (천안: 한국신학연구소, 1989), 303-318; W. Schottroff, "Die Friedensfeier: Das Prophetenwort von der Umwandlung von Schwertern zu Pflugscharen (Jes 2,2-5 / Mi 4,1-5)," in: ders., *Gerechtigkeit lernen: Beiträge zur biblischen Sozialgeschichte* (ThB 94; Gütersloh: Gütersloher Verlagshaus, 1999), 205-224; 강사문, "구약에 나타난 평화," 『구약의 하나님』 (서울: 한국성서학연구소, 1999), 282-286; 이경숙, "성서로 본 거짓 평화 유형 연구," 『구약성서의 하나님, 역사, 여성』 (서울: 대한기독교서회, 2000), 96-110; 박준서, "샬롬의 현대적 의미," 『구약세계의 이해』 (서울: 한들출판사, 2001), 381-392; 박신배, 『평화학』 (서울: 프라미스 키퍼스, 2011); 최순진, "전쟁과 평화: '보습을 쳐서 칼을' 아니면 '칼을 쳐서 보습을': 이사야 2:1-5, 미가 4:1-5, 요엘 3:1-10의 성경적 해석," 『제95차 한국구약학회 춘계학술대회 발표 논문』 (2014년 4월 25일, 대전신학대학교), 227-246; 홍성혁, "메시아 예언 본문들에 나타난 '샬롬'(평화)," 『구약논단』 55집 (2015, 3월): 121-152; 김래용, "미가서에 나타난 미쉬파트와 쉐에리트," 『구약논단』 57집 (2015, 9월): 10-37; 왕대일, "보습을 쳐서 칼을, 낫을 쳐서 창을(욜 3:10a[H 4:10a]): 칼을 쳐서 보습을, 창을 쳐서 낫을(사 2:4a; 미 4:3a)에 대한 요엘서의 도전, 그 해석학적 진단," 『구약논단』 62집 (2016, 12월): 14-43 등등.

2. 미가 4:1-5의 양식과 본문 구조

미가 4:1-5은 구약성서에서 가장 유명한 구절 가운데 하나이다.[4]
이 단락은 구원의 말씀(Heilswort / word of salvation)으로서 야웨께서
이루실 평화의 세계를 묘사하고 있다(1-4절). 이어서 하나님의 평화
의 약속에 대한 신앙 공동체의 응답으로 끝난다(5절).

1) 1-4절: 평화의 약속
2) 5절: 신앙 공동체의 응답

3. 미가 4:1-5의 본문 분석

1) 평화의 약속(미 4:1-4)

1절의 '끝날에'라는 표현은 먼 미래를 상정한다. 그러나 이 말은
세상이 끝장나는 종말의 날을 말하는 것은 아니다.[5] 만약 종말의
날을 말한다면, 이 땅에서의 평화는 현실적으로 불가능함을 자인

---

4.   랄프 스미스, 『미가-말라기』, 채천석·채훈 역 (WBC 성경주석; 서울: 솔로몬,
     2001), 65.

5.   F. Crüsemann, "》Das Werk der Gerechtigkeit wird Friede sein《 (Jes 32,17):
     Aktuelle Überlegungen zur christlichen Friedensethik," *Maßstab: Tora-
     Israels Weisung für christliche Ethik*, (Gütersloh: Chr. Kaiser / Gütersloher
     Verlagshaus, ²2004), 126-146, 특히 134.

하는 것이 된다. 여기서 말하는 '끝날에'는 현재 세계와 구분되는 질적으로 새로운 시대를 말한다.[6] 그래서 우리는 이 세상에서의 평화를 포기하지 않는다. 하나님의 약속은 분명히 이 땅에서 실현될 것이다. 우리가 그 때를 알지 못할 뿐이다.

여기서 시온은 '작은 산들 위에 뛰어나고'로 소개된다. 시온은 이 지역에서 가장 높은 곳으로 묘사된다. 그러나 실제 시온은 이곳에서 가장 높은 곳은 아니다.[7] 이 구절에서의 시온은 앞선 구절인 미가 3:12의 시온과는 전혀 다른 모습으로 묘사된다.

> 이러므로 너희로 말미암아
>
> 시온은 갈아엎은 밭이 되고
>
> 예루살렘은 무더기가 되고
>
> 성전의 산은 수풀의 높은 곳이 되리라(미 3:12).

미가 3:12에서 '시온은 갈아엎은 밭'이 된다. 그리고 '예루살렘은 무더기'가 된다. 즉, 시온과 예루살렘은 심판을 받는다. 그러나 미가 4:1에서 시온은 '여호와의 전의 산'으로 언급되며, 산들의 꼭대기에 굳게 서며 작은 산들 위에 뛰어나고 민족들이 몰려드는 곳이된다. 여기서 시온은 회복되고 구원을 받는다. 미가 3:12에서 예루

---

6. R. Kessler, *Micha* (Herders Theologischer Kommentar zum Alten Testament; Freiburg; Basel; Wien: Herder, 1999), 183.

7. J. D. Nogalski, *The Book of the Twelve: Micah-Malachi* (Smyth & Helwys Bible Commentary; Macon, Georgia: Smyth & Helwys, 2011), 556.

살렘의 지도자들인 우두머리들과 제사장과 예언자가 저지른 범죄로 인하여 시온과 예루살렘은 심판을 받아 초토화된다. 그러나 미가 4:1에서 시온과 예루살렘은 다시 회복된다. 따라서 미가 3장에서의 심판은 아주 없애 버리고 제거해버리는 멸절이 아니라, 더 나은 세상, 변화된 세상, 반드시 그래야만 하는 세상의 건설에 있음을 보여 준다. 하나님의 모든 심판의 의도는 제거가 아니라 회복이다.[8]

이어지는 '민족들이 그리로 몰려갈 것이라'에서 '몰려가다'(נָהַר, '나하르')는 물이 흐르는 것을 묘사한다. 이방 민족들은 마치 범람하는 강물이 밀려오듯 예루살렘으로 밀려오고 있다.[9]

2절에 의하면, 이방 민족들이 야웨의 산인 시온에 몰려든다. 이러한 행렬은 이방 민족이 예루살렘에 조공을 바치는 모습이 아니다. 여기서 '여호와의 산에 올라가서'에서 '오르다'(עָלָה, '알라')는 순례를 가리키는 전문 용어이다.[10] 이방 민족들은 하나님의 도성에 오른다. 이방 민족들의 순례의 목적은 야웨 하나님이 가르치는 인생의 바른 길을 배우기 위함이다. 이러한 삶은 하나님의 말씀에서 배운다. 여기서도 '토라의 복음'(은혜, 구원)이 '행동을 통한 성화'(聖

---

8.   김근주, 『소예언서 어떻게 읽을 것인가 2: 요나, 미가, 나훔, 하박국』 (서울: 성서유니온, 2016), 251.

9.   송병현, "미가4장: 심판의 먹구름 사이로 비추는 구원의 서광," in: 목회와신학 편집부, 『호세아·미가: 어떻게 설교할 것인가』 (두란노 HOW 주석; 서울: 두란노아카데미, 2012), 231.

10. Kessler, *Micha*, 184.

化)보다 우선임이 밝혀진다.[11] 하나님의 가르침이 먼저다. 하나님의
은혜가 먼저 임해야 우리는 제대로 된 삶을 살 수 있는 법이다. 은
혜가 먼저다.

> 그가 그의 도를 가지고 우리에게 가르치실 것이니라
> 우리가 그의 길로 행하리라 하리니(2절).

이 단락에서 가장 유명한 구절이 바로 이 3절이다. '칼을 쳐서 보
습으로'라는 구절은 평화의 방법을 알려 준다. '심판하다'(שָׁפַט, '샤
파트')는 징벌의 의미보다는 본래 서로 다투는 집단에 의하여 깨져
버린 질서의 회복을 의미한다.[12] 모든 분쟁과 전쟁을 종식시킬 수
있는 분은 오직 하나님 한 분밖에 안 계신다.

> 그가 임하시되 땅을 **심판하러**(שָׁפַט, '샤파트') 임하실 것임이라
> 그가 의(צֶדֶק, '체데크')로 세계를 **심판하시며**(שָׁפַט, '샤파트')
> 그의 진실하심(אֱמוּנָה, '에무나')으로 백성을 **심판하시리로다**(שָׁפַט,
> '샤파트')(시 96:13).

하나님의 심판, 즉 하나님의 다스리심(통치)이 이 땅의 평화를 위한

---

11. Kessler, *Micha*, 184-185.
12. J. Jeremias, *Die Propheten Joel, Obadja, Jona, Micha* (Das Alte Testament Deutsch; Göttingen: Vandenhoeck & Ruprecht, 2007), 173-174.

기초가 된다. 그런데 여기서 '많은 민족들'(이방 민족들)을 심판하시는 것이 아니라, '많은 민족들 사이의 일을 심판하신다'는 점이 중요하다. 이 구절은 이방 민족들을 제거하는 것도 아니고, 그렇다고 그들을 야웨 신앙인으로 개종시키는 것을 말하는 것도 아니다. 이 구절은 이방 민족들과의 갈등을 평화적으로 조정하는 것을 말한다.[13] 하나님은 국가 간의 전쟁과 분쟁을 종식시킬 수 있는 궁극적인 중재자이시며 재판관이시다.[14]

갈등이 평화적으로 조정되고 나서야 비로소 군비 축소가 가능해진다. 그래야 전쟁 무기를 녹여서 평화의 농기구로 만들게 된다. 더는 전쟁이 필요 없기 때문이다.

> 무리가 그 칼을 쳐서 보습을 만들고
> 창을 쳐서 낫을 만들 것이며
> 이 나라와 저 나라가 다시는 칼을 들고 서로 치지 아니하며
> 다시는 전쟁을 연습하지 아니하고(3절).

여기서 언급된 '칼을 쳐서 보습으로'는 아주 유명한 표어가 되었다. 미국의 유명한 팝송 가수였던 마이클 잭슨(Michael Jackson)이 1991년에 작곡한 노래 "세상을 치료하라"(Heal the World)에서 "열방들이여 그대들의 칼을 농기구로 만들라"(See the nations turn their

---

13. Kessler, *Micha*, 185.

14. Nogalski, *The Book of the Twelve*, 557.

swords into plowshares)라는 가사가 나온다. 1993년 미국의 빌 클린턴 (Bill Clinton) 대통령이 무기 공장을 방문했을 때 이렇게 연설했다. "세계 최고의 무기 생산자는 세계 최고의 농기구 생산자가 될 수 있고 그렇게 될 것이다."[15]

그런데 여기서 일러 주는 '평화 이후의 군비 축소'라는 순서가 중요하다. 군축을 통한 평화가 아니다. 평화를 통한 군축이다. 군축한다고 평화가 오는 것이 아니다. 평화가 와야 군축이 이루어지는 것이다. 평화는 무력으로 만들 수 없다. 평화는 정의와 타협의 조정이 없이는 불가능하다.[16] 이 땅에 평화를 실현하기 위해서는 힘이 들더라도, 현실적으로 불가능해 보이더라도, 상대와의 끊임없는 대화가 필수적이다. 그래서 평화는 무한한 인내를 요구한다.

유리한 대화의 자리를 점유하기 위해서 힘을 키우고 군사력을 증진시키는 것은 결국 갈등만 고조시킬 뿐이다. 갈등의 고조는 자칫 전쟁으로 이어질 수 있다. 현대의 전쟁은 당사자들 모두를 파멸로 이끄는 악마적인 만행이다. 전쟁이 일어나면 모두 자멸한다.

평화는 무기에서 오지 않는다. 평화는 결코 내가 가진 힘에서 비롯되지 않는다. 평화는 지금 이 순간에도 온 땅을 다스리시는 야웨 하나님을 인정하고 그분의 율법과 말씀에 귀를 기울이는 데서 비롯된다.[17]

---

15. Kessler, *Micha*, 189.
16. Kessler, *Micha*, 186.
17. 김근주, 『소예언서 어떻게 읽을 것인가 2』, 258.

4절은 하나님의 평화를 공개한다. 여기서 '각 사람'은 평화를 누리는 이 땅의 모든 백성과 유다의 백성 모두를 포괄한다. 따라서 '각 사람'은 모든 개개인을 말한다. 평화의 세상에서는 이 땅의 모든 사람들이 생존에 위협도 없고 불편을 겪지도 않는다. 모두가 각자의 포도나무 아래와 각자의 무화과나무 아래서 평안을 누린다. '포도나무와 무화과나무'는 당시 고가의 과실이었다.[18] 따라서 모두가 번영과 안녕을 누린다.[19] 이 표현은 전형적인 평화의 상태를 드러낸다.

또한 '두려워 할 자가 없으리니'라는 표현도 일상에서 경험하는 평화로운 생활 전경을 가리킨다.[20]

> 5) 너희의 타작은 포도 딸 때까지 미치며 너희의 포도 따는 것은 파종할 때까지 미치리니 너희가 음식을 배불리 먹고 너희의 땅에 안전하게 거주하리라 6) 내가 그 땅에 평화를 줄 것인즉 너희가 누울 때 너희를 두렵게 할 자가 없을 것이며 내가 사나운 짐승을 그 땅에서 제할 것이요 칼이 너희의 땅에 두루 행하지 아니할 것이며(레 26:5-6).

---

18. H. W. Wolff, *Dodekapropheton 4: Micha* (Biblischer Kommentar Altes Testament; Neukirchen-Vluyn: Neukirchener Verlag, 1982), 94.

19. Jeremias, *Die Propheten Joel, Obadja, Jona, Micha*, 174.

20. R. Oberforcher, *Das Buch Micha* (Neuer Stuttgarter Kommentar Altes Testament; Stuttgart: Verlag Katholisches Bibelwerk, 1995), 98.

'자기 포도나무와 자기 무화과나무 아래 앉을 것이다'는 표현은 구약성서에서 평화로운 상황을 묘사한다. 그런데 이 표현을 담고 있는 세 구절(왕상 4:25; 왕하 18:31; 슥 3:10)은 오늘의 본문인 미가가 보여 주는 하나님의 평화와는 구별된다.

미가 4:4은 "이는 만군의 여호와의 입이 이같이 말씀하셨음이라"고 끝낸다. 미가가 본 참 평화에 대한 비전은 야웨 하나님이 직접 약속하신 말씀이라는 점을 강조한다.[21] 미가가 본 평화는 하나님이 주시는 하나님의 평화이다.

2) 신앙 공동체의 응답(미 4:5)

5절은 예배 공동체의 응답으로 보인다.[22] 이 구절은 야웨 하나님과 그의 약속에 대한 신앙 공동체의 고백을 표현하고 있다. 만민은 각각 자신의 신의 이름을 의지하고 행한다. 그러나 유다 백성은 하나님 야웨의 이름을 의지하여 영원히 행한다(הָלַךְ, '할라크'). 하나님의 백성은 하나님의 평화 약속을 신뢰한다. 신앙 공동체는 '전쟁 없는 세상'은 허황된 꿈이라는 조롱에 맞선다. 전쟁 없는 세상은 분명한 하나님의 약속이다. 신앙 공동체는 이를 굳게 믿는다. 그리고 전쟁 없는 세상을 내 주변부터 만들어 간다. 신앙 공동체는 이러한 약속을 예배를 통하여 재차 확인하고 약속의 성취를 확

---

21. Oberforcher, *Das Buch Micha*, 98.

22. 아르투어 바이저 & 칼 엘리거, 『소예언서』 (국제성서주석; 서울: 한국신학연구소, 1985), 112.

신한다.

이 고백에 따르면, 하나님의 평화는 열방을 모두 품고 있다. 하나님의 백성은 이방 민족들을 위한 구원의 말씀이 현실이 되도록 노력해야 하는 선교적 사명을 가지고 있다. 이러한 사명은 이미 믿음의 조상인 아브라함의 소명에서 알려진 바 있다. 아브라함의 소명은 열방을 위한 축복의 통로가 되는 것이다.[23]

> 너를 축복하는 자에게는 내가 복을 내리고 너를 저주하는 자에게는 내가 저주하리니 **땅의 모든 족속이 너로 말미암아 복을 얻을 것이라** 하신지라(창 12:3).

> 아브라함은 강대한 나라가 되고 **천하 만민은 그로 말미암아 복을 받게 될 것이 아니냐**(창 18:18).

열방, 즉 온 세상을 위한 축복의 통로가 되는 것은 하나님의 평화가 우리가 사는 곳에서 그리고 열방 가운데 이루어지도록 끊임없이 애쓰는 것이다. '평화의 도구'가 되는 것이 '축복의 통로'가 되는 길이다.

---

23. Oberforcher, *Das Buch Micha*, 99.

4. 미가서 이외의 평화

위에서 보았듯이 미가 4:4의 "자기 포도나무와 자기 무화과나무 아래에 앉을 것이다"는 표현은 구약성서에서 평화로운 상황을 진술한다. 이러한 표현은 그 밖에 열왕기상 4:25(솔로몬의 평화), 열왕기하 18:31(아시리아의 평화), 그리고 스가랴 3:10(이스라엘의 평화)에서만 등장한다. 이 표현으로 그려진 평화에 대한 세 가지 본문들은 미가서의 평화 개념과 구별된다.[24] 먼저 미가서 이외의 세 본문에서 나타난 평화를 분석하고자 한다.

1) 솔로몬의 평화(왕상 4:25): 세금, 조공, 군대의 힘에 기초

먼저 솔로몬 시대의 평화에 대하여 알아보자. 솔로몬의 평화는 열왕기상 4장에서 발견된다.

> 솔로몬이 사는 동안에 유다와 이스라엘이 단에서부터 브엘세바에 이르기까지 **각기 포도나무 아래와 무화과나무 아래에서** 평안히 살았더라(왕상 4:25).

'솔로몬의 평화'(Pax Salomonica)는 이방에 대한 정복, 탈취 그리고

---

24. 특히 왕상 5:5의 솔로몬의 평화와 미 4:4의 평화를 분석한 Crüsemann은 이 두 본문에 나타난 평화의 중요한 차이를 놓치고 있다(Crüsemann, *Maßstab*, 135).

압제에 근거한 평화이다.[25] 열왕기상 4장은 솔로몬이 거느린 신하
와 솔로몬의 부귀영화에 관하여 기록하고 있다. 그런데 열왕기상
4장을 자세히 들여다보면 솔로몬 통치의 문제가 숨어 있다. 열왕
기 저자는 솔로몬의 평화를 부정적으로 평가하고 있는 것으로 보
인다.[26]

　첫째, 솔로몬의 평화는 남 유다를 제외한 북 이스라엘 사람들
만의 **세금**에 근거하고 있다.

> 솔로몬이 또 **온 이스라엘**[유다는 제외]에 열두 지방 관장을 두매 그
> 사람들이 왕과 왕실을 위하여 **양식을 공급하되** 각기 일 년에 한
> 달씩 양식을 공급하였으니(왕상 4:7).

솔로몬은 예루살렘 출신이다. 예루살렘이라는 고성(古城)은 본래
남 유다와 북 이스라엘과 무관한 경계 지역에 위치해 있었다. 다
윗은 남 유다의 왕이 된 이후(삼하 2:1-7), 또다시 북 왕국 이스라엘
의 왕으로 추대되고 나자(삼하 5:1-5), 남 유다와 북 이스라엘을 균형
적으로 통치하기 위해 두 나라에 속하지 않았던 지역인 예루살렘
을 가나안의 여부스 족속에게서 빼앗았다(삼하 5:6-10). 솔로몬은 아
버지 다윗 덕분에 북 이스라엘까지 포함하여 유다와 이스라엘을

───────────

25. Kessler, *Micha*, 186.
26. 민영진, "거짓 예언과 거짓 평화,"『평화 통일 희년』(서울: 대한기독교서회,
　　　1995), 27-40, 특히 35-37.

모두 통치할 수 있었다. 아버지 다윗은 북 이스라엘 사람들을 소외시키지 않고 그들과의 계약을 충실히 이행했던 것으로 보인다. 다윗은 본래 북 이스라엘의 '계약직 왕'이었다(삼하 5:3).[27]

그러나 아들 솔로몬은 달랐다. 솔로몬은 분명히 지혜의 왕이었지만 그의 통치는 지혜롭지 못했다. 그래서 그는 '지킬 박사와 하이드'[28]라는 별명을 갖고 있을 정도이다. 두 얼굴을 가진 사람이라는 뜻이다. 솔로몬은 자신과 왕실을 위한 양식을 위하여 출신 지역인 유다와 예루살렘을 제외하고 북 이스라엘 사람들만을 열둘로 나누어 억지로 분담시켜서 세금의 의무를 부과했다(왕상 4:7, 20). 자신의 왕정을 위한 국고를 공평하지 못한 세금으로 충당한 것이다.

둘째, 솔로몬의 평화는 이방 국가의 **조공**에 기초하고 있다.

> 솔로몬이 그 강에서부터 블레셋 사람의 땅에 이르기까지와 애굽 지경에 미치기까지의 모든 나라를 다스리므로 솔로몬이 사는 동안에 그 나라들이 조공을 바쳐 섬겼더라(왕상 4:21).

---

27. "다윗은 이제 이중적인 왕직을 갖게 되었다. 그는 남쪽 지파들의 기름 부음을 받은 왕이면서, 동시에 북쪽 지파들의 계약적 왕이 된 것이다." 헤르만 만케, 『한 권으로 마스터하는 구약성경』, 차준희 역 (서울: 대한기독교서회, 2010), 271.

28. 브루스 C. 버치 외, 『신학의 렌즈로 본 구약개관』, 차준희 역 (한국구약학연구소 총서; 서울: 새물결플러스, 2016), 364.

솔로몬의 왕국은 이방 국가를 억압하고 그들에게서 탈취한 조공으로 유지되는 나라였다. 현재의 본문은 유다 나라의 입장에서 보면 긍정적인 면으로 보인다. 그러나 모든 사건에는 밝은 면과 어두운 면이 공존하듯이, 솔로몬의 이방 나라 통치에도 그늘이 있었다. 솔로몬 통치의 어두운 면은 솔로몬의 일용한 양식에 대한 보고에서도 은근히 폭로된다.

> 22) 솔로몬의 하루의 음식물은 가는 밀가루가 삼십 고르요 굵은 밀가루가 육십 고르요 23) 살진 소가 열 마리요 초장의 소가 스무 마리요 양이 백 마리이며 그 외에 수사슴과 노루와 암사슴과 살진 새들이었더라(왕상 4:22-23).

물론 이 엄청난 음식은 솔로몬 개인이 다 소비하는 것은 아니다. 솔로몬에게 속한 궁중의 사람들이 하루 동안 소비하는 것이다. 아무튼 솔로몬의 평화는 이방 나라에 대한 정복과 그들로부터 **빼앗**은 조공 위에 세워진 것이다.

셋째, 솔로몬의 평화는 **군대의 힘**에 의존한다.

> 솔로몬의 **병거**의 말 외양간이 사만이요 **마병**이 만 이천 명이며 (왕상 4:26).

솔로몬이 이끄는 병거의 말을 돌보는 외양간만 사만에 달하였고,

이를 다루는 군사인 마병이 만 이천 명이나 대기하고 있었다. 실로 엄청난 군사력을 확보하고 있었다. 솔로몬의 평화는 무력에 근거한 평화였다.

이러한 솔로몬의 평화는 과중한 세금과 억압에 의한 조공 그리고 군사력에 의존하고 있다. 솔로몬의 평화는 하나님이 인정하시는 참 평화가 아니다. 이것은 '거짓 평화'이다. 자신의 희생이 생략되고 타인의 희생 위에 세워진 평화는 거짓 평화이다.

2) 아시리아의 평화(왕하 18:31): 상대의 굴복에 기초

이제 아시리아의 평화에 대하여 알아보자. 아시리아의 평화는 열왕기하 18장에 담겨 있다.

> 너희는 히스기야의 말을 듣지 말라 앗수르 왕의 말씀이 너희는 내게 항복하고 내게로 나아오라 그리하고 너희는 **각각 그의 포도와 무화과를 먹고** 또한 각각 자기의 우물의 물을 마시라(왕하 18:31).

'아시리아의 평화'(Pax Assyriaca)는 아시리아의 대왕에 대한 유다의 **굴복**에 근거한 평화이다. 열왕기하 18장은 아시리아의 왕 산헤립이 유다 왕 히스기야를 치려고 일으킨 전쟁을 기록하고 있다. 유다는 당시 대제국인 아시리아에 예속된 위성 국가였다. 히스기야는 아시리아의 감시가 소홀해진 틈을 타서 종주국 아시리아에 바치던 조공을 중단했다. 아시리아는 응징의 차원에서 대군을 이끌고 유다를 침공한다. 이때 유다 국가는 46개의 성읍을 상실했고, 수도 예루살렘만 남은 위기의 상태였다. 예루살렘은 아시리아 대군에 의하여 포위된 위기의 상황에 몰리게 되었다. 이러한 상태는 이사야서에 잘 담겨 있다.

> 7) 너희의 땅은 황폐하였고
>
> 너희의 성읍들은 불에 탔고
>
> 너희의 토지는 너희 목전에서 이방인에게 삼켜졌으며
>
> 이방인에게 파괴됨 같이 황폐하였고
>
> 8) 딸 시온은 포도원의 망대같이,
>
> 참외밭의 원두막같이,
>
> 에워싸인 성읍같이 겨우 남았도다
>
> 9) 만군의 여호와께서
>
> 우리를 위하여 생존자를 조금 남겨 두지 아니하셨더면
>
> 우리가 소돔 같고 고모라 같았으리로다(사 1:7-9).

이때 산헤립의 신하 랍사게가 예루살렘 성안에 갇힌 예루살렘 사람들에게 한 말이 열왕기하 18:31이다. 예루살렘 백성들이 '각기 자신의 포도와 무화과를 먹는 평화'를 보장한다는 회유의 발언이었다. 이때 언급된 아시리아의 평화는 유다의 정치적 굴복 위에 보장된 평화였다. 이러한 아시리아의 평화도 하나님이 원하시는

평화가 아니다. 한쪽의 일방적인 굴복이나 굴욕에서 비롯된 평화
는 참 평화가 아니다. 거짓 평화이다.

3) 이스라엘의 평화(슥 3:10): 이기적 평화 혹은 제한적 평화

그렇다면 이스라엘의 평화는 어떠한가. 이스라엘의 평화는 스가
랴의 예언에서 발견된다.

> 만군의 여호와가 말하노라 그날에 너희가 **각각 포도나무와 무화**
> **과나무 아래로** 서로 초대하리라 하셨느니라(슥 3:10).

이 본문은 스가랴가 환상으로 본 내용이다. 야웨 하나님은 바빌론
포로에서 귀환한 유다 백성들에게 약속하신다. 유다 백성 각자는
본토에서 자신의 포도나무와 무화과나무 아래에서 풍성한 양식을
취하며 평화의 삶을 누리게 될 것임을 이 본문은 보여 준다. 그러
나 이 평화도 유다 백성만 누리는 평화로 제한된다. 여기서 스가
랴의 관심은 자국의 경계를 넘지 못한다. 그러나 특정 민족이나
집단만 누리는 평화는 이기적인 평화이거나 제한적인 평화이지
온전한 평화는 아직 아니다.

5. 미가서의 평화(미 4:4):
조정과 타협의 결과, 모든 민족의 평화

1) 조정과 타협의 결과

미가의 평화는 무력과 협박이 아닌 조정과 타협에 의한 결과이다. 미가가 본 하나님의 평화에서 말하는 안정된 삶은 어느 한쪽의 일방적인 굴복에 의한 결과가 아니다. 이방 나라들과의 평화스러운 조정과 타협에 기반한 것이다.[29] 2절에 따르면, 많은 이방 사람들은 야웨의 율법과 말씀을 통하여 인생의 이정표를 배우려고 시온으로 몰려든다. 3절에서 하나님은 많은 민족들 사이의 일을 판결하여 조정하고 본래의 관계로 회복시키신다. 그리고 나서 인류는 전쟁의 무기를 평화의 농기구로 만들고 전쟁을 포기한다. 4절의 '각 사람'은 유다 사람들과 이방 사람들 모두를 가리키는 말이다. 미가는 상대 국가의 굴복을 말하지 않는다. 이 점에서 미가는 '솔로몬의 평화'나 '아시리아의 평화'와 다른 평화를 말한다. 하나님의 평화는 상대를 무력화시킴으로 이루어지지 않는다. 진정한 평화인 하나님의 평화는 상호 조정과 타협으로 서로 원원(win-win)하면서 만들어진다.

2) 모든 민족의 평화

또한 미가의 평화는 일부가 아닌 모든 민족이 누리는 평화이다.

---

29. Kessler, *Micha*, 186.

미가가 말하는 하나님의 평화는 한 민족으로만 국한하지 않는다. 하나님의 평화는 모든 민족이 누린다.[30] 이 점에서 미가는 스가랴가 본 이스라엘만의 평화를 넘어선다. 하나님의 평화는 온 인류를 포함한다. 어느 누구도 소외되지 않고 모두가 누리는 평화만이 참 평화요 하나님의 평화이다. 모두가 평화의 수혜자가 되어야 한다. 그런 평화가 하나님의 평화이다.

6. 나가는 말

하나님의 백성의 새 언약 공동체인 교회는 복음전도뿐만 아니라 세상의 평화를 이루는 일에도 관심을 가져야 한다. 적어도 오늘의 본문에서는 열방의 민족들에게 전달되는 하나님의 토라와 말씀, 즉 복음의 말씀은 군비 축소와 평화를 위한 행동과 연결된다.[31] 달리 말하면, 복음의 의도는 이 땅에 하나님의 평화를 성취하도록 하는 것이다. 그래서 미가는 예배 공동체의 청중에게 평화를 이루는 행동들에 같이 참여하도록 촉구한다.

---

30. Kessler, *Micha*, 186.
31. 제임스 림버그, 『호세아-미가』, 강성열 역 (현대성서주석; 서울: 한국장로교 출판사, 2004), 287.

오직 우리는 우리 하나님 여호와의 이름을 의지하여

영원히 **행하리로다**(הָלַךְ, '할라크')(미 4:5).

이사야 2:2-5의 본문은 미가 4:1-5과 아주 유사하다.[32] 이사야 2:2-5도 평화의 약속이 성취되는 일에 행동으로 적극적으로 참여하도록 촉구하며 끝낸다.

야곱 족속아

오라 우리가 여호와의 빛에 **행하자**(הָלַךְ, '할라크')(사 2:5).

미가와 이사야는 평화와 국제적인 무기 축소를 향한 일에 말과 행동으로 모두 참여하기를 촉구한다. 성서는 이 땅에 전쟁 없는 세상을 만드는 하나님의 평화가 성취되도록 신앙인들이 정치적인 결정 과정에도 관심을 갖고 참여하며, 동시에 반평화적인 기존의 질서를 개혁하고 하나님의 평화가 꿈꾸는 새로운 세상을 만들어가는 일에 앞장서기를 명령한다.

상대를 억압하고 억울하게 하며 이루어지는

'솔로몬의 평화'는 거짓 평화이다.

---

32. 사 2:2-5과 미 4:1-5의 관계에 대해서는 다음을 참조하라. R. W. Byargeon, "The Relationship of Micah 4:1-3 and Isaiah 2:2-4: Implications for Understanding the Prophetic Message," *Southwestern Journal of Theology* 46. no. 1 (2003): 6-26.

상대를 굴복시키고 이루어지는

'아시리아의 평화'도 거짓 평화이다.

자신만 누리는 이기적인

'이스라엘의 평화'도 온전한 평화는 아니다.

자기의 포도나무와 무화과나무 아래서

먹을거리를 걱정하지 않는 삶이 참 평화요

하나님의 평화이다.[33]

남들을 두려워할 필요가 없는 삶이 참 평화요

하나님의 평화이다.

모두가 함께 누리는 삶이 참 평화요

하나님의 평화이다.

따라서 성서가 말하는 '샬롬'(שָׁלוֹם, 평화)은 단순히 전쟁이 없는 상
태만을 말하지 않는다. 성서적 샬롬의 의미는 전쟁이 없는 상태는
물론이고 그보다 훨씬 더 깊고 적극적이다. 전쟁이 없는 평시라

---

33. "다른 존재는 다 죽어도 혼자서만 죽지 않는 것, 더 나아가 다른 존재를 희생
시키고라도 자기 자신의 실존만을 극대화하는 것을 우리는 무어라 부르는
가? 그것이 '암세포'이다. 그런 불평등과 불의와 반평화적 현실은 전쟁과 죽
음과 파괴를 가져온다. 하지만 한자에서 암(癌)의 반대는 평화(平和)이다. 평
화는 平(공평한 저울)에 禾(벼, 쌀) 그리고 口(입)를 합친 말이다. 우리의 입
에 공평하게 밥이 들어갈 때 평화가 온다는 뜻이다. 이것이 경제적 정의에
기초한 평화(justpeace), 즉 '샬롬'(שָׁלוֹם, 평화)의 평화이다"(장윤재, "세계화
시대, 성장의 종말과 그리스도교의 선교," 262-263).

하더라도 전쟁과 갈등의 불씨가 되는 사회적 불의와 억압이 남아 있다면, 그것은 성서적 샬롬이 아니다.[34] 성서적 샬롬은 정의의 기초 위에 세워진다. 또한 공동체 전체의 온전함을 지향한다.[35]

예수 시대에 세상을 지배하던 로마는 군사력으로 다른 민족과 다른 국가를 정복하고 나서 평화가 왔다고 선언했다. 그들은 그것을 '팍스 로마나'(Pax Romana), 즉 '로마의 평화'라고 불렀다. 그러나 이것도 성서적 샬롬은 아니다. 100여 년 전 조선을 강점한 일본은 무력으로 모든 저항을 진압하고 평화가 왔다고 선전했다. 그들은 그것을 '팍스 자포니카'(Pax Japonica), 즉 '일본의 평화'라고 선포했다. 그러나 이것도 성서적 '샬롬'(שָׁלוֹם, 평화)은 아니다. 힘으로 상대를 억압하고 반대자의 입을 틀어막고 강제로 하나가 되게 하는 것은 성서가 말하는 평화(שָׁלוֹם, '샬롬')가 아니다. 우리는 이런 평화를 '죽은 숲속의 평화'라고 한다. 이는 거짓 평화이다. 아니 평화를

---

34. 장윤재, "세계화 시대, 성장의 종말과 그리스도교의 선교," 251-252.
35. 장윤재가 주장한 성서적 샬롬에 대한 다음의 정의는 놀랍게도 우리의 분석과 맥을 같이한다. "'샬롬'(שָׁלוֹם, 평화)은 첫째, '사회적 정의'를 강조한다. '정의의 바탕 위에 세워진 평화'(peace based on justice)가 샬롬이다. 그래서 요즘 영어권에서는 정의를 뜻하는 justice와 평화를 뜻하는 peace를 한 단어로 합쳐 'justpeace'라는 말을 사용하기도 한다. 고아와 과부와 나그네와 같은 사회적 약자들을 특별히 돌보는 야훼 하나님은 정의에 기초한 평화를 강조하신다. 둘째로 샬롬은 사회 전체의 '온전성'(integrity)을 강조한다. 모두가 행복한 평화가 샬롬이라는 말이다. 샬롬의 반대말은 '쉐다'인데, 그 뜻은 무엇이 '깨지다', '쪼개지다', '상하다'이다. 만약 사회 구성원의 단 한 명이라도 불의와 억압과 고통으로 깨지거나 쪼개지거나 상하면, 설사 나머지 구성원이 행복하더라도 『성서』는 그것을 결코 샬롬이라 부르지 않는다." 장윤재, "세계화 시대, 성장의 종말과 그리스도교의 선교," 252.

가장한 불의이다.[36]

미가 4:1-5이 말하는 성서적 샬롬은 1) 상호 대화를 통한 조정과 타협의 산물이며, 2) 전쟁 없는 세상, 또한 3) 먹을거리를 걱정하지 않는 경제 정의와 4) 약자가 강자를 두려워하지 않는 사회 정의 그리고 5) 모두가 함께 누리는 공동체 정의를 말한다.

---

36. 장윤재, "세계화 시대, 성장의 종말과 그리스도교의 선교," 261.

1. 들어가는 말

2007년 오늘의 한국 기독교는 위기에 처해 있다고 해도 과언이
아니다. 2006년 5월에 발표된 통계청의 종교 인구조사 자료에 따
르면, 지난 10년간 3대 종교 가운데 개신교만이 유일하게 감소세
를 보여주고 있는데, 대략 14만 4천 명(1.6%)이 감소했음을 볼 수
있다. 게다가 오늘날 온라인을 통해 보편화된 반종교 세력의 선전
활동을 보면, 그들이 목표로 하는 종교가 안타깝게도 주로 개신교
라는 것을 알 수 있다. 사실 불교와 천주교 혹은 다른 종교에서는
그러한 맹목적이고 노골적인 반대 세력을 찾아보기 어렵다. 그만

---

* 이 장은 "예언서의 윤리사상: 미가 6:6-8을 중심으로," 『한국기독교신학논
총』 55 (2008): 55-78에 발표된 것을 수정한 것이다.

큼 이 나라에서 개신교에 대한 반감이 크다는 얘기다. 이러한 경향은 최근 아프가니스탄 억류 사태의 경우에서도 그대로 드러난다. 이슬람 근본주의에 경도된 무장 세력인 탈레반 납치범들보다는 죄 없는 자국민 억류자들에게 더 큰 비난을 퍼붓는 기현상은 오늘날 개신교를 향한 우리 사회의 인식이 이미 극에 달했음을 보여 주는 단적인 사건이다.

우리는 기독교에 대한 사회의 몰이해를 탓하기 전에 현재의 한국 기독교에 심각한 문제가 있다는 점을 겸허하게 받아들여야 한다. 과연 무엇이 문제일까? 아마도 기독교와 세상의 소통 단절이 가장 심각한 문제가 아닐까. 동족임에도 불구하고 서로서로가 상대가 하는 일과 하는 말을 이해하지 못하는 지경에 이르렀다. 이러한 의사소통의 단절에 일차적인 책임이 우리 기독교인에게 있다고 보는 것이 정확하고 성숙한 진단일 것이다. 세상이 요구하는 상식의 소리, 즉 보편적인 윤리의식에 우리는 신앙의 이름으로 그동안 귀를 막아온 것은 아닌가. 이제 한국 기독교는 보편적인 윤리에 대하여 깊이 주목할 필요가 있다.

구약학에서 구약의 윤리라는 주제는 지금껏 그다지 큰 주목을 받아 오지 못한 분야이다.[1] 구약의 윤리와 관련된 성서 본문은 오

---

1.   구약의 윤리에 관한 최근의 연구를 위해서는 다음을 참조하라. 월터 C. 카이저, 『구약성경윤리』, 홍용표 역 (서울: 생명의 말씀사, 1990); 에른스트 뷔르트바인 & 오토 메르크, 『책임』, 황현숙 역 (서울: 대한기독교서회, 1991); 채홍식, 『구약성경의 윤리』 (서울: 한님성서연구소, 2006); 크리스토퍼 라이트, 『현대를 위한 구약윤리』, 김재영 역 (서울: 한국기독학생회출판부, 2006);

경을 비롯하여 구약 전 분야에 걸쳐있다고 할 수 있다. 그런데 이 가운데에서도 예언서의 윤리를 대변하는 미가 6:8은 일찍이 바이저(A. Weiser)가 "예언자적 에토스(Ethos)의 고전적인 교리문답"(Katechismus)[2]으로 칭한 것같이, 흔히 '예언자적 에토스의 정수(精髓)'로 간주된다. 따라서 이 장에서는 미가 6:6-8을 중심으로 예언서의 윤리 사상에 대하여 분석하고, 오늘의 윤리적 과제에 대하여 진단하고자 한다.

베르너 H. 슈미트, "구약의 윤리," in: 『구약신앙: 역사로 본 구약신학』, 차준희 역 (서울: 대한기독교서회, 2007), 243-252; R. Smend. "Ethik: Alte Testament," *TRE* 10 (1982), 423-435; T. L. J. Mafico, "Ethics," *ABD* 2 (1992), 645-652; B. C. Birch, *Let Justice Roll Down: The Old Testament, Ethics, and Christian Life* (Louisville, Kentucky: Westminster John Knox Press, 1991); W. Janzen, *Toward Old Testament Ethics* (Grand Rapids: Academic Books Zondervan, 1994); J. E. Lapsley, *"Can These Bones Live?"*: *The Problem of the Moral Self in the Book of Ezekiel* (BZAW 301; Berlin: Walter de Gruyter, 2000); B. C. Birch, "Old Testament Ethics," in: L. G. Perdue (ed.), *The Blackwell Companion to the Hebrew Bible* (Malden, Massachusetts: Blackwell, 2001), 293-307; J. Barton, *Understanding Old Testament Ethics: Approaches and Explorations* (Louisville; London: Westminster John Knox Press, 2003); F. Crüsemann, *Maßstab: Tora. Israels Weisung für christliche Ethik* (Gütersloh: Gütersloher Verlagshaus, [2]2004); B. M. Levinson & E. Otto (Hrgs.), *Recht und Ethik im Alten Testament* (Münster: LIT Verlag, 2004); J. Jensen, *Ethical Dimensions of the Prophets* (Collegeville, Minnesota: Liturgical Press, 2006); A. Mein, *Ezekiel and the Ethics of Exile* (UK: Oxford University Press, 2006); M. D. Carroll R. & J. E. Lapsley (Eds.), *Character Ethics and the Old Testament: Moral Dimensions of Scripture* (Louisville; London: Westminster John Knox Press, 2007) 등.

2.　A. Weiser, *Das Buch der zwölf Kleinen Propheten* I: *Die Propheten Hosea, Joel, Amos, Obadja, Jona, Micha* (ATD 24; [6]1974), 182.

2. 미가 6:6-8의 본문 사역과 생성 시기

1) 미가 6:6-8의 사역

미가 6:1-8이 한 단위를 이룬다는 점에는 이견이 없어 보인다.[3] 이
는 8절은 결론의 성격을 가지고 있으며, 9절은 새로운 단위를 시
작하고 있는 것이 분명하기 때문이다. 8절은 6-7절의 질문에 대한
답이기 때문에 앞의 두 구절(6-7절)과 상호 결합된다. 집단적인 1인
칭을 사용하고 있는 6-7절의 질문은 다시금 3-5절에 나오는 자신
의 백성을 향한 야웨의 비난에 대한 백성의 응답을 보여 준다. 따
라서 이 또한 한 단위를 이루고 있다고 보아야 한다.[4] 이 단락(1-8
절) 전체는 '다툼의 대화'를 묘사하며, '야웨와 자신의 백성 간의
논쟁'을 다루고 있으며, 이 점이 2절에 기술된다.

이 단락은 크게 두 개의 소단위로 나눌 수 있다. 즉 1-5절은 '재

---

3. 미가 6:1-8에 관한 국내 구약학자의 연구로는 다음과 같은 글들이 있다. 정
   중호, "미가 6:1-8 연구," 『계명신학』 8집 (1993): 63-85; 김이곤, "하나님이
   원하시는 것은 제물(what)이 아니라 '바로 너다'(who)," 『성경연구』 2 (1995,
   1월): 39-49; 차준희, "야웨께서 네게 구하시는 것(미 6:6-8)," 『기독교사상』
   482 (1999, 2월): 192-200; 이동수, "하나님과 겸손히 동행하는 삶: 미가 6:1-
   8," 『교회와 신학』 41 (2000, 여름): 112-123; 이동수, "미가서에 나타난 정의
   와 공의" (1999), 『예언서 연구』 (서울: 장로회신학대학교출판부, 2005),
   218-239 등.

4. W. Werner, "Micha 6,8: eine alttestamentliche Kurzformel des Glaubens?
   Zum theologischen Verständnis von Mi 6,8," *Biblische Zeitschrift* 32 (1988):
   232-248, 특히 236.

판 연설'(Gerichtsrede)이며, 6-8절은 제의적 묘사[5]를 차용한 '예언적
논쟁'(eine prophetische Auseinandersetzung)[6]이다.[7] 이 가운데 우리의 주
제와 직접적으로 관련된 본문은 미가 6:6-8이다. 이 본문의 사역
은 다음과 같다.

> 6) 내가 무엇을 가지고 야웨 앞에 나아가고
>
> 높은 곳에 계신 하나님께 예배 드려야 합니까?
>
> 번제물, 일 년 된 송아지를 가지고
>
> 그분 앞에 나아가야 합니까?
>
> 7) 야웨께서 수천 마리 숫양이면,
>
> 수만의 기름 강이면 기뻐하시겠습니까?
>
> 내 죄(פֶּשַׁע, '페샤')를 위하여 내 맏아들을,
>
> 내 인생의 죄(חַטַּאת נַפְשִׁי, '핫타트 나페쉬')를 위하여
>
> 이 몸의 열매를 드려야 합니까?

---

5. 미가 6:6-8은 Koch가 이미 설득력 있게 논증한 바와 같이 시 15편과 24:4-6;
   사 33:14-16과 같은 순수한 성소 입장 의식시(Tempeleinlaßliturgien)로 간주
   할 수는 없다(K. Koch, "Tempeleinlaßliturgien und Dekaloge," in: *Spuren
   des hebräischen Denkens: Beiträge zur alttestamentlichen Theologie,*
   Gesammelte Aufsätze, Band 1, [Neukirchen-Vluyn: Neukirchener Verlag,
   1991], 169-183, 특히 177-179). 다만 이 양식에 의존할 뿐이다.
6. 이 단락의 양식에 대한 자세한 논의를 위해서는 다음을 참조하라. E. Ben
   Zvi, *Micah* (FOTL; Grand Rapids, Michigan: Eerdmans, 2000), 149-151.
7. Th. Lescow, *Micha 6,6-8: Studien zu Sprache, Form und Auslegung* (Stuttgart:
   Calwer Verlag, 1966), 46-47; J. L. Mays, *Micah* (OTL; London: SCM Press
   LTD, [3]1985), 137-138 등.

8) 사람아, 무엇이 선한 것이고

야웨께서 너에게 찾으시는 것이 무엇인지

그분께서 너에게 이미 이야기하셨다.

공의(מִשְׁפָּט, '미쉬파트')를 행하고

신실(חֶסֶד, '헤세드')을 사랑하고

신중하게(הַצְנֵעַ, '하츠네아') 네 하나님과 함께 걸어가는(הָלַךְ, '할라크') 것이 아니냐?

2) 미가 6:6-8의 생성 시기

지난 수십 년간의 편집사적 연구는 예언서들이 수집, 개정과 편집이라는 크고 작은 편집 과정을 통하여 오늘의 형태에 이르게 되었음을 밝혀주었다. 즉 예언서는 한 예언자의 선포가 중심이 되어, 그가 행한 선포들이 그 예언자의 이름으로 모아지게 되었고, 이후 각각의 새로운 역사적 상황에서 새롭게 해석되면서 계속해서 이어 쓰게 된 결과물이다. 이는 예언자를 통한 하나님의 말씀이 이스라엘 역사 속에서 계속해서 살아서 지속적으로 영향을 끼쳐왔다는 증거가 된다.

미가서에서도 이와 같은 편집사적인 생성 과정에 관한 연구가 활발하게 진행되어 왔다. 그러나 미가서의 생성 과정에 대하여는 아직 세부적인 부분까지 완전히 해명이 되어 있는 상황은 아니다.[8] 미가서를 연구하는 다수의 학자들은 주로 심판의 말이 담겨

---

8. H. W. Wolff, *Micha* (Biblischer Kommentar Altes Testament; Neukirchen-

있는 미가서의 첫 번째 부분(미 1-3장)을 대체적으로 주전 8세기에
활동한 모레셋 지방 출신인 예언자 미가의 것으로 돌린다.[9] 다음
의 본문층이 미가의 것으로 간주될 수 있다: 미 1:10-16; 2:1-3,
6-11; 3:1-4, 5-7, 9-12.[10] 따라서 미가서의 핵심층으로 간주되는 미
가 1-3장은 '미가의 회고록'(Micha-Denkschrift)이라고도 불린다.[11] 그
리고 일반적으로 구원의 말이 주종을 이루는 두 번째 부분(미 4-5
장)은 포로기 때 생성된 것으로 보고, 마지막 미가서의 세 번째 부
분(미 6-7장)은 포로기 이후의 산물로 돌린다.[12]

미가 6:1-8은 보통 포로기 이후의 작품으로 간주되는 미가서
의 세 번째 부분에 속해 있지만, 이 부분을 주전 8세기 미가의 것
으로 보는 주장도 없지는 않다. 예를 들어 루돌프(W. Rudolph)는 특
히 미가 6:7b에 언급된 '인신제의'(人身祭儀)가 아하스 시대(주전 741-
725년, 왕하 16:3)의 관습과 잘 어울린다는 점을 들어 이 단락의 진정

Vluyn: Neukirchener Verlag, 1982), XXVII-XXXVII; E. Otto, "Micha /
Michabuch," *TRE* 22 (1993): 695-704, 특히 698-700.

9. 미가서에서 가장 오래된 본문층을 미가 1-3장으로 제한한 19세기 말경 Stade
의 획기적인 연구 이후 이러한 주장은 오늘날까지도 여전히 수용되고 있다.
B. Stade, "Bemerkungen über das Buch Micha," *ZAW* 1 (1881): 161-172.

10. R. Kessler, *Micha* (Herders Theologischer Kommentar zum Alten
Testament; Freiburg; Basel; Wien: Herder, 1999), 45.

11. R. Kessler, "Zwischen Tempel und Tora: Das Michabuch im Diskurs der
Perserzeit," *Biblische Zeitschrift* 44 (2000): 21-36, 특히 25.

12. 미가서의 편집사적 과정을 잘 정리한 연구로는 다음을 참조하라. Wolff,
Micha, XXXVI-XXXVII.

성을 고수하고 있다.[13] 이는 주전 7세기에 소위 몰록 희생 제사
(Moloch-Opfer)와 같은 유사한 관습이 널리 행해졌다는 점에 근거하
고 있는 것으로 보인다(참조. 왕하 17:17, 31; 21:6; 23:10; 신 18:10; 렘 7:31;
19:5; 32:35 등).

그러나 이 단락(미 6:6-8)을 첫 번째 성전이 존재했던 포로기 이
전에 생성된 것으로 보기에는 다음과 같은 두 가지 문제가 있다.

첫째, 이 단락에서 언급되는 속죄의 문제는 사실 포로기 이후
에 중점적으로 논의되었던 신학적 주제였다.[14] 즉 포로기 이후에
가서 속죄제(Sündopfer, 레 4-5장; 6:24 이하; 8:14 이하; 12:6 이하; 16장)와
속건제(Schuldopfer, 레 5:14 이하; 7장; 14:12 이하 등)가 점차적으로 그 중
요성을 더해 갔다.[15] 진정한 속죄를 위한 희생 제사 신학은 포로기
의 고통스러운 경험을 바탕으로 그 이후 제사장들이 발전시킨 체
계이다.[16] 미가 6:3-5은 야웨께서 이스라엘 백성에게 베푼 은혜를

13. W. Rudolph, *Micha-Nahum-Habakuk-Zephanja* (Kommentar zum Alten
    Testament; Gütersloh: Gütersloher Verlagshaus, 1975), 113-114; 이와 같이
    이 본문을 포로기 이전에 생성된 것으로 주장하는 대표적인 연구로는 다음
    의 것들이 있다. Lescow, *Micha 6,6-8*, 22, 32-33: I. Willi-Plein, *Vorformen
    der Schriftexegese innerhalb des Alten Testaments: Untersuchungen zum
    literischen Werden der auf Amos, Hosea und Micha zurückgehenden Bücher
    im hebräischen Zwölfprophetenbuch* (BZAW 123; Berlin; New York, 1971),
    100; B. Renaud, *La formation du livre de Michée: Tradition et actualisation*
    (EtB; Paris, 1977), 326.
14. Kessler, *Micha*, 259.
15. 베르너 H. 슈미트, 『구약신앙: 역사로 본 구약신학』, 차준희 역 (서울: 대한기
    독교서회, 2007), 322.
16. R. Albertz, "Aufrechten Ganges mit Gott wandern...: Bibelarbeit über

나열하면서 그들의 잘못을 질책하고 있다. 이어지는 6-7절은 질문의 형태로 묘사되어 있다. 여기서 질문자는—이 구절이 풍자적인 의미를 갖고 있다 해도—자신의 죄(פֶּשַׁע, '페샤')와 자신의 인생의 죄(חַטַּאת נַפְשִׁי, '핫타트 나페쉬')를 인정하고 속죄받기를 간구한다. 이 본문에는 포로기 이후에 부각되었던 속죄 문제가 전제되어 있음을 알 수 있다.[17]

둘째, 이 단락은 이미 볼프(H. W. Wolff)도 바로 지적하고 있듯이,[18] 포로기-포로기 이후의 작품인 신명기-신명기사가적 문헌과 매우 유사하다. 미가 6:3-5의 역사 회고는 신명기사가의 편집구인 여호수아 24:5-10 혹은 사무엘상 12:6-8과 매우 비슷하다. 한 가지 예를 들면, 여호수아 24:5은 이스라엘이 이집트에서 탈출할 때 '모세와 아론이 파송된 것'을 언급하고, 24:9은 이에 첨가하여 '모압왕 발락'과 이에 덧붙여 '브올의 아들 발람'을 말하고 있다. 이들은 미가 6:4-5a의 언급과 같다.

> 4) 내가 너를 애굽 땅에서 인도해 내어
> 종노릇하는 집에서 속량하였고
> 모세와 아론과 미리암을 네 앞에 보냈느니라

Micha 6,1-8," in: *Zorn über das Unrecht. Vom Glauben, der verändern will* (Neukirchen-Vluyn: Neukirchener Verlag, 1996), 44-64, 특히 51.

17. H. Utzschneider, *Micha* (Zürcher Bibelkommentare; Zürich: Theologischer Verlag, 2005), 142.

18. Wolff, *Micha*, 143-144.

5a) 내 백성아

너는 모압 왕 발락이 꾀한 것과

브올의 아들 발람이 그에게 대답한 것을 기억하며(미 6:4-5a).

또한 사무엘상 12:7과 미가 6:5에서는 하나님의 구원 행위를 똑같이 '치드코트 야웨'(צִדְקוֹת יְהוָה)라는 전문 용어로 표현하고 있다. 또한 사무엘상 12:6, 8과 마찬가지로 미가 6:4a, 6도 '이집트 땅에서' 인도하기(הָלַךְ, '할라크'의 히필형) 위하여 '모세와 아론'을 '파송하셨다'(שָׁלַח, '샬라흐')고 동일하게 묘사하고 있다. 또한 미가 6:8은 신명기 10:12-13과 매우 유사한 구조를 보여 준다.

12) 이스라엘아 네 하나님 여호와께서 네게 요구하시는 것이 무엇이냐 곧 네 하나님 여호와를 경외하여 그의 모든 도를 행하고 그를 사랑하며 마음을 다하고 뜻을 다하여 네 하나님 여호와를 섬기고 13) 내가 오늘 네 행복을 위하여 네게 명하는 여호와의 명령과 규례를 지킬 것이 아니냐(신 10:12-13).

따라서 이 본문은 신명기-신명기사가와 비슷한 시기에 기원한 것으로 보아야 한다.

그런데 미가 6:1-8의 내용이 신명기사가적 문헌과 유사한 점이 있는 것은 사실이지만, 엄밀하게 분석하면 이것과도 구별되어야 한다. 신명기 역사서는 주전 587년에 발생했던 바빌론에 의한

유다의 성전, 도시 그리고 국가의 멸망의 상황을 신학적으로 극복
하는 것이 그 중심 과제였다.[19] 어떻게 해서 이와 같은 일이 일어나
게 되었는가? 이에 대하여 신명기사가는 다음과 같이 대답한다.
이스라엘이 야웨의 계명에 불순종함으로 야웨와 맺은 언약을 파
기했기 때문에, 야웨는 정당하게 그들을 심판하신 것이다. 이와 같
은 모티브는 미가 6:1-8에서는 찾아보기 어렵다. 여기서는 '진정한
야웨 신앙'이란 무엇인가라는 문제가 중심 주제로 다루어지고 있
기 때문이다. 베르너(W. Werner)가 바르게 지적하고 있듯이, 이 본
문이 신명기사가적(Dtr) 어휘를 사용하고 있다고 해서, 반드시 신
명기사가와 동시대의 것으로 간주할 필요는 없다. 그 이후의 본문
으로도 볼 수 있다. 이 본문이 신명기사가의 중심 주제에서 벗어
나고 있기 때문이다. 따라서 미가 6:1-8은 '신명기사가 이후의 사
상'(nachdeuteronomistisches Denken)을 표현하고 있다고 판단된다.[20]

　　이러한 판단이 옳다면, 미가 6:1-8은 이스라엘 백성들이 야웨
하나님과 올바른 관계를 형성하는 것이 중심 주제가 되었던 페르

19.　W. Thiel, *Die deuteronomistische Redaktion von Jeremia 1-25* (WMANT 41;
　　Neukirchen-Vluyn: Neukirchener Verlag, 1973), 301-302; W. Thiel, *Die*
　　deuteronomistische Redaktion von Jeremia 26-45 (WMANT 52; Neukirchen-
　　Vluyn: Neukirchener Verlag, 1981), 107-112; W. Roth, "Deutero-
　　nomistisches Geschichtswerk / Deuteronomistische Schule," *TRE* 8 (1981):
　　543-552; 베르너 H. 슈미트, 『구약성서 입문』, 차준희·채홍식 역 (서울: 대한
　　기독교서회, 2007), 200-201 등.

20.　Werner, "Micha 6,8," 240-241.

시아 통치기의 상황에서 나온 본문으로 보인다.[21] 사실 이 본문의
의도는 깊이 숙고된 속죄 제의를 통해서 야웨와의 관계를 조종하
려고 하는 제사장적인 입장과도 구분되고, 다니엘서, 에스라서와
느헤미야서의 기도문에 기록되어 있으며, 백성들의 집단적인 죄
고백에 무게 중심을 두고 있는 신명기사가 전통에 서 있는 입장과
도 거리를 두고 있다.[22] 이 점에서 특히 미가 6:6-8은 제사장 전통
(P)과 신명기사가 전통(Dtr)을 전제하지만 그와는 다른—특히 8절
에 집약된—제3의 길을 제시하는 독특한 예언자적 입장을 보여 준
다.[23]

3. 미가 6:6-8의 분석

1) 미가 6:6-7

6절의 '예배드리다'의 히브리어 어근 '카파프'(כָּפַף, 여기서만 니팔형
으로 사용됨)는 제의에서 흔히 볼 수 있는 하나님 앞에서 겸손을 표
하기 위해 완전히 엎드리는 행위가 아니라(이슬람 종교에서는 오늘날까

---

21. Albertz, "Aufrechten Ganges mit Gott wandern...," 47; Utzschneider,
    Micha, 142.
22. 구약에 나타난 집단적인 죄 고백에 관한 최근의 연구로는 다음을 참조하라.
    R. Albertz, "Das kollektive Schuldbekenntnis im Alten Testament," EvTh
    56 (1996): 29-43.
23. Kessler, Micha, 260; Utzschneider, Micha, 142.

지도 행해지고 있다. 이에 해당되는 히브리어는 הִשְׁתַּחֲוָה, '히쉬타하바'이다), 약자가 강자 앞에서 강제적으로 무릎 꿇는 행위를 표현하는 '굽히다/숙이다'라는 의미이다(참조. 시 145:14; 146:8). 이러한 어휘를 선택한 것은 질문자의 의도가 의도적으로 개입된 것으로 보인다. 질문자는 하나님에게서 전제군주의 모습을 본 것이다.[24] 따라서 사람은 그분 앞에서 가능한 한 최고로 자신을 낮추어야 한다고 생각했다. 그리고 이러한 맥락에서 질문자는 하나님을 가리켜 '높은 곳에 계신 하나님'으로 부르고 있다. 하나님은 죄지은 인간이 감히 범접할 수 없는 높은 곳에 계신다는 것이다.

6-7절에서 소개된 세 가지 제물은 고가(高價)이지만 가능한 것('일 년 된 송아지')에서 시작하여, 매우 풍성한 특별한 것('수천 마리 숫양, 수만의 기름 강')을 거쳐, 사실상 불가능한 것('내 맏아들', '이 몸의 열매')으로 발전한다. '일 년 된 송아지'를 바치는 것은 가장 고귀한 희생 제사의 한 종류인 '번제'(Brandopfer)를 말한다. 이 제물은 전부 하나님께 바쳐져야 하며, 게다가 그 제물이 값비싼 1년산(産) 송아지이기 때문이다. 이런 제물이 요구되는 것은 매우 드물다(레 9:3). 또한 '기름'은 '소제'(Speiseopfer)를 준비할 때 필요한 것이다. 소제는 포로기 이후 시대에 동물 희생 제사 때 함께 바쳐진 것들이다(민 15:1-16). 세 번째 단계인 '맏아들을 바치는 것'은 가장(家長)이 소유하고 있는 것 가운데 가장 아끼면서 가장 값비싼 것을 드리는

---

24. Kessler, *Micha*, 267.

'속죄제'(Sühnopfer)를 가리킨다.[25]

2) 미가 6:8

(1) '**사람아**'(אָדָם). 8절에서 부름의 대상인 '사람'(אָדָם, '아담')은 2-3
절에 나타난 야웨와 그의 백성 이스라엘 간의 다툼의 결과로 언급
된다. 즉 이 단락에서 '자기 백성'(2절), '이스라엘'(2절), '내 백성'(3
절)이 8절에 와서는 '사람'으로 지칭이 바뀐다. 이 사람은 여기서
'모든 인간'을 가리키는 포괄적인 범주이지 배타적인 특정 대상으
로 이해되어서는 안 된다. 즉 모든 사람으로 확장한 것이다.[26]

이 본문의 '사람'이라는 호칭의 사용이 "하나님의 위엄과는 대
조적인 상대의 무가치함을 강조한 것"이라는 젤린(E. Sellin)의 유명
한 주장은 본문의 의도를 벗어난 것으로 보인다.[27] 왜냐하면 6절에
서 발설된, 자신감 없이 불안해하며 지나치게 공손한 나머지 비굴
해 보이기까지 하는 잘못된 경건과는 정반대로, 8절의 선포자는
자신의 동시대인을 향하여 그들이 하나님 앞에서 적극적인 사람
으로서 책임을 당당하게 떠맡을 능력이 있는 자로 부르고 있기 때
문이다.[28] 이 점에 대해서는 해당 어휘(הַצְנֵעַ, '하츠네아', 신중하게)를

---

25. Albertz, "Aufrechten Ganges mit Gott wandern...," 55-56.
26. Kessler, *Micha*, 270.
27. E. Sellin, *Das Zwölfprophetenbuch* I: *Hosea—Micha*, (KAT; 1929), 343; 아르
    투어 바이저 & 칼 엘리거, 『소예언서』 (국제성서주석; 서울: 한국신학연구
    소, 1985), 134; 이와 유사한 최근의 입장으로는 다음을 들 수 있다: Ben Zvi,
    Micah, 153.
28. Albertz, "Aufrechten Ganges mit Gott wandern...," 58.

다루는 자리에서 보다 자세히 분석할 것이다. 아무튼 8절의 '사람'
에서는 하나님의 존엄한 파트너임을 드러내는 밝은 음조(音調)가
느껴진다.

(2) **'선한 것'(טוב).** 히브리어 '토브'(טוב)는 '좋은/아름다운/편안
한'을 의미하며, 관계적인 의미를 뜻한다. 예를 들어 좋다는 것은
누군가에게 좋다는 말이고, 아름답다는 것은 누군가의 눈에 아름
답다는 것이다. 철학적인 체계와는 다르게 히브리적 사고에서는
그 자체가 좋은 것이라는 개념은 없다. '관계적인 의미'를 가질 뿐
이다.[29] 다시 말해서 '토브'(טוב)란 요구된 행위가 선(善)의 윤리적
이상에 적절하여 좋은 것으로 입증되었음을 의미하는 것이 아니
다. 여기서 '선한 것'이란 사람에게 좋은 것, 즉 자신과 동료 인간
과의 공생(共生) 그리고 자신과 하나님과의 관계에서 요구되는 것
을 의미한다. 이것은 이상주의적이거나 관념적인 것이 아니고 긍
정적인 의미에서 공리주의적인 것이다.[30]

또 한 가지 눈에 띄는 것은 여기서는 선한 것이 하나님이 요구
하시는 것과 동일시된다는 점이다. 여기에서 성서적 윤리의 신율

---

29. J. Ebach, "Was bei Micha 'gut sein' heißt," *Bibel und Kirche* 51 (1996): 172-
181, 특히 176; Utzschneider가 최근에 출판한 미가서 주석에서도 이와 같은
입장을 표명하고 있다: "인간에게 선포된 '좋은 것'(טוב, '토브')은 구약에서
는 추상적인 원리가 아니며 형이상학적인 관념도 아니다. 이는 인간과 관련
된 관계적인 것이다"(Utzschneider, *Micha*, 139).

30. Kessler, *Micha*, 269.

적(theonom) 성격이 그대로 드러난다.[31]

(3) **'찾으시는 것'**(דָּרַשׁ). '야웨께서 너에게 찾으시는 것'이라는 표현은 독특한 것이다. '찾다'(דָּרַשׁ, '다라쉬', 능동 분사형)라는 동사는 일반적으로 그 주체가 하나님보다는 인간으로 사용된다. 즉 '인간이 하나님을 찾다' 혹은 '인간이 하나님에게서 무엇인가를 찾다'라는 문장으로 사용된다(참조. 창 25:22; 출 18:15; 신 4:29 등). '다라쉬'(דָּרַשׁ) 동사가 하나님을 주어로 사용되는 경우는 아주 드물다(이와 같은 용례는 신 1:12; 18:19; 23:21; 겔 20:40 등이 있다). 이 경우는 실제적으로 하나님이 인간의 서원 이행(신 23:21)이나 특정한 제물(겔 20:40)을 요구할 때로 국한된다.

따라서 미가 6:8이 일반적으로 쓰이는 표현인 '인간의 하나님 찾음'이 아니라 흔치 않는 '하나님의 인간 찾음'이라고 표현한 것은—6-7절의 질문자가 의도하는 바와 같이—인간이 하나님 쪽으로 다가갈 수 없으며, 하나님이 인간 쪽으로 움직인다는 점을 드러낸 것이다.[32] 하나님은 인간에게서 어떤 것, 즉 하나님이 좋게 여기시는 것을 찾으신다. 이는 마치 에바흐(J. Ebach)의 재미있는 비유와 같이, "하나님이 탐정과 같이 증거를 추적하며 해당자의 면책점을 찾고 계시는 것과 같다."[33]

---

31. A. Deissler, "Micha 6:1-8: Der Rechtsstreit Jahwes mit Israel um das rechte Bundesverhältnis," *Trierer Theologische Zeitschrift* 68 (1959): 232.

32. Kessler, *Micha*, 269.

33. Ebach, "Was bei Micha 'gut sein' heißt," 177.

(4) **'이야기하다'(הִגִּיד)**. 8절의 히브리어 첫 동사가 너에게 '말씀하
셨다'(דָּבַר, '다바르')가 아니고 '이야기하셨다'(הִגִּיד, '힉기드')라는 점
은 주목할 필요가 있다. 이 동사는 8절에서 말하고 있는 것이 이미
말했던 것을 되풀이한다는 점을 암시한다. 즉 현재 말하고자 하는
내용은 오래전 이미 전달되었던 것임을 강조한다.[34]

또한 동사 '힉기드'(הִגִּיד)는 본디 모든 종류의 통고나 공지를
가리키는 일상용어이다(참조. 창 24:23; 32:30; 41:24 등).[35] 이러한 단어
의 선택은 8절의 전달 내용이 '신적 계시의 특정한 형태'가 아니고

---

34. 이 첫 동사는 다음과 같은 점도 내포하고 있다. 이 동사는 '힉기드'(הִגִּיד, 이
야기하다/설명하다)에서 유래한 유대적 성서 주석 개념과 관련이 있어 보인
다. 이 동사에서 파생된 '학가다'(Haggada) 및 '악가다'(Aggada, 아람어)는
탈무드에서 채택하고 있는 이야기식의 성서 주석을 지칭하고 있기 때문이
다. 이러한 성서 주석 방법을 보충하면서도 이와는 대조적인 성서 주석 방식
으로 '할라카'(Halaka)가 있다. 이는 삶의 구속력 있는 규범을 탐구하는 주석
을 말한다. 8절을 시작하는 동사가 '학가다'가 유래한 동사('힉기드', 전달하
다/이야기하다)이고, 이 구절의 마지막 동사가 '할라카'가 파생된 동사(הָלַךְ,
'할라크', 걷다/가다)라는 점도 흥미롭다. 또한 8절의 "야웨께서 너에게 찾으
시는 것이 무엇인지" 속 '다라쉬'(찾다/조사하다/~에 대해 묻다) 동사에서
'미드라쉬'(Midrasch) 개념이 도출된다. 미드라쉬는 성서를 연속적으로, 대
부분 이야기식으로 주석하는 방식을 지칭한다. 즉 미드라쉬는 이스라엘 역
사의 포로기 이후 시대 이래 '교훈이나 깨달음을 얻기 위한 목적으로 성서의
본문에 설명을 다는 작업'을 가리킨다. R. Bloch, "Midrash," in: W. S. Green
(ed.), *Approaches to Ancient Judaism: Theory and Practice* (Missoula,
Montana: Scholars Press, 1978), 29-50, 특히 30-31; 왕대일, 『새로운 구약주
석: 이론과 실제』(서울: 성서연구사, 1996), 69-84. 미가 6:8 한 구절에 유대
성서 주석의 세 가지 중심 개념이 집약되어 있다는 사실은 참으로 놀라운 사
실이다. Ebach, "Was bei Micha 'gut sein' heißt," 175.
35. Lescow, *Micha 6,6-8*, 23-31.

'하나님으로부터 비롯된 모든 종류의 통보'나 통지임을 가리킨
다.[36]

(5) **'공의를 행하고'**(עֲשׂוֹת מִשְׁפָּט). 먼저 앞으로 언급할 세 가지 핵
심 요구 사항에 대한 큰 틀을 지적하고 시작하고자 한다. 하나님
이 사람에게 요구하는 것은 일련의 세 가지 부정사형으로 묘사되
어 있다. 앞선 두 가지 동사는 직접 목적어를 동반하고(מִשְׁפָּט
עֲשׂוֹת, '아소트 미쉬파트' / אַהֲבַת חֶסֶד, '아하바트 헤세드'), 마지막 한 가
지는 전치사를 동반한 목적어를 이끈다(לֶכֶת עִם־אֱלֹהֶיךָ, '레케트
임-엘로헤카'). 여기에서 두 가지 점을 짚고 넘어갈 필요가 있다.

첫째, 세 가지 요구는 평행적이지 않고, 점층적인 의미를 가진
다는 사실이다.[37] '신의를 사랑하다'는 '공의를 행하다'를 포함하고
있으며, 이 두 가지는 '신중하게 너의 하나님과 걸어가다'에 포함
된다.

두 번째, 8b절의 세 가지 요구를 진술하는 표현은 분명한 방식
으로 아모스와 호세아와 이사야 그리고 미가 자신에서도 발견되
는 예언자적 요구들을 종합하고 있다.[38]

그럼에도 불구하고 미가 6:8은 본질적으로 독특한 표현을 포
함하고 있다는 점을 놓쳐서는 안 된다. 그런 점에서 우리는 "미가

---

36. Ebach, "Was bei Micha 'gut sein' heißt," 175.

37. Wolff, *Micha*, 156.

38. Th. Lescow, "Die dreistufiger Tora: Beobachtungen zu einer Form," *ZAW*
    82 (1970): 362-379, 특히 378-379; Werner, "Micha 6,8," 245-248.

6:8은 이전에는 들어 보지 못한 방식으로 선포하고 있다"[39]는 에 바흐의 주장에 주목할 필요가 있다.

'미쉬파트'(מִשְׁפָּט)를 알지 못하고, 행하지 않거나 경시하는 것을 지적하는 것은 포로기 이전 예언자들의 전형적인 레퍼토리에 속한다(참조. 사 5:7; 10:2; 렘 5:28; 22:13; 겔 22:29; 호 5:11; 10:4; 암 5:7; 6:12; 미 3:1, 9). 이러한 본문들은 모든 사람들의 외형적인 권리의 평등을 침해하는 것뿐만 아니라 특히 '가난한 자'의 권리를 침해하는 것 (참조. 사 10:2; 렘 5:28)과 권력을 통하여 약자들을 억압하는 것을 의 미한다.[40] 이러한 상황에서 '미쉬파트'를 행하라는 요구(참조. 암 5:15, 24; 렘 5:1; 겔 18:5 등)는 다음과 같은 것을 행하도록 호소하는 것이다. 즉 사회적 균등을 촉진하고 모든 사람에게 삶을 유지할 수 있도록 해 주는 공동체의 올바른 질서가 가능하도록 행동하는 것이다.

(6) **'신실을 사랑하고'**(אַהֲבַת חֶסֶד). '미쉬파트'(מִשְׁפָּט)를 행하라는 요구가 예언문학의 공동재산이라면, 바로 이어 나오는 핵심어 '헤 세드'(חֶסֶד)는 아모스, 첫 번째 이사야의 선포(1-39장)[41] 그리고 미가 1-3장의 역사적인 미가의 선포에서는 완전히 결여되어 있다. 반

---

39. Ebach, "Was bei Micha 'gut sein' heißt," 174.

40. Kessler, *Micha*, 270.

41. 이사야 1-39장 가운데 '헤세드'가 쓰인 본문은 사 16:5 오직 한 군데뿐이다. 이 본문은 일반적으로 이사야보다 후대의 본문으로 간주된다. G. Forer, *Jesaja 1-23* (Zürcher Bibelkommentare; Zürich: Theologischer Verlag, ³1991), 203-204 등.

면, 이 단어가 호세아의 핵심 용어에 속한다는 사실은 이미 잘 알
려진 사실이다(호 2:19; 4:1; 6:4, 6; 10:12; 12:7[개역개정 12:6—편주]).

이 단어는 사실 다른 언어로 번역하기가 아주 어려운 용어이
다. 글릭(N. Glueck)의 고전적인 연구에 따르면 '헤세드'(חֶסֶד)는 "자
기 자신과 하나님 앞에서 자신이 속한 공동체에 적합한 인간의 행
동 양식"을 의미한다.[42] 이에 적절한 번역어로는 '연대 의
식'(Solidarität) 혹은 '사회성/사회 공동체성'(Sozialität)을 들 수 있
다.[43] 따라서 '헤세드'(חֶסֶד)는 공의로 번역되는 '미쉬파트'(מִשְׁפָּט)
를 넘어서는 행동을 가리킨다.[44]

간단하게 그 차이점을 말하자면, '미쉬파트'가 '사회의 정의 체
제'와 관련된 것이라면, '헤세드'는 '인간의 생활 관계'와 결부된
다.[45] 좀 더 부연하면, '미쉬파트'가 사회적으로 필수적인 요소이고
반드시 실행되어야 하는 것이라면, '헤세드'는 공의를 포함하고

---

42. N. Glueck, *Das Wort ḥesed im alttestamentlichen Sprachgebrauche als menschliche und göttliche gemeinschaftsgemäße Verhaltungsweise* (BZAW 47; Giessen, 1927), 26.

43. Ebach, "Was bei Micha 'gut sein' heißt," 179; '헤세드'에 대한 보다 자세한 연구를 위해서는 다음을 참조하라. G. R. Clark, *The Word Hesed in the Hebrew Bible* (JSOT.S; Sheffield: Sheffield Press, 1993).

44. 이런 점에서 '미쉬파트'와 '헤세드'의 미묘한 차이점을 무시하는 Farmer의 최근 연구는 설득력이 없다. "미쉬파트를 행하는 것과 헤세드를 행하는 것은 서로 다른 두 가지로 받아들이면 안 된다. 하나님은 우리에게 두 가지 서로 다른 행동을 요구하시지 않으신다. 미쉬파트와 헤세드는 이 세상에서 행하는 동일한 행동의 두 가지 측면을 말하는 것이다." K. Farmer, "What Does It Mean To 'Do Justice?'," *Journal of Theology* 108 (2004): 35-48, 특히 48.

45. H. J. Stoebe, "Art. ḥaesaed Güte," *THAT* I (⁴1984): 604-605.

있지만 그것에 국한되지 않고 올바른 것으로 요구되는 것 그 이상
으로 다른 사람에게 행하는 것을 말한다. 또한 볼프가 정확하게
지적하고 있듯이 "미쉬파트의 실천은 헤세드의 사랑 없이는 그 목
적을 이룰 수 없다."[46]

결국 '헤세드'는 통상적으로나 규정적으로 요구되는 수준을
넘어서는 '파트너 간의 충실과 연대감'의 관계를 가리킨다고 볼
수 있다(참조. 룻 3:10; 삼하 3:8).[47] 이런 점에서 '신실'(信實, faithfulness)이
라는 번역이 적절해 보인다. 이 개념은 이와 짝을 이루는 동사 '아
하브'(אָהֵב)를 통하여 더욱 강조된다. '미쉬파트'는 단순히 행해져
야 하지만(עָשָׂה, '아사'), '헤세드'는 이런 수준을 넘어서서 보다 적
극적으로 사랑해야 한다(אָהֵב). '아하브'라는 동사는 의지적이고
내적인 참여의 행동을 가리킨다.[48] '헤세드'는 필요에 의해서 뿐만
아니라 내적인 자발성에서도 기인해야 한다.[49]

(7) **'신중하게**(הַצְנֵעַ) **하나님과 함께 걸어가는 것**(הָלַךְ)'. '미쉬파트
를 행하는 것'과 '헤세드를 사랑하는 것', 이 둘은 결국 '신중하게
네 하나님과 함께 걸어가라'는 요구에 포함된다. 세 번째 요구인
'하나님과 함께 걸어가기'는 이미 지적한 두 가지 사회적 행동 방

---

46. Wolff, *Micha*, 155.
47. Utzschneider, *Micha*, 140-141.
48. Deissler, "Micha 6:1-8," 233.
49. Kessler, *Micha*, 271.

식이 반드시 공급받아야 할 신학적 원천(Quelle)을 말한다.[50] 여기에서 '신중하게 네 하나님과 함께 걸어가라'는 구절은 아주 독특한 표현이다.

> 그리고 신중하게 네 하나님과 함께 걸어가라
>
> (וְהַצְנֵעַ לֶכֶת עִם־אֱלֹהֶיךָ, '베하츠네아 레케트임-엘로헤카')

'할라크'(הָלַךְ) 동사에 맞물린 '차나'(צָנַע)의 히필형 부정사 절대형인 '하츠네아'(הַצְנֵעַ)는 그 의미 파악이 매우 어렵다. '하츠네아'와 같은 히브리 어근 낱말은 구약성서에서 잠언 11:2에 오직 한 번만 더 나타난다.

> 교만이 오면 욕도 오거니와
>
> 겸손한 자(צְנוּעִים, '체누임')에게는 지혜가 있느니라(잠 11:2).

여기서 '체누임'(צְנוּעִים)은 하팍스 레고메논(hapax legomenon)으로 잠언의 이 문맥에서는 교만과 대조적인 의미인 '겸손'으로 흔히 번역된다.[51] 따라서 잠언 11:2의 용례에 근거하여 미가 6:8의 '하츠

---

50. Albertz, "Aufrechten Ganges mit Gott wandern...," 62.
51. O. Plöger, *Sprüche Salomos (Proverbia)* (Biblischer Kommentar Altes Testament; Neukirchen-Vluyn: Neukirchener Verlag, 1984), 133-134; R. J. Clifford, *Proverbs: A Commentary* (The Old Testament Library; Louisville, Kentucky: Westminster John Knox Press, 1999), 121.

네아'를 '겸손하게'로 번역하는 학자들이 적지 않다.[52] 예를 들어 멕케인(W. McKane)은 이 단어에 대한 자세한 논의를 정리하면서, "겸손하게(humbly)가 아마도 미가 6:8의 '하츠네아'(הַצְנֵעַ)의 바른 의미일 것이다"라고 결론지었다.[53]

그러나 같은 어근이 언급된 본문이 구약성서에서 이 두 본문으로 국한된다고 하여 잠언의 의미를 무비판적으로 수용하여 미가의 본문도 같은 의미(겸손하게)로 번역하는 것은 문제가 있다. 잠언의 '체누임'(צְנוּעִים)은 '차나'(צָנַע)의 '수동 분사형'이고, 미가의 '하츠네아'(הַצְנֵעַ)는 '히필형 부정사 절대형'이다. 한쪽은 수동태이고 또 다른 한쪽은 히필형임에 주목해야 한다. 볼프도 이미 적절하게 지적하고 있듯이 히필형은 보다 '적극적인 성격'을 담고 있다.[54] 또한 이 구절에 대한 칠십인역(LXX)의 번역도 이와 같은 방향

---

52. 여기에 해당되는 학자들로서는 다음을 들 수 있다. 김이곤, "하나님이 원하시는 것은 제물(what)이 아니라 '바로 너다'(who)," 46; 이동수, "하나님과 겸손히 동행하는 삶," 113, 117; 이동수, "미가서에 나타난 정의와 공의" (1999), 2005, 228-229; Deissler, "Micha 6:1-8," 229-234, 특히 233; Mays, *Micah*, 142; S. Dawes, "Walking Humbly: Micah 6:8 Revisited," *Scottish Journal of Theology* 41 (1988): 331-339; J. Jensen, *Ethical Dimensions of the Prophets* (Collegeville, Minnesota: Liturgical Press, 2006), 133; M. D. Carroll R., "'He Has Told You What Is Good': Moral Formation in Micah," in: M. D. Carroll R. & J. E. Lapsley (Eds.), *Character Ethics and the Old Testament: Moral Dimensions of Scripture* (Louisville; London: Westminster John Knox Press, 2007), 103-118, 특히 113 등.

53. W. McKane, *The Book of Micah: Introduction and Commentary* (ICC; Edinburgh: T&T Clark, 1998), 189.

54. Wolff, *Micha*, 156.

을 지시하고 있다.

ἕτοιμον εἶναι του πορεύεσθαι μετὰ κυρίου θεου σου

(Be ready / willing to walk with your God)

(너희 주 하나님과 함께 준비되어/기꺼이 걸어가라)

여기에서 '에토이몬 에이나이'(ἕτοιμον εἶναι)라는 표현에는 '의지적인 준비'(willentliche Bereitschaft), 즉 적극적인 동인이나 상태를 가리키는 의미가 담겨져 있다.[55] 따라서 미가 6:8의 '하츠네아'(הַצְנֵעַ)는 소극적인 의미인 '겸손하게'보다는 보다 적극적인 의미로 '신중하게/주의 깊게/조심스럽게'라는 뜻이 더 적절해 보인다.[56]

이런 맥락에서 본다면, 여기서 신중하면서도 집요하게 걷는 것이란 '하나님 앞에서', 즉 그분의 감시하는 눈 아래에서의 처신이 아니라 '너의 하나님과 함께 걷는 것'이다. 곧 8절의 요구는 '하나님 앞에서'(vor Gott)가 아니라, '하나님과 함께'(mit Gott) 동행하며 걷는 것이다. 하나님이 이집트에서부터 가나안 땅에 이르기까지

---

55. H. J. Stoebe, "Und demütig sein vor deinem Gott: Micha 6,8" (1959), in: *Geschichte, Schicksal, Schuld und Glaube* (BBB 72; Frankfurt am Main, 1989), 209-223, 특히 210.

56. 이러한 방향으로 해석하는 대표적인 학자들은 다음과 같다. 정중호, "미가 6:1-8 연구," 80; Stoebe, "Und demütig sein vor deim Gott", 220; Wolff, *Micha*, 156; Ebach, "Was bei Micha 'gut sein' heißt," 180; F. Crüsemann, "'.. nichts als…mitgehen mit Deinem Gott' (Mi 6:8): Nachdenken über ungegangene Wege," *WuD* 24 (1997): 11-28, 특히 13; Kessler, *Micha*, 271 등.

당신의 백성과 함께 걸어온 것같이(미 6:4-5), 이제 사람들은 하나님
과 함께하는 걸음을 기꺼이, 자발적으로 걸어야 한다.[57] 하나님과
사람은 같은 길 위에 서 있다. 이는 6-7절의 질문자가 기대했던 것
과는 정반대의 현상이다. 이 질문자는 비굴하게 '높은 곳에 계신
하나님'께 가까이 다가가야 한다고 생각했다. 8절의 요구는 하나
님과 인간 사이의 상호 건널 수 없는 대조적 관계를 강조하는 많
은 기독교 신학과 경건을 고려한다면, 아주 드문 현상으로 보인다.
그러나 이 또한 성서적임이 틀림없다.[58]

(8) '것이 아니냐'(כִּי אִם)

여기서 '~하는 것이 아니냐'(כִּי אִם, '키 임')는 표현은 6-7절에 소개
된 동시대인들이 보여 준 잘못된 경건심에서 출발한 제의적 성과
와 대조시키면서 야웨께서 사람들에게 바라시는 것은 단지 몇 가
지에 지나지 않음을 드러낸다(참조. 신 10:12).[59] 하나님은 당신의 백
성들에게 무리한 것을 요구하시지 않으시며, 이보다는 본질적인
것에 집중하게 함으로 비본질적인 부담으로부터 해방시키신다.

---

57. 따라서 "8절에서 미가의 의도하는 바는 야웨 앞에서 몸을 낮추라는 것이 아
    니라 깨어 일어나서 적극적으로 야웨와 더불어 행동하라는 권유이다. '주의
    깊게'라는 말은 맑은 정신 가운데 분별력 있게 행동하는 것을 말하며 개인
    혼자서 행동하는 것이 아니라 '너의 하나님'(8절)과 함께 행동하기를 권하는
    말이다"라는 정중호의 해석은 우리의 본문 이해와 일치한다. 정중호, "미가
    6:1-8 연구," 80.
58. Kessler, *Micha*, 271.
59. Albertz, "Aufrechten Ganges mit Gott wandern...," 61.

4. 미가 6:6-8의 윤리 사상

미가 6:6-8은 하나님 이해에 새로운 지평을 열어 준다. 이는 전통적인 하나님 이해를 반영하고 있는 6-7절과 새로운 하나님 이해를 보여 주는 8절과 비교함으로 잘 드러난다. 첫째, '먼 하나님'에서 '가까운 하나님'으로 바뀐다. 6절에서 하나님은 '높은 곳에 계신 하나님'으로 불리고, 8절에서는 '너의 하나님', '하나님과 함께 걷다'라고 표현된다. 인간과 상당한 '거리가 있는' 하나님에서 인간에게 아주 '가까운' 하나님으로 바뀐 것이다. 둘째, '정적인 하나님'에서 '역동적인 하나님'으로 변한다. 6절에서는 인간이 마치 보좌에 앉아 계신 하나님께로 다가가는 표상이 그려진다면, 8절에서는 하나님과 이스라엘은 역동적으로 역사를 통하여 함께 같은 길을 걸어가고 있음이 그려진다. 셋째, '비굴한 관계'에서 '친밀한 관계'로 발전한다. 6절에서 인간은 하나님 앞에서 무릎을 꿇고, 그분께 어떻게 하여야 바로 처신할 수 있을지를 놓고 골머리를 앓고 있는 것같이 묘사된다. 공손한 태도가 일정한 선을 넘어 버린 나머지 비굴해지기까지 한 모습이 애처롭다. 이에 반해 8절에서 인간은 하나님과 친밀한 파트너십을 가진 존재로 그려진다. 하나님의 파트너인 인간은 하나님과 제대로 동행하고, 하나님이 동행하는 길에서 행하시는 것과 말씀하시는 것에 주의를 기울인다.[60]

8절의 선포자는 인간이 하나님과의 관계에서 감당할 수 있는

---

60. Albertz, "Aufrechten Ganges mit Gott wandern...," 63.

독립적인 부분을 강조하기 때문에, 그는 "하나님을 따르다"(왕하 23:3; 렘 2:2), "하나님을 [간절히] 바라다"(호 12:6), 혹은 "하나님을 두려워하다"(신 10:12)라는 전통적인 관용적 표현들을 피하고 있다.

미가 6:8은 인간에게─제물을 바치는 것이 아니라─그가 어떻게 행해야 하는지를 상기시킨다. 선하고, 하나님의 뜻에 합당한 것은 사람에게 생소한 것이 아니다. '공의', '신실'(이웃과의 동료 의식) 그리고 '하나님과 함께 걷기'(하나님에 대한 헌신)이다. 어떤 조건도 제시되지 않은 이 간략한 가르침은 개별 계명들이 아니라 근본적인 현상들을 강조한 것으로 일종의 '신앙에 근거한 윤리의 총체'이다.[61]

결론적으로 미가 6:6-8을 중심으로 예언서의 윤리 사상을 정리한다면 다음과 같이 세 가지로 집약할 수 있다.

첫째, 예언서의 윤리는 철저히 '신율적(神律的)인 윤리'라는 것이다. 여기서 '선한 것'(윤리적인 것)은 하나님이 요구하시는 것과 동일시된다. 이는 예언서의 윤리가 신율적(theonom)인 성격을 가지고 있음을 드러낸 것이다. 하나님은 인간의 삶과 유리된 높은 곳에만 계신 분이 아니라 인간과 함께 동행하시는 분으로 이해된다. 이 점은 인간으로 하여금 매사에 신중한 걸음을 요구한다. 또한 이는 동시에 윤리적 삶을 강하게 요구하는 동인이 된다. 삶 전체가 하

---

61. 슈미트, 『구약성서 입문』, 차준희·채홍식 역 (서울: 대한기독교서회, 2007), 523: 이와 같은 Schmidt의 판단은 그의 스승 Wolff와도 일치한다: "미가 6:8b의 세 가지 교훈은 선(善)의 총체(Summa)를 간결하고 적절하게 묘사한 위대한 시도 가운데 하나이다." Wolff, *Micha*, 158.

나님과 관련되어 있다는 의식을 가질 때 비로소 인간은 특히 동료 인간과 올바른 관계를 유지할 수 있다. 이때에 비로소 인간은 자기와 함께 계시는 인격적인 힘에 대한 책임을 깨달으며 이 힘에 대하여 신중하게 공경하며 자발적으로 순종하며 그를 진정으로 두려워할 수 있는 것이다.[62]

둘째, 예언서의 윤리는 윤리적인 삶의 원천이 '하나님의 구원 행위를 회고'하는 것에 있다고 한다. 자신들이 과거에 경험했던 하나님의 구원 행위와 구원 의지를 제대로 숙고할 때만 인간은 자신과 자신의 이웃에게 도움을 주는 윤리(선)를 깨우칠 수 있다는 것이다. 이런 통찰은 역사적인 회고와 이로부터 발생된 윤리적 요구의 결합을 보여 주는 십계명에서도 발견된다(출 20:1-17).[63] 윤리와 하나님의 구원 행위의 결합은 미가 6:8의 고전적인 말씀이 하나님의 구원 역사를 집약해 주는 2-7절의 빛 아래에서 드러나는 것을 통해서도 알 수 있다. 8절의 세 가지 요구는 구속받은 자의 삶을 상기시키는 것들로, 이는 삶의 방향을 바로잡아 주는 신앙의 핵심 어이기도 하다. 또한 이러한 요구들은 세속적인 동시에 경건할 수 있는 양면을 지닌 인간들이 쉽게 자기 분열로 빠지기 쉬운 상태를 하나로 용접해 준다.[64] 다시 말해서, 야웨 신앙에 대한 적합한 윤리적 태도는 야웨의 구원 행위를 현재화하는 회고에서 비롯된다. 하

---

62. 바이저 & 엘리거, 『소예언서』, 135.

63. Werner, "Micha 6,8," 245.

64. Wolff, *Micha*, 157-158.

나님의 구원 행위를 현재화하는 회고는 야웨와의 바른 관계를 확고히 한다. 야웨와의 바른 관계는 제의가 아니라 '미쉬파트'를 실천하고 '헤세드'를 사랑하고 신중하게 하나님과 동행하는 데서 구체화된다.[65]

셋째, 예언서의 윤리는 '윤리(삶)와 제의(예배)가 하나'임을 보여준다. '미쉬파트를 행하고 헤세드를 사랑하는 것'은 제의적인 어떤 것과 분리되지 않는다. 또한 '신중하게 네 하나님과 함께 걸어가라는 것'은 앞의 두 가지 요구와 분리된, 제3의 것을 요구하는 것이 아니다. 이 세 가지는 하나이다. 이 한 가지는 나머지로 하여금 하나님이 준비하시고 찾으시는 것의 전체를 이루도록 도와주는 것이다.[66] 따라서 윤리(Ethik)와 제의(Kult)를 상호 대조적인 것으로 이해하는 것은 잘못이다. 이는 윤리적 규정이 항상 희생 제의에 대한 비판과 비교되어 우선적인 것으로 간주되면서 발전해 왔기 때문에(참조. 암 5:24; 호 6:6; 잠 21:3) 발생한 오해이다. 하나님을 제의적인 것으로만 축소하여 이해하는 것도 잘못이고, 윤리적인 것으로만 축소하여 파악하는 것도 오류이다. 제의와 윤리는 둘 다 사실은 서로 긴밀하게 결합되어 있다. 미가 6:8이 "공의를 실천하는 것"으로 시작하여, "신중하게 너의 하나님과 함께 걸어가는 것"으로 그 절정에 이른 후 바로 결말에 다다른다는 사실은 윤리

---

65. Werner, "Micha 6,8," 247.
66. Wolff, *Micha*, 156.

와 제의가 하나임을 분명하게 보여 준다.[67]

5. 나가는 말

예언서의 윤리 사상에 따르면, 인간의 보편적인 윤리는 신앙과 별개의 어떤 것이 아니고, 신앙과 직결된 것이다. 하나님은 당신의 백성들에게 현세적인 윤리적 삶을 무겁게 요구하신다. 신앙적 삶은 윤리적 삶과 다르지 않다. 야웨 하나님은 "윤리의 하나님"이시다. 따라서 참 신앙인은 참 윤리적이어야 한다. 신앙인은 인간적 차원을 넘어서 신학적 차원에서 윤리성을 요구받는다. 물론 오늘날의 야웨 백성이라 할 수 있는 기독교가 윤리라는 것과 완전히 동일시될 수는 없다. 기독교는 윤리성을 포함하면서도 동시에 이를 초월하는 면도 갖고 있기 때문이다. 하지만 기독교에서 윤리성이 약화되거나 무시되거나 제외된다면 이는 진정한 기독교가 될 수 없다. 기독교는 윤리성을 필수적으로 포함한다.

단정적으로 말하면, 윤리성이 결여된 기독교는 더 이상 기독교가 아니다. 따라서 특히 오늘날의 한국 기독교인은 세상적인 윤리적 요구에도 귀를 기울여야 한다. 우리가 세상으로부터 신중하게 들어야 할 것은 보편적인 '상식의 회복'이라 할 수 있다. 하나님이 오늘 우리에게 요구하시는 윤리적 삶이란 공동체 안에서 특히

67. Kessler, *Micha*, 272.

약자들과 공감하여 연대하고, 모든 동료들에게 적극적으로 신실하게 대하고, 매사 신중하게 하나님과 대화(기도)하며 그분과 함께 걸음을 내딛는 삶을 사는 것이다.

제4장
예언서의 금식 이해:
이사야 58:1-14을 중심으로*

1. 들어가는 말: 본문의 문학 형식과 짜임새

이사야 56-57장은 이스라엘 내에서의 의인과 악인 간의 양극화된 양상에 초점을 맞춘 반면, 이사야 58-59장은 약속된 구원을 지연 시킨 장애물들에 초점을 맞춘다.[1] 제2이사야(사 40-55장, 주전 550-540 년)의 활동 이후 축복된 종말이 곧 올 것이라는 혹은 이미 도래했 다는 희망이 있었다. 그러나 이후 시대에 이와 같은 축복은 오지 않았다. 그렇다면 어찌해서 약속된 구원이 지연되고 있는가? 이사 야 58장은 먼저 금식 실천에 대하여 백성들이 제기한 불평을 소개

---

* 이 장은 "금식에 대한 성서 신학적 해석: 이사야 58장을 중심으로," 『성령과 신학』 22 (2006): 9-27에 실린 것을 수정한 것이다.
1. 참조. B. S. Childs, *Isaiah* (The Old Testament Library; Louisville, Kentucky: Westminster John Knox Press, 2001), 475.

하면서 이 질문에 답한다. 그리고 하나님을 기쁘시게 하는 신실한 응답이 어떤 것인지를 정의해 나간다. 이사야 58장은 전체적으로 보면 '훈계와 약속'이라는 문학 형식들로 구성되어 있다.

이사야 58:1-12은 하나님께서 기뻐하시는 금식이라는 주제로 내용을 펼쳐 나간다. 여기서 전체적인 화자(話者)는 하나님의 말씀을 대변하고 있는 예언자이다. 하지만 예언자는 야웨의 말을 야웨의 시각에서 대변하고 있기 때문에 이 부분의 실질적인 화자는 바로 하나님이라 할 수 있다. 그런데 하나님이 백성들을 향하여 말씀하시는 내용 속에는 백성들의 질문과 그 질문에 대한 하나님 자신의 대답, 그리고 그 대답에서 제시되는 조건을 충족시켰을 때 얻어지는 축복의 약속이 한데 모여 있다.

이를 내용의 핵심 부분인 백성의 질문과 하나님의 대답을 위주로 요약한다면 다음과 같다. 백성들은 다음과 같이 대답한다. "우리가 어째서 금식해야 하지, 하나님은 보시지도 않는데? 우리가 어째서 고행해야 하지, 하나님은 알아채지도 못하시는데?"(3a절). 이에 대하여 하나님은 다음과 같이 대답한다. "너희가 행하는 금식이 과연 내 마음에 드는 금식이냐?(5절) 아니다, 내 마음에 맞는 금식은 이것이다(6-7절)."[2] 이사야 58:13-14은 다음의 백성들의 회의를 전제한다. '먹고 살기도 벅찬데 과연 무엇 때문에 안식일을 지키며 제의를 드려야 하는가?' 하나님은 이에 대하여 안식일

---

2. 참조. 클라우스 베스터만, 『이사야(3)』, 한국신학연구소 번역실 역 (국제성서주석; 서울: 한국신학연구소, 1990), 380.

준수의 의미와 중요성을 가르쳐 주신다.

이사야 58장은 크게 두 가지 주제들을 다루고 있다. 첫 번째 주제는 이사야 58:1-12로서 하나님께서 기뻐하시는 금식에 대하여 다루고 있다. 두 번째 주제는 이사야 58:13-14로서 거룩하고 즐거운 안식일에 대하여 다루고 있다.

첫 번째 주제는 다시 네 가지의 세부 항목들로 나누어진다. 첫 번째 항목을 다루고 있는 1절은 하나님께서 예언자로 하여금 자신의 백성에 대한 죄를 선고하도록 명령하는 장면이 나타난다. 두 번째 항목은 2-4절로 금식에 관한 질문과 이에 대하여 논쟁하는 장면이 이어지며, 세 번째 항목인 5-7절에서는 앞의 질문에 대한 대답으로 금식의 정당성과 그에 대한 올바른 방법이 제시된다. 마지막으로 네 번째 항목인 8-12에서는 올바른 금식에 대한 축복의 약속이 제시된다. 이사야 58장의 짜임새는 다음과 같다.

1) 1-12절: 하나님께서 기뻐하시는 금식

    ⑴ 1절: 하나님의 고발 명령

    ⑵ 2-4절: 올바른 금식에 대한 논쟁

    ⑶ 5-7절: 올바른 금식에 대한 정의

    ⑷ 8-12절: 올바른 금식을 통한 축복

2) 13-14절: 거룩하고 즐거운 안식일

2. 본문 분석

1) 하나님께서 기뻐하시는 금식(1-12절)

(1) 하나님의 고발 명령(1절). 하나님은 예언자에게 자신의 백성들에게 명령할 것을 촉구한다. 그 명령은 다름 아닌 야웨의 백성에 대한 허물과 죄를 폭로하는 것이다.

> 크게 외치라
> 목소리를 아끼지 말라
> 네 목소리를 나팔같이 높여
> 내 백성에게 그들의 허물을,
> 야곱의 집에 그들의 죄를 알리라(사 58:1).

하나님의 백성과 평행구로 쓰인 '야곱의 집'이라는 표현은 제3이사야에서는 이곳 한 곳에서만 나타나지만, 첫 번째 이사야서(1-39장)에서는 6번, 제2이사야서(40-55장)에서는 2번 나온다. 이사야서 내에서 언급된 야곱은 그의 죄와 더불어 이스라엘의 족장 유산에 의도적으로 주목하게 만든다.[3] 아무튼 이 명령은 예전의 두 예언자의 말들을 생각나게 한다. 그 예언자들은 바로 호세아("나팔을 네 입에 댈지어다", 호 8:1)와 미가("야곱의 허물과 이스라엘의 죄를 그들에게 보이리라", 미 3:8)이다. 이러한 명령, 즉 하나님이 예언자에게 개인적으

---

3.   참조. Childs, *Isaiah*, 476.

로 명령한 선포를 예언자는 왜 하필 백성들에게 선포하는 자리에서 공공연하게 재연하고 있는가? 그리고 그 선포는 포로기 이후라는 당시의 상황에서 포로기 이전의 예언자들의 선포로 시대를 역행하는 것은 아닌가? 이러한 질문에 대한 답은 포로기 이후의 예언에 대한 이해로 대답될 수 있다.

당시 포로기 이후의 예언자들은 자신들이 예전부터 전해 내려온 예언전승의 후계자라는 자의식을 갖고 있었다. 그리고 자신들의 예언도 스스로 만든 예언이 아니라 이전의 예언적 전통을 같이하는, 즉 이전 예언의 권위를 그대로 이어받는 예언임을 강조할 필요가 있었다. 따라서 비록 그 시대와 장소는 달라졌지만 하나님께서 포로기 이전에도 말씀하셨듯이 지금 이 순간에도 말씀하신다는 것을 백성들에게 설득할 필요가 있었던 것이다. 또한 1절 이하의 내용들은 단도직입적이고, 어떠한 조건도 상정되지 않고 무차별적인 파멸만이 제시되었던 포로기 이전의 예언들인 호세아와 미가에 비하면 상당히 온순하다. 2절부터 나타나는 죄악의 제시와 구원의 약속은 그것이 조건절과 그 조건에 맞는 결과절로 이루어진 일종의 권고를 이루고 있다. 즉 1절은 이사야 58장 전체의 권고적인 성격과 맞지 않는다. 이 구절은 예언에서 따온 인용으로서 불평으로 가득 찬 청중에게 충격을 주기 위해 의도되었을 것이다.[4]

---

4. 참조. R. N. Whybray, *Isaiah 40-66* (New Century Bible; Grand Rapids, Michigan: Eerdmans, 1975), 212.

제3이사야도 제의의 타락을 논박했던 구약 예언전승에 서 있
다. 그러나 고대 예언자들과의 차이점도 눈에 띈다. 여기에서는 메
신저 공식도 사용하지 않고, 죄를 지적하는 날카로움과 야웨의 심
판이 결여되어 있다. 이보다는 논쟁의 형태와 근본적인 고려만 제
시한다.[5] 예언자(사 56-66장)는 옛 예언 전통에 의지하여 새 시대를
맞이한 백성들에게 의도적으로 충격적인 서두를 꺼내고 있다.

(2) **올바른 금식에 대한 논쟁(2-4절).** 이사야 58:2-4은 올바른 금식
에 대한 논쟁을 다룬다. 먼저 예언자는 2절에서 당시 백성들의 종
교적 삶을 자세히 묘사한다.

> 그들이 날마다 나를 찾아
> 나의 길 알기를 즐거워함이
> 마치 공의를 행하여
> 그의 하나님의 규례를 저버리지 아니하는 나라 같아서
> 의로운 판단을 내게 구하며
> 하나님과 가까이하기를 즐거워하는도다(사 58:2).

여기서 '하나님을 찾다'(דָּרַשׁ, '다라쉬')는 표현은 시편의 예전적 관
용어이다.

---

5.   참조. H.-J. Kraus, *Das Evangelium der unbekannten Propheten: Jesaja 40-66*
      (Neukirchen-Vluyn: Neukirchener Verlag, 1990), 193.

여호와께서 하늘에서 인생을 굽어살피사

지각이 있어 **하나님을 찾는**(דָּרַשׁ, '다라쉬') 자가 있는가 보려 하신

즉(시 14:2; 참조. 시 63:1; 80:4 등).

이는 예배자가 하나님의 임재를 경험하거나 하나님의 말씀을 받
으려는 열망을 나타낸다. 이스라엘의 하나님은 정적인 분이 아니
라 역동적인 실재로서 당신을 능동적으로 찾으려고 노력하는 자
에게 발견되시는 분이시다. '하나님을 찾다'라는 공식구는 특히
포로기에 많이 등장한다(사 55:6; 렘 29:12; 대하 15:2).[6] 또한 이 관용어
는 여기에서 '하나님의 길을 안다'라는 표현과 평행구를 이룬다.
하나님의 뜻을 아는 것은 즐거움을 준다(참조. 시 1:2). 따라서 2a절
은 긍정적인 모습으로서 전통적인 이스라엘의 경건을 묘사한 것
이다. 또한 "의로운 판단을 하나님께 구하며 하나님과 가까이하기
를 즐겨하는"(2b후반절) 태도도 긍정적인 묘사로 이해된다. '하나님
께 구하는 것'과 '하나님께 가까이하는 것'은 모두 예배 행위를 의
미하기 때문이다.[7]

　여기서 문제가 되는 것은 이어 나오는 2b전반절의 내용이다.

6.　참조. Childs, *Isaiah*, 477.
7.　참조. W. Brueggemann, *Isaiah 40-66* (Westminster Bible Companion; Louisville: John Knox Press, 1998), 187.

> 마치 공의를 행하여
>
> 그의 하나님의 규례를 저버리지 아니하는
>
> 나라 같아서(사 58:2b전반).

여기서 쓰인 '마치 ~ 같아서'(כְּ, '케')는 실상은 그렇지 않은데 겉으로는 '~인 체하다'라는 의미이다. 참된 신앙의 길을 추구하는 것같이 보이는 그들에게 정당한 예배에 동반되는 요소가 결여되어 있다. 즉 '공의를 행하는 것'(사 56:1)과 '하나님의 규례'에 순종하는 것이 결여되어 있다.[8] 그들에게 무엇이 문제인지는 이들이 금식을 하면서 하나님께 불평한 내용에 대한 응답의 형식을 통해 자세히 설명된다(3-5절). 이들은 금식을 하면서 다음과 같이 불평을 쏟아낸다.

> 우리가 금식하되
>
> 어찌하여 주께서 보지 아니하시오며
>
> 우리가 마음을 괴롭게 하되
>
> 어찌하여 주께서 알아주지 아니하시나이까(사 58:3a).

원래 금식이라는 것은 비탄과 슬픔을 표현하는 것으로 고대부터 존재했던 이스라엘 종교의식의 한 부분이었다.[9] 그리고 그 금식이

---

8. 참조. Childs, *Isaiah*, 477.

9. 이사야 58장의 금식에 대한 자세한 논의를 위해서는 다음을 참조하라: J.

라는 종교의식은 포로기라는 특별한 환란기를 거치면서 이스라엘
백성의 중요한 제도로 공식화되었다. 즉 고대 이스라엘에서는 고
통의 시기에만 금식을 선포했다면 포로기부터는 이스라엘 역사의
심각한 파국을 기념하기 위해 정기적으로 금식 절기를 지켜왔다.
이는 사로잡혀 간 자들이 돌아온 뒤로도 그리하였다(슥 7:1-5; 8:18-
19).[10]

주전 587년 유다 민족이 바빌론에 의해 멸망당하고 나서 포로
로 끌려왔을 때 이스라엘 백성은 이러한 전 민족적 멸망의 슬픔을
특정한 금식일로 제도화하여 비탄과 슬픔을 기념하였다. 이렇게
포로기 동안에 제도화되었던 금식일은 크게 네 가지로 다음과 같
다.[11]

① 예루살렘의 함락을 기억하는 4월 9일(왕하 25:3-21)

② 성전의 파괴를 기억하는 5월 10일(렘 52:12-13)

③ 그달리야의 살해를 기억하는 7월 2일(왕하 25:23-25)

④ 예루살렘에 대한 첫 번째 공격을 기억하는 10월 10일(슥 8:19)

Blenkinsopp, *Isaiah 56-66* (The Anchor Bible; New York: Doubleday, 2003), 182-183.

10.   참조. G. Fohrer, *Jesaja 40-66* (Zürcher Bibelkommentare; Zürich: Theologischer Verlag, ²1986), 208.

11.   참조. 존 와츠, 『이사야 34-66』, 강성철 역 (WBC 성경주석; 서울: 솔로몬, 2002), 441.

이렇게 포로기 동안 공식화되었던 금식이라는 제도는 페르시아제 국의 등장과 그들의 정책으로 인한 고향으로의 귀환 이후, 즉 포 로기 이후에도 계속하여 준수되고 있었다. 이스라엘 백성은 비록 바빌론이라는 포로지에서 이스라엘이라는 고향으로 그 장소와 시 대는 바뀌었지만 여전히 제도화된 금식을 준수해 나갔던 것이다. 비록 그 마음은 다른 생각으로 가득 차 있을지라도 여전히 그 행 동은 열과 성을 다하고 있는 것이다. 하지만 이러한 금식에 대한 그들의 정숙한 행동에 반하여 오히려 정반대의 속마음이 이야기 된다. 그들은 외적으로는 금식 절기에 합당한 행사를 다하고 있지 만 내적으로는 불평이 자리하고 있었던 것이다. 이들의 불평에 대 하여 하나님은 다음과 같이 답변하신다.

> 3b) 보라 너희가 금식하는 날에
> 오락을 구하며
> 온갖 일을 시키는도다
> 4) 보라 너희가 금식하면서 논쟁하며 다투며
> 악한 주먹으로 치는도다
> 너희가 오늘 금식하는 것은
> 너희의 목소리를 상달하게 하려는 것이 아니니라(사 58:3b-4).

이스라엘 예배자들은 그들의 금식이 하나님께 아무런 영향을 끼 치지 못한다고 불평한다. 이스라엘의 금욕 생활에도 불구하고 하나님은 관심도 갖지 않고, 약속도 이루시지 않는다는 것이다. 하지만 그들의 금식 예배는 변질되었다. 예배 그 자체가 목적이 아닌 단지 목적을 위한 수단으로 이용된 것이다.[12]

'오락(חֵפֶץ, '헤페츠', 즐거움)을 구하며'라는 표현은 '자신의 일을 추구하다'라는 뜻이다.[13] 또한 '온갖 일을 시키도다'는 문자적으로 번역하면 '네가 너의 모든 일꾼들을 억압한다'이다. 따라서 그들의 금식은 단지 계산적 행동일 뿐이며, 심지어 그들에게 속한 노동자들을 억압하기까지 했다. 3b절은 1절의 죄악상('허물과 죄')을 적나라하게 보여 준다. 이는 공공의 윤리(public ethics)를 도외시하고, 이기적인 이윤(economics)만을 추구한 예배이다.[14] 예언자는 금식을 계산적으로 이용하는(?) 예배자들의 감추어진 근본을 폭로한다. 이것은 올바른 금식이 아니었다.

여기서 짚고 넘어갈 것은 금식을 행하는 것 자체가 거부되고 있는 것은 아니라는 사실이다. 사실 금식은 하나님의 개입을 재촉하는 강력한 기도였다.[15] 또한 이 본문에서도 금식은 실제로 '너희의 목소리를 상달케 할 수 있다'는 것이 전제되어 있다. 4b절은 '지금처럼 금식해서는 저 높은 곳에 너희의 목소리를 들리게 할 수 없다'는 의미이다. 다른 말로 하면 올바른 금식은 하나님께 자신의 목소리를 전달할 수 있다는 것이다.

---

12. 참조. Brueggemann, *Isaiah 40-66*, 187.
13. 참조. Childs, *Isaiah*, 477.
14. 참조. Brueggemann, *Isaiah 40-66*, 188.
15. 참조. Fohrer, *Jesaja 40-66*, 208.

그런데 이들의 금식일은 그날을 지키는 사람들이 온 존재를
다 던져서 하나님께 탄원하지 않았기 때문에 타락한 것이다. 즉
그들은 금식일에 장사를 하고, 바로 이날에 일꾼들에게 일을 시킨
다. 이 때문에 금식일에도 시비와 싸움이 일어나고(아마 장사와 관련
해서 일어나는 시비와 싸움일 것이다), 심지어 이날에 폭력 행위가 발생
하기도 하였다. 여기서 문제가 되는 것은 금식 예배자의 진실한
마음에서 우러나오는 '진정성'과 더불어 온전히 자신을 드리는
'총체성'이 결여되어 있다는 점이다.[16]

(3) **올바른 금식에 대한 정의**(5-7절). 이사야 58:5-7은 올바른 금식
에 대한 정의를 담고 있다. 먼저 예언자는 금식일의 외적 의식을
열거하면서 이를 논쟁적으로 비판한다.

> 이것이 어찌 내가 기뻐하는 금식이 되겠으며
> 이것이 어찌 사람이 자기의 마음을 괴롭게 하는 날이 되겠느냐
> 그의 머리를 갈대같이 숙이고
> 굵은 베와 재를 펴는 것을 어찌 금식이라 하겠으며
> 여호와께 열납될 날이라 하겠느냐(사 58:5).

이처럼 날카로운 논쟁은 포로기 이전의 예언자들의 논쟁과 비슷
하다. 여기서 '마음을 괴롭게 하는 것'과 '머리를 갈대같이 숙이는

---

16.   참조. 베스터만, 『이사야(3)』, 383-384.

것' 그리고 '굵은 베와 재를 펴는 것' 등은 금식 때 행하는 전형적인 행위들이다.

> 왕의 명령과 조서가 각 지방에 이르매 유다인이 크게 애통하여 금식하며 울며 부르짖고 **굵은 베옷을 입고 재에 누운 자가** 무수하더라(에 4:3).

금식할 때 삼베옷을 입는 것은 시체가 입는 수의(壽衣)를 상징하며, 재를 머리에 덮어쓰는 것은 사망한 시체를 땅에 묻는 것을 나타낸다(가령, 왕상 21:27; 렘 36:9; 욜 1:13; 욘 3:5-10; 에 4:2-3). 특히 금식을 행하는 동안 삼베옷을 입고 땅에 몸을 납작하게 엎드리는 관습이 있었는데(삼하 12:16에서 다윗이 한 행동, 왕상 21:27에서 아합이 행한 것), 이것은 또한 죽은 사람이 입관 준비를 하는 것을 따라한 것이다.[17] 그러나 어떤 금식도 하나님을 기쁘시게 할 수 없다. 왜냐하면 그것들은 잘못된 동기, 즉 이기주의에서 비롯되었기 때문이다.[18] 예언자는 경멸조의 말투로 갈대처럼 고개를 숙이는 것, 상복과 재를 뒤집어쓰고 누워 있는 것을 비판한다.

그렇다면 하나님이 기뻐하시는 참 금식은 어떤 것인가? 6-7절에서 하나님께 대한 참된 금식의 긍정적인 묘사가 뒤따른다.

---

17. 참조. Blenkinsopp, *Isaiah 56-66*, 183.
18. 참조. Childs, *Isaiah*, 478.

6) 내가 기뻐하는 금식은

흉악의 결박을 풀어 주며

멍에의 줄을 끌러 주며

압제당하는 자를 자유하게 하며

모든 멍에를 꺾는 것이 아니겠느냐

7) 또 주린 자에게 네 양식을 나누어 주며

유리하는 빈민을 집에 들이며

헐벗은 자를 보면 입히며

또 네 골육을 피하여 스스로 숨지 아니하는 것이 아니겠느냐

(사 58:6-7).

여기서는 하나님께 향한 금식이 인간을 향한 행위들로 대체된다. 6절에 소개된 야웨께서 요구하시는 네 가지 행동들(① 흉악의 결박을 풀어 주며, ② 멍에의 줄을 끌러 주며, ③ 압제당하는 자를 자유하게 하며, ④ 모든 멍에를 꺾는 것)은 실제로 하나이다. 즉 압제에서 시달리는 공동체의 구성원들을 구출하는 것이다. 이러한 요구는 여기서 처음으로 제시된 것이 아니다. 이미 이스라엘의 고대 법률들에 제시된 것들이다.[19]

7절은 이러한 이웃 사랑의 금식을 좀 더 구체적으로 설명한다. 양식을 나누기, 거처를 나누기 그리고 입을 것을 나누기. 즉 생명 유지에 절대적으로 필요한 것들을 공유하는 것이다(참조. 마 6:25). 7

---

19.   참조. Whybray, *Isaiah 40-66*, 215.

절의 마지막 행은 약하고 가난한 자들을 '너 자신의 골육(בְּשָׂרֶ, '바사르')'이라고 언급한다. 왜냐하면 여기서 '네 골육'이란 욥기 31:15과 같은 맥락에서 이해되기 때문이다.

> 나를 태 속에 만드신 이가
>
> 그[남종과 여종]도 만들지 아니하셨느냐
>
> 우리를 배 속에 지으신 이가 한 분이 아니시냐(욥 31:15).

즉 이 어구는 이웃을 염두에 두고 있는 것이지 단순히 동족만을 상정하고 있는 것은 아니다.[20] 한마디로 야웨가 바라는 금식은 경제적 생활에 필요한 기본적인 요소들을 공동체 전 구성원이 함께 나누는 것이다.[21] 또한 압제당하는 자들에 대한 구제 의무들(의식주 공급)은 이스라엘과 고대 근동에서 널리 알려진 것들이다(겔 18:7-8; 욥 31:13-23).[22]

이는 전통적인 금식 규정을 폐기하는 것이 아니라 그 매개변수(parameter)를 확장함으로 금식을 윤리적으로 재(再)정의한 것이다.[23] 야웨 신앙의 윤리적 차원은 제2이사야, 학개 그리고 스가랴에게서는 그다지 큰 역할을 하지 못했지만, 제3이사야에 이르러서

---

20. 참조. 베스터만, 『이사야(3)』, 385.
21. 참조. Brueggemann, *Isaiah 40-66*, 189.
22. 참조. Whybray, *Isaiah 40-66*, 215.
23. 참조. Childs, *Isaiah*, 478.

는 상당할 정도로 현저하게 부각된다.[24] 여기서 열거된 인도적인
행위들은 금식과 모티브적인 면에서 일치한다. 두 행위 모두 '자
기 억제' 곧 '자기 포기'가 요구된다. 금식뿐만 아니라 남을 돕는
인도적인 행위도 자기 포기가 필요하기 때문이다. 바로 여기서 인
도주의가 하나님께 직접 드리는 제사보다 더 중요한 것임을 하나
님의 이름으로 천명하는 대변화가 시작된다.[25] 하나님이 금식으로
의도하신 것은 하나님 앞에서의 '자기 비하'가 아니라 '억압당하
는 자의 자유'이다.[26] 하나님이 실제적으로 원하시는 것은 동료에
대한 실천적인 사랑이다.[27]

(4) **올바른 금식을 통한 축복**(8-12절). 이사야 58:8-12은 올바른 금
식이 수여하는 축복을 묘사한다. 이 단락은 축복의 확언(8-9a절)과
새로운 권고(9b-10a절) 그리고 새로운 약속(10b-12절)으로 다시 세분
할 수 있다. 올바른 금식을 실천하면 주어지는 축복이 다음과 같
이 선포된다.

---

24. 참조. 도널드 E. 고웬, 『구약 예언서 신학』, 차준희 역 (서울: 대한기독교서회,
    2004), 408.
25. 참조. 베스터만, 『이사야(3)』, 385.
26. 참조. P. Höffken, *Das Buch Jesaja Kapitel 40-66* (Neuer Stuttgarter
    Kommentar Altes Testament; Stuttgart: Verlag Katholisches Bibelwerk,
    1998), 199.
27. 참조. Fohrer, *Jesaja 40-66*, 210.

8) 그리하면 네 빛이 새벽같이 비칠 것이며

네 치유가 급속할 것이며

네 공의가 네 앞에 행하고

여호와의 영광이 네 뒤에 호위하리니

9a) 네가 부를 때에는 나 여호와가 응답하겠고

네가 부르짖을 때에는 내가 여기 있다 하리라(사 58:8-9a).

8a절에서 구원을 '빛'과 '치유'로 보는 것은 제3이사야가 자주 언급하는 주된 은유이다(사 60:1; 62:1). 여기서 '치유'와 병행을 이루는 '빛'은 제3이사야서 여러 군데에 나오며(사 58:10; 59:9; 60:1, 3), 그 의미는 '번영'(prosperity) 또는 '축복받은 상태'(state of blessedness)이다.[28] 하나님을 기쁘시게 하는 금식을 실천하는 공동체에서는 아침노을 같은 빛이 나온다. 그리고 이들의 치유는 급속하게 이루어진다.

"네 공의가 네 앞에 행하고 여호와의 영광이 네 뒤에 호위하리니"(8b절)라는 약속은 이사야 52:12의 "이스라엘의 하나님이 너희 뒤에서 호위하시리니" 부분을 인용하면서 기존의 약속을 언급하고 있다. 제2이사야의 예언은 성취되었으나 아직은 온전히 성취된 것은 아니었기 때문에 제3이사야가 이를 계속해서 약속하고 있다.

또한 이사야 58:3에 묘사된 하나님의 부재에 대하여 불평했던 금식 예배자들의 기대가 하나님의 임재를 말하는 9a절에서 성취된다. 이 9a절은 구약성서의 구원관을 이해하는 데 중요하다. 즉

---

28. 참조. Whybray, *Isaiah 40-66*, 216.

이스라엘이 하나님께 기도하고 하나님이 응답해 주시면 바로 그
것이 구원이나 구원 상태라는 것이다(참조. 사 30:19; 65:24). "구원은
'축복의 상태'(Zustand der Seligkeit)로 묘사되는 것이 아니라 인간과
하나님 사이의 '대화 관계의 지속'(Stetigkeit der dialogischen Beziehung)
으로 묘사된다"(M. Buber).[29]

이사야 58:9b-10a은 다시 한번 권고의 내용을 소개한다.

> 9b) 만일 네가 너희 중에서 멍에와 손가락질과
>
> 허망한 말을 제하여 버리고
>
> 10a) 주린 자에게 네 심정이 동하며
>
> 괴로워하는 자의 심정을 만족하게 하면(사 58:9b-10a).

야웨와 그의 백성 간의 관계가 근본적으로 변화되었다. 백성의 부
르짖음이 즉시로 응답된다. 백성의 탄식과 외침에 하나님은 자기
소개로 응답하신다.

> 내가 여기 있다(사 58:9a).

그러나 공동체 내에서 생활 태도의 변화가 전제로 요구된다.[30] '멍
에'는 경제적인 것이든, 정치적인 것이든, 사회적인 것이든 모든

---

29. 참조. 베스터만, 『이사야(3)』, 386-387.
30. 참조. Kraus, *Das Evangelium der unbekannten Propheten*, 194.

형태의 속박을 가리키고, '손가락질'은 조롱하는 몸짓이나 법률적 고발을 의미하며(참조. 잠 6:13), '허망한 말'은 비방하는 말을 뜻한다.[31] '괴로워하는 자의 심정을 만족케 하며'에서 '심정'은 히브리어 '네페쉬'(נֶפֶשׁ)의 번역으로, 이는 '목구멍' 또는 '식욕'으로 옮길 수도 있다. 따라서 10a절은 대표적인 선행으로 굶주린 자의 배를 채워 주는 것을 뜻한다.[32]

이사야 58:10b-12은 새로운 권고에 대한 약속을 기록한다.

> 10b) 네 빛이 흑암 중에서 떠올라
>
> 네 어둠이 낮과 같이 될 것이며
>
> 11) 여호와가 너를 항상 인도하여
>
> 메마른 곳에서도 네 영혼을 만족하게 하며
>
> 네 뼈를 견고하게 하리니
>
> 너는 물 댄 동산 같겠고
>
> 물이 끊어지지 아니하는 샘 같을 것이라
>
> 12) 네게서 날 자들이 오래 황폐된 곳들을 다시 세울 것이며
>
> 너는 역대의 파괴된 기초를 쌓으리니
>
> 너를 일컬어 무너진 데를 보수하는 자라 할 것이며
>
> 길을 수축하여 거할 곳이 되게 하는 자라 하리라(사 58:10b-12).

---

31. 참조. Whybray, *Isaiah 40-66*, 217.
32. 참조. 베스터만, 『이사야(3)』, 387.

이 구절들은 앞선 주제(8-9a절)와 긴밀하게 연관되지만 그 초점은
약간 수정된다. 10b절의 "네 빛이 흑암 중에서 떠올라 네 어둠이
낮과 같이 될 것이며"에서 '빛'은 아마도 내부의 번영과 화합 그리
고 외부의 압제정치로부터의 자유로 드러나는 '공공의 샬롬'을 의
미한다. 이사야전승의 배경에서 그것은 제국주의의 억압으로부터
의 자유를 지칭하는 것 같다. 이는 이사야 9:2("흑암에 행하던 백성이
큰 빛을 보고 사망의 그늘진 땅에 거하던 자에게 빛이 비치도다")과 비슷하다.
그 본문에서 '흑암'(참조. 사 9:1)은 아시리아의 억압, '빛'은 다윗의
새롭고 의로운 영광스러운 통치의 도래를 의미한다.[33]

　　제3이사야는 제2이사야의 이미지들을 다르게 적용하면서 새
로운 요소를 만들어 낸다. 제3이사야는 이사야 58:11-12에서 제2
이사야의 광야를 통과하는 기적의 주제를 새롭게 적용시킨다. 즉
광야가 물이 있는 동산이 된다는 이미지("내가 광야에 물을, 사막에 강들
을 내어 내 백성, 내가 택한 자에게 마시게 할 것임이라", 사 43:20; 참조. 사 44:3)
는 이제 광야가 아니라 백성들 자신이 동산이 된다는 것으로 변화
된다.

　　　　너는 물 댄 동산 같겠고
　　　　물이 끊어지지 아니하는 샘 같을 것이라(사 58:11).

광야를 통한 하나님의 인도하심의 목적도 결국은 이 백성의 생계

33.　참조. Brueggemann, *Isaiah 40-66*, 192.

를 유지하는 데 있다.

> 여호와가 너를 항상 인도하여
> 메마른 곳에서도 네 영혼을 만족하게 하며
> 네 뼈를 견고케 하리니(사 58:11a).

제3이사야의 실제 초점은 제2이사야의 종말론적인 약속이 아직 성취되지 않았다는 데 있다. 당시 예루살렘은 여전히 재건되지 않고 있었다. 따라서 이사야 44:26("예루살렘에 대하여는 이르기를 거기에 사람이 살리라 하며 유다 성읍들에 대하여는 중건될 것이라 내가 그 황폐한 곳들을 복구시키리라")의 약속은 이사야 58:12로 갱신되고 있다.

> 네게서 날 자들이 오래 황폐된 곳들을 다시 세울 것이며
> 너는 역대의 파괴된 기초를 쌓으리니
> 너를 일컬어 무너진 데를 보수하는 자라 할 것이며
> 길을 수축하여 거할 곳이 되게 하는 자라 하리라(사 58:12).

제3이사야는 포로기 이후의 예루살렘이라는 상황에서 구원의 약속에 대하여 다른 적용을 제공한다. 그리고 그 약속은 구원의 새로운 세대에서 이루어지길 소망한다.[34] 아마도 12절은 학개와 스가랴, 또는 에스라-느헤미야 때의 초기 유대교 당시 도시 재건이 요

34.　참조. Childs, *Isaiah*, 480.

구되던 상황을 반영하는 것 같다. 이 구절의 첫 번째 동사인 '다시 세울 것이다'와 두 번째 동사인 '쌓으리다'는 언급된 공동체가 재건할 능력 등을 얻게 될 것임을 표현한다. 결론적으로 그 공동체는 새롭고, 독립적인 공동체를 만들 수 있는 '수리자/수복업자'로 재평가될 것이다.

이 단락(사 58:9b-12)의 의도적인 구조는 상당히 중요하다. 10b-12절의 약속은 황폐된 공동체의 완벽한 회복으로 보이지만, 그 약속은 조건과 결부되어 있다. 즉 회복된 공동체는 관료 체제나 과학 기술 혹은 막강한 재정이나 인간적 재간에 기초하지 않는다. 회복 공동체는 오히려 공개적으로 이웃을 주목하는 데서 시작된다.[35]

2) 거룩하고 즐거운 안식일(13-14절)

이사야 58:13-14은 안식일 준수에 관하여 말하고 있다. 흔히 이 부분은 '안식일 준수에 대한 작은 설교'(a minisermon on Sabbath)라고 불린다.[36] 바빌론 포로와 더불어 안식일 준수는 신앙 고백의 표징으로 그 중요성을 확보하게 되었다. 이는 예루살렘으로 귀환한 공동체에게도 중요하였다(사 56:2, 4). 이전에는 제사장의 몫이었던 가르침의 과제가 여기에서는 예언자에게 주어졌다. 예언자는 다음과 같이 안식일 계명을 훈계한다.

35. 참조. Brueggemann, *Isaiah 40-66*, 192.
36. 참조. Blenkinsopp, *Isaiah 56-66*, 181.

13) 만일 안식일에 네 발을 금하여

내 성일에 오락을 행하지 아니하고

안식일을 일컬어 즐거운 날이라,

여호와의 성일을 존귀한 날이라 하여

이를 존귀하게 여기고

네 길로 행하지 아니하며

네 오락을 구하지 아니하며

사사로운 말을 하지 아니하면

14) 네가 여호와 안에서 즐거움을 얻을 것이라

내가 너를 땅의 높은 곳에 올리고

네 조상 야곱의 기업으로 기르리라

여호와의 입의 말씀이니라(사 58:13-14).

이 단락(13-14절)은 앞선 신탁(9b-12절)과 병행을 이룬다. 즉 조건부의 약속이 주어진다. 이 조건 가운데 '네 발을 금하다'라는 표현은 안식일의 여행 제한을 가리킨다(출 16:29). 불필요한 여행은 안식일에 금지된 일종의 노동으로 간주되었기 때문이다(출 20:8-11; 신 5:12-15).[37] 13절의 조건적 내용 가운데 '오락'(חֵפֶץ, '헤페츠', 즐거움)이라는 단어가 두 번이나 언급되고 있는 점이 눈에 띈다.

---

37. 참조. 와츠, 『이사야 34-66』, 445.

　　　… 오락(חֵפֶץ, '헤페츠', 즐거움)을 행하지 아니하고,

　　　… 네 오락(חֵפֶץ, '헤페츠', 즐거움)을 구하지 아니하며 …(사 58:13).

이 단어는 3절에서도 사용된 바 있다.

　　　… 오락(חֵפֶץ, '헤페츠', 즐거움)을 구하며 …(사 58:3).

이 표현은 3절과 같이 '자신의 일을 추구하다'라는 뜻이다.

　　'네 길로 행하지 아니하며'라는 표현은 문자적으로는 '너의 길을 만들지 말라'(don't make your own ways)로 이는 '네 일거리를 벌이지 말라'는 뜻이다. 이로 보건대 귀환 이후 경제적으로 곤경을 겪던 어려운 상황에서 사람들은 안식일에 일하지 말라는 금령(禁令)에도 아랑곳하지 않고 그날에 특히 상거래를 일삼았던 것으로 짐작된다.[38] 안식일은 단순히 휴식하는 날(Ruhetag)이 아니라 성스러운 날(Weihetag)이다. 이날은 인간의 날이 아니라 인간이 전적으로 하나님께 속해야 하는 하나님의 날이다.[39] 여기서는 안식일을 지키는 것이 하나님의 뜻을 따르기 위해 일반적인 욕망을 제한하는 시금석으로 제시된다.[40]

　　여기에는 엄격한 처벌 규정이 없고 안식일 계명의 준수가 축

---

38. 참조. 베스터만, 『이사야(3)』, 389.
39. 참조. Fohrer, *Jesaja 40-66*, 213.
40. 참조. 와츠, 『이사야 34-66』, 445.

복의 약속을 가져온다는 점이 주목할 만한 가치가 있다. "안식일
에 일하는 자는 누구든지 반드시 죽일지니라"(출 31:15)라는 엄격한
규정의 자리가 오히려 약속의 말씀으로 대체된다(14절).[41] 안식일은
사람들에게 부담이 되어서는 안 되고, 기쁨이 되고 원기 회복의
표지와 즐거움의 표지가 되어야 한다(14a절).

'땅의 높은 곳에 올리다'는 문자적으로 번역하면 '땅의 높은 곳
위를 달리게 하다'이다. 이 표현은 '모든 장애물과 어려움을 극복
한 승리의 자유'를 표현한 것이다(참조. 신 32:13).[42] '야곱의 기업으로
기르리라'는 '야곱의 기업(נַחֲלַת, '나할라')으로 먹게 해 주리라'는 말
로 이는 땅의 확실한 소유를 뜻한다.[43] 야곱의 축복 유산은 공동체
에게 주어져야 한다. 즉 모든 약속들이 이사야 62:8-9의 의미에서
성취된다.

> 8) 여호와께서 그 오른손, 그 능력의 팔로 맹세하시되
> 내가 다시는 네 곡식을 네 원수들에게 양식으로 주지 아니하겠고
> 네가 수고하여 얻은 포도주를 이방인이 마시지 못하게 할 것인즉
> 9) 오직 추수한 자가 그것을 먹고
> 나 여호와를 찬송할 것이요
> 거둔 자가 그것을 나의 성소 뜰에서 마시리라 하셨느니라(사 62:8-9).

---

41. 참조. Kraus, *Das Evangelium der unbekannten Propheten*, 195-196.
42. 참조. Kraus, *Das Evangelium der unbekannten Propheten*, 196.
43. 참조. 베스터만, 『이사야(3)』, 390.

마지막 구절인 '여호와의 입의 말이니라'는 표현은 제3이사야에게서 비롯된 말씀이 예언자적인 전권을 가진 말임을 보여 준다.

3. 나가는 말: 신학적 메시지

1) 진정한 금식은 나의 모든 것을 '올 스톱'(all stop)하고 하나님께 '올인'(all in) 하는 것이다.

이스라엘의 예배자들은 그들의 금식 예배가 하나님께 아무런 영향을 주고 있지 않다고 불평한다(3a절). 이들은 마음을 괴롭게 하고, 머리를 갈대같이 숙이고, 굵은 베와 재를 펴고 하나님 앞에서 외형적인 금식 행사를 벌인다(5절). 그러나 하나님의 눈에는 그들의 숨은 속이 적나라하게 폭로된다. 그들은 공의를 행하며, 하나님의 규례를 순종하는 '체'하는 것이다(2절). 그들은 금식을 행하면서도 자신의 일을 여전히 추구한다. 자신에게 속한 일꾼들을 억압하기도 한다(3b절). 그들은 온 존재를 다 바쳐서 금식일을 지키는 것이 아니었다. 금식은 행사도 아니고 습관도 아니다. 금식은 하나님의 개입을 재촉하는 강력한 기도이며 일종의 SOS이다. 따라서 금식은 하던 일 전부를 '올 스톱'하고 자신의 전부를 '올인'해야 한다. 금식이 참 금식이 되려면, 진정성과 총체성이 전제되어야 한다.

2) 진정한 금식은 '희생적인 사랑 실천'이다.

이사야 58장의 예배자들의 문제는 그들이 비종교적이라는 것에 있지 않다. 만약 그렇다면 그들을 비판하는 것은 어렵지 않다. 그들은 종교적 규율을 준수하는 일에 외형적으로만 보면 오히려 넘치는 수준이었으며, 자신의 경건을 과시하면서 즐거워했다(2절). 그러나 그들의 현재의 금식은 단순히 외형적인 실행에 불과하며, 실제의 삶에서는 그들의 행동에 영향을 미치지 못한다. 진정한 금식은 제의적 행위가 아니고 동료에 대한 활발한 사랑 행위이다(7절). 예언자는 여기서 '금식'이라는 말의 의미를 '규율적 경건'에서 '이웃 사랑'으로 윤리적으로 재정의한다. 하나님은 자신의 빵을 부수어 배고픈 자들과 나누고, 노숙자에게 자신의 집을 제공하며, 벌거벗은 자에게 자기 옷을 벗어 입히는 금식의 사람을 기뻐하신다.

3) 진정한 금식은 '동정적인 정의 실천'이다.

하나님이 요구하시는 금식은 '사회봉사'(social service) 차원의 사랑 나눔 실천에만 머물지 않는다. 예언자는 야웨 신앙의 본질을 재확인한다. 야웨 신앙은 하나님이 종살이하던 자들을 억압으로부터 해방시키고, 그들을 광야에서 먹이시고, 그들에게 고향을 주셨던 경험에서 성장한 것이다. 야웨 신앙의 출발은 억압으로부터의 해방에서 비롯된다. 하나님이 금식으로 의도하신 것은 하나님 앞에서의 '자기 비하'가 아니라 '억압당하는 자의 자유'이다(6절). 아쉽게도 당시 이스라엘의 예배자들은 야웨 신앙을 올바로 실행하지 못했고, 하나님의 진정한 뜻인 '동정적인 정의'(compassionate justice) 라는 본질적인 요소를 놓쳤다.[44] 하나님의 주된 관심은 정의를 행하고 실천하는 데 있다. 이러한 것이 없다면 모든 종교의 경건한 행위들은 '~인 체하는' 단순한 허위 신앙에 불과하다. 하나님이 요구하시는 금식에는 사회 정의를 위하여 사회 제도와 구조의 변혁을 도모하는 정치적인 운동인 '사회 운동'(social action)도 포함된다.

---

44. 참조. P. D. Hanson, *Isaiah 40-66* (Interpretation: A Bible Commentary for Teaching and Preaching; Louisville: John Knox Press, 1995), 204.

제5장
예언서의 아브라함 이해*

1. 들어가는 말

창세기 12:1-3은 아브라함의 부르심을 기록하고 있는 본문이다. 이 본문은 구약성서의 핵심에 해당된다. 하나님은 여기서 아브라함에게 땅 수여와 민족 형성과 복의 근원이라는 약속을 주신다. 구약성서의 나머지 본문들은 이러한 약속들이 실현되어 가는 과정을 묘사하고 있다. 가나안 땅 진입을 눈앞에 둔 출애굽 공동체는 아브라함에게 주신 땅의 약속을 기대하였으며, 주전 587년 유다 국가 멸망 이후 가나안 땅에서 바빌론으로 끌려온 유다 공동체는 아브라함에게 주신 땅 약속에 의지하여 약속의 땅의 재진입에

---

* 이 장은 "구약 예언서에 나타난 아브라함 상,"『구약논단』44 (2012): 86-109에 실린 것을 수정한 것이다.

대한 기대를 포기하지 않았다. 구약의 아브라함은 믿음의 조상으로 후대에게 영원한 희망의 터전이 되었다.

최근 들어 아브라함에 관한 연구들이 해외에서 속속들이 발표되고 있는 추세이다.[1] 이러한 추세에 발맞추어 국내에서도 주된 연구 과제로 떠오르고 있다. 한국 구약학회를 대변하는 구약논단에서는 아브라함과 아브라함상(像)을 특집으로 다룬 적도 있다.[2] 그

---

1. 최근의 연구로는 다음을 거론할 수 있다. R. J. Bautch, "An Appraisal of Abraham's Role in Postexilic Covenants," *CBQ* 71 (2009): 42-63; J. Blenkinsopp, "Abraham as Paradigm in the Priestly History in Genesis," *JBL* 128 (2009): 225-241; F. Crüsemann, "Abraham und die Bewohner des Landes. Beobachtungen zum kanonischen Abrahambild," *EvTh* 62 (2002): 334-348; B. Gosse, "Abraham and David," *JSOT* 34 (2009): 25-31; M. Köckert, "Die Geschichte der Abrahamüberlieferung," in: *International Organization for the Study of the Old Testament: Congress Volume*, VTS 109 (Leiden: Brill, 2006), 103-128; J. C. Salzmann, "Der Rekurs auf Abraham im Alten Testament," in: C. Barnbrock & W. Klän (Hg.), *Gottes Wort in der Zeit: verstehn-verkündigen-verbreiten*, FS Volker Stolle (Münster: Lit, 2005), 245-260; H. Spieckermann, "'Ein Vater vieler Völker': Die Verheißungen an Abraham im Alte Testament," in: R. G. Kratz & T. Nagel (Hg.), *"Abraham, unser Vater": Die gemeinsamen Wurzel von Judentum, Christentum und Islam* (Göttingen: Wallstein Verl.: 2003), 8-21; Lena-Sofia Tiemeyer, "Abraham-A Judahite Prerogative," *ZAW* 120 (2008): 49-66; H. L. Wiley, "They Save Themselves Alone: Faith and Loss in the Stories of Abraham and Job," *JSOT* 34 (2009): 115-129 등.

2. 이영미, "성서주석과 해석의 윤리: 창 22장을 중심으로," 『구약논단』 30 (2008): 10-30; 김재구, "여성 아브라함들," 『구약논단』 30 (2008): 31-51; 오원근, "창세기와 희년서의 아브라함 상 비교," 『구약논단』 30 (2008): 52-66; 배정훈, "희년서의 아브라함 전승," 『구약논단』 30 (2008): 67-84; 김상래, "야훼의 '땅' 약속에 대한 아브라함의 믿음의 의미 재해석," 『구약논단』 30

러나 아쉽게도 구약 예언서에 나타난 아브라함 관련 본문에 대한
연구는 한 편도 없었다. 아브라함은 이스라엘의 시조로서의 그 비
중을 고려한다면 구약전승에서 여러 차례 나올 것으로 기대된다.[3]
그러나 창세기 이외의 구약 본문에서 아브라함에 관한 전승은 매
우 소수에 불과하다. 구약 예언서에서도 아브라함은 오직 일곱 번
만 언급된다(사 29:22; 41:8; 51:2; 63:16; 렘 33:26; 겔 33:24; 미 7:20).[4] 이 연
구는 구약 예언서의 일곱 본문에 집중하여 아브라함상이 예언서
전승에서 어떻게 전개되고 이해되었는지를 분석할 것이다. 본문
의 분석은 가급적 본문의 생성 연대순으로 진행하려고 한다.

(2008): 85-102; 유은걸, "'아브라함의 자손': 한 유대적 개념의 기독교화 과
정," 『구약논단』 30 (2008): 103-124; 한동구, "아브라함의 후손: 아브라함
전승의 다문화적 해석," 『구약논단』 31 (2009): 10-31; 서명수, "아브라함과
군자상," 『구약논단』 31 (2009): 32-51; 김재구, "아담과 노아의 실패와 아브
라함의 성공," 『구약논단』 31 (2009): 52-72; 기민석, "아브라함 이야기의 구
조, '허접한 남편', 사라의 쓴웃음," 『구약논단』 31 (2009): 73-87; 김윤이, "아
브라함 전승에 나타난 사라 죽음의 의미," 『구약논단』 31 (2009): 88-112.

3. 아브라함전승에 대하여 오경과 오경 이외의 본문으로 나누어 그 본문을 자
세하게 연구한 대표적인 논문으로 다음의 연구를 추천한다. Salzmann, "Der
Rekurs auf Abraham im Alten Testament," 245-260.

4. R. E. Clements, אברהם, *ThWAT* 1 (1973), 53-62, 특히 60.

2. 구약 예언서에 나타난 아브라함 언급 본문

1) 땅 없는 자의 땅 소유의 표상(겔 33:23-29)

23) 여호와의 말씀이 내게 임하여 이르시되 24) 인자야 이 이스라엘의 이 황폐한 땅에 거주하는 자들이 말하여 이르기를 **아브라함**은 오직 한 사람이라도 이 땅을 기업으로 얻었나니 우리가 많은즉 더욱 이 땅을 우리에게 기업으로 주신 것이 되느니라 하는도다 25) 그러므로 너는 그들에게 이르기를 주 여호와께서 이같이 말씀하시되 너희가 고기를 피째 먹으며 너희 우상들에게 눈을 들며 피를 흘리니 그 땅이 너희의 기업이 될까보냐 26) 너희가 칼을 믿어 가증한 일을 행하며 각기 이웃의 아내를 더럽히니 그 땅이 너희의 기업이 될까보냐 하고 27) 너는 그들에게 이르기를 주 여호와께서 이같이 말씀하시되 내가 나의 삶을 두고 맹세하노니 황무지에 있는 자는 칼에 엎드러뜨리고 들에 있는 자는 들짐승에게 넘겨 먹히게 하고 산성과 굴에 있는 자는 전염병에 죽게 하리라 28) 내가 그 땅이 황무지와 공포의 대상이 되게 하고 그 권능의 교만을 그치게 하리니 이스라엘의 산들이 황폐하여 지나갈 사람이 없으리라 29) 내가 그들이 행한 모든 가증한 일로 말미암아 그 땅을 황무지와 공포의 대상이 되게 하면 그때에 내가 여호와인 줄을 그들이 알리라 하라(겔 33:23-29).

아브라함 관련 예언서의 일곱 본문 가운데 에스겔서 본문이 가장 오래된 본문으로 보인다.[5] 이 점에 대해서는 이견이 없다. 에스겔 33:23-29은 주전 587년 예루살렘이 멸망한 이후 유다에 남아 있는 사람들에 대하여 에스겔이 전한 말씀이다. 이 단락은 에스겔 11:14-21과 유사한 주제를 다룬다. 즉 두 단락 모두 바빌론 포로민들과 본토에 남은 유다의 생존자들 간의 양극화되고 상호 소외된 관계를 반영하고 있다.[6] 두 본문이 차이가 있다면 에스겔 11:14-21은 주전 587년 이전과 관련되고, 33:23-29은 주전 587년 이후와 관계된다.[7]

주전 587년 제2차 바빌론 유배 이후 바빌론의 제국주의 농경 정책은 빈 땅을 그대로 놀리지 않고 가진 것이 없는 일부 가난한 백성에게 포도밭과 농토를 나누어 주었다(왕하 25:12; 렘 39:10; 40:9-10). 이로써 원소유자와 현 소유자 사이에서 유다 땅의 소유권을 놓고 문제가 발생하게 되었고 이는 더욱 악화되었으며 당시 가장 심각한 현안으로 부상하였을 것이다.

이 단락을 양식으로 구분하면 23절은 말씀 사건 공식(Wort-ereignisformel)이고, 24-29절은 '논쟁의 말'(Disputationswort)이라는 양

---

5. Köckert, "Die Geschichte der Abrahamüberlieferung," 104; Blenkinsopp, "Abraham as Paradigm in the Priestly History in Genesis," 231 등.

6. D. Rom-Shiloni, "Ezekiel as the Voice of the Exiles and Constructor of Exilic Ideology," *HUCA* 76 (2005): 1-45.

7. P. M. Joyce, *Ezekiel: A Commentary* (The Library of Hebrew Bible / Old Testament Studies; New York; London: T&T Clark, 2007), 193.

식으로 분류된다. 논쟁의 말 양식 안에서 24절은 대적자의 말을 인용한 것이고, 25-26절은 수사적으로 표현된 고발이며, 27-29절은 심판의 말이다.[8]

24절은 '이스라엘 황무한 땅에 거한 자들'의 입에서 나온 표현이다. 주전 587년 예루살렘이 바빌론에 의해서 초토화된 이후 그곳에 남게 된 자들은 '아브라함은 오직 한 사람이라도 이 땅을 기업으로 얻었나니 우리가 많은즉 더욱 이 땅으로 우리에게 기업으로 주신 것이 되느니라'고 진술한다. 이 진술이 유다 땅에 남게 된 자들이 상호 격려하는 것인지 아니면 땅에 대한 새로운 권리를 주장하는 것인지는 논란이 된다. 그러나 그 진의가 '격려'이든 '권리주장'이든 여기서 아브라함은 폐허가 된 위기의 상황에서 새롭게 삶의 터전을 확보하게 될 것이라는 희망을 품게 해 주는 근거가 되어 준다. 또 한 가지 여기서 주목되는 것은 이러한 확신의 고백이 에스겔에 의해서 거부되고 있는 점이다. 본토에 남은 자들이 보여 주었던 '경건한 확신'(fromme Sicherheit)[9]이 바빌론에 있는 에스겔에 의해서 비판되고 있다.

여기서 에스겔은 아브라함을 근거로 하고 있는 신뢰의 토대는 문제삼지 않고 이러한 고백을 하고 있는 사람들 자체에 의혹의 시선을 둔다. 그들은 우상을 숭배하고(25절), 이웃을 해친다(26절). 즉

---

8.   H. F. Fuhs, *Ezechiel 2: 25-48* (NEB; Würzburg: Echter Verlag, 1988), 187.

9.   W. Zimmerli, *Ezechiel 25-48* (BKAT; Neukirchen-Vluyn: Neukirchener, [2]1979), 817.

유다 땅에 남은 자들은 특정한 율법적 요구에서 벗어났기 때문에
그들의 땅 소유에 대한 요구는 헛된 외침에 불과하게 되었다.[10] 결
국 아브라함을 근거로 한 그들의 확신은 부당한 것으로 입증된다.
율법의 불이행은 약속의 불이행을 초래했다. 약속의 후손인 것은
맞지만, 약속의 후손다운 삶을 살지 않았기에 그 약속과는 무관한
상황이 되었다. 에스겔은 무조건적인 약속이 모두에게 무조건적
으로 유효한 것은 아니라고 해석한다. 에스겔은 아브라함을 들먹
이는 자들을 향하여 '값싼 은총'(billige Gnade) 대신 '완전한 전멸'을
선포한다(27-29절).[11] 이 에스겔의 심판 선포는 주전 582년 바빌론의
예루살렘 3차 침공으로 성취된 것으로 보인다(참조. 렘 52:30).[12]

　이 단락에 반영된 아브라함의 모습은 땅이 없는 상태에서 땅의
약속을 받은 자로서 나타난다. 아브라함에게 주어진 무조건적인
땅의 약속은 나라를 빼앗기고 땅을 상실한 사람들에게 무엇보다
도 절실한 것이었다. 아브라함이 받은 땅의 약속은 무질서하고 황
폐하게 된 땅에서 새로운 삶을 시작해야 할 사람들에게 희망과 격
려가 되었을 것임이 틀림없다.[13] 아브라함은 땅 없는 사람들의 땅
에 대한 희망을 보여 주는 표상이었다. 그러나 에스겔에 따르면 그
표상의 수혜자는 모두가 아니라 합당한 자에게만 유효한 것이다.

10. 　Zimmerli, *Ezechiel 25-48*, 817-818.

11. 　Salzmann, "Der Rekurs auf Abraham im Alten Testament," 253.

12. 　Joyce, *Ezekiel*, 194.

13. 　Tiemeyer, "Abraham," 51.

2) 귀환의 표상(사 41:8-13)

8) 그러나 나의 종 너 이스라엘아

내가 택한 야곱아

나의 벗 **아브라함**의 자손아

9) 내가 땅끝에서부터 너를 붙들며

땅 모퉁이에서부터 너를 부르고

네게 이르기를 너는 나의 종이라

내가 너를 택하고 싫어하여 버리지 아니하였다 하였노라

10) 두려워하지 말라 내가 너와 함께 함이라

놀라지 말라 나는 네 하나님이 됨이라

내가 너를 굳세게 하리라 참으로 너를 도와주리라

참으로 나의 의로운 오른손으로 너를 붙들리라

11) 보라 네게 노하던 자들이 수치와 욕을 당할 것이요

너와 다투는 자들이 아무것도 아닌 것같이 될 것이며

멸망할 것이라

12) 네가 찾아도 너와 싸우던 자들을 만나지 못할 것이요

너를 치는 자들은 아무것도 아닌 것 같고 허무한 것같이 되리니

13) 이는 나 여호와 너의 하나님이 네 오른손을 붙들고

네게 이르기를

두려워하지 말라 내가 너를 도우리라 할 것임이니라(사 41:8-13).

이사야 41:8-13은 양식상 전형적인 '구원 신탁'(Heilsorakel)으로 분류하는데 이 점에 대하여 이견을 발견하기란 어렵다.[14] 최근에 티메이어(Lena-Sofia Tiemeyer)는 제2이사야서의 많은 부분이 포로기의 바빌론 상황이 아니라 포로기 이후의 유다 상황에서 유래되었다고 주장하는 연구자들이 대세를 이루고 있다는 점을 부각시킨다.[15] 이러한 추세를 근거로 티메이어는 이사야 41:8-13도 유다의 상황에서 주어진 것으로 주장한다. 이 주장을 뒷받침하기 위하여 그가 제시하는 첫 번째 논지는 이 구절의 전망 장소(viewpoint)가 유다라는 것이다. 즉 9절의 "땅끝에서부터 너를 붙들며 땅 모퉁이에서부터 너를 부르고"에서 땅끝과 땅 모퉁이는 창세기의 아브라함 기사에서 나오는 우르와 하란(지명으로서의 하란—편주)을 가리키는 것으로 해석한다. 이사야 본문에서 땅끝과 땅 모퉁이를 언급하는 것은 근접 거리에 있었던 바빌론보다는 먼 곳에 떨어진 유다에서 바라본 것이 더 적절하다는 것이다. 두 번째 논지는 이사야 41:8-13에 나오는 동사가 모두 완료형이라는 점에서 이 내용은 이미 지나간 과거의 사건을 진술하고 있다는 것이다.[16]

그러나 이사야 41:8-13을 포로기 이후 유다적 상황에서 해석하는 그의 주장은 수용할 수 없다. 먼저 첫 번째 논지는 결정적인 근거가 되지는 못한다. 이 단락의 전망 장소는 바빌론과 유다 모

---

14. Köckert, "Die Geschichte der Abrahamüberlieferung," 111.
15. Tiemeyer, "Abraham," 52의 각주 11에 언급된 수많은 제2이사야서 관련 연구물을 참조하라.
16. Tiemeyer, "Abraham," 53.

두 가능해 보이기 때문이다. 또한 두 번째 논지로 제시된 완료형 동사는 문법적으로 예언자적 완료형(prophetic perfect)으로 간주할 수 있기에 그 근거로서 힘을 잃는다. 또한 이 단락이 구원 신탁이라는 점을 고려하면 그 내용은 이미 이루어진 것이 아니라 앞으로 이루어질 사건을 말하고 있는 것이다. 따라서 이 단락은 일반적으로 인정하고 있듯이 본국으로의 귀환을 앞두고 바빌론 포로지에서 생성된 신탁으로 보아야 한다.

또한 아브라함전승이 에스겔 33:24에서는 부정적으로 평가되고, 이사야 41:8-9에서는 긍정적으로 수용되고 있는 점도 눈여겨보아야 한다. 블렌킨소프(J. Blenkinsopp)도 올바로 판단하듯이, 아브라함전승에 대한 서로 다른 평가는 에스겔의 경우에는 아브라함에 관한 언급이 본국 유다에서 나온 것이고, 제2이사야의 경우에는 바빌론에서 유래한 것이라는 발생 장소의 차이에서 비롯된 것으로 본다면 이러한 차이가 어렵지 않게 설명이 된다.[17]

여기에서는 이스라엘, 즉 야곱과 아브라함이 언급된다. 야곱은 열두 지파의 선조로서, 아브라함은 최초의 족장으로서 언급된 것으로 보인다. 이들 앞에 각각 평행적으로 세 가지 수식어가 따라 붙는다. 즉 '나의 종' 이스라엘, '내가 택한' 야곱, 그리고 '나의 벗' 아브라함의 순서로 서술된다. 여기서는 '하나님의 자유로운 은혜의 선택'이 부각된다.[18] 족장들은 그들의 주변 환경으로부터 하나

17.   J. Blenkinsopp, *Isaiah 40-55* (AB; New York: Doubleday, 2000), 200.

18.   Salzmann, "Der Rekurs auf Abraham im Alten Testament," 251.

님이 끄집어낸 인물로서 선택 사상을 명확하게 표현하기에 특히
적절하다. 여기서 주목할 것은 선택 사상이 창세기의 족장전승에
서는 구체적으로 표현된 적이 없다는 사실이다. 물론 아브라함을
하나님의 종으로 표시하는 본문이 창세기에 한 번 나오기는 한다
(창 26:24). 그러나 이 창세기 본문의 '하나님의 종'이라는 표기는 하
나님과 아브라함의 밀접한 관계를 아주 짧게 묘사하고 있을 뿐이
다.[19] 이 표현에서는 아직 선택 사상을 읽어 내기는 어렵다.

이사야 본문은 독특한 방식으로 족장들에 관하여 언급을 하고
그들과 관계된 것을 요점적으로 진술한다. 9절의 "땅끝에서부터
불러냈다"는 진술은 아마도 갈대아 우르(Ur)에서 떠날 것을 지시
받은 아브라함과 관계된 것으로 보인다. 그의 운명에는 현재 땅끝
(바빌론)에 잡혀온 유다 포로민들의 운명이 겹쳐진다.[20] 아브라함이
부름받은 우르는 유다 백성이 억류된 바빌론을 암시한다.[21] 본격적
인 구원 신탁이 시작되는 10절은 족장들의 하나님에게서 전형적

---

19. C. Westermann, *Genesis. 2. Teilband: Genesis 12-36* (BK; Neukirchen-Vluyn: Neukirchener, 1981), 522.

20. 사 41:8-13에서 '땅끝에서부터'라는 표현은 바빌론의 포로기의 상황과 관계
된다. W. Grimm & K. Ditter, *Deuterojesaja, Deutungen-Wirkung-Gegenwart* (Calwer Bibelkommentare; Stuttgart, 1990), 94-105; K. Baltzer, *Deutero-Jesaja* (KAT; Gütersloh, 1999), 135-144 등.

21. C. Jeremias, "Die Erzväter in der Verkündigung der Propheten," in: D. Herbert (Hg.), *Beiträge zur alttestamentlichen Theologie* FS W. Zimmerli (Göttingen: Vandenhoeck und Ruprecht, 1977), 206-222, 특히 209; Tiemeyer, "Abraham," 54 등.

으로 나타나는 동행(Mit-Sein) 사상을 언급하고 있다.[22] 10-13절은 이 모티브를 시적으로 다양하게 표현하고 있다. 이 본문은 갈대아의 우르에서 '출(出) 우르'함으로써 가나안으로 인도받은 아브라함을 언급함으로 현재 바빌론(갈대아)에 억류된 유다인들에게 '출(出) 바빌론'의 약속을 확증시키고 있다.

이 본문에서 중심은 '땅끝에서부터 아브라함을 불러냈다'는 사실에 있다. 이 점은 현재 바빌론에 포로로 있는 유다 백성의 상황과 직접 연결된다. 여기서 아브라함은 그의 고향 메소포타미아를 떠나 미지의 땅인 유다로 향한 사람의 모델로 간주된다. 여기서 아브라함은 이방 땅에서 되돌아온 첫 번째 귀환자로서 열방으로 흩어진 자들의 '귀환의 표상'으로 묘사된다.[23]

3) 후손 증대의 표상(사 51:1-3)

1) 의를 따르며 여호와를 찾아 구하는 너희는 내게 들을지어다
너희를 떠낸 반석과 너희를 파낸 우묵한 구덩이를 생각하여 보라
2) 너희의 조상 **아브라함**과 너희를 낳은 사라를 생각하여 보라
아브라함이 혼자 있을 때에 내가 그를 부르고
그에게 복을 주어 창성하게 하였느니라

---

22. A. Alt, "Der Gott der Väter" (1929), in: A. Alt, *Kleine Schriften zur Geschichte des Volkes Israel*, Bd.1 (München: [2]1959), 1-78, 21-22 그리고 44-45.

23. Köckert, "Die Geschichte der Abrahamüberlieferung," 111-112.

3) 나 여호와가 시온의 모든 황폐한 곳들을 위로하여

그 사막을 에덴 같게, 그 광야를 여호와의 동산 같게 하였나니

그 가운데에 기뻐함과 즐거워함과 감사함과 창화하는 소리가 있

으리라(사 51:1-3).

이사야 51:1-3은 양식상 '구원 약속'(Heilsverheißung)으로 분류된다. 여기서 '의'(צֶדֶק, '체데크')는 하나님이 이루신 구원, 하나님의 도우심을 뜻한다. 이사야 40-55장에서 이 단어는 늘 구원을 이루는 하나님의 능력, 하나님의 개입으로 인한 도우심을 뜻한다(사 41:10; 참조. 시 48:10b). 1a절은 하나님의 구원을 갈망하는 자들을 향한 들으라는 권면으로 시작한다. 1b절과 2a절이 병행구를 이루고 있는 것으로 보아, 1b절의 '반석'과 '구덩이'는 2a절의 아브라함과 사라를 비유적으로 표현하고 있는 것으로 보아야 한다.[24]

발쩌(K. Baltzer)는 이 '반석과 구덩이'를 야웨를 가리키는 것으로 해석한다.[25] 그러나 이것은 현재 본문의 맥락을 벗어난 해석으로 보인다. 이 비유에서 일차적으로 바위는 안정성을, 구덩이는 생산성을 암시하는 것으로 보인다.[26] 야웨는 아브라함이 '혈혈단신'(אֶחָד, '에하드')으로 있을 때 그를 불렀고 그에게 복을 내려 결국 창대하게 하였다(2b절). 포로기의 예언자는 이스라엘이 본래의 비

---

24. R. N. Whybray, *Isaiah 40-66* (NCB; Grand Rapids: Eerdmans, 1975), 155; Blenkinsopp, *Isaiah 40-55*, 326; Tiemeyer, "Abraham," 55 각주 29 등.

25. Baltzer, *Deutero-Jesaja*, 436.

26. Salzmann, "Der Rekurs auf Abraham im Alten Testament," 252.

천한 시작을 돌아보고 혈혈단신이었을 때 하나님이 하셨던 일을
깨달으라고 호소한다(2절).

　2b절의 "내가 부르고 복을 주어 창성하게 하였다"는 표현은
창세기 12:1-3에 담긴 아브라함에 대한 하나님의 약속을 상기시킨
다. 3절은 하나님의 구원에 대한 약속을 보다 명시적으로 진술한
다. 여기서 시온의 모든 황폐한 곳들을 위로한다는 것은 시온(예루
살렘)의 재건을 가리킨다. 아마도 어떤 특별한 상황이 여기서 아브
라함전승을 언급하도록 인도하였을 것이다. 이러한 구원 약속에
따르면 예루살렘의 황폐함 가운데서 소수의 무리가 되어 가까스
로 생계를 이어 가는 사람들이 한 개인이었던 족장과 동일시된다.
그 족장은 혼자였을 때 하나님의 약속에 힘입어 결국 큰 민족을
이루었다.[27]

　이사야 51:2은 유사한 주제를 다루고 있는 41:8-9의 구절과는
몇 가지 점에서 구별된다. 첫째, 이사야 41:8-9은 백성 전체에 관
심을 두고 있는 반면, 이사야 51:2은 그 대상이 백성 '전체'인지 아
니면 그 '일부'인지가 불분명하다. 이사야 51:1은 "의를 좇으며 여
호와를 찾아 구하는" 자들에게 선포하고 있다. 다수의 학자들은
'일부'로 보는 해석을 따른다.[28] 둘째, 이사야 41:8-9이 땅의 약속에
주목하고 있다면, 51:2은 불임 상태에서(참조. 창 15:2; 16:1-2; 18:11-15)

27. Salzmann, "Der Rekurs auf Abraham im Alten Testament," 253.
28. Blenkinsopp, *Isaiah 40-55*, 325-326.

의 후손의 약속(참조. 창 12:2; 15:5; 17:5-6)에 집중하고 있다.[29] 이사야
51:2에서 사라가 언급되고 있는 점은 불임의 상태에서 후손 약속
의 성취를 경험한 것과 관련된다.[30] 사라는 오경 이외의 본문에서
는 여기서만 유일하게 언급된다. 아브라함은 '혼자'였는데(אֶחָד, 혈
혈단신), '창대'(many)하게 되었다.

이사야 51:2은 아브라함이 무자식의 차원에서 약속의 후손을
창대하게 얻게 되었음을 강조한다. 여기서 혈혈단신의 아브라함
은 바빌론에서 소규모의 공동체로 머물고 있는 유다백성을 대변
하고 그의 무자식의 상태는 유다의 미래가 불투명함을 상징적으
로 보여 준다.[31] 이사야 51:1-3은 귀환 이후 예루살렘과 유다에서
수많은 후손들이 재거주할 것을 약속한다. 여기서 아브라함은 혈
혈단신(one)에서 창성(many)하게 된 입지전적인 인물로 그려진다.
아브라함의 이런 모습은 포로지에 있는 유다 사람들에게 본국에
서 많은 후손을 갖게 될 것을 보여 주는 '후손 증대의 표상'으로
대두된다.

29. Tiemeyer, "Abraham," 54-55.
30. Köckert, "Die Geschichte der Abrahamüberlieferung," 108.
31. J. L. Koole, *Isaiah*, Ⅲ / 2: *Isaiah 49-55* (Historical Commentary on the Old Testament; Leuven: Peeters, 1998), 154; J. Goldingay & D. Payne, *Isaiah 40-55*, Vol. II (ICC; London: T&T Clark, 2006), 224 등.

4) 한계를 지닌 희망의 표상(사 63:15-19)

> 15) 주여 하늘에서 굽어살피시며
>
> 주의 거룩하고 영화로운 처소에서 보옵소서
>
> 주의 열성과 주의 능하신 행동이 이제 어디 있나이까
>
> 주께서 베푸시던 간곡한 자비와 사랑이 내게 그쳤나이다
>
> 16) 주는 우리 아버지시라 **아브라함**은 우리를 모르고
>
> 이스라엘은 우리를 인정하지 아니할지라도
>
> 여호와여, 주는 우리의 아버지시라
>
> 옛날부터 주의 이름을 우리의 구속자라 하셨거늘
>
> 17) 여호와여 어찌하여 우리로 주의 길에서 떠나게 하시며
>
> 우리의 마음을 완고하게 하사
>
> 주를 경외하지 않게 하시나이까
>
> 원하건대 주의 종들 곧 주의 기업인 지파들을 위하사
>
> 돌아오시옵소서
>
> 18) 주의 거룩한 백성이 땅을 차지한 지 오래지 아니하여서
>
> 우리의 원수가 주의 성소를 유린하였사오니
>
> 19) 우리는 주의 다스림을 받지 못하는 자 같으며
>
> 주의 이름으로 일컬음을 받지 못하는 자같이 되었나이다(사 63:15-19).

이사야 63:15-64:11은 커다란 한 단위를 이루며, 하나님의 새로운 개입을 하나님께 직접 간구하는 기도문이다. 양식으로 구분하자

면 '민족 탄원 시'(Volksklage)라 할 수 있다.[32] 이 단락의 생성 시기는
포로기 아니면 포로기 이후 더 나아가 헬레니즘 시대로 보는 등
논란이 된다. 그러나 대체적으로 주전 587년과 520년 사이로 보는
것이 다수이다.[33] 이 연대는 포로기 혹은 포로기 이후인지 좀 더 세
분되어야 한다. 포로 귀환 이전과 이후는 서로 많이 다르기 때문
에 이 구분은 본문을 이해하는 데 중요하다. 이 단락은 하나님의
부재를 경험하고 있음이 전제된다. 또한 16절에서 하나님은 '우리
아버지'(אָבִינוּ, '아비누')라고 호칭된다. 베스터만(C. Westermann)에 따
르면, '아버지'라는 호칭은 신화적으로 오해될 소지가 없어진 포
로기 이후 시대에 가서야 비로소 사용된다.[34]

또한 이 탄원자는 아브라함을 건너뛰고 하나님을 아버지로 부
르며 직접 찾는다. 여기서 아버지라는 이미지는 떨어질 수 없는
가족 관계를 의미한다. 알버츠(R. Albertz)의 설득력 있는 연구에 따
르면, 포로기 이전의 '야웨 중심적 경건'(Yahwistic piety)은 성전, 왕
정과 땅을 중심으로 이루어진 반면, 포로지에서 귀환한 이후에는
가족을 중심으로 이루어진 '가족 중심의 경건'(familial piety)이 발생
했다고 한다.[35] 이 탄원자의 진술은 포로기 이후의 상황과 맞물려

---

32. Tiemeyer, "Abraham," 57.
33. Tiemeyer, "Abraham," 58과 각주 40에 언급된 최근의 다수의 연구물들을
    참조하라.
34. C. Westermann, *Das Buch Jesaja Kapitel 40-66* (ATD; Göttingen:
    Vandenhoeck & Ruprecht, ⁵1986), 312.
35. R. Albertz, *A History of Israelite Religion in the Old Testament Period*, 2 vols
    (OTL; Louisville: Westminster John Knox Press, 1994), 400.

서 하나님을 아버지로 호칭하고 있는 것으로 보인다. 따라서 이 단락은 포로기 이후 제2이사야서의 구원 약속의 지연을 전제하고 있는 것으로 판단된다.

15a절은 간구, 15b절은 탄원, 16절은 확신의 고백, 그리고 17-19절은 탄식으로 구성되어 있다. 우리의 관심은 아브라함이 언급되고 있는 16절의 확신을 고백하는 부분이다. 탄원자는 하나님을 '우리 아버지'로 호칭하고 있다. 이미 언급한 바와 같이 구약성서에서 하나님을 직접적으로 아버지로 부르는 경우는 드물다. 이는 신들을 육신상의 아버지로 보는 주변 나라의 신화적 사고들과 구분하기 위해서이다. 물론 구약성서에서는 다른 방식으로, 즉 자녀라는 표현으로 하나님과 이스라엘의 이러한 관계가 간접적으로 표현되기는 한다(참조. 사 1:2; 63:8).[36] 여기서 아버지라는 호칭은 하나님과의 직접적인 관련성을 강조하고 있다. 이어서 나오는 '우리의 구속자'(גֹּאֲלֵנוּ, '고알레누')라는 명칭에서 하나님을 구속자라고 칭하는 것은 이사야 40-66장 이외의 본문에서는 아주 드물게 사용된다.[37] 여기서 이 용어는 바빌론의 종살이로부터 해방된 이스라엘 백성의 구속 사건과 관계된다(사 43:14).[38]

탄원자는 여기서 아브라함도 야곱도 신뢰할 수 없다고 한다. 그들의 조상인 아브라함과 야곱도 자신들을 모른다고 탄식한다.

---

36. B. M. Zapff, *Jesaja 56-66* (NEB; Würzburg: Echter Verlag, 2006), 411.

37. C. Stuhlmueller, *Creative Redemption in Deutero-Isaiah* (AnBib 43; Rome: Biblical Institute Press, 1970), 99-123.

38. Bautch, "An Appraisal of Abraham`s Role in Postexilic Covenants," 48.

놀랍게도 아브라함과 야곱의 아버지 됨이 여기서는 부정된다.[39] 여기서는 예언자에 의해서 아브라함전승이 비판적으로 거론된다. 이 탄원은 아마도 포로기의 선포인 이사야 41:8과 51:2의 약속에 대한 실망에서 비롯된 것으로 보인다.[40] 이사야 41:8의 귀환 약속과 51:2의 후손 약속이 완전히 성취되지 못한 상황에서 나온 것인지도 모른다. 어찌 되었든지 귀환 약속은 나름대로 이루어졌지만 그 이외의 약속은 아직 요원했을 것으로 추정된다. 이제는 아브라함전승에 의존한, 아브라함을 뿌리로 하는 간접적인 하나님의 백성이라는 소속성이 아니라 하나님 자신에 대한 직접적인 소속성만이 그들을 완전한 구원으로 이끌 수 있다는 것이다.[41] 탄원자는 예부터 구원자이셨던 하나님께 직접 호소하기에 이른다(16b절). 하나님만이 이스라엘의 진정한 아버지이시고, 다른 아버지는 이스라엘의 진정한 구원자가 될 수 없다는 것이다.

절망적인 상황이 지속되는 현실에서는 간접적인 희망의 근거가 그 한계를 드러내고 있는 것으로 보인다. 탄원자는 자신들의 죄악 때문에 하나님의 진노가 발하여 아브라함 같은 아버지는 이제 무용지물이 되었다고 고백한다.[42]

---

39. Köckert, "Die Geschichte der Abrahamüberlieferung," 113.
40. Zapff, *Jesaja 56-66*, 411.
41. Salzmann, "Der Rekurs auf Abraham im Alten Testament," 253.
42. Köckert, "Die Geschichte der Abrahamüberlieferung," 114.

　　주의 이름을 부르는 자가 없으며

　　스스로 분발하여 주를 붙잡는 자가 없사오니

　　이는 주께서 우리에게 얼굴을 숨기시며

　　우리의 죄악으로 말미암아 우리가 소멸되게 하셨음이니이다(사
64:7).

탄원자는 옛날부터 구속자이셨던 하나님께 '그의 사랑과 그의 자
비(רַחַם, '라함')'만을 기대할 뿐이다(참조. 사 63:9). 자신들의 죄로 말
미암아 육신의 아버지는 한계를 보이고 이제는 사랑과 자비의 하
늘의 아버지가 등장할 차례이다.

　　주여 하늘에서 굽어살피시며

　　주의 거룩하고 영화로운 처소에서 보옵소서

　　주의 열성과 주의 능하신 행동이 이제 어디 있나이까

　　주께서 베푸시던 간곡한 자비와 사랑이 내게 그쳤나이다(15절).

여기서 아브라함은 지금까지는 희망의 근거였으나 이제는 한계를
보여 준 인물로 그려진다. 아브라함은 인간적 한계를 지닌 희망의
표상으로 묘사된다.

5) 뜻밖의 구원을 받은 자의 표상(사 29:22-24)

22) 그러므로 **아브라함**을 구속하신 여호와께서

야곱 족속에 대하여 이같이 말씀하시되

야곱이 이제는 부끄러워하지 아니하겠고

그의 얼굴이 이제는 창백해지지 아니할 것이며

23) 그의 자손은 내 손이 그 가운데에서 행한 것을 볼 때에

내 이름을 거룩하다 하며

야곱의 거룩한 이를 거룩하다 하며

이스라엘의 하나님을 경외할 것이며

24) 마음이 혼미하던 자들도 총명하게 되며

원망하던 자들도 교훈을 받으리라 하셨느니라(사 29:22-24)

이사야 29:22-24은 구원의 말씀에 해당된다. 이 본문의 생성 연대
에 대해서는 여러 가지 가설이 제시된다. 예를 들면 킬리안(R.
Kilian)은 포로기로 가정하고,[43] 빌트베르거(H. Wildberger)는 500년대
후반을 본문의 배경으로 이해하고 있다.[44] 또한 최근에 잘쯔만(C.
Salzmann)은 본문의 연대를 더 후대로 끌어내려서 헬레니즘 시대
(주전 333-64년)로 본다.[45] 이 본문의 생성에 관하여 이 구절을 포로

43. R. Kilian, *Jesaja 2. 13-39* (NEB; Würzburg: 1994), 170-171.
44. H. Wildberger, *Jesaja 3. Teilband: Jesaja 28-39* (BK 10/3; Neukirchen-Vluyn: Neukirchener, 1982), 1137-1138.
45. Salzmann, "Der Rekurs auf Abraham im Alten Testament," 254.

기 이전의 본문으로 보는 학자들은 찾아보기 힘들다. 이 구절을
포로기-포로기 이후의 본문으로 돌리는 데 무게 있는 이견은 없어
보인다.[46]

본문의 생성에 대한 보다 자세한 논쟁은 이 장의 주된 관심을
벗어나기에 더는 분석하지 않으려고 한다. 우리의 관심은 아브라
함이 언급된 부분이다. 본문의 현 상황은 야곱 족속이 부끄러워하
고 있는 상태를 전제한다(22b절). 이에 대하여 하나님의 위대한 행
동은 이스라엘 백성들을 회복시킬 것이다(23-24절).

22a절에서 야웨는 아브라함을 구속하신 분으로 언급된다. 앞
으로 야곱 족속을 회복하실 분은 이미 아브라함을 구속하셨던 분
이다. 이 본문에서는 아브라함이 처했던 위험이 구체적으로 언급
되지 않고 있기에 더 이상의 역사적인 배경을 추적하는 것은 불가
능하다. 까젤(H. Cazelles)에 의하면 이 본문에서 '구속하다'에 해당
되는 히브리어 '파다'는 '값을 지불하고 되찾는 종교적인 의미' 혹
은 '위험으로부터 한 개인을 해방시키는 것'을 뜻한다.[47] 이 본문에
서는 후자의 의미가 더 가능성이 있는 것으로 보인다. 추측하건대
이 해방 사건은 아브라함이 이집트(창 12:10-20)와 그랄(창 20:1-18) 지
역에서 겪었던 선조모(아브라함의 아내 사래/사라—편주)의 위기에서 구

---

46. Jeremias, "Die Erzväter in der Verkündigung der Propheten," 208;
    Blenkinsopp, "Abraham as Paradigm in the Priestly History in Genesis,"
    231 등.
47. H. Cazelles, פדה, ThWAT 6 (1989), 514-522, 특히 517.

원받은 사건을 가리키는 것으로 보인다.[48]

여기서 아브라함은 구원의 말씀의 맥락에서 개인적인 위험으로부터 하나님의 뜻밖의 개입으로 구원을 경험한 전형으로 사용된다. 여기서 아브라함은 '뜻밖의 구원을 받은 자의 표상'으로 간주된다.

6) 하나님의 구원 의지를 매개하는 대표적 표상(미 7:18-20)

18) 주와 같은 신이 어디 있으리이까

주께서는 죄악과 그 기업에 남은 자의 허물을 사유하시며

인애를 기뻐하시므로 진노를 오래 품지 아니하시나이다

19) 다시 우리를 불쌍히 여기셔서

우리의 죄악을 발로 밟으시고

우리의 모든 죄를 깊은 바다에 던지시리이다

20) 주께서 옛적에 우리 조상들에게 맹세하신 대로

야곱에게 성실을 베푸시며

아브라함에게 인애를 더하시리이다(미 7:18-20).

미가 7:18-20은 미가서 전체를 마감하는 최종적 편집 단락으로 간주된다. 일반적으로 미가서 연구자들에 의하면 이 최종적 편집은

---

48. Salzmann, "Der Rekurs auf Abraham im Alten Testament," 254.

페르시아 시대 혹은 헬레니즘 시대까지로 소급된다.[49] 아무튼 이
단락이 포로기 이후의 산물이라는 점에서는 미가서 연구자들 가
운데서 이견이 거의 없다. 이 단락의 마지막 구성 요소인 미가
7:18-20은 이스라엘과 하나님과의 관계를 다루고 있으며, 하나님
에 대한 신뢰의 고백을 담고 있다. 18절은 찬양의 양식으로 하나
님에 대하여 진술하고, 19절은 간구의 양식으로 미래에 일어날 사
건을 기대하고 있다.

20절은 19절의 간구와 확신의 음조를 계속해서 이어 가고 있
다. 이 구절에서 야곱과 아브라함이 병행구를 이루고 있다. 여기서
아브라함이 이스라엘을 가리키는 집단적 명칭으로 언급되고 있는
점이 눈에 띈다. 아브라함이 이렇게 쓰인 경우는 구약성서에서 여
기가 처음이다.[50] 보통은 '아브라함의 자손'으로 표기된다(사 41:8;
렘 33:26; 시 105:6; 대하 20:7). 그 밖의 경우에서 이스라엘이 의인화되
어 나올 때는 대부분 '야곱=이스라엘'이 사용된다. 하나님의 성실
(אֱמֶת, '에메트')과 인애(חֶסֶד, '헤세드')라는 표현은 이를 통하여 족장
들이 하나님의 보호하심을 강하게 경험할 수 있었던 하나님과의
밀접한 관계를 의미한다.

'주께서 옛적에 우리 조상들에게 맹세하신 대로'라는 진술에
는 족장들에게 하신 맹세라는 모티브가 언급된다. 이러한 모티브
는 오경의 본문과 관계된다. 이는 후손의 증가, 땅의 차지, 열방을

---

49. R. Kessler, *Micha* (HThKAT; Freiburg: Verlag Herder, 1999), 47.
50. Kessler, *Micha*, 311.

위한 축복의 근원이라는 약속과 관련된다(참조. 창 12:1-3; 22:16-18; 24:7; 26:3; 50:24 등). 여기서 아브라함과 족장들을 언급하는 것은 하나님의 구원 의지의 연속성 혹은 불변성을 가리키는 것으로 이해된다.[51]

여기서 아브라함은 하나님의 맹세의 수혜자로서 이후 이스라엘을 대표하는 인물이다. 아브라함 자체가 이후 이스라엘을 대표한다. 아브라함은 하나님의 구원 의지를 매개하는 대표적인 인물로 간주된다.

7) 다윗 약속을 강화하기 위한 모범적 표상(렘 33:23-26)

23) 여호와의 말씀이 예레미야에게 임하니라 이르시되 24) 이 백성이 말하기를 여호와께서 자기가 택하신 그들 중에 두 가계를 버리셨다 한 것을 네가 생각하지 아니하느냐 그들이 내 백성을 멸시하여 자기들 앞에서 나라로 인정하지 아니하도다 25) 여호와께서 이와 같이 말씀하시니라 내가 주야와 맺은 언약이 없다든지 천지의 법칙을 내가 정하지 아니하였다면 26) 야곱과 내 종 다윗의 자손을 버리고 다시는 다윗의 자손 중에서 **아브라함**과 이삭과 야곱의 자손을 다스릴 자를 택하지 아니하리라 내가 그 포로 된 자를 돌아오게 하고 그를 불쌍히 여기리라(렘 33:23-26).

51.　Salzmann, "Der Rekurs auf Abraham im Alten Testament," 255.

예레미야 33:23-26은 에브라임에 대한 위로의 소책자(렘 31-32장)와
연결된 구원 예언의 맥락에 놓여 있다. 예레미야서 연구의 최고
전문가인 틸(W. Thiel)은 예레미야 33장 전체를 신명기사가 이후에
첨가된 부록 본문(nachdtr.: ein nachdeuteronomistischer Nachtrag)으로 간
주한다.[52] 이러한 견해는 예레미야 연구자들에게 대체적으로 수용
되고 있다. 이 견해를 수용한다면 이 본문은 바빌론 포로기를 전
제한 포로기 이후의 본문이다.[53] 사람들은 유다가 바빌론에게 멸
망한 이후 하나님이 선택한 두 가계, 즉 북 왕국과 남 왕국을 내버
리고 하나님의 백성을 끝장냈다고 소리친다(24절). 하나님은 이에
대하여 다윗과 맺은 언약과 족장들과 맺은 언약은 낮과 밤과 맺은
하나님의 언약과 천지의 법칙과 같이 변치 않고 여전히 확고하다
는 점을 강조하신다(25-26절).

여기서 유다 백성의 조상인 족장을 언급하는 것은 국가의 멸
망으로 자신의 백성과 함께하는 하나님의 역사가 끝난 것은 아니
라는 사실을 지시하기 위함이다. 여기서 아브라함(과 더불어 이삭과
야곱도)은 다윗 약속을 강화하기 위한 모범으로 사용된다.[54]

---

52. W. Thiel, *Die deuteronomistische Redaktion von Jeremia 26-45* (WMANT
52; Neukirchen-Vluyn: Neukirchener, 1981), 37.

53. W. Rudolph, *Jeremia* (HAT; Tübingen: J. C. B. Mohr, ³1968), 217; Jeremias,
"Die Erzväter in der Verkündigung der Propheten," 216.

54. Salzmann, "Der Rekurs auf Abraham im Alten Testament," 250.

3. 나가는 말

우리는 예언서에 나타난 아브라함 관련 본문을 분석하면서 몇 가지 결론을 이끌어 낼 수 있다.

첫째, 예언서의 아브라함상은 포로기-포로기 이후의 산물이다. 아브라함은 포로기 이전 예언서에서는 한 번도 언급이 되지 않는다.[55] 포로기 이전에 활동한 예언자들의 신탁들로 보이는 이사야 29:22-24; 미가 7:18-20; 예레미야 33:23-26은 모두 포로기 이후의 것으로 판단된다. 이 점은 블렌킨소프의 최근의 연구에서도 다시 한번 확증된다.

아브라함은 바빌론 포로기 이전으로 보이는 그 어떤 성서 본문에서도 포착되지 않는다.[56]

아브라함전승 자체가 고대의 것임에도 불구하고[57] 아브라함에 대한 언급이 바빌론 포로기 및 포로기 이후와 관련하여 등장하는 것은 우연이 아니다. 아버지 아브라함에 대한 재언급은 미래가 보이지 않는 위기의 시대에 나타난다.[58]

---

55. Jeremias, "Die Erzväter in der Verkündigung der Propheten," 208.

56. Blenkinsopp, "Abraham as Paradigm in the Priestly History in Genesis," 231.

57. Spieckermann, "'Ein Vater vieler Völker'," 10.

58. Salzmann, "Der Rekurs auf Abraham im Alten Testament," 260.

둘째, 예언서의 아브라함상은 대부분 희망의 표상이다. 특히 땅 없는 자들에게 땅 소유의 희망적 표상이고(겔 33:23-29), 흩어진 디아스포라들에게 귀환의 표상이며(사 41:8-13), 자손이 없는 자들에게 후손 증대의 표상이고(사 51:1-3), 위기의 상황에서 뜻밖의 구원을 받은 자의 표상이며(사 29:22-24), 하나님의 구원 의지를 매개하는 대표적 표상이고(미 7:18-20), 다윗 약속을 강화하기 위함 모범적 표상이다(렘 33:23-26). 아브라함은 절망적 상황에서 희망의 근거가 된다.

셋째, 예언서의 아브라함상은 현실과 관련하여 재해석되고 있다. 아브라함을 언급하고 있는 일곱 개의 예언서 본문 가운데 두 본문에서는 아브라함전승이 부정적으로 평가되고 있다. 에스겔 33:24과 이사야 63:16의 두 본문이 그러하다. 전자의 예언자는 논쟁의 맥락에서 율법을 범하는 자들의 고백 가운데 사용된 아브라함전승을 비판하고, 후자의 예언자는 탄원기도에서 인간의 죄로 인한 절망적 상황에서는 아브라함전승도 한계를 지니게 됨을 보여 준다. 아브라함전승은 이를 사용하는 공동체의 삶의 자리에 따라서 다양하게 재해석된다.

아무튼 예언서에 나타난 "아브라함은 이스라엘 백성, 즉 이미 백성이 되었던 자들뿐만 아니라 앞으로 백성이 될 자들, 이미 흩어진 자들뿐만 아니라 앞으로 하나가 될 자들을 위한 하나님의 육화된 약속이다. 그리고 계속해서 이스라엘의 중재를 통하여 주어

질 이 세상의 열방을 위한 약속이다."[59] 아브라함은 "성취의 증거
가 세계사적인 현실로 보면 전혀 불가능해 보임에도 불구하고 끈
기 있는 신앙과 확고한 복종을 취하는 것이 너무 순진한 것이나
혹은 병리학적으로 깨달음을 거절하는 것으로 해석될 수 있는 상
황에서도, 하나님의 약속에 대하여 취해야 할 바른 태도를 보여
준 하나님의 약속의 운반자이며 하나님의 모범적인 증인이다."[60]

---

59. Spieckermann, "'Ein Vater vieler Völker'," 11.

60. Spieckermann, "'Ein Vater vieler Völker'," 11.

제3부

설교를 위한 예언서

제1장
열두 소예언서의 메시지

1. 호세아: '제사보다 인애를, 번제보다 하나님을 아는 것'

1) 호세아: 언제 어디서 무엇을?

호세아는 문서 예언자 가운데 유일하게 북 왕국 이스라엘에서 출생하고 활동한 예언자이다. 호세아는 일반적으로 주전 750년에서 725년 사이에 활동한 것으로 간주된다(호 1:1). 이 당시는 아시리아의 세력이 북 왕국에 강하게 밀고 들어오면서 여러 가지 어려움이 가중되던 시대였다. 북 왕국은 여로보암 2세(주전 787-747년) 때 정치-경제적인 전성기를 이룩할 수 있었으나, 그 이후 25년 동안은 여섯 명의 왕이 등극하고 그 가운데 네 명이 암살당할 정도로 패망을 향하여 치닫고 있었다(호 7:3-7; 왕하 15:8-31; 17:1-4). 결국 주전 722년에 사마리아는 아시리아에게 정복당하고, 이로써 북 왕국은 역사에서 완전히 사라지게 되었다.

호세아는 북 왕국의 수도 사마리아와 벧엘의 지도층 인사들이 그들의 하나님 야웨를 버리고 가나안의 다산 신들(특히 바알)을 섬기고 있는 것을 고발했다(호 2:8; 4:11-14). 당시 야웨 신앙은 가나안 종교와 혼합되어 있어서 많은 이스라엘 백성들은 야웨 하나님과 바알 신을 혼합하여 함께 섬기고 있었다(일명 종교 혼합주의, 호 2:8). 이때 종교 지도자들인 제사장들과 선지자들도 이들과 다르지 않았으며 본이 되는 삶을 보여 주지 못했다(호 4:4-10).

호세아는 그들이 하나님을 배신한 것을 '음행'이라는 용어를 사용하여 선포했다(호 1:2; 4:13-14; 5:3; 7:4). 이는 호세아가 야웨 하나님과 이스라엘의 관계를 부부관계로 해석한 것에서 유래한 것이다(호 2:16). 이스라엘은 종살이하던 이집트에서 하나님과 눈이 맞았고, 척박한 광야에서 하나님과 허니문을 보내다가, 안정된 가나안에 이르러서는 하나님을 배반하고 정부(情夫)인 바알에게 돌아선 것이다(호 13:4-6). 이렇게 배신한 고멜에 대한 호세아의 변함없는 사랑은 이스라엘에 대한 하나님의 사랑을 상징한다(호 3장). 여기에서 호세아는 '사랑의 예언자'라는 별명을 얻는다.

호세아는 그래도 아직 희망이 있다고 한다. 이스라엘 백성들이 형벌을 통하여 정화된다면, 하나님은 이들을 다시 받아 주실 것이다(호 2:14-23). 당신의 백성이 아무리 잘못을 저질렀다고 하더라도 하나님은 이들을 영원히 내칠 수 없다. 하나님의 사랑(긍휼)이 이들에 대한 정당한 분노를 압도하기 때문이다(호 11:8-11).

호세아의 중심 메시지는 6:6에 담긴 내용으로 하나님이 당신의 백성에게 진정 원하시는 것은 '제사보다 인애를, 번제보다 하나님을 아는 것'이라는 것이다.

2) 호세아서의 내용 요약

(1) 호세아의 결혼과 이스라엘의 불순종(호 1:1-3:5). 호세아는 하나님의 명령에 따라, 음란한 여인 고멜과 결혼을 한다. 이를 통하여 '이스르엘'(왕조의 몰락과 왕정의 파멸), '로-루하마'(긍휼히 여기지 않음) 그리고 '로-암미'(내 백성이 아님)라는 이름의 자녀를 얻는다. 여기서 고멜은 이스라엘의 죄(음행)를 암시하고, 자녀들은 죄에 대한 처벌을 상징한다(호 1:1-9). 그러나 호세아는 자신을 배신한 여인을 되찾아야 했다(호 3:1-5). 이는 아내(이스라엘)의 배신에 따른 율법적 처형(신 22:22)을 넘어서는 남편이신 하나님의 사랑을 보여 준다. 하나님의 사랑은 당신이 세운 율법도 초월할 정도이다.

(2) 이스라엘의 현재 죄악(호 4:1-9:9). 호세아는 이스라엘에서 현재 자행되고 있는 죄악들을 낱낱이 폭로한다. 제사장들조차도 그들의 주요 본분인 하나님을 아는 지식을 망각했다(호 4:6). 그 대신 저주와 속임과 살인과 도둑질과 간음이 난무한 사회가 되었다(호 4:2). 또한 백성들은 딸, 며느리, 그리고 남자 할 것 없이 모두 바알 숭배에 깊이 탐닉되어 있었다(호 4:11-14). 이스라엘은 유다와의 전쟁 중에도 여전히 거짓 참회 의식으로 일관하고 있다(호 5:8-15; 6:1-

6). 사마리아의 왕궁에서는 피비린내 나는 쿠데타가 그칠 줄 몰랐다(호 7:1-7). 이러한 죄악들은 당연히 하나님의 심판을 불러들인다(호 9:1-9).

(3) **배교의 역사로서의 이스라엘 역사**(호 9:10-11:12). 하나님은 이스라엘을 이집트에서 이끌어 내심으로써 이들을 당신의 백성으로 삼으셨다. 하나님과 이스라엘의 첫사랑이 시작된 것이다(호 9:10). 그러나 이스라엘은 기름진 가나안 땅의 경계에 이르기가 바쁘게 바알 종교에 빠지기 시작했다(참조. 민 25장). 이스라엘이 바알브올에서 지은 죄(호 9:10-14)와 길갈에서 범한 죄(호 9:15-17)가 지적된다. 이스라엘은 우상숭배로 인하여 심판을 받을 것이다(호 10:1-8). 또 한 차례 이스라엘이 기브아에서 지은 범죄가 언급되고, 이들에 대한 돌이킬 수 없는 심판이 선고된다(호 10:9-14). 그 뒤 지금까지의 정죄하던 음울함에서 벗어나 하나님의 긍휼하심이 강하게 선포된다(호 11:1-12). 하나님의 본성은 부모가 자식을 사랑하듯 그 백성을 사랑하는 것이다. 하나님은 자기 백성에 대한 불타는 사랑 때문에 그들을 완전히 멸망시킬 수가 없다. 이러한 본성이 묘사된 호세아 11:8-9은 호세아 예언의 절정을 보여 준다.

(4) **야곱-에브라임의 범죄와 그들의 용서**(호 12:1-14:9). 호세아는 다시금 냉혹하고 힘든 현재로 돌아온다. 이스라엘 족속의 행태는 그들의 시조 야곱의 행태와 유사하다. 이스라엘이 거짓되고 믿을 수

없다는 점은 야곱의 속이는 본성과 유사하다(호 12:1-14). 에브라임
지파는 열두 지파 가운데 유다 지파 다음으로 가장 크고 가장 강
한 지파였다. 따라서 이 지파의 말은 중요했다(호 13:1-3). 이 에브라
임 지파가 바알로 말미암아 하나님을 배반하였고(호 13:4-8), 이로
인하여 이스라엘은 심판을 받을 수밖에 없었다(호 13:9-16). 호세아
는 다시 한번 이스라엘 주민을 향하여 회개하라고 마지막으로 호
소한다(호 14:1-3). 이스라엘이 참되게 회개하면 하나님은 회복과 새
로운 복으로서 응답하실 것이다(호 14:4-8). 호세아는 마지막으로 이
스라엘 백성들에게 총명하여 바른 결정을 내리라고 촉구한다(호
14:9).

2. 요엘: 오순절의 예언자

1) 요엘: 언제 어디서 무엇을?

요엘에 대해서는 그의 아버지가 브두엘이라는 사실 외에는 더 이
상 알려진 것이 없다(욜 1:1). 또한 요엘이라는 이름은 '여호와는 하
나님이시다'라는 뜻이다. 요엘서에는 요엘의 활동 시기에 대한 연
대 표시가 없다. 따라서 요엘의 활동 연대는 주전 9세기에서 4세
기 중반에 이르기까지 여러 견해가 제안되고 있다. 그런데 요엘서
의 해석자들 가운데 다수는 예루살렘 성전과 성벽에 대한 내용은
제2성전 봉헌(주전 515년) 이후의 상황을 전제한다고 본다(욜 1:14;

2:7-9, 16-17). 따라서 요엘은 주전 400년경이나 주전 4세기에 활동했던 것으로 추정된다.

요엘 예언자의 선포 중심은 '여호와의 날'의 예언이다. 야웨의 날은 전쟁과 경악의 날이 될 것이다(욜 1:15; 2:1, 11). 그러므로 야웨께로 돌아옴과 금식과 회개에 대한 강력한 요청이 나타나고 있다(욜 2:12-17). 이 외에 예언자의 선포에는 두 가지 내용이 강조된다. 그 하나는 모든 사람에게 하나님의 영을 부어 준다는 예언이다(욜 2:28-32). 이 예언은 모세가 기대했던 사건이고(민 11:29), 요엘에게서 예언되었다가, 신약의 오순절에 성취를 경험하게 된다(행 2:16-21). 이러한 메시지로 요엘은 '오순절의 예언자'라는 별명을 얻게 되었다.

나머지 하나는 "보습을 쳐서 칼을 만들며 낫을 쳐서 창을 만들라"라는 비꼬는 반전이다(욜 3:10). 이는 이사야와 미가 예언과는 정반대이다(사 2:4; 미 4:3). 요엘은 야웨 하나님이 이방 민족들을 심판하러 오실 것이지만(욜 3:2-15), 당신의 백성인 유다와 예루살렘은 보호하시고 동시에 넘치게 축복할 것이라고 선포한다(욜 3:16-21).

요엘서의 중심 메시지는 무려 다섯 번이나 언급되는 '여호와의 날'과 결부된다(욜 1:15; 2:1, 11, 31; 3:14). 야웨의 날은 자기 백성을 하나님이 심판하시는 날이다. 이날 이스라엘 백성들이 과연 살아남을 수 있을 것인가?(욜 2:11). 진정으로 회개하는 자는 심판에서 남은 자의 영광을 차지할지도 모른다(욜 2:12-14). 죄에서 돌아선 자들에게는 구원이 약속되며, 그들은 온 세상을 다스리시는 하나님의 통치 속에서 살게 될 것이다(욜 2:32).

2) 요엘서의 내용 요약

(1) **유다 민족의 위기에 대한 탄원**(욜 1:1-2:17). 요엘서는 메뚜기 재앙의 끔찍한 경험을 망각하지 말고 대대로 전해서 경고로 삼으라는 말로 시작한다(욜 1:1-4). 사태의 심각성은 술 취하는 자들(욜 1:5-7)과 예루살렘 성읍(욜 1:8-12) 그리고 제사장(욜 1:13-14)에게 알려진다. 이 날은 온 땅에 파멸이 이르는 야웨의 날로서 곧 닥칠 것이다(욜 1:15-20). 이제까지 메뚜기 떼는 오직 예루살렘 외곽 지대만을 위태롭게 하는 수준이었다면, 지금은 예루살렘 도성 자체를 위협한다(욜 2:1-11). 요엘은 백성들에게 회개를 촉구하며 하나님의 용서에 대한 희망('혹시', '누가 알겠느냐')을 제시하며(욜 2:12-14), 민족적 금식과 기도의 날을 촉구한다(욜 2:15-17). 이때의 회개는 옷을 찢는 외형적인 회개가 아니라 마음을 찢는 진정한 회개이어야 한다(욜 2:13).

(2) **하나님의 응답**(욜 2:18-27). 백성들이 철저하게 회개하자 하나님은 엄청난 회복을 약속하신다. 이스라엘 민족의 기도는 응답되었다(욜 2:18). 메뚜기 떼는 물러갈 것이다(욜 2:19-20). 여기서 '북쪽 군대'는 메뚜기 떼를 상징하는 표현으로 쓰였다. 온 땅은 다시 축복을 받아('이른 비와 늦은 비') 풍성한 소출을 낼 것이다(욜 2:21-24). 재앙이 끝났을 뿐만 아니라 그 이상의 위협도 사라졌다(욜 2:25-27). 이스라엘은 철저하게 회개하였기 때문에(욜 2:15-17, 20), 야웨의 날이 더

이상 위협이 되지 않는다. 이들은 하나님을 찬양할 것이다.

(3) **하나님의 영의 부어 주심**(욜 2:28-32). 요엘 2:18-27의 회복이 성취된 이후 어느 시점에 이르면 하나님의 영이 유다 공동체('만민'은 문자적으로 '모든 육체') 위에 부어질 것이다. 모든 계층의 사람들, 곧 나이와 성별과 사회적인 지위 등과 무관한 모든 사람들에게 영이 임할 것이다(욜 2:28-29). 즉 '영의 민주화' 시대가 열릴 것이다. 과거에는 하나님의 영이 선택된 소수, 주로 예언자들에게만 주어졌다. 따라서 하나님이 앞으로 당신의 영을 모든 사람들에게 부어 주시는 일은 새로운 시대의 개막을 알리는 표지가 될 것이다. 이는 또한 모세의 소원이 성취되는 일이기도 하다(민 11:29). 하나님의 영을 부어 주시는 일과 관련된 하늘과 땅의 다양한 징조들은 야웨께서 심판하실 날이 임박했음을 나타낼 것이다(욜 2:30-31). 하나님의 심판이 가져다줄 파멸은 무차별적인 것이 아니다. 예루살렘 주민 가운데 진정한 믿음을 가지고 야웨를 바라보는 자들은 누구나 구원을 받을 것이다(욜 2:32). 요엘의 이러한 예언은 사도행전 2:17-21에 인용되고 있으며, 이는 예수께서 부활하신 후에 성령이 강림함으로 성취된다.

(4) **이방 민족들의 심판과 유다와 예루살렘의 구원**(욜 3:1-21). 야웨의 날은 유다와 예루살렘의 운명을 회복시켜 주겠지만, 하나님의 백성을 사로잡혀 가게 하고 열방에 흩어지게 한 자들에게는 심판

의 때가 될 것이다(욜 3:1-3). 유다 자손과 예루살렘 자손의 부를 약
탈하고, 피난민을 종으로 팔아넘겼던 탐욕스러운 이방 나라들(두
로, 시돈, 블레셋)에게도 동일한 심판이 내릴 것이다(욜 3:4-8). 요엘은
이제 다가올 열방의 심판을 인상적인 필체로 묘사한다(욜 3:9-17).
하나님의 개입은 그의 백성에게 그가 예루살렘을 구별하셨고 그
곳을 자신의 특별한 거주지로 만드셨음을 생생하게 보여 줄 것이
다. 이방인들이 다시는 그 성읍을 침략하지 못할 것이다(욜 3:17). 마
지막 문단은 이스라엘의 회복을 예고하고 있다(욜 3:18-21). 유다는
다시금 농업의 번성함을 누릴 것이다(욜 3:18). 이와는 대조적으로
전통적으로 하나님의 백성을 대적하던 국가들인 이집트와 에돔은
계속해서 폐허로 남을 것이다. 이 두 나라가 이스라엘을 압제하고
괴롭혔기 때문이다(욜 3:19, 21). 회복된 미래의 이스라엘은 잠재적
인 적대 국가들의 위협으로부터 안전할 것이다.

3. 아모스:
정의와 공의가 결여된 예배는 하나님의 진노의 대상

1) 아모스: 언제 어디서 무엇을?

아모스는 예언자 가운데 처음으로 자신의 이름으로 묶여진 책을
남긴 예언자였다. 즉 그는 최초의 문서 예언자였다. 아모스는 예루
살렘 남쪽으로 18킬로미터쯤 떨어진 작은 성읍 드고아 출신이다.

아모스는 남 유다 출신이었음에도 불구하고 북 왕국 이스라엘에서 예언 활동을 한 셈이다. 그는 본디 양을 치고 뽕나무를 가꾸는 자였다(암 7:14-15). 아모스 1:1의 '목자'(히브리어, '노케드')라는 용어는 아모스가 비교적 부유한 목축업자였음을 암시하고 있다(참조. 왕하 3:4).

아모스는 북 왕국 여로보암 2세(주전 787-747년) 때 활동했다(암 1:1). 아마도 여로보암 2세의 전성기인 주전 760년경에 활동한 것으로 보인다. 이 당시 북 왕국은 경제적으로나 정치적으로 한창 번영을 구가하던 시기였다(왕하 14:23-29). 국제무역은 육로와 해상에서 활발하였고(암 6:13), 포도주와 곡식을 팔아 부자가 된 부유한 계층이 생겨나게 되었으며(암 8:4-6), 사치스러운 여름 별장과 겨울 별장이 등장하기도 하였다(암 3:15). 이러한 집들은 수입품인 상아 용품으로 장식되기도 하였다(암 6:4). 그러나 이스라엘 내부적으로는 위화감이 조성이 되었으며 급기야 빈익빈 부익부 현상이 생겨나게 되었다(암 2:6-7). 나아가 억울한 약자들은 자신의 보호 장치인 법정조차 권력층과 부유층의 물질에 매수되어 고충에서 벗어날 길이 막막하였다(암 5:10-12). 당시 이스라엘은 외부적으로는 부강하며 최선의 상황으로 보였을지 모르지만, 내부적으로는 사회적 불의와 도덕적 타락이 만연되어 가고 있었다.

아모스서는 유다를 포함하여 이스라엘과 이웃하고 있는 일곱 개의 이방 민족들에 대한 고발과 심판의 말씀으로 시작한다(암 1:3-2:16). 이어지는 아모스 3-6장의 내용은 이스라엘에 대한 고발과 심판의 말씀이다. 여기에는 폭력 행위나 사마리아에 대한 탄압과 같은 사회적인 비판, 제의 비판 및 법의 왜곡에 대한 비판들이 아모스 선포의 중심에 서 있다. 도래하는 이스라엘의 파국은 다섯 개의 환상에서 분명히 드러난다(암 7:1-9; 8:1-3; 9:1-4). 책의 말미에 다윗 왕조가 재수립되고 땅이 재건된다는 구원의 말씀이 선포된다(암 9:11-15).

아모스는 북 왕국의 종말을 선포한다(암 8:2). 그는 주로 심판을 선포한다. 아모스의 중심 메시지는 '힘없는 자들을 돕는 정의와 공의가 결여된 예배는 하나님이 거부하신다'는 것이다(암 5:21-24). 여기에서 아모스에게 '정의의 예언자'라는 별명이 붙여진다.

2) 아모스서의 내용 요약

(1) **민족들에 대한 심판**(암 1:1-2:16). 이 단락은 주로 이방 민족들에 대한 심판을 내용으로 하고 있다. 여기에는 '서너 가지(계속되는/거듭되는) 죄로 말미암아 내가 그 벌을 돌이키지 아니하리니'라는 심판 선언이 여덟 번 반복된다. 이에 속한 곳은 아람의 다메섹, 블레셋의 가사(아스돗, 아스글론, 에그론), 두로, 에돔, 암몬, 모압 그리고 유다 나라이다. 이스라엘 백성들도 예외는 아니다(암 2:6-16). 야웨 하나님은 이방 나라의 불의에 대해서도 적극 관여하시고 심판을 하시는 분으로 묘사된다. 이 이방 심판 선포는 야웨 하나님이 특정 지역이나 특정 민족만의 하나님이 아니고, 모든 열방을 통치하시는 '우주적인 하나님'이심을 보여 준다.

(2) **북 이스라엘에 대한 심판 메시지**(암 3:1-6:14). 이 단락에는 북 이스라엘에 대한 아모스의 심판 메시지가 수집되어 있다. 선택받은 백성도 하나님의 심판을 피할 수 없다. 선택받은 자에게는 오히려 더 큰 책임이 부과된다(암 3:1-2). 아모스는 자신의 예언 활동이 거역할 수 없는 강압적인 부르심(소명)에 근거하고 있음을 밝힌다(암 3:3-8). 이어서 북 왕국의 수도 사마리아에 대한 고발과 심판이 선고된다(암 3:9-15). 향락에 빠진 사마리아의 여인들에게 심판이 예고되고(암 4:1-3), 하나님이 더 이상 이스라엘의 예배를 받을 수 없음(암 4:4-5)과 하나님의 경고성 징계가 끊임없이 무시되어 왔음도 지적된다(암 4:6-13). 이스라엘이 아직 구원의 가능성이 있는지가 타진된다(암 5:1-17). 야웨의 날은 기대와는 반대로 심판의 날로 확정되고(암 5:18-20), 정의와 공의가 결여된 예배는 아무런 효력이 없음도 강조된다(암 5:21-27). 아모스 6장에는 이스라엘 상류층의 안일함과 방탕함이 자세하게 묘사되고, 이에 따른 멸망이 예고된다.

(3) **북 이스라엘의 심판을 알리는 다섯 가지 환상 시리즈**(암 7:1-9:4). 이 단락에는 이스라엘의 멸망을 알리는 다섯 가지 환상이 시리즈로 나오고, 그 가운데 국가 성소인 벧엘의 제사장인 아마샤와 남왕국의 평신도 아모스의 대결이 펼쳐진다(암 7:10-17). 이 환상에는 메뚜기 환상(암 7:1-3), 불 환상(암 7:4-6), 다림줄 환상(암 7:7-9), 여름 과일 한 광주리 환상(암 8:1-3) 그리고 제단 파괴 환상(암 9:1-4)이 속해 있다. 첫 번째 환상과 두 번째 환상은 한 쌍을 이루고 있다. 이

두 가지 환상에서 아모스의 중보기도는 받아들여져서 하나님의 심판이 지연되는 결과를 얻어 낸다. 그러나 또 하나의 쌍을 이루고 있는 세 번째와 네 번째 환상에서는 '다시는 용서하지 않는다'는 돌이킬 수 없는 심판의 확실성을 깨닫게 된다. 다섯 번째 환상은 하나님의 심판으로부터 숨을 수 있는 곳은 온 천하 우주에 단 한 군데도 없다는 사실을 생생하게 알려 준다. 네 번째 환상과 다섯 번째 환상의 중간에 끼어 있는 부분들은 부자들의 폭리 행위를 고발하고(암 8:4-10), 이에 따른 이스라엘의 운명을 묘사한다(암 8:11-14).

(4) **온 이스라엘의 회복**(암 9:5-15). 아모스 9:5-6은 짧은 찬양시를 보여 주고, 9:7-10은 이스라엘의 선택 의식을 반박한다. 이어서 이스라엘의 회복이 약속된다(암 9:11-15). 여기에는 다윗 왕조가 회복되고 그 옛 영토가 복구되리라고 예고된다(암 9:11-12). 그때 땅이 기적적으로 기름진 소산을 내고(암 9:13), 하나님께서 포로로 잡혀 갔던 자들을 고향으로 귀환시키실 것이다(암 9:14-15). 이 단락은 하나님은 자기 백성을 끝까지 버리시지 않고, 심판하신 다음에도 반드시 회복시키신다는 점을 드러내주고 있다. 심판이 하나님의 궁극적인 관심은 아니라는 것이다.

4. 오바댜: 다른 사람의 불행을 오히려 즐기는 죄

1) 오바댜: 언제 어디서 무엇을?

예언자 오바댜에 대해서는 이름 외에는 더 이상 알려진 바가 없다
(옵 1:1). 그 이름은 '여호와의 종', '여호와를 섬기는 자'라는 뜻이다.
오바댜는 주전 587년 예루살렘이 점령되는 동안, 또는 그 이후에
에돔 사람들이 보여 준 태도를 묘사하고 있는 11-14절에 따르면,
이 사건을 목격하거나 그 시대에 살았던 사람으로 보인다.

오바댜서는 예언서 가운데 가장 짧은 책이다. 이 작은 책은 에
돔의 멸망 예고(옵 1:1-14)와 유다와 시온의 구원 예고(옵 1:15-21)를 담
고 있다. 에돔은 본래 이스라엘의 형제 민족이다(옵 1:10). 그러나 그
민족은 역사의 흐름 속에서 항상 지역을 확장하려고 했기 때문에
국경을 맞대고 있는 유다의 짐이 되었다. 에돔이 유다를 마지막으
로 욕보인 것은 바빌로니아가 유다의 예루살렘을 점령하고 지도
층을 비롯한 고급 인력들을 포로로 잡아갈 때였다. 에돔인들은 바
빌로니아 정복자들을 적극적으로 도와 유다의 도망자들을 붙잡았
고, 이스라엘의 파국을 기뻐했다(옵 1:10-14). 에돔 사람들의 이러한
개입이 참사에서 간신히 목숨을 건진 사람들에게 얼마나 깊은 상
처를 남겼는지는 에스겔 25:12-14; 35:1-15; 시 137:7에서도 잘 알
수 있다.

오바댜서는 다른 사람의 불행을 오히려 즐기는 죄(잠 17:5)와 자
신에게는 그러한 환난이 임할지도 모른다는 사실을 외면하는 교

만을 경고한다.

2) 오바댜서의 내용 요약

(1) 에돔에 대한 심판 선고와 그 이유(옵 1:1-14). 이 단락에서 오바댜는 에돔에 대하여 심판을 선포한다(옵 1:1-9). 에돔 영토는 가파른 경사로 인해 접근하기 힘든 지정학적 이유로 적의 침략으로부터 자연적으로 보호를 받을 수 있었다. 이 때문에 에돔 사람들은 일종의 교만과 무사안일에 빠져 아무도 자기들을 해칠 수 없다고 믿었다(옵 1:3-4). 에돔에 대한 심판 이유는 오바댜 1:10-14에 적혀 있다. 유다와 에돔은 친족관계였기 때문에 이들의 배반은 더욱더 치명적인 것으로 느끼게 되었다. 유다가 주전 587년에 바빌로니아에게 유린당할 때 에돔이 하지 않아야 할 여러 가지 행동들이 심판의 근거로 제시된다.

(2) 이스라엘의 구원(옵 1:15-21). 하나님이 모든 민족들('만국')을 심판하실 날이 가까이 왔다. 이때 하나님은 자신들이 행한 대로 벌받게 되리라(인과응보)고 예고하신다(옵 1:15). 유다가 지난날 심판의 쓴 잔을 마셨듯이, 다른 민족들도 그 잔을 계속('항상')마셔서 완전히 망해 버릴 것이다(옵 1:16). 바빌로니아 사람들이 황폐하게 만든 시온 산은 다시 거룩한 산이 되어, 그 위에서 하나님이 자신을 자기 백성의 구원자로 드러내 보이실 것이다(옵 1:17). 에돔('에서 족속')은 유다 사람('야곱 족속')과 이스라엘 사람('요셉 족속')에 의해서 심판을

받게 될 것이다(욥 1:18). 그리고 가나안의 땅은 새롭게 분배될 것이다(욥 1:19-21).

5. 요나: '하나님의 자유'

1) 요나: 언제 어디서 무엇을?

아밋대의 아들 요나(욘 1:1)라는 이름이 열왕기하 14:25에서도 언급된다. 그곳에서 요나는 여로보암 2세(주전 787-747년)의 통치 기간에 북 왕국의 국경을 확장해야 한다고 왕에게 하나님의 이름으로 말하였다고 전해진다. 그런데 요나서의 요나와 열왕기하의 요나를 동일인으로 보기에는 어려움이 따른다. 주전 8세기 초반은 아직 아시리아가 세계적인 제국으로 그 모습을 드러내기 전이었고, 게다가 그 수도 니느웨에 대해서는 이스라엘이 아직 모르고 있었기 때문이다. 또한 하나님이 이스라엘뿐만 아니라 니느웨 같은 이방 민족들에게도 관심이 있다는 신앙은 포로기 이후에나 나올 수 있는 사상이기 때문이다. 따라서 대부분의 학자들은 유다가 바빌론 포로에서 귀환한 이후, 즉 페르시아 통치 시기(주전 539-333년)에 이 책이 형성되었다고 본다.

요나서는 문학적으로 소예언자의 다른 예언서들과는 아주 다르게 형성되어 있다. 이 책은 예언자의 말씀을 수집한 것이 아니고, 한 예언자에 관한 이야기이다. 그것도 하나님의 소명을 의도적으로 거역하고 불순종하는 한 예언자의 삶에 관한 이야기이다. 그 당시 세계적인 도시 니느웨에 멸망을 예고하라는 요나에게 주어진 위임과 그의 도피 행각(욘 1장), 그리고 물고기 배 속에서의 사흘간의 체재(욘 2장), 니느웨를 향한 요나의 선포와 이에 대한 니느웨의 뜻밖의 반응(욘 3장), 그리고 니느웨 사람들을 은혜로 대하시는 하나님과 이에 대한 요나의 원망(욘 4장) 등이 이야기되고 있다.

포로기 이후 유다 공동체에서는 에스라와 느헤미야의 활동으로 인해 이방 민족들과 관계를 단절하려는 흐름이 강해지는 반면 이방인들이 이스라엘의 신앙에 귀의하는 일이 벌어지기 시작했다(사 56:1-8). 이러한 상황에서 하나님은 모든 사람들을 구원하시려 하며(욘 4:10-11), 또 그 백성 이스라엘은 모든 사람을 구원하는 일을 위하여 부르심을 받았다는 것을 증언하는 것이 요나서의 중심 메시지이다. 더불어 특히 요나서 4장에 나타난 하나님과 요나의 대화는 '하나님은 당신이 원하시는 대로 행동하실 자유가 있다'는 주제를 예리하게 제시하기도 한다. 요나서의 중심 주제는 '하나님의 자유'라고 정리할 수도 있다.

2) 요나서의 내용 요약

(1) 하나님의 명령과 요나의 불순종(욘 1:1-16). 요나는 악한 성읍이요, 아시리아의 수도인 니느웨에 가서 메시지를 전하라는 하나님의 부르심을 받는다. 요나는 이 부르심을 피하려고 니느웨와는 정반대 방향인, 페니키아 사람들이 무역항으로 남서부 스페인에 개

척했던 다시스로 달아나려고 한다. 이곳은 당시에 세계의 끝으로 알려진 곳이다. 요나의 도피 행각은 하나님이 일으킨 폭풍으로 인하여 실패한다. 급기야 자신의 요청에 의하여 바다에 던져진다.

(2) **요나의 회개와 구원**(욘 1:17-2:10). 요나는 하나님이 준비해 두신 큰 물고기 배 속에 들어가게 된다(욘 1:17). 이어서 요나의 기도가 시작된다. 요나는 하나님이 위험에서 구원해 주신 것을 인정한다(욘 2:2-7). 그리하여 요나는 구원해 주신 하나님께 제사를 드리겠다고 약속한다(욘 2:8-9). 예언자로서뿐만 아니라 인간으로서도 끝장났던 요나는 하나님의 기적적인 구원을 경험하고 감사 찬송을 드린다. 이 찬양 이후 하나님은 물고기에게 명하였고, 물고기는 달아나던 요나를 다시 육지로 토해 낸다(욘 2:10).

(3) **요나의 선포와 니느웨의 회개**(욘 3:1-10). 요나에게 주어진 사명은 첫 번째의 것과 동일하다(욘 3:1-2). 이번에 요나는 순종한다(욘 3:3-4). 요나의 짧막한 메시지에 국가적인 회개가 거행된다. 여기에는 심지어 짐승들도 참여한다(욘 3:5-9). 하나님은 뜻을 돌이키시고 악한 도성을 살려 두신다(욘 3:10). 여기서 주목할 점은 요나의 메시지가 히브리어로 다섯 단어에 지나지 않는다('사십/일이/지나면/니느웨는/무너지리라')는 사실이다. 예언자의 선포치고는 너무 짧다. 요나는 니느웨가 회개할 것을 기대하지 않으며, 혹시라도 이 악한 도성이 하나님의 은혜를 입기를 바라지 않는 것으로 보인다. 요나의

우려는 현실이 되었다. 니느웨가 회개하고 하나님이 용서하신 것이다.

(4) 야웨에 대한 요나의 불평과 야웨의 응답(욘 4:1-11). 요나 4:2은 요나가 왜 달아났으며(욘 1:3), 니느웨에서 왜 아주 짧은 예언을 했는지(욘 3:4)를 알려 준다. 요나는 이스라엘의 원수인 악한 이방 민족은 마땅히 멸망받아야 한다는 자신의 신념을 포기할 수 없었던 것이다. 요나와 하나님은 이 점에서 충돌한다. 요나는 하나님께 불평을 쏟아 내며 하나님과의 논쟁도 마다하지 않는다(욘 4:3-9). 요나 4:10-11은 이 요나서 전체의 주제를 드러낸다. 하나님은 당신을 거역하는 예언자, 이방 선원들, 니느웨 백성들, 심지어 짐승들에게도 자비를 베푸시는 분이다. 창조주이신 하나님의 자비 대상에서 벗어나는 피조물은 하나도 없다.

6. 미가: 예언자의 영성(정의, 인자, 하나님과 동행)

1) 미가: 언제 어디서 무엇을?

미가라는 이름은 '누가 여호와와 같은가?'('미가야', 미 7:18)라는 질문의 단축형이다. 미가는 유다 산기슭 구릉지대에 위치한 모레셋의 조그만 농촌 마을 출신이다(미 1:1; 렘 26:18). 모레셋은 예루살렘에서 남서쪽으로 약 40킬로미터 지점에 있던 곳으로 추정된다. 미가에 대해서는 알려진 바가 거의 없다.

미가는 1:1의 표제에 의하면 이사야와 동시대에 등장한 예언자로 주전 740-700년 기간에 활동한 것으로 보인다. 이 시기에 아시리아 제국은 그 세력을 펼치기 시작하여 서쪽으로는 지중해까지 이르렀고 남쪽으로는 한동안 이집트까지 이르렀다. 지중해 동쪽 연안의 다른 여러 작은 나라들과 함께 유다도 이 확장 정책의 영향을 받을 수밖에 없었다. 유다는 처음에는 아시리아의 패권을 인정하고 스스로 신복이 됨으로 간신히 명맥을 유지할 수 있었다(주전 735년, 사 7:1-25). 이후 아시리아는 주전 722년 사마리아를 파괴시키고 북 왕국 이스라엘을 함락시켰다(미 1:6). 그 이후 주전 701년 유다의 왕 히스기야가 아시리아에 반기를 들자 아시리아의 산헤립이 대군을 이끌고 유다의 요새화된 46개 성읍을 초토화시켰다(사 1:7). 이 가운데는 주요한 도시였던 라기스도 포함되었다(미 1:13). 이때 예루살렘은 간신히 살아남게 되었다(사 1:8-9; 36-37장). 이러한 상황에서 미가는 예루살렘이 파괴될 것이라고 예언을 하였다(미 1:8-9; 3:12).

미가서는 심판과 구원의 도식으로 구성되어 있다. 즉 미가 1:2-2:11의 심판 선포 뒤에는 구원의 말씀인 2:12-13이 뒤따른다. 지도자들에 대한 심판이 선포되는 미가 3:1-12 뒤에는 구원의 메시지인 미가 4-5장이 이어 나온다. 또 미가 6:1-7:6의 심판 선포 이후 7:7-20의 구원 선포가 나오며 이로써 미가서는 끝을 맺고 있다. 미가는 자기 백성이 심판을 경험한 이후 더 행복한 미래가 열릴 것이라고 약속한다. 미가가 선포하는 미래적 구원의 절정은 이상적인 통치자가 베들레헴에서 나올 것이라는 메시아 예언에서 극에 달한다(미 5:2-5).

　미가서의 중심 메시지는 주전 8세기 예언의 본질을 집약하고 있는 미가 6:8에 담겨 있다. 하나님이 진정 원하시는 것은 '정의를 행하며'(암 5:24), '인자를 사랑하며'(호 6:6), '하나님과 동행하는 것'(사 7:9)이다. 이 선포는 예수님이 서기관과 바리새인 들에게 하신 말씀에서 오늘날에도 회복되어야 할 중요한 영성으로 다시금 강조하여 언급되고 있다. "율법의 더 중한바 정의와 긍휼과 믿음은 버렸도다"(마 23:23).

2) 미가서의 내용 요약

(1) **이스라엘과 유다에 대한 심판**(미 1:1-3:12). 이 단락은 사마리아와 예루살렘에 대한 고발과 심판의 말씀으로 시작한다(미 1:2-7). 이러한 메시지는 곧바로 미가의 탄식으로 이어진다. 사마리아의 멸망을 초래한 심판('상처')은 북 왕국의 경계에서 멈추지 않고 유다에도 미칠 것이다(미 1:8-9). 미가는 유다 여러 성읍들에 재난이 닥칠 것을 예고한다(미 3:10-16). 이 일은 아마 주전 701년 산헤립이 유다를 공격한 사건과 관련이 된 듯싶다.

　이어서 가난한 자들을 억누르는 권력자들에게 화(禍) 외침이 주어진다(미 2:1-5). 백성들은 심판을 선포하는 예언자 미가를 비난하지만(미 2:6-7), 미가는 적들의 비난을 단호히 물리친다(미 2:8-11).

이어서 하나님이 포로 생활이 끝난 이후 이스라엘의 남은 자를·다시 모을 것이라는 약속이 주어진다(미 2:12-13).

미가는 유다의 사회 종교적인 지도층들의 죄악을 고발하고, 이에 대하여 심판의 말씀을 전한다. 먼저는 백성들의 희생으로 이익을 취하는 정치 지도자들에게 심판이 선포되고(미 3:1-4), 탐욕에 사로잡힌 거짓 예언자(미 3:5-8)와 하나님의 법을 자신의 물질적 착복에 이용하는 온갖 지도자들에게 심판이 선고된다(미 3:9-12). 이런 이유로 예루살렘 성전은 파멸될 수밖에 없다고 미가는 예고한다(미 3:12). 이 구절은 명시적으로 예루살렘 성전의 멸망을 예고한 최초의 본문이다.

(2) **회복과 구원의 말씀**(미 4:1-5:15). 이 단락은 하나님이 장래에 이루실 평화의 나라를 묘사함으로 시작한다(미 4:1-5). 이는 이사야 2:1-4의 기술과 유사하다. 이어서 망한 백성에게 하나님이 베푸시는 은혜가 묘사된다(미 4:6-5:1). 미가 5:2-5은 베들레헴에서 나올 한 통치자를 약속한다. 이 말씀은 다윗의 후손이 현재 자리잡고 있는 예루살렘이 아니고, 다윗의 고향인 보잘것없는 베들레헴에까지 거슬러 올라감으로써 다윗의 후손인 왕들과 그들이 통치하는 예루살렘을 암시적으로 비판하고 있다. 이상적인 새로운 통치자는 이전까지와는 근본적으로 다른 모습을 보여 줄 것이다. 이어지는 부분에서는 이상적인 통치자가 나타나면 하나님의 백성은 그 통치자의 지도 아래 적들을 전멸시킬 것임을 진술한다(미 5:6-15). 특

히 하나님은 당신의 백성을 몰락시킨 원인들을 제거하실 것이다. 즉 군비에 대한 헛된 의존(미 5:10-11), 금지된 복술 행위(미 5:12), 우상숭배(미 5:13) 같은 유혹의 뿌리들을 제거하실 것이다.

(3) **심판의 말씀**(미 6:1-7:7). 미가는 법정의 소송 양식을 사용하여 이스라엘의 죄악을 폭로하고(미 6:1-5) 하나님이 진정으로 요구하시는 것이 무엇인지를 밝힌다(미 6:6-8). 미가 6:9-16에서는 예루살렘 안에서 자행되는 갖가지 속임수가 지적된다. 미가는 부패한 백성들로 인하여 깊은 탄식에 빠진다. 특히 예루살렘에 있는 관리들과 그 지도층 인사들이 공공연하게 자행하는 악이 언급된다(미 7:2-4). 신뢰할 만한 인간관계도 불신 풍조가 만연하여 아주 망가져 버려서 그 누구도 믿을 수 없게 되었다(미 7:5-6). 미가 7:7의 신뢰는 이어지는 7:8-20의 희망적인 말을 연결해 주는 이음새 역할을 한다.

(4) **구원의 말씀**(미 7:8-20). 미가서의 마지막 부분인 이 단락은 예배 때 사용되었을 것으로 추정되는 예배 의식문의 형식을 띠고 있다. 백성들은 하나님이 그들의 적들을 물리치리라는 온전한 신뢰 속에서 자신들의 죄를 고백한다(미 7:8-10). 이는 하나님의 신실하심과 자비로우심에 기초하여 희망을 건 것이다. 예언자는 회중에게 그들의 회복을 확언해 준다(미 7:11-13). 예언자의 말씀에 이어서 기도가 뒤따른다. 백성들은 하나님의 도움을 요청한다(미 7:14-17). 미가 7:18-20은 예배 의식문 형식을 마무리 짓는 찬양을 묘사한다.

7. 나훔: 이 세상의 불의를 반드시 심판하시어
도덕적 세계로 이끄시는 하나님

1) 나훔: 언제 어디서 무엇을?

나훔에 대해서는 이름과 그의 고향이 엘고스라는 것만 알려졌다 (나 1:1). 그러나 엘고스라는 지명조차도 그곳이 어딘지 확실하지 않다. 나훔이란 '위로'를 뜻한다. 나훔은 유다가 어두운 시대를 보낼때 희망의 힘으로 지탱해 나아가게 하는 위로와 위안을 자기 백성에게 가져다준 예언자였다.

나훔서에는 이 예언자의 활동 시기를 추측하게 해 주는 두 가지 본문이 있다. 나훔 3:8-10에서 상부 이집트의 수도였던 노아몬 (= 테베[Thebes], 오늘의 룩소르)의 함락이 이미 발생한 사건으로 비교적 자세히 언급된다. 노아몬은 주전 663년에 아시리아의 손에 넘어갔다. 또한 나훔 3:7에는 니느웨의 함락이 예고되고 있다. 니느웨는 주전 612년에 바빌로니아와 메대에 의해 몰락하였다. 따라서 나훔은 주전 663년과 612년 사이, 즉 650년경에 활동한 것으로 보인다.

나훔은 아시리아 제국의 수도 니느웨의 멸망을 예고한 예언자이다. 이 당시는 아시리아의 세력이 여전히 전성기에 있을 무렵이었다. 이 제국은 고대 세계에서 가장 증오스럽고 포악했던 세력으로 고대 근동을 1세기 넘게 지배하였다. 고대 근동 국가들의 증오의 대상이었던 이 제국에 대한 멸망 예언은 유다에게도 당연히 기쁜 소식이었을 것이다. 나훔은 우선 하나님의 권능을 찬송하며 시작한다(나 1:1-8). 이어서 유다와 니느웨에 대한 신탁을 소개하고(나 1:9-14), 니느웨를 향하여 멸망을 예언한다(나 1:15-2:13). 나훔은 니느웨를 아름다운 창녀의 모습으로 인격화하며, 그 멸망을 극적인 말로 선포함으로 자신의 선포를 마감한다(나 3:1-19).

나훔서는 '하나님은 가장 강력한 세상 권세 역시 때가 되면 종결시킬 수 있다'는 신앙 고백을 보여 준다. 역사의 주인이신 하나님의 권능은 이 세상이 결코 불의로 끝나지 않도록 도덕적 세계로 이끄신다는 것이다. 나훔서의 중심 메시지를 한마디로 말하면, '하나님은 악을 반드시 보응하시는 분'이시라는 것이다(나 1:2).

2) 나훔서의 내용 요약

(1) **보복하시는 하나님에 대한 찬미 시**(나 1:1-8). 니느웨에 대한 심판의 말씀은 야웨의 권능과 자비를 노래하는 시로써 시작한다. 하나님은 투기(妬忌)하시는 하나님이시고(출 20:5-6), 악과 악한 사람을 반드시 보복하시는 하나님이시다(나 1:2-3). 나훔 1:4a은 창조 사건('바다를 꾸짖어')과 출애굽 사건을 암시하고, 4b절은 가뭄 재앙을 가리킨다(암 1:2). 나훔 1:5은 지진이 생각나게 한다(암 8:8). 이러한 현상들은 하나님의 권능을 묘사하는 것이다. 이러한 하나님의 권능은 하나님의 적들에게는 파멸을 뜻하지만, 하나님께 신실한 사람들에게는 구원을 의미한다. 이 찬미 시는 하나님이 한 나라의 정치적인 상황을 언제든지 전복시킬 수 있으며, 또한 그렇게 하실

것이다는 점을 암시한다.

(2) **유다와 니느웨에 내리는 신탁**(나 1:9-14). 이 단락은 니느웨의 멸망에 대한 의심을 해명하고, 유다에 대해서는 구원과 자유를 약속해 주고 있다. 나훔 1:9의 전반절은 하나님의 니느웨 심판에 대해서 백성들이 의심하고 있음을 전제하고, 하반절은 하나님의 심판 사실이 확고함을 강조하고 있다. 니느웨가 아직은 힘도 세고 또 뚫고 들어가기가 힘들지 몰라도 하나님 앞에서는 마침내 불로 살라 버릴 지푸라기에 불과하다(나 1:10). 나훔 1:11, 14의 '너'는 니느웨를 가리키고, 12-13절의 '너'는 유다를 말한다. 따라서 하나님은 억압자 니느웨에게는 무덤까지 파 두시고 심판을 선고하고, 지금까지 조공을 바치며 억압당해 온 유다에게는 구원과 자유를 예고하고 있다.

(3) **니느웨의 멸망에 관한 예언**(나 1:15-2:13). 이 단락은 니느웨의 멸망을 상세히 묘사하고 있다. 나훔은 적의 성읍(니느웨)이 멸망하는 사건이 이미 일어난 것으로 본다. 그래서 승리의 사자가 벌써 서둘러 온 나라를 두루 다니면서 승전보를 알릴 수 있게 되었다(나 1:15). 나훔은 이 사건에서 유다 민족 전체의 회복을 내다본다(나 2:2). 본문은 역설적으로 니느웨에게 무장하라는 촉구를 한다(나 2:1). 그 뒤를 이어서 철저히 준비된 무적의 군대가 침략을 한다(나 2:3-4). 니느웨가 속수무책으로 유린당하는 장면이 생생하게 묘사

된다(나 2:5-10). 나훔은 아시리아 왕들이 자신을 흔히 사자로 비유했던 사실에 빗대어 니느웨의 멸망을 조롱조로 노래하고 있다(나 2:11-12). 아시리아의 멸망은 단순히 힘이나 군사력의 문제가 아니라 하나님의 유죄 판결에서 나온 결과이다(나 2:13).

(4) **큰 음녀 니느웨의 멸망**(나 3:1-19). 나훔 3장은 니느웨의 죄악과 멸망에 대하여 보다 자세히 묘사하고 있다. 잔인했던 아시리아는 이제 다른 민족들에게 가했던 고통을 직접 당한다. 나훔은 니느웨를 온 세상이 다 보는 데서 발가벗기어 수치를 당하지만 아무도 동정하지 않는 음녀로 묘사한다(나 3:4-7). 나훔은 니느웨의 몰락을 상부 이집트의 수도였던 노아몬(테베)의 함락에 견주어 확신하고 있다(나 3:8-10). 어떤 군대도 산성도 이 니느웨 성을 구할 수 없다(나 3:11-15). 이 성을 통해서 이익과 특권을 얻기 위하여 떼 지어 모여들었던 모든 상인들과 관리들도 모두 이 성을 버릴 것이다(나 3:16-17). 마지막 말씀(나 3:18-19)은 아시리아 왕에게 해당된다. 이 구절은 두 번 다시 세계가 아시리아 왕의 행패를 겪지 않아도 되는 즐거움을 표출하고 있다.

8. 하박국: '기다림의 영성'

1) 하박국: 언제 어디서 무엇을?

하박국서에는 예언자 자신과 그의 시대에 관한 자세한 언급이 결여되어 있다. 그런데 하박국 1:6의 '갈대아 사람들'에 대한 언급은 이 예언자의 예언이 신바빌로니아가 아시리아 제국을 와해시키고 (주전 612년) 고대 근동의 패권을 틀어쥔 주전 600년대 초로 자리 잡게 한다. 아마도 하박국은 주전 600년 바로 이전, 즉 나훔 이후에 몇십 년이 지난 이후에 활동한 것으로 보인다. 하박국 3:13에 여전히 '왕'('기름 부음을 받은 자')이 그 기능을 담당하고 있는 것으로 보아 주전 598년의 첫 번째 예루살렘 함락 사건이 아직은 반영되어 있지 않음을 알 수 있다. 그렇다면 하박국은 유다 왕 여호야김 통치기(주전 608-598년)에 활동한 예레미야(주전 627-585년)와 동시대 사람이었을 것이다.

하박국서는 하나님이 벌하지 않은 불의에 관하여 예언자가 하나님께 탄원하는 것으로 시작한다(합 1:2-4). 하나님은 갈대아 사람들(바빌로니아 사람)을 통해서 유다의 불의를 심판하실 것이라고 미리 알려 주신다(합 1:5-11). 이에 대하여 하박국의 두 번째 탄원이 이어진다(합 1:12-17). 하박국은 '악인(바빌로니아 사람)이 의인(유다 사람)을 치는 것'이 과연 정당한 것인지를 따져 묻는다. 이내 이 책의 중심 메시지를 담고 있는 하나님의 응답이 주어진다(합 2:1-5). 이에 바로 이어서 바빌로니아에게 다섯 번에 걸친 화(禍) 외침('화 있을 진저')이 떨어진다(합 2:6-20). 마지막인 하박국 3장은 시 형식으로 된 기도이다. 이 시의 결론 부분(합 3:16-19)은 구약에서 하나님을 신뢰하는 표현 가운데 가장 고상한 고백이다.

하박국서의 핵심 구절은 "의인은 그의 믿음으로 말미암아 살리라"(합 2:4)이다. 하나님의 결정적인 행위가 고통스러울 정도로 더디지만, 신실한 자들은 그의 뜻이 확실할 때나 의심스러울 때나 언제든지 신실하게 그의 뜻을 기다려야 한다. 의인에게는 '기다림의 신실함'이 요구된다.

2) 하박국서의 내용 요약

(1) 예언자의 탄원과 하나님의 응답(합 1:1-2:5). 이 단락은 하박국의 탄원과 하나님의 응답이 번갈아 가며 두 번씩 나오고 있다. 율법 준수와 예배 정화에 애썼던 요시야 왕(주전 639-609년)이 죽자 여호야김 왕(주전 608-598년)은 아비와는 정반대의 길로 갔다(렘 22:13-19). 이러한 상황에서 하박국의 탄원이 터져 나온다. 하나님의 침묵에 대하여 하박국은 "어느 때까지리이까?"라고 절규한다(합 1:2-4). 하나님은 놀랍게도 바빌로니아를 통하여 유다를 심판하시겠다고 응답하신다(합 1:5-11). 하박국의 절규는 한 옥타브가 올라간다. "악인이 자기보다 의로운 사람을 삼키는데도 잠잠하시나이까?"(합 1:12-17). 하나님은 당신이 정하신 때가 이르면 악인과 의인을 구분하시며, 그에 합당한 처벌이 내려질 것임을 밝힌다(합 2:1-5). 의인은 이를 굳게 믿고 하나님의 때를 기다릴 수 있어야 한다.

(2) **바빌로니아를 향한 다섯 번의 화 외침(합 2:6-20).** 이 단락에는 바빌로니아를 향한 다섯 번에 걸친 화(禍) 외침('화 있을 진저')이 시리즈로 열거된다. 화 외침은 장례식 때 들리는 애곡의 외침(아이고!)이다(렘 22:18-19). 하박국은 이를 통하여 바빌로니아가 현재 죽음 직전의 상황에 처해 있음을 표현한다. 여기에는 남의 소유를 노략질하는 일(합 2:6b-8), 바빌로니아의 교만(합 2:9-11), 죄악과 범죄로 도시와 성을 건설하는 일(합 2:12-14), 정복당한 백성을 무자비하게 유린하고 수치를 당하게 하는 일(합 2:15-17), 그리고 우상숭배(합 2:18-20)가 거론된다.

(3) **하박국의 기도(합 3:1-19).** 하박국 3장은 예언자의 기도문으로서 시로 적혀 있다. 이 기도문은 하나님에게 이 세상에 수년 내로 개입하셔서 바빌로니아에 대한 심판('주의 일')을 실행에 옮겨 달라는 요청으로 시작한다(합 3:2). 이에 대한 하나님의 응답이 환상으로 주어지고(합 3:3-15), 이 환상에 대한 하박국의 응답으로 끝을 맺는다(합 3:16-19). 하나님의 응답은 하나님이 이 땅에 나타나시는 모습(신 현현)을 묘사하고 있다. 하나님의 나타나심은 바빌로니아 사람들에게는 그들을 멸망시키시는 권능으로 작용한다(합 3:13-14). 이는 곧 하나님의 백성에게 구원을 가져다준다(합 3:13). 하박국은 하나님으로부터 무엇인가 듣고 나서(합 3:16) 2:2-4의 말씀에 기초하여 하나님의 시간표를 적극적으로 받아들인다(합 3:16-19).

9. 스바냐: '공의와 겸손을 구하라
너희가 혹시 여호와의 분노의 날에 숨김을 얻으리라'

1) 스바냐: 언제 어디서 무엇을?

구약성경의 예언서 가운데 예언자의 계보를 4대에 걸쳐서 소개하고 있는 책으로는 스바냐서가 유일하다(습 1:1). 이는 예언자 스바냐의 고조할아버지가 히스기야 왕이었음을 의도적으로 드러내려고 한 것으로 보인다. 이것이 사실이라면 스바냐는 왕족이었다. 스바냐라는 이름의 뜻은 '여호와께서 숨기셨다'이다. 이는 신실한 신앙인들을 잔인하게 처형했던 므낫세 왕이 통치하던 유다 나라의 상황과 연관이 있는 것으로 추정된다(왕하 21:16). 므낫세 왕은 유다 역사상 가장 악한 왕으로 알려져 있다(왕하 21:2-16).

스바냐 1장과 3:1-8에 반영된 당시 유다를 향한 스바냐의 강한 비판은 요시야 왕이 종교개혁을 시작하기 전의 전반적인 타락 상황을 적나라하게 보여주고 있다. 요시야는 이 개혁을 주전 628년에 시작하여 주전 622년에 성전에서 보수 공사하던 중 율법책을 발견한 이후부터는 더욱더 박차를 가하였다(왕하 22-23장). 따라서 스바냐는 주전 630년경에 활동한 것으로 보인다. 또한 스바냐는 나훔(주전 650년경)과 예레미야(주전 627-585년)의 사이에 등장하였다고 할 수 있다.

스바냐서는 유다와 예루살렘에 대한 심판의 말씀과 회개하라는 권고로 시작한다(습 1:2-2:3). 이어지는 스바냐 2:4-15은 이방 민

족들(블레셋, 모압과 암몬, 구스, 그리고 아시리아)에 대한 심판의 말씀을
내용으로 하고 있다. 그리고 또다시 예루살렘에 대한 심판의 말씀
이 그 뒤를 따른다(습 3:1-8). 이후 스바냐서는 이방 민족의 구원과
이스라엘의 남은 자에 대한 구원의 말씀으로 이어지고(습 3:9-13),
하나님의 새로운 방향 전환에 관한 시온의 환호로 마감한다(습
3:14-20).

스바냐서도 요엘서와 같이 '여호와의 날'이 두드러진 역할을
한다. 야웨의 날은 유다와 예루살렘 그리고 온 피조물 위에 내리
는 심판의 날이다(습 1:1-18). 스바냐서의 핵심 구절은 "공의와 겸손
을 구하라 너희가 혹시 여호와의 분노의 날에 숨김을 얻으리
라"(습 2:3)를 꼽을 수 있다. 자신을 하나님의 보호에 맡기는 이들은
'혹시'(하나님의 자유) 야웨의 진노의 날에도 유일하게 살아 있는 '남
은 자'가 될 수 있을 것이다(습 3:12-13).

2) 스바냐서의 내용 요약
(1) 하나님의 백성에 대한 심판의 말씀과 회개하라는 외침(습 1:1-
2:3). 스바냐의 선포는 우주적 심판으로 시작한다(습 1:2-3). 또한 유
다와 이스라엘에서 우상을 섬기는 자들에게 내릴 심판을 예고한
다(습 1:4-6). 스바냐 1:7-18은 야웨의 날이라는 주제를 언급하고 있
다. 그날은 유다 백성들에게 심판의 날이 될 것이다(습 1:7-9). 놀랍
게도 그날에는 유다 백성들이 절기의 희생 제물이 되고('희생을 준비
하고'), 그들의 원수들이 제사 식사에 손님('청할 자')으로 초대받을

것이다(습 1:7). 그날에는 타락한 관리나 부정직한 상인들도 도성에서 숨을 곳이 없을 것이다(습 1:10-13). 야웨의 날은 하나님이 직접 당신의 백성을 치시는 날이다(습 1:14-18). 그러나 이러한 심판의 날에 하나님 앞에서 겸손한 자들과 하나님께 순종하는 자들에게는 혹시 구원이 주어질 수도 있다(습 2:1-3). 구원이 전혀 불가능한 것은 아니다.

(2) **이방 민족들에 대한 심판의 말씀**(습 2:4-15). 하나님의 심판이 유다와 예루살렘에만 닥치는 것은 아니다. 이스라엘의 적들인 주변 민족들에게도 미친다. 여기에서는 블레셋의 여러 성읍들(가사, 아스글론, 아스돗, 에그론)과 모압과 암몬 자손 그리고 구스 사람과 아시리아가 포함된다. 이 단락은 바로 앞 단락과 연관시켜 본다면 다른 신의 보호를 받으려 하기보다는 오로지 회개하는 것만이 야웨의 분노의 날에서 벗어나는 길이라는 메시지를 주고 있다.

(3) **예루살렘에 대한 심판의 말씀**(습 3:1-8). 스바냐는 예루살렘의 죄악을 낱낱이 지적한다. 정치 지도자들과 종교 지도자들의 잘못이 지적된다(습 3:1-4). 야웨께서 예루살렘의 시온 산('그 가운데에 계시는 여호와') 위에 거처를 두고 있음에도 불구하고 이 모든 일들이 일어나고 있다(습 3:5). 하나님의 백성들은 다른 민족들이 심판당하는 모습을 아주 가까이서 보면서도 아무런 교훈을 얻지 못했다(습 3:6-7). 이제 하나님은 예루살렘을 심판하기 위하여 모든 민족을 불러

모으고 예루살렘 사람들과 유다 땅에 대한 판결을 집행하게 하신
다(습 3:8).

(4) 이방 민족들과 이스라엘에 대한 구원의 말씀(습 3:9-20). 이 단락
은 이방 민족들의 회개(습 3:9-10), 이스라엘의 회개(습 3:11-13) 그리
고 예루살렘의 재건(습 3:14-20)에 대하여 묘사하고 있다. 하나님이
이스라엘을 심판하시는 도구로 삼으신 다른 민족들에게 내적인
변화를 일으키실 것이다(습 3:9). 이로 인하여 이방 민족들이 야웨
예배자로 변화된다(습 3:10). 하나님은 예루살렘과 유다에도 근본적
인 변화를 일으키실 것이다. 예고된 심판을 통하여 "교만하여 자
랑하는 자들"이 예루살렘에서 제거될 것이다(습 3:11). 하나님은 겸
손하고 가난한 남은 자들과 함께 새롭게 시작하신다(습 3:12-13). 야
웨께서 이스라엘의 왕으로서 다시 자기 백성 가운데 거하실 것이
기 때문에(습 3:15, 17), 다시는 화를 당할까 두려워할 필요가 없다(습
3:14-17). 이 단락은 바빌론 포로 생활이 종식될 것(습 3:19)과 포로지
에서 귀환할 것을 약속함으로 끝난다(습 3:20).

10. 학개: 성전 재건이 자신의 주거 환경 개선보다 우선

1) 학개: 언제 어디서 무엇을?

학개의 생애에 대해서는 알려진 바가 없다. 학개는 에스라 5:1과

6:14에서도 예언자 스가랴와 함께 언급되고 있다. 학개라는 이름은 '명절에 속한', 즉 '명절에 태어난 사람'이라는 뜻이다. 학개의 활동 연대는 날짜가 정확하게 적혀 있다(학 1:1, 15; 2:1, 10, 20). 바사(페르시아)의 다리오 왕 제2년이란 주전 520년을 가리킨다(학 1:1). 학개는 주전 520년 8월에서 12월까지 예언 활동을 한 것으로 보인다.

주전 538년 페르시아 왕 고레스는 칙령을 내려 바빌론에 잡혀 온 유다 백성들이 본토인 예루살렘으로 귀환하여 파괴된 성전을 재건하는 것을 허락하였다(대하 36:22-23; 스 1:1-4). 유다 백성들은 본국으로 귀환하자마자 성전 재건을 시작하였으나(스 3:8-13), 경제적인 어려움과 유다와 베냐민의 대적들의 적대 행위로 작업을 멈출 수밖에 없었다(스 4장). 그 이후 주전 522년 바사 왕 캄비세스(주전 529-522년)가 죽은 뒤, 격렬한 내부 혼란이 바사 제국을 뒤흔들었다. 캄비세스에 이어 왕좌에 오른 다리오(주전 522/1-486/5년)의 집권 초기는 매우 불안정하였다. 이러한 정치적 불안정은 예루살렘에도 긴장을 불러일으켰다. 이러한 혼란기에 예언자 학개는 유다 공동체를 일깨우는 기회로 삼는다.

학개의 선포 대상은 바사 왕이 유다 총독으로 임명한 스룹바벨과 종교 지도자인 대제사장 여호수아이다(학 1:1). 학개는 이 두 명의 지도자들에게 성전 재건을 명령한다(학 1:1-11). 학개의 명령은 이들의 마음을 움직였고 드디어 중단되었던 성전 건축이 다시 시작되었다(학 1:12-15). 이어서 새로운 성전의 위용이 선포되고(학 2:1-9), 불결에 대한 경고(학 2:10-14)와 더불어 성전의 기초를 놓을 때부터 복을 주시리라는 약속이 주어진다(학 2:15-19). 마지막으로 학개 는 다윗의 자손인 스룹바벨에 대한 약속으로 끝난다(학 2:20-23).

학개의 일관된 주제는 예루살렘 성전 재건이다. 유다가 현재 겪는 경제적인 황폐함은 성전을 황폐하게 방치한 결과라는 것이 다(학 1:4, 9). 이는 학개의 독특한 신학이다. 성전 재건이 자신의 주 거 환경 개선보다 우선이라는 것이다(학 1:4). 학개의 중심 메시지 는 다음과 같다. '자신의 필요에만 몰입하기보다는 먼저 자신의 본분(합당한 성전 재건)에 충실하면 하나님이 그의 필요한 것을 채워 주실 것이다.'

2) 학개서의 내용 요약

(1) **성전 재건 명령과 성전 건축의 시작**(학 1:1-15). 학개는 바빌론에 서 귀환한 유다 공동체가 현재 겪고 있는 경제적 곤경은 주전 587 년에 파괴된 성전을 아직 재건하지 않았기 때문에 하나님이 처벌 하신 것이라고 주장한다. 주전 520년 학개는 당시의 지도자인 총 독 스룹바벨과 대제사장 여호수아에게 성전을 재건하라고 촉구한 다(학 1:1, 8). 백성들은 경제적인 궁핍함으로 지금은 건축 시점이 아 니라고 주장한다(학 1:2). 학개는 백성들에게 지금의 경제적 황폐함 은 자신의 본분(성전 재건)을 망각하고 자신의 일(자기 집 건축)에만 몰 두한 것에 대한 하나님의 심판이라고 해석한다(학 1:9-11). 학개의 권고를 듣고 백성들은 순종하며 성전 재건을 시작한다(학 1:12-15). 예언자의 말씀이 백성들에게 긍정적인 반응을 받는 경우는 드문

경우이다.

(2) **성전이 누릴 미래의 영광**(학 2:1-9). 한 달 정도 지나간 이후 학개는 두 번째로 전할 말씀을 받는다. 이때는 하나님께 추수를 감사드리는 초막절의 마지막 날이었다(학 2:1). 첫 번째 성전인 솔로몬 성전을 아직 기억하고 있던 노인들에게는 지금 눈앞에 보이는 것은 '보잘것없는 것'이었다(학 2:3). 따라서 학개는 백성의 지도자들에게 용기를 북돋아 줄 필요가 있었다(학 2:4). 이는 다윗이 성전 건축을 앞두고 있는 아들 솔로몬에게 한 격려의 말과 유사하다(대상 28:20). 이제는 모두 용기를 가져야 한다. 왜냐하면 제2성전이 세워짐으로 황금의 시대가 열리기 때문이다(학 2:6-8). 이 성전의 나중 영광이 이전 영광을 능가할 것이며, 야웨께서 주시는 평강으로 현재의 낙담과 좌절이 대치될 것이다(학 2:9).

(3) **부정한 백성**(학 2:10-14). 하나님은 학개로 하여금 제사장에게로 가서 율법에 근거한 판결을 구하라고 명령하신다(학 2:11). 거룩함은 간접적인 접촉으로는 전이가 불가능하고(학 2:12), 부정함은 전염이 가능하다(학 2:13). 하나님의 성전이 아직은 정상적으로 회복되지 않았기 때문에 유다 백성들은 성전의 대용물인 번제 단을 통해서는 거룩함을 덧입을 수 없었고, 또한 제의적으로뿐만 아니라 도덕적 차원에서도 부정하다는 판결을 받는다(학 2:14). 현재의 상황에서는 모든 백성은 부정하다. 새로운 조치가 필요하다.

(4) 저주에서 축복으로(학 2:15-19). 이 단락은 백성들이 저주에서 풀려나와 축복을 약속받는 내용이다. 학개는 야웨의 전의 재건축이 시작되기 이전의 시기를 회고하도록 권고한다(학 2:15). 그때는 기대하는 소출만큼 수확할 수 없었다(학 2:16). 이는 하나님이 당신의 백성을 돌이키시기 위한 교육적 심판이었다(학 2:17). 학개는 부정한 상태에 놓인 백성들에게 새로운 길을 제시한다. 이는 성전의 '재봉헌 의식'이다(학 2:18). 이러한 의식을 통하여 새로운 성전은 옛 성전과의 연속성이 확보됨과 동시에 정화된다. 학개 2:15-19은 14절의 유다 백성의 부정함을 해결하는 문제와 직결된다. 유다 공동체 전체를 오염시키는 부정은 성전의 의식적 정화와 파괴된 성전과 재건축된 성전 사이의 연속성을 회복함으로써 치료된다. 이를 기점으로 저주가 축복으로 바뀐다(학 2:19).

(5) 스룹바벨에 대한 하나님의 약속(학 2:20-23). 이 단락은 당시의 정치적 지도자인 총독 스룹바벨에 대한 약속을 담고 있다. 야웨는 학개로 하여금 스룹바벨에게 전할 말씀을 주신다(학 2:20-21a). 이에 따르면 앞으로 세계사적인 대변혁을 경험하게 될 것이다. 이는 야웨의 개입으로 일어나는 사건으로(학 2:21b), 하나님을 적대하는 이방 나라의 보좌와 세력이 섬멸당하는 일이다(학 2:22). 그러나 천지가 개벽하는 것 같은 엄청난 대혼란과 대변혁 가운데서도 스룹바벨은 건재하다(학 2:23). 스룹바벨은 18절의 예루살렘 새 성전의 재봉헌 의식에 주도적으로 참여했던 것으로 추정된다(슥 4:9). 학개는

스룹바벨을 인장 반지로 삼음으로 그의 할아버지 여호야긴을 향한 하나님의 내침('내가 인장 반지를 빼어')이 그에게 와서는 완전히 취소되고 다시 회복되었음을 암시한다(참조. 렘 22:24). 스룹바벨의 가문을 향한 하나님의 무조건적인 약속은 새로운 시대를 열어 준다.

11. 스가랴: 성전과 합당한 예배의 복구가 구원의 길을 연다

1) 스가랴: 언제 어디서 무엇을?

스가랴는 제사장 가문의 후손이며(스 5:1; 느 12:16), 학개와 동시대에 활동하였다. 아버지(베레갸)와 할아버지의 이름(잇도)이 언급되는 것(슥 1:1)으로 보아, 그의 가문은 당시 잘 알려져 있었던 것으로 보인다. 그의 할아버지 잇도는 바빌론에서 처음으로 귀환한 제사장 가운데 한 사람이었을 것이다(느 12:4). 스가랴의 아버지 베레갸의 이름이 다른 곳에서 더 이상 언급되지 않는 것으로 보아(스 5:1; 6:14), 베레갸는 일찍 죽은 것으로 추정된다.

　　스가랴가 첫 번째 등장한 것은 주전 520년 10-11월이며(슥 1:1), 이는 학개가 마지막 메시지를 선포하기 한 달 전에 해당된다(학 2:10, 20). 이후 스가랴의 활동은 주전 518년 12월까지 이어진다(슥 7:1). 따라서 스가랴는 주전 520-518년에 활동한 것으로 보인다. 학개가 종교적 각성을 불러일으켰다면, 스가랴는 동족들의 성실성에 호소하고, 미래에 대한 약속을 선포함으로 학개가 시작한 운동을 강화시켰다.

스가랴서는 1-8장과 9-14장으로 구분된다. 첫 번째 부분(슥 1-8장)은 세 부분으로 세분된다. 스가랴 1:1-6은 유다 공동체를 향하여 회개를 촉구하는 내용을 담고 있다. 스가랴 1:7-6:15은 스가랴가 밤에 본 여덟 가지 환상을 시리즈로 열거한다. 처음의 세 가지 환상(붉은 말을 탄 사람, 네 뿔과 대장장이 네 명, 측량줄을 잡은 사람)은 성전 복구의 준비 단계를 제시한다(슥 1:7-17; 1:18-21; 2:1-5). 중간의 두 가지 환상(대제사장 여호수아, 순금 등잔대와 두 감람나무)은 새로운 공동체의 통치와 관련된다(슥 3:1-10; 4:1-14). 마지막 세 가지 환상(날아다니는 두루마리, 에바 속의 여인, 네 병거)은 최종적 복구의 조건들을 상기시킨다(슥 5:1-4; 5:5-11; 6:8). 스가랴 7:1-8:23은 주전 587년의 대참사를 기념하는 금식 집회의 지속 여부에 관한 문제를 중심으로 다룬다.

스가랴서의 두 번째 부분(슥 9-14장)은 우선 하나님의 백성이 적들을 물리칠 것이라는 것과 앞으로 평화의 왕이 도래할 것을 말한다(슥 9-10장). 뒤이어 이 왕이 받을 고난에 대해 풀이하기 어려운 여러 가지 어려운 암시로써 표현한다(슥 11-13장). 마지막 장(슥 14장)에서는 예루살렘이 구원받고 새로워질 것이라는 환상으로 끝을 맺는다.

스가랴서는 물질적 어려움과 실망으로 회의나 절망감에 빠진 공동체에게 희망을 불어넣는다. 성전의 재건축과 합당한 예배의 복구가 바로 구원의 길을 여는 구체적인 방식이라는 것이다.

2) 스가랴서의 내용 요약

(1) **회개 설교**(슥 1:1-6). 이스라엘 백성들은 바빌론에서 귀환한 이후 18년 동안 특히 외부의 저항(스 4:4-5, 24) 때문에 하나님이 베푸신 자비를 잊어버리고 선조들의 잘못과 죄악에 다시 빠질 위기를 맞이하고 있었다. 스가랴는 옛적 예언자들이 경고한 것과 선조들이 이를 무시한 것을 상기시킨다. 선조들이 예언자의 경고를 무시하여 큰 고통을 받았던 과거를 거론하고 있다. 스가랴는 당대의 사람들에게도 회개하라는 외침(슥 1:3)이 여전히 타당함을 말하고 있다.

(2) **소위 스가랴의 여덟 가지 밤 환상**(슥 1:7-6:15). 이 단락은 스가랴가 밤에 본 여덟 가지 환상을 시리즈로 열거하고 있다. 첫 번째 환상에서 하나님은 떠나셨던 시온 예루살렘에 다시 돌아오신다(슥 1:8-17). 두 번째 환상에서는 유다와 예루살렘을 괴롭혔던 이방 민족들이 파괴된다(슥 1:18-21). 세 번째 환상에서는 새로운 성전과 도시가 '돌 성곽' 없이 하나님 자신이 그 성의 '불 성곽'이 될 것임을 보여 준다(슥 2:1-5). 네 번째 환상에서는 대제사장 여호수아의 무죄 판결과 임명식이 거행된다(슥 3:1-10). 다섯 번째 환상에서는 지도자로 총독 스룹바벨과 대제사장 여호수아 두 명이 세워짐으로써 새로운 공동체의 지도 체제는 쌍두 체제임을 보여 준다(슥 4:1-14). 여섯 번째 환상에서는 십계명 가운데 제8계명과 제9계명을 위반하는 도둑질과 거짓 맹세하는 자들에게 멸망이 임한다(슥 5:1-4). 일곱

번째 환상에서는 예루살렘에서 악이 제거되는 것을 보여 준다(슥 5:5-11). 마지막 여덟 번째 환상에서는 전 세계 사방에 흩어진 하나님의 백성들을 예루살렘으로 데려오는 일이 언급된다(슥 6:1-8). 이 환상을 통하여 하나님이 계시는 새로운 예루살렘의 모습이 그 윤곽을 드러낸다.

(3) **소위 금식에 관한 설교**(슥 7:1-8:23). 주전 518년 12월 초에 벧엘에서 보낸 대표자들이 예루살렘에 왔다. 예루살렘 성전이 재건되어 가고 있는 중인데도 성전 파괴를 추모하는 금식을 계속하는 것이 합당한 것인지를 질문한다(슥 7:1-3). 스가랴는 하나님이 원하시는 것은 예나 지금이나 금식보다는 하나님의 말씀을 청종하는 것임을 밝혀 준다(슥 7:4-14). 즉 하나님은 서로 공의와 자비로 대하고, 약하고 가난한 사람들을 돕는 것과 서로 속이지 않는 것을 원하신다(슥 7:9-10). 스가랴 8장은 하나님이 예루살렘의 회복을 약속하시는 내용을 담고 있다. 앞으로 애도의 금식 기간이 기쁘고 즐거운 명절로 바뀔 것이다(슥 8:19). 회복된 하나님의 백성들은 다른 민족들이 하나님을 예배하도록 이끌 것이다(슥 8:20-23).

(4) **이방 민족들에 대한 심판과 하나님 백성의 회복**(슥 9:1-11:17). 이방 민족들은 심판을 통하여 정화된 다음에 야웨 신앙인들의 공동체에 통합된다(슥 9:1-8). 곧바로 겸손한 모습으로 이상적인 통치를 시작할 왕-메시아가 나타난다(슥 9:9-10). 그리고 큰 전투들이 발생

하는데, 그 덕분에 여기저기 흩어진 하나님의 백성들의 재결집이 이루어진다(슥 9:10-11:3). 이어서 백성의 부실한 목자들에 대한 심판이 기록된다(슥 11:4-17). 이 목자들은 아무런 수치심도 없이 양 떼를 돌보지 않을 뿐더러 오히려 잡아먹기까지 한다.

(5) **예루살렘의 구원과 야웨의 날의 약속**(슥 12:1-14:21). 그러나 모든 것이 끝난 것처럼 보일 때, '찔려 죽은 이'(슥 12:10)의 희생이 회복을 가져온다. 자신을 치려는 이방의 적들에게서 구원된 백성이 새 '영'(슥 12:10)을 받을 것이다(슥 12:1-13:1). 그리고 우상숭배와 거짓 예언자들이 제거되고, 남은 자들은 정화가 될 것이다(슥 13:2-9). 이제 구원은 온 세상으로 퍼져 나간다. 모든 민족은 야웨의 왕권을 고백하기 위하여 이스라엘과 결합해야 한다(슥 14:1-21).

12. 말라기:
하나님의 약속의 실현은 개인의 순종과 경건에 달려 있다

1) 말라기: 언제 어디서 무엇을?

예언자 말라기에 대해서는 알려진 바가 전혀 없다. 말라기는 히브리어로 '나의 사자'(messenger, 말 3:1)라는 뜻이다. 사실 말라기가 고유한 이름인지 아니면 단순히 '나의 사자'(messenger)를 가리키는지는 논쟁이 된다. 최근의 경향은 말라기를 예언자의 고유한 이름으로 보는 쪽으로 기운다.

말라기는 여러 가지 정황으로 보아 주전 5세기 전반기나 혹은 후반기에 등장한 듯하다. 말라기 1:10; 3:1, 8에 함축된 성전의 존재는 주전 515년에 성전이 재건된 이후의 상황을 전제함으로 이러한 연대를 뒷받침한다. 이 당시는 학개와 스가랴가 성전 재건과 결부시켜 선포했던 희망들이 물거품이 되면서 무관심과 환멸의 분위기가 팽배한 사회가 되어 버렸다. 예배는 변질되어 겉으로만 형식적으로 지켜졌고 제사장들마저도 자기 책임을 소홀히 한 나머지 하나님의 율법은 될 수 있는 대로 거의 무시되었다(말 1:6-2:9).

말라기서는 표제(말 1:1)에 이어서 여섯 가지의 논쟁의 말씀으로 구성되어 있다. 예언자가 한 가지씩 주장을 펼 때마다 이스라엘은 이에 도전하여 이의를 제기하고, 뒤이어 예언자는 자기주장의 근거를 밝힌다. 첫 번째는 하나님이 이스라엘을 사랑한다는 주장에 대한 논쟁이며(말 1:2-5), 두 번째는 제사장들의 태만과 비행에 관한 논쟁이다(말 1:6-2:9). 세 번째는 이방 여인과의 결혼과 본 부인과의 이혼에 관한 논쟁이며(말 2:10-16), 네 번째는 하나님의 공의에 관한 논쟁이다(말 2:17-3:5). 다섯 번째는 십일조에 대한 이스라엘의 태만에 관한 논쟁이고(말 3:6-12), 여섯 번째는 의인과 악인의 운명에 관한 논쟁이다(말 3:13-4:3). 이 책은 모세의 가르침에 신실할 것과 하나님이 보내실 엘리야를 대망하라는 부름(말 4:4-6)으로 막을 내린다.

말라기서는 불신이 가득 찬 시대에 하나님은 축복과 구원의 약속을 충실히 이행하실 것이며, 이는 전적으로 개인의 순종과 경건에 달려 있음을 강조한다(말 3:16-18).

2) 말라기서의 내용 요약

(1) **하나님과 백성의 여섯 가지 논쟁적 대화**(말 1:1-4:3). 말라기서는 새 성전 공동체 안에서 발생한 구체적인 갈등을 중심 문제로 다룬다. 하나님의 사랑이 의심의 대상이 되고(말 1:2-5), 불결한 제물이 뻔뻔하게 드려지며(말 1:6-2:9), 조강지처와는 이혼하면서, 혼합 결혼, 즉 유대인과 비유대인 사이에 결혼이 자행되기도 하였다(말 2:10-16). 하나님의 공의조차도 공공연히 시비의 대상이 되고(말 2:17-3:5), 십일조는 횡령되었고(말 3:6-12), 오히려 불경건한 자들이 부요하고 행복하며 성공적인 삶을 살고 있다(말 3:13-4:3). 이러한 낙담과 절망이 가득한 현실 속에서 예언자 말라기는 하나님이 정한 날이 되면 의인과 악인의 삶이 명백히 구분될 것이라고 확신하고 있다(말 3:17-18).

(2) **마지막 권고와 엘리야의 돌아옴 예언**(말 4:4-6). 말라기서는 모세의 율법을 지키라는 경고와 엘리야가 다시 온다는 예고와 함께 끝난다. 이 단락은 말라기서의 종결 부분일 뿐만 아니라 열두 소예언서 전체의 끝부분이기도 하다. 모세의 율법은 심판의 날('여호와의 크고 두려운 날')이 닥칠 때까지 여전히 유효하다(말 4:4). 엘리야가 다시 올 수 있는 것은 그가 죽은 자들에게 속하지 않고 지난날

산 채로 하늘에 들려 올려졌기 때문이다(왕하 2:1-12). 엘리야가 다시 오리라는 이 약속은 빈번히 복음서에 언급되고 있으며 어떤 구절들은 그를 세례 요한과 동일시하기도 한다(마 11:14; 17:10-13; 막 9:11-13; 눅 1:17; 요 1:21).

제2장
아모스서 개론과 메시지*

1. 인간 아모스

인간 아모스는 사회적으로 어떤 계층에 속하였을까? 몇몇 학자들은 아모스를 소개하는 아모스 1:1에서 그의 아버지 이름이 거명되지 않고, 또한 목자라는 신분을 근거로 하여 아모스를 하층계급에 속한 사람이었을 것으로 본다.[1] 예를 들어 하이델베르크대학의 구약학자 바이페르트(H. Weippert)는 아모스가 사용하고 있는 이미지

---

* 이 장은 두란노의 허락을 받아, 『아모스: 어떻게 설교할 것인가』 (두란노 HOW 주석 시리즈; 서울: 두란노아카데미, 2009), 11-32에 실린 글을 수정하여 게재한 것이다.
1. 예를 들면, 김정준은 아모스를 "농촌에서 천업을 하고 있었던 평민"으로 이해하였다. 김정준, 『정의의 예언자: 아모스 주석』 (서울: 한국신학연구소, 1981), 53.

와 언어적 표현 그리고 그의 경험적 지평들에 비추어 "아모스는 농부였다"[2]는 결론을 내린 바 있다. 또한 브라질의 구약학자 슈반테스(M. Schwantes)도 아모스를 계절에 따라 다양한 일에 종사했던 '계절노동자'(Saisonarbeiter)로 간주하였다.[3] 즉 아모스는 가난에 짓눌려 살던 사람이었는데 하나님이 그를 부르셔서 무자비한 상류층에 의해 고통을 당하는 자기 민족의 정당한 이익을 대변했다고 보는 것이다. 그러나 이러한 이해는 바른 판단으로 보이지 않는다. 사실 라틴 아메리카의 몇몇 구약학자들을 제외한다면 오늘날 이러한 견해를 받아들이는 구약학자는 소수에 불과하다.

첫째, 열두 소예언자들 가운데 절반에 해당되는 예언자들이 그들의 아버지 이름이 거명되지 않은 채 소개되고 있다. 예를 들면 미가, 오바댜, 나훔, 하박국, 학개, 말라기가 여기에 속한다. 아버지 이름의 언급 유무를 가지고 예언자의 사회적 신분을 논하는 것은 설득력이 떨어진다.

둘째, 아모스 1:1에 나오는 '목자'에 해당되는 히브리어는 '노케드'(נֹקֵד)이다. 이 단어는 구약성서 전체에서 오직 두 번만 나오고 있다. 여기에서 한 번 쓰였고, 열왕기하 3:4에서 또 한 번 나온다. 이 본문에 의하면 "모압 왕 메사는 양을 치는 자(נֹקֵד, '노케드')라

---

2.   H. Weippert, "Amos: Seine Bilder und ihr Milieu," in: H. Weippert, K. Seybold & M. Weippert., *Beiträge zur prophetischen Bildsprache in Israel und Assyrien* (OBO 64; Freiburg; Götting: Vandenhoeck & Ruprecht, 1985), 2.

3.   M. Schwantes, *Amos: Meditações e estudos* (Sao Leopoldo; Petropolis, 1987), 30-31, cited in: H. Reimer, op. cit., 226.

새끼 양 십만 마리의 털과 숫양 십만 마리의 털을 이스라엘 왕에게 바치더니"라고 한다. 즉 '노케드'는 주인의 목축을 돌보는 고용된 목동이 아니라, 대규모의 가축 소유자를 가리킨다. 따라서 아모스 자신은 그가 신랄하게 비판했던 재력이 있는 지주층에 속한 사람이었을 것이다.[4]

셋째, 아모스는 이방 민족들에 대한 신탁(암 1:3-2:16)에서 반복적으로 "아무개의 서너 가지 죄로 말미암아 내가 그 벌을 돌이키지 아니하리니"라는 표현을 무려 여덟 번이나 반복하여 사용하고 있다. '서너 가지'라는 표현구는 지혜문학 용어에 속한 것이다. 구약 지혜문학에 속해 있는 잠언 30:18, "내가 심히 기이히 여기고도 깨닫지 못하는 것 서넛이 있나니"에서도 같은 표현구가 사용되고 있다. 이러한 '서너 가지'라는 표현구는 '숫자 잠언'(Zahlenspruch)이라고 부른다. 지혜문학이 고대 이스라엘의 학문이었음을 고려한다면 아모스가 이러한 고대 학문의 용어를 구사하는 것을 통해 그가 상당한 교육 수준에 도달해 있었음을 알 수 있다(예를 들면, 지혜문학과 관련된 화법으로 추정되는 '논쟁의 말'을 사용하고 있는 암 3:3-9). 또한 아모스의 출신지인 남 유다의 드고아가 지혜와 깊은 연관이 있는 도시였다는 사실도 이 점을 뒷받침해 준다. "드고아에 사람을 보내 거기서 지혜로운 여인 하나를 데려다가"(삼하 14:2). 게다가 그는 주변 나라들의 정치적 상황들에 대한 정확한 지식을 가지고 있을

4.　K. Koch, *Die Profeten I: Assyrische Zeit* (Stuttgart: Kohlhammer Verlag, ³1995), 114.

정도로 당시의 세계정세에도 정통하고 있었다(암 1:3-2:3).

넷째, 아모스는 스스로를 '뽕나무를 배양하는 자'로 소개한다. 뽕나무 열매는 가난한 사람들의 양식으로 사용되기도 하지만 대부분은 가축의 사료로 사용되었다. 뽕나무를 배양하는 자라는 아모스의 표현은 그가 양식으로 사용할 목적으로 뽕나무를 기르는 사람이라기보다는 사료로써 사용되는 뽕나무 농장의 소유주임을 언급한 것이다. 드고아는 예루살렘에서 남쪽으로 약 18킬로미터 떨어진 곳이며, 농경지와 스텝(steppe, 기다란 풀들이 자란 평야—편주) 지역 사이의 경계에 위치한 약 830미터 높이의 지역이다. 뽕나무는 드고아 같은 고지대가 아니라 해안평야와 사해 인근에서 재배되기 때문에 아모스는 아마도 그러한 지역들에서 뽕나무 농장을 소유하고 있었을 것이다.[5]

이상의 내용들로 보아 아모스는 대규모의 가축들과 토지를 소유한 그 지역의 유지에 속한 사람으로 교육적 수준도 대단하였던 지식인이었을 것이다.[6] 아모스는 남 유다에서 상당한 지주에 속한

---

5. L. Markert, "Amos / Amosbuch," *Theologische Realenzyklopädie* 2 (1978), 471-487, 특히 471.

6. L. Markert, "Amos / Amosbuch," 471-487, 특히 471-472; W. Schottroff, "Der Prophet Amos: Versuch der Würdigung seines Auftretens unter sozialgeschichtlichem Aspekt," in: W. Schottroff & W. Stegemann (Hrsg.), *Der Gott der kleinen Leute: Sozialgeschichtliche Auslegung*, Bd. 1. AT (München: Kaiser, 1979), 39-66, 특히 41 [= 백철현 역, 『작은 자들의 하나님: 사회사적 성서해석-구약편』, 서울: 기민사, 1986, 49-83, 특히 53-54]; 서인석, 『하느님의 정의와 분노: 예언자 아모스』 (서울: 분도출판사, 1982), 58; B. Lang, "Prophetie und Ökonomie im alten Israel," in: G. Kehrer (Hrsg.),

사람으로 편안한 인생을 보장받은 자였으나, 하나님의 강권에 붙들려서 북 이스라엘에서 예언자로 활동을 감당해야 했던 사람이다(암 3:8).

2. 아모스의 역사적 배경

아모스는 북 왕국 여로보암 2세(주전 787-747년) 때 활동했다(암 1:1). 아마도 여로보암 2세의 전성기인 주전 760년경에 활동한 것으로 보인다. 이 당시의 국제 정세는 북 왕국과 남 유다에게는 유리하게 돌아가고 있었다. 리비아 출신 왕들이 통치하고 있었던 이집트(제22-23왕조, 주전 950-730년)는 오랫동안 무기력한 시기를 보내고 있었다. 이 시기가 끝날 무렵 나일 강 삼각주 지역의 여러 도시들이 이집트 중앙 정부로부터 독립하기도 하였다. 따라서 이스라엘과 유다는 남쪽의 이집트로부터 거의 간섭을 받지 않게 되었다.[7] 주전

Vor Gott sind Alle gleich (Düsseldorf, 1983), 53-73, 특히 66; 임승필, "정의를 시내처럼 흐르게 하라: 부정과 부패에 대한 아모스 예언자의 질타," 『가톨릭 신학과 사상』 10호 (1993, 12월): 35-65, 특히 56 각주 60; 차준희, 『구약성서의 신앙』 (천안: 한국신학연구소, 1997), 72-82, 특히 72-73; 류호준, 『아모스: 시온에서 사자가 부르짖을 때』 (서울: 크리스챤다이제스트, 1999), 80-81, 차준희, 『구약신앙과의 만남』 (서울: 대한기독교서회, 2002), 221-240, 특히 222-223 등등.

7.   W. H. Hallo & W. K. Simpson, *The Ancient Near East: A History* (New York: Harcourt Brace & Company, [2]1998), 287-289.

769년에 북쪽 경계지역의 아람의 다메섹은 아시리아의 아닷-니라리(Adad Nirari) 3세에 의하여 패망하였다. 북동쪽의 강국 아시리아는 우라르투(Urartu: 현 아르메니아)에서의 심각한 위협과 바빌로니아에서의 문제들에 주의를 돌릴 수밖에 없었다. 여로보암 2세의 아버지 여호아스(또는 요아스)는 다메섹이 패배한 틈을 타서 아람인들에게 빼앗겼던 이스라엘의 옛 영토를 회복하기도 하였다. 따라서 여로보암 2세의 통치기는 짧은 기간이지만 이스라엘이 자신의 정치적 운명을 스스로 관리할 수 있었던 독립된 시기였다.[8] 이 시기는 이스라엘과 유다에게 평화와 영토 확장의 황금기였다.

이런 국제 정세에 힘입어 이 당시 북 왕국은 경제적으로나 정치적으로 한창 번영을 구가하던 시기였다(왕하 14:23-29). 국제무역은 육로와 해상에서 활발하였고(암 6:13), 포도주와 곡식을 팔아 부자가 된 부유한 계층이 생겨나게 되었으며(암 8:4-6), 사치스러운 여름 별장과 겨울 별장이 등장하기도 하였다(암 3:15). 이러한 집들은 수입품인 상아 용품으로 장식되기도 하였다(암 6:4). 그러나 이스라엘 내부적으로는 위화감이 조성되었으며 급기야 빈익빈 부익부 현상이 생겨나게 되었다(암 2:6-7). 나아가 억울한 약자들은 자신의 최후 보호 장치인 법정조차 권력층과 부유층의 물질에 매수되어 고충에서 벗어날 길이 막막하였다(암 5:10-12). 당시 이스라엘은 외부적으로는 부강하며 최선의 상황으로 보였을지 모르지만, 내부

8.   도널드 E. 고웬, 『구약 예언서 신학』, 차준희 역 (서울: 대한기독교서회, 2004), 70.

적으로는 사회적 불의와 도덕적 타락이 만연되어 가고 있었다. 국가적 풍요로움이 일부 고위층과 부유층에게 집중되었고, 가난한 자에게는 차단되었다. 아모스가 그토록 격렬하게 증오했던 사회적 죄악의 분위기를 설정한 것은 특히 주전 8세기에 두드러진 부(富)의 불공평한 분배였다.

3. 아모스서의 내용과 구조

아모스서는 역사적 배경과 예언자의 이름을 알려 주는 표제(암 1:1)와 아모스 선포의 모토(암 1:2)를 소개하고, 유다를 포함하여 이스라엘과 이웃하고 있는 일곱 개의 이방 민족들에 대한 고발과 심판의 말씀으로 시작한다(암 1:3-2:16). 이어지는 아모스 3-6장의 내용은 이스라엘에 대한 고발과 심판의 말씀이다. 여기에는 폭력 행위나 사마리아에 대한 탄압과 같은 사회적인 비판, 제의 비판 및 법의 왜곡에 대한 비판들이 아모스 선포의 중심에 서 있다. 도래하는 이스라엘의 파국은 다섯 개의 환상에서 분명히 드러난다(암 7:1-9; 8:1-3; 9:1-4). 책의 말미에 다윗 왕조가 재수립되고 땅이 재건된다는 구원의 말씀이 선포된다(암 9:11-15).

아모스는 대략 다음과 같이 구분할 수 있다.

1) 암 1:1: 표제

2) 암 1:2: 아모스 선포의 모토

3) 암 1:3-2:16: 이방 민족들에 대한 신탁

4) 암 3:1-6:14: 이스라엘에 대한 심판의 말

5) 암 7:1-9:10: 아모스가 본 다섯 가지 환상

6) 암 9:11-15: 구원의 말

4. 아모스서의 주요 메시지

1) 이방 민족에 대한 신탁(암 1:3-2:16)

(1) **아람에 대한 고발과 심판**(암 1:3-5): **잔인한 행위.** 아모스의 이방 신탁은 이스라엘 주변의 일곱 나라를 언급하고 있다. 아모스는 주변 나라의 죄목을 지적하고 이에 따르는 하나님의 심판을 묘사하고 있다. 여기에는 일정한 패턴이 반복되고 있다. 고발 부분에서는 '아무개의 서너 가지 죄로 말미암아 내가 그 벌을 돌이키지 아니하리니'라는 표현이 반복되고, 심판 부분에서는 '어디에 불을 보내리니 어느 곳의 궁궐들을 사르리라'라는 표현구가 동원된다. 심판 대상으로 그 나라의 통치자가 지적되고, 그 통치자의 집(궁궐)이 거론된다. 이는 통치자에게만 심판이 내리는 것을 말하는 것이 아니고, 그 나라 전체에 심판이 임함을 표현한 것이다.

아람과 블레셋이 이방 민족에 대한 고발과 심판의 첫머리에

언급된다(3-8절). 이는 아마도 이 두 나라가 이스라엘이 국가를 이룩한 초기부터 원수 관계를 맺고 있었기 때문일 것이다. 다메섹은 아람의 수도이다. 다메섹의 죄는 이스라엘에 속한 길르앗 사람을 향한 무자비한 파괴에 있다(3절). 철로 된 타작기에 관한 표현은 문자적으로 특히 잔인한 방식으로 사람을 살해하는 것을 의미할 수도 있고, 비유적으로 땅의 황폐화를 가리키는 것으로도 볼 수 있다.[9]

아람은 적국인 길르앗 사람에 대한 잔인한 행위로 인하여 야웨의 심판을 받게 될 것이다. 이들에게 임할 하나님의 심판은 다메섹의 왕과 궁궐에서 그치지 않는다. 아람 사람들이 이전에 살았던 땅인 '기르'(암 9:7)로 추방될 것이다(5절). 이 말은 아람의 역사가 끝장났다는 의미이다. 열왕기하 16:9은 주전 732년 아시리아를 통해서 아모스의 아람 심판 예언이 성취되었음을 알려 주고 있다. 아무튼 이 대목에서 우리는 이방 민족들도 하나님의 통치권에 예속되어 있음을 알 수 있다.

(2) 블레셋에 대한 고발과 심판(암 1:6-8): **노예사냥과 매매.** 가사는 블레셋을 이루고 있는 다섯 도시 가운데 하나이다. 여기서는 가사, 아스돗, 아스글론 그리고 에그론이 지목되고, 어떤 이유에서 그런지 명확하게 알 수는 없지만 아무튼 갓만이 생략되어 있다. 가사

---

9.   A. 바이저 & K. 엘리거, 『호세아/요엘/아모스/즈가리야』 (국제성서주석; 천안: 한국신학연구소, 1992), 226.

의 잘못은 사로잡은 자를 에돔에 팔아넘긴 것이다(6절). 여기서 '사로잡다'(סָגַר, '사가르')는 대체로 '생명을 위협받는 도주자인 피난민을 낚아채는 것'을 뜻한다. 즉 사로잡은 자를 강압적이고 거칠게 다루었음을 가리킨다.

이는 율법에서도 금하고 있는 사항이다.

> 종이 그의 주인을 피하여 네게로 도망하거든 너는 그의 주인에게 **돌려주지**(סָגַר, '사가르') 말고(신 23:15).

이 동사는 에돔 사람들이 주전 587년 예루살렘 피난민을 원수인 바빌로니아 사람들에게 넘겨줄 때도 사용되었다.

> 네거리에 서서 그 도망하는 자를 막지 않을 것이며
> 고난의 날에 그 남은 자를 원수에게 **넘기지**(סָגַר, '사가르') 않을 것이니라(옵 1:14).

가사의 죄는 노예를 사고파는 인간성 상실에서 비롯된 것이다. 이들에게도 왕국의 종말이 선포된다(7-8절).

(3) **두로에 대한 고발과 심판**(암 1:9-10): **언약 위반과 인신매매.** 두로는 이전부터 이스라엘과 형제의 계약을 맺은 화친 관계였다. 고대 근동의 외교 언어에서 '형제'는 '계약 상대자'를 의미한다. 이는 두

로의 히람과 솔로몬이 맺은 동맹을 가리키는 것으로 추정된다(왕상 5:12; 참조. 왕상 5:1; 9:12-13). 아합과 두로 공주 이세벨의 결혼으로 이들 동맹 관계는 지속되었다(왕상 16:31). 그러나 두로는 이러한 언약을 위반하고, 에돔에게 이스라엘 사람들을 매매하였던 것이다(9절). 이들에게도 심판이 선고된다(10절).

(4) **에돔에 대한 고발과 심판**(암 1:11-12): **형제에 대한 분노와 잔인함.** 에돔의 시조는 에서이고, 이스라엘의 시조는 야곱이다. 에서와 야곱은 한 형제이다. 따라서 에돔과 이스라엘은 형제 국가 관계이다.

> 너는 에돔 사람을 미워하지 말라 그는 네 형제임이니라(신 23:7; 참조. 창 25:24-26).

조상 때부터 혈연관계를 유지하며 형제 국가로서 존재했음에도 불구하고 에돔은 이스라엘에 대하여 "항상 맹렬히 화를 내며 분을 끝없이" 품고 있었다(11절). 이렇게 한 백성이 이웃 백성에게 향하여 지속적으로 노와 분을 품고 이에 따른 잔인한 행동을 행함은 하나님의 심판을 초래할 수밖에 없었을 것이다(12절).

(5) **암몬에 대한 고발과 심판**(암 1:13-15): **비인간적인 야만 행위.** 암몬 사람들은 얍복 강 남쪽 지역에 있는 그들의 거주지를 확장시킬

목적으로 요르단 동쪽 지역에서 전쟁을 일으켰다. 이들은 길르앗 사람의 아이 밴 여인의 배를 갈랐다(13절). 이와 같은 잔인한 행위는 전쟁 때 흔히 일어나는 일로 보복의 씨를 제거하기 위한 조치였다(왕하 15:16; 호 13:16). 그러나 생성되고 있는 생명에 대한 경외심조차 상실해 버린 이 야만 행위는 하나님의 심판을 피하지 못한다(14절).

(6) **모압에 대한 고발과 심판**(암 2:1-3): **시체의 능욕.** 모압 사람은 에돔 왕의 뼈를 불살라 회를 만들었다(1절). 뼈에도 생명이 남았다고 생각하는 이 당시의 사고에 따르면(참조. 왕하 13:20-21), 이 행위는 '완전한 멸망'을 의미한다. 또한 한 인간의 뼈를 건축자재로 사용했다는 것은 인간에 행한 최악의 모독적인 행위이다.

아모스는 모압이 에돔에게 행한 범죄를 고발하고 있다. 이스라엘과 에돔의 적대 관계를 고려한다면, 이러한 행위는 이스라엘에게 나쁜 일이 아닐 수 있다. 그러나 이러한 관계와 무관하게 모압의 행위는 죄악으로 고발되고 있다. 이는 하나님이 이스라엘과 상관없는 이방 민족들 안에서 발생하는 죄악에도 개입하시고 심판하시는 분이심을 보여 준다(2-3절).

(7) **유다에 대한 고발과 심판**(암 2:4-5): **율법의 멸시.** 유다는 하나님의 계명을 생활 태도의 지침으로 삼고 있으면서도 야웨의 계명에 불순종하고 냉담하게 경시하는 죄를 저질렀다(4절). 또한 불충하게

하나님을 배반하고 조상들이 행하던 우상숭배에 빠져들었기 때문에 마땅히 심판을 당해야 했다(5절). 유다의 중심 죄는 하나님의 백성인 자들이 야웨의 계시된 의지(율법)를 거절한 것에 있다.

(8) **이스라엘에 대한 고발과 심판**(암 2:6-16). 지금까지 이방 민족들의 죄악이 한두 가지에 그친 만면, 이스라엘의 범죄는 네 가지나 언급된다. 이스라엘의 죄목은 다음과 같다. 첫째, 자국민의 인신매매(6절), 둘째, 가난한 자에 대한 압제(7a절), 셋째, 성적 타락(7b절), 넷째, 채무자에 대한 착취(8절) 등이다. 이방 신탁 단락이 그 정점에 이르는 순간이다. 이방 신탁의 초점은 사실 이스라엘에 대한 고발과 심판에 맞추어져 있다.

하나님은 연약한 이스라엘을 위하여 강력한 아모리 사람을 진멸해 주었고(9절), 이들을 이집트에서 이끌어 내고, 광야에서 인도하였고, 가나안 땅을 내주었다(10절). 그리고 이들 가운데 예언자와 나실인을 세워 주었다(11절). 그러나 이들은 나실인들을 유혹하여 서약을 깨트리도록 하고, 하나님의 메신저인 예언자를 침묵시키기도 하였다(12절). 아모스 2:9-12은 야웨의 선행에 대한 이스라엘의 배은망덕한 태도를 제시한다.

아모스 2:13-16은 이스라엘에 내린 심판을 묘사한다. 이스라엘에 대한 체벌은 다른 민족들보다 훨씬 가혹하다. 야웨께서 이제 더 이상 불을 보내지 않고, 직접 심판을 행하시기 때문이다(13-16절). 이스라엘은 하나님의 체벌로부터 도망할 수 없다. 이는 구원이 없는 끝을 의미한다.

(9) **메시지: 우주적인 공의의 하나님.** 이방 민족에 대한 신탁이 예언 선포의 처음 부분에 소개되는 것은 낯선 것이다. 이는 이스라엘의 죄를 부각하기 위한 의도에서 연유한 것으로 보인다. 즉 이방 민족들에 대한 말은 단지 이스라엘의 죄를 강조하기 위한 배경이라는 것이다. 사실 일곱 국가에 대한 이방 신탁 뒤에 이어서 나온 이스라엘 신탁은 하나님의 백성이 오히려 더 많은 죄를 범하고 있음을 드러내고 있다. 아모스 2:6-16은 훨씬 더 많은 지면을 할애해서 이스라엘의 죄상이 이방 민족보다 더하고 더 타락했음을 강조한다. 이스라엘에게 더 큰 심판이 내릴 수밖에 없음을 보여 준다. 또한 이 본문은 야웨는 한 국가에 한정된 민족 신이나 국가 신이 아니며, 모든 열방을 통치하는 우주적인 하나님이심을 보여 준다. 하나님의 통치권은 특정 지역이나 민족으로 국한될 수 없다. 하나님은 야웨 신앙의 유무를 떠나서 하나님의 공의가 왜곡되는 곳에서는 정의의 왜곡을 바로잡는 공의와 심판의 하나님으로 역사하신다.

2) 선택과 의무(암 3:1-2)

아모스는 하나님이 땅의 모든 백성 가운데 이스라엘을 선택하신 은혜의 사건을 언급한다. 즉 출애굽 사건을 말한다(1절). 출애굽 사건은 이스라엘 백성들이 집단적으로 구원의 하나님을 경험한 '뿌리 체험'(root experience)이다. 아모스는 북 왕국 신학의 근간인 출애굽전승을 언급함으로 자신이 청중인 이스라엘과 동일한 신앙전승에 서 있음을 상기시키고 있다.

2절의 땅의 '모든' 족속 중에 너희'만' 알았다는 진술은 하나님과 이스라엘의 긴밀한 관계를 강조한 것이다. 여기서 '알다'(יָדַע, '야다')라는 히브리 동사는 단순한 이해 차원에 그치지 않는다. 이 단어는 친밀감 형성에서 성관계까지 표현한다(창 4:1). 이 본문과 신명기 9:24에서처럼 하나님이 주어인 경우는 하나님이 이스라엘에만 관심을 쏟으시고 돌보신다는 것을 의미한다.[10] 더 나아가 이 단어는 하나님의 '선택 행위'를 가리킬 때 사용되기도 한다(창 18:19의 아브라함; 출 33:12, 17; 신 34:10의 모세). 그런데 이스라엘은 하나님의 선택을 선택받은 이의 '자기 안전'으로 잘못 이해하였다. 이는 '내가 모든 죄악을 너희에게 보응하리라'는 마지막 진술에서 지적된다.

이스라엘은 선택을 통하여 하나님의 특별한 용서를 기대하였던 것으로 보인다. 그들은 하나님의 선택을 자신의 특권으로만 인식하였고, 선택받은 자로서의 의무는 등한시한 것이다. 선택은 특권임에 틀림없다. 그러나 선택은 특권과 동시에 그에 버금가는 책무를 요구한다. 하나님은 선택을 통하여 특별한 순종을 요구하신다. 선민(選民)은 만민(萬民)을 위한 하나님의 도구일 때 그 존재 의미를 갖는 것이다. 선민은 만민을 위한 존재이다.

---

10. 요륵 예레미아스, 『아모스』, 채홍식 역 (서울: 성서와 함께, 2006), 74.

3) 예배 비판(암 4:4-5; 5:21-24)[11]

(1) **변질된 예배**(암 4:4-5). 이 본문은 보통 제의 비판(Kultkritik)으로 분류된다. 문서 예언자 가운데 최초의 예언자인 아모스(주전 760년경)가 첫 포문을 연 제의 비판 주제는 이후 후배 예언자들에게도 깊은 영향을 끼친다(예를 들면, 사 1:10-17; 미 3:9-12; 렘 7:1-15 등).

여기서 '가서'라고 옮긴 히브리어는 원래 '오라'는 뜻이다(4절). 이 말은 제사장들이 백성들에게 성소를 찾아오라고 초대할 때 쓰는 말투이다. 이 초대의 말에 뒤이어 나올 말은 당연히 '그리고 그곳에서 죄를 씻으라', 즉 '제사를 드려 너희의 죄를 속하라'이다. 그러나 아모스의 말은 상식을 뒤집어 놓는다. '성소에 가서 죄나 실컷 지어라'는 것이다.

그들의 제사는 하나님을 기쁘시게 하는 것이 아니라 저희들이 기뻐하는 의례적인 행사가 되어 버렸다('너희 희생', '너희 십일조', '너희가 기뻐하는 바'). 즉 이스라엘 백성의 제사는 '하나님을 섬기는 예배'(Gottesdienst: 하나님 섬김)가 아니라, 자신의 뜻을 이루기 위한 수단으로 변질되어 결국 '자신들을 섬기는 일'(Selbstbedienung)이 되어 버린 것이다. 이렇게 변질된 예배는 하나님과는 무관한 종교형식주의에 빠진 사람들의 자기 만족감을 채워 줄 뿐이다.

(2) **공법과 정의가 결여된 예배**(암 5:21-24). 아모스 5:21-24의 제의

---

11. 이 부분은 차준희, "공법을 물같이 정의를 하수같이: 아모스 5장 21-27절," 『성서마당』 58 (2003, 1월): 15-18의 내용을 요약한 것임을 밝혀 둔다.

비판 선포는 아마도 벧엘 성소에서 행해진 것으로 보인다. 벧엘의 제사장 아마샤가 북 왕국의 왕 여로보암에게 보내는 아모스 7:11b 의 "이스라엘은 반드시 사로잡혀 그 땅에서 떠나겠다 하나이다" 라는 보고가 아모스의 이 선포를 가리키는 것으로 볼 수 있기 때 문이다. 아모스 5:21a의 "내가 너희 절기들은 **미워하여(שָׂנֵא**, '사네') **멸시하며(מָאַס**, '마아스', 버리다)"에서 거절을 표시하는 심한 표현이 이렇게 반복해서 나타나는 것은 매우 드문 경우로 강한 거부감을 드러낸다. 대개 야웨의 **버리심(מָאַס**, '마아스')은 야웨에 대한 사람들 의 **배반**(버림)에 대한 대응으로 나타난다.

> 왕이 여호와의 말씀을 **버렸으므로(מָאַס**, '마아스')
>
> 여호와께서도 왕을 **버려(מָאַס**, '마아스')
>
> 왕이 되지 못하게 하셨나이다(삼상 15:23).

하나님의 절기 거부는 이스라엘의 하나님 거부에 대한 응답이었 다. 또한 "너희 성회들을 기뻐하지 아니하나니"(21b절)에서 '기뻐하 다'(רוּחַ, '라바흐')는 본디 '흠향하다'라는 뜻이다. 이 단어는 제물과 관련되어 쓰이는 용어이다.

> 여호와께서 그 향기[제물의 향기]를 **받으시고(רוּחַ**, '라바흐')(창 8:21; 참
>
> 조. 레 26:31; 삼상 26:19).

하나님은 이스라엘이 모이는 절기와 성회뿐만 아니라 그들이 드
리는 제물도 거부하신다.

세 개의 전통적인 핵심 제사인 번제(עֹלוֹת, '올로트', 레 1장), 소제
(מִנְחָה, '민호트', 레 2장), 화목제(שְׁלֶם, '쉘렘', 레 3장)가 모두 거부된다.
여기서 '내가 받지 아니할 것이요'에서 '받다'라는 히브리어 동사
'라차'(רָצָה)의 주어가 하나님으로 나오는 경우는 희생 제사나 제
사 행위의 열납 여부를 표현한다.

> 너희는 화목제물을 여호와께 드릴 때 **기쁘게 받으시도록**(רָצָה, '라
> 차') 드리고(레 19:5).

하나님은 이스라엘이 드리는 제사를 합당한 것으로 인정하지 않
을 뿐 아니라 거들떠보지도 않으신다('내가 돌아보지 아니하리라'). 이
스라엘의 핵심적인 제사들도 이를 명령하신 하나님에 의해서 철
저히 거부되고 있다.

또한 하나님은 제사를 드릴 때 함께 드려지는 노래도 집어치
우라고 말씀하신다. 이들의 노래와 악기(비파)에서 나오는 음은 한
낱 '소리'(הָמוֹן, '하몬')에 불과하다. 이 소리는 하나님의 귀에는 전
쟁할 때나 수많은 사람들이 한꺼번에 소리를 낼 때 생기는 '소음'
(הָמוֹן, '하몬')으로 밖에는 안 들린다(참조. 왕상 20:13; 욜 3:14). 하나님은
'코'로 냄새 맡는 것("흠향하지['기뻐하지', 개역개정] 아니하나니", 21b절),
'눈'으로 보는 것("돌아보지 아니하리라", 22b절), '귀'로 듣는 것("듣지 아

니하리라", 23b절) 모두를 거부하신다. 하나님은 차라리 코도 막고, 눈도 감고, 귀도 막고 싶어 하신다. 하나님의 백성이라 하는 작자들이 하는 일체의 제사 행위에 대해서 꼴도 보기 싫어서 엄청나게 괴로워하신다.

24절은 이스라엘의 제사가 어쩌다가 이 지경에 이르게 되었는지를 밝혀 준다. 하나님께 제사를 드리면 드릴수록 하나님은 더욱더 화가 나신다. 왜 그럴까? 정의(מִשְׁפָּט, '미쉬파트')와 공의(צְדָקָה, '쩨다카')가 결여된 예배는 하나님과의 만남을 불가능하게 만들기 때문이다. 아모스는 '오직 정의를 물같이, 공의를 마르지 않는 강같이 흐르게 할지어다'라고 외친다. 여기에서 '미쉬파트'(מִשְׁפָּט)와 '쩨다카'(צְדָקָה)는 동의 평행법으로 쓰인 용어로 서로의 의미를 엄격하게 구분할 필요는 없다. '미쉬파트'와 '쩨다카'는 '공동체 의식'(Gemeinschaft)이라는 의미가 가장 적절한 것으로 보인다.

이러한 공동체 의식은 인간과 하나님의 관계, 인간과 동료 인간의 관계, 그리고 인간과 자연의 관계라는 삼중적인 관계를 포함하고 있다. 이러한 삼중적인 관계는 세 가지로 나누어져 보이지만 사실은 한가지이다. 하나님과의 공동체 의식은 이웃 동료와의 공동체 의식 그리고 자연과의 공동체 의식과 서로 구분은 되지만 상호 분리되지 않는다. 예를 들면, 사람이 하나님의 말씀에 불순종하므로 하나님과 멀어지고, 인간관계에 소외가 자리 잡고, 자연과 적대적인 관계가 된다(참조. 창 3장; 호 4:1-3 등). 이 가운데 한 가지인 인간관계만 보면, 인간관계 속에서 가장 이상적인 관계는 서로가 한 몸이라는 공동체 의식이 사회 전반에 흐를 때 사회가 건강해지고 특히 약한 사람들이 보호되는 것을 통해 드러난다. 따라서 한 사회의 공법과 정의의 척도는 약자가 얼마나 보호되고 있는가가 그 기준이 된다.

여기서 '흐르다'라는 동사의 본뜻은 '강력하게 흐르다'이다. 그리고 하수로 번역된 히브리어 '나할'(נחל)은 쉽게 말라 버리는 겨울의 시내와는 다르게 일 년 내내, 심지어 건기 때도 물이 마르지 않고 흐르는 강을 가리킨다. 공동체 의식(정의와 공의)은 풍부한 수량으로 넘쳐 쉼 없이 지속적으로 흘러내려야 한다. 공동체 의식은 마치 인간의 피와도 같다. 인체 내부 모두에 혈관이 연결되어 있고 이를 통하여 온몸에 피가 흐르고 있다가 그 피가 멈추거나 부족하면 인체에 치명적인 것과 같다. 종교적이며 하나님의 영역에 속한다고 믿는 제사(cult) 혹은 예배(worship)가 하나님에 의해서 철저하게 배척당하고 오히려 비종교적이고 세속적인 개념으로 받아들이기 쉬운 정의와 공의(공동체 의식)가 하나님의 일차적인 관심사라는 사실에 주목해야 한다. 공동체 의식이 결여된 이기적인 사람은 예배를 통하여도 하나님과 만날 수 없다. 하나님이 만나 주시지 않으신다. 공동체 의식이 결여된 사람은 하나님도 만나기 싫어하는 죄인이다.

3) 메시지: 공동체 의식('미쉬파트', משׁפּט)의 영성

아모스를 일컬어 흔히 '정의(正義)의 예언자'라 한다. 이는 아모스의 핵심적인 메시지라 할 수 있는 "오직 정의를 물같이, 공의를 마르지 않는 강같이 흐르게 할지어다"(암 5:24)에서 비롯된 것이다. 하나님이 원하시는 것은 희생 제물이나 곡식 제물, 십일조 따위가 아니라 매일매일의 생활 속에서 공법과 정의를 행하는 것이다. 이집트에서 탈출한 이후 광야에서의 사십 년은 실로 야웨와 이스라엘의 허니문(honeymoon)을 보내는 기간이었고, 이 시기에 양자는 가장 친밀한 관계에 있었다. 그러한 기간에도 희생 제물이나 곡식 제물이 없었다.

> 이스라엘 족속아
> 너희가 사십 년 동안 광야에서
> 희생과 소제물을 내게 드렸느냐(암 5:25).

하나님과의 관계에서 제물은 일차적인 것이 아니라는 사실을 말하고 있다. 사실 제물 자체가 하나님을 기쁘시게 하는 것이 아니다.

> 내가 수소의 고기를 먹으며
> 염소의 피를 마시겠느냐(시 50:13).

아모스는 예배자들이 망각하고 있는 보다 더 근본적인 것을 설파하고 있다. 그것은 정의(מִשְׁפָּט, '미쉬파트')와 공의(צְדָקָה, '쩨다카')이다. 이 둘은 '공동체 의식'(Gemeinschaft)을 뜻한다. 예배를 통하여 하나님의 임재를 경험한 사람은 이웃을 형제로 인식하게 된다. 즉 다른 사람들과 연대 의식 혹은 공동체 의식을 갖게 된다. 하나님 앞에 바로 선 사람은 이웃을 자신의 형제로 여기는 공동체 의식을 갖게 된다는 것이다. 이웃 사랑 없는 예배는 하나님 없는 예배이다. 야웨 신앙의 핵심은 예배 의식 자체보다는 공동체 의식을 실천하는 삶에 있다. 따라서 하나님의 백성이 예배를 통하여 형성한 하나님과의 공동체 의식은 그들의 일상적인 생활 속에서 다른 사람과의 공동체 의식으로 표출되어야 한다. 예언자 아모스가 자신의 생업을 뒤로한 채 추방을 각오하고 이웃 나라 북 이스라엘로 가서 전한 것이 바로 이러한 '공동체 의식의 영성'이었다. 한국 교회의 예배자의 삶 속에서도 아모스가 애써 선포한 이러한 영성이 보다 더 풍성해졌으면 한다.

4) 환상 시리즈(암 7:1-9; 8:1-3; 9:1-4)

(1) **메뚜기 환상**(암 7:1-3). 아모스서에는 다섯 가지 환상이 모아져 있다. 내용과 형식상 첫 번째(암 7:1-3)와 두 번째 환상(암 7:4-6)이 한 쌍을 이루고, 세 번째(암 7:7-9)와 네 번째 환상(암 8:1-3)이 또 하나의 쌍을 이루고 있다. 첫 번째 쌍의 환상에서는 아모스의 중보기도가 받아들여져서 하나님의 심판이 지연되는 결과를 가져온다. 그러나 두 번째 쌍의 환상에서는 하나님의 심판 의지가 확고함을 통지받고 오히려 아모스가 설득을 당한다. 마지막 다섯 번째 환상(암

9:1-4)에서는 하나님의 심판에서 그 누구도 벗어날 수 없음이 구체적으로 묘사된다.

첫 번째 환상인 메뚜기 재앙은 두 번째 움 돋는 '늦은 풀'에 임한다. 늦은 풀은 4월 동안 추수된 것을 가리킨다. 첫 번째의 수확은 왕의 것이며, 두 번째로 움 돋기 시작한 것은 백성의 몫이다(1절). 이스라엘 지역은 5월부터 약 반년 동안 비가 오지 않기 때문에 이때 메뚜기의 재앙은 심각한 재난을 뜻한다. 이 재앙의 대상은 왕이나 고위층이 아니라 연약한 백성이다. 따라서 아모스는 곧바로 이스라엘 백성을 위하여 중보기도한다.

> 주 여호와여 청하건대 사하소서 야곱이 미약하오니 어떻게 서리이까(2절).

'사하소서'라는 간구에는 이 재앙이 단순한 자연재해가 아니라 죄로 인한 하나님의 심판이라는 사실이 전제되어 있다. 하나님은 아모스의 중보기도를 들으시고 심판의 뜻을 돌이키신다(3절). 이는 심판의 완전 철회가 아니라 심판의 지연을 의미한다.

(2) **불 환상**(암 7:4-6). 두 번째 환상은 첫 번째 환상과 동일한 지평에 서 있다. 이스라엘은 5월이 되면 뜨거운 남풍을 통해서 물의 표면이 낮아지고 바닥까지 드러나기 십상이다. 아모스가 여기서 본 환상에 따르면 한여름의 찌는 것 같은 더위가 땅 밑의 대양에 근원

을 두고 있는 지하수를 삼켜 버린다(4절). 지하수가 말라 버리고 나면 논밭의 초목들은 시들어 죽을 수밖에 없다. 농부들은 살아남을 수 없는 위기에 처한다. 존재의 터전이 파괴되고 말 것이다. 그런데 이러한 무서운 재앙이 이미 진행되고 있다. 아모스는 바로 이 순간 또다시 중보한다.

> 주 여호와여 청하건대 그치소서 야곱이 미약하오니 어떻게 서리이까(5절).

이번에도 하나님은 심판을 정지시키고 유예 조치를 취한다(6절).

　여기서 예언자의 중보기도에 대하여 생각할 점이 있다. 아모스의 중보기도가 하나님의 의지를 변화시켰다는 점이다. 구약성서의 하나님은 완고하신 분이 아니시라 얼마든지 인간의 영향을 받을 수 있는 존재이다.[12] 하나님은 인간의 역사를 독단적으로 이끌지 않으시고 인간의 기도를 통하여 역사 진행의 완급을 조절하신다. 이는 모세의 중보기도가 하나님께 강한 영향을 주었다는 사실에서도 확인된다(참조. 출 32:10; 신 9:14; 시 106:23). 하나님은 오늘날도 우리의 기도에 마음을 여신다. 그리고 기도를 요구하신다(렘 33:3).

12.　예레미아스, 『아모스』, 170.

(3) **다림줄 환상**(암 7:7-9). 다림줄 환상에 와서 지금까지와는 다른 하나님의 의지를 만나게 된다. 즉 하나님이 더 이상 용서할 수 없다는 것이다. 하나님이 아모스에게 보여 주신 '다림줄'(אֲנָךְ, '아나크')은 구약성서에서 이곳 외에는 등장하지 않는다(7절). 따라서 이 환상의 의미를 이해하기란 쉽지 않다. 오늘날 많은 학자들은 '아나크'(אֲנָךְ)라는 히브리 단어를 '다림줄'(측량 추)보다는 '쇳덩어리'(납 혹은 주석)로 이해한다.[13] 따라서 '아나크'(אֲנָךְ)는 넓은 의미에서 '무기'를 가리킨다. 하나님이 무기를 이스라엘 가운데 베푼다는 것은 그들을 치시겠다는 심판을 상징한다(8-9절). 하나님의 심판 의지는 단호하다.

> 다시는 용서하지 아니하리니(8절).

아모스의 반문이 없다. 아모스도 하나님의 심판 통보에 더 이상 토를 달 수 없었다.

(4) **여름 실과 환상**(암 8:1-3). 이번에 하나님은 아모스에게 여름 실과를 보여 주신다(1절). 하나님은 여름 실과(קָיִץ, '카이츠')를 보여 주면서 이스라엘에게 종말(קֵץ, '케츠')이 왔다고 선언하신다.

---

13. M. G. M. Williamson, "The Prophet and Plumb-Line: A Redaction-Critical Study of Amos 7," *OTS* 26 (1990): 101-122, 특히 111-112.

> 내 백성 이스라엘의 끝(קֵץ, '케츠')이 이르렀은즉
>
> 내가 다시는 그를 용서하지 아니하리니(2절).

하나님은 '카이츠'(קָיִץ)를 통하여 이스라엘의 '케츠'(קֵץ)를 깨닫게 해 주신다. 여름 실과는 일 년 가운데 추수 때 거두는 것이다. 가장 흥겨운 추수의 순간 축제 분위기에서 아모스는 소름 끼치는 이스라엘의 종말 소식을 받아들여야 했다(3절). 추수를 심판의 은유로 사용한 것은 아모스가 처음일 것이다.[14]

아모스는 하나님의 확고한 심판 선언에 설득당하고 만 것으로 보인다. 결국 아모스는 세 번째와 네 번째의 환상을 통하여 '저승사자'(죽음의 메신저)가 되었다.[15] 어떻게 '끝'이 오게 될 것인지는 마지막 환상이 말하고 있다.

(5) **제단 파괴 환상**(암 9:1-4). 마지막 환상은 이제까지의 환상들과는 다른 형식을 취하고 있다. "여호와께서 내게 보이신 것이 이러하니라"가 아니라, "내가 보니 주께서 제단 곁에 서서"로 시작한다(1절). 또한 예언자와의 대화도 더는 나타나지 않는다. 아모스 7:8과 8:2에서와 같이 '나의 백성 이스라엘'에 대해 더 이상 언급하지 않는다. 하나님은 당신의 백성과 최대한의 거리를 두고 있다.

하나님은 제단 위에 서 계신다. 그리고 제단의 기둥을 쳐서 성

---

14. 예레미아스, 『아모스』, 179.
15. 예레미아스, 『아모스』, 180.

전을 흔들어 그곳의 사람들을 죽이려고 하신다(1절). 도피의 가능
성이 완전히 차단되었다. 지진에 의해서 희생되지 않는 사람은 칼
에 맞아 쓰러진다(1절). 스올도 하늘도(2절), 수풀이 우거진 높은 산
(갈멜 산)도 깊은 바다도(3절), 구출될 수 있는 마지막 가능성, 즉 다
른 신들의 영역인 이방 나라로 망명하는 것으로도 야웨의 권능을
피할 수 없다(4절).

세상은 하나님이 은퇴한 세상이 아니라, 세 번째 환상 이후(암
7:7-8) 이스라엘의 원수가 된 하나님이 현존하시는 세상이다. 하나
님으로부터 그 누구도 도주할 수 없다. 이 마지막 환상은 다가오
는 재난의 불가피성을 실감 있게 보여주고 있다.

(6) 메시지: 하나님과 세상의 중보자. 이 다섯 가지 환상 사건이 어
느 시기와 어느 장소에서, 서로 어떠한 시차를 두고 아모스에게
주어졌는지는 본문에서는 알려지지 않는다. 다만 처음 두 번에 걸
친 메뚜기와 불 환상에서 아모스는 중보기도를 통하여 하나님을
설득시킬 수 있었으나, 나중의 다림줄과 여름 실과 환상에서는 예
언자가 하나님에 의해서 설득을 당한다. 그리고 마지막 환상에서
는 심판의 불가피성에 대해서 쐐기를 박듯이 리얼하게 통보받는
다.

아모스는 처음에는 중보자의 역할을 성실히 수행한다. 그리고
어느 정도 성과를 얻기도 한다. 그러나 결국 하나님의 확고부동한
심판 의지를 확인하기에 이른다. 이후 아모스서의 다른 부분을 볼

때 아모스는 심판을 대변하는 예언자로 서게 된다. 예언자는 먼저 자신이 상대해야 하는 대상을 위하여 '중보기도하는 자'(Intercessor) 이다. 그리고 자신이 중보하는 사람들에게 '하나님의 메시지를 전 하는 자'(Messenger)이다. 예언자는 하나님과 사람들 중간에 끼어 있는 자이다. 상대하는 자의 사정을 하나님께 자신의 문제와 같이 진정으로 아뢰고, 그에게 내리는 하나님의 뜻을 가감 없이 알려 주는 자이다. 하나님과 세상을 연결하는 중보자, 이것이 예언자 아 모스의 역할이었고, 오늘날 하나님의 백성들의 임무이다.

5) 아모스와 아마샤의 대결(암 7:10-17)[16]

(1) **아마샤의 보고**(암 7:10-11). 아마샤는 아모스의 설교를 '정치적 선 동'으로 간주하고 규탄한다. 여기서 지목된 아모스의 죄목은 북 이스라엘 왕 여로보암 2세를 모반했다는 것이다. 이 '모반하다' (קָשַׁר, '카샤르')라는 동사는 열왕기에서 유혈 쿠데타를 지적할 때 쓰 이던 용어이다(왕상 15:27; 16:9). 즉 이 용어는 어떤 통치자 세력을 무 력으로 제압하려는 목적을 가진 무리들이 반란을 일으키도록 선 동하는 음모를 뜻한다. 여로보암 2세가 속한 왕조도 '모반'(קָשַׁר, '카샤르')을 통하여 수립된 왕권이었기 때문에(왕하 9:14; 10:1 이하) 또 다른 세력의 정치적 모반을 극도로 경계하였음은 당연한 것이었 다. 게다가 당시에는 예언자들이 정치적 모반에 가담한 일이 종종

---

16. 이 부분은 차준희, 『구약성서의 신앙』 (천안: 한국신학연구소, 1997), 72-82 을 축약한 것임을 밝혀 둔다.

있었다(실로 사람 선지자 아히야의 경우, 왕상 11:29 이하; 엘리사의 예후에 대한 기름 부음, 왕상 19:16 이하; 왕하 9:2 이하). 당시의 이러한 배경을 고려한다면 국가 성소인 벧엘의 제사장인 아마샤가 이러한 심각한 움직임에 대하여 왕에게 보고한 것은 그에게 부과된 당연한 임무였을 것이다.

아마샤는 11절에서 아모스의 예언 선포를 요약한다. 그 요약의 첫째는 북 왕국의 왕 여로보암 2세가 죽음을 맞을 것이며, 둘째는 이스라엘 백성이 포로로 끌려간다는 것이다. 그러나 아마샤가 여로보암 2세에게 보고한 이러한 내용은 아모스의 선포를 왜곡한 것이다. 아모스는 여로보암 2세 개인을 지목하여 그가 칼로 죽는다고 말한 적이 없으며, 여로보암의 집(가문)이 칼로 심판받는다고 선포하였다.

> 이삭의 산당들이 황폐되며
> 이스라엘의 성소들이 파괴될 것이라
> 내가 일어나 칼로 **여로보암의 집**을 치리라 하시니라(암 7:9).

아모스의 이 예언은 열왕기에 나타난 여로보암의 자연사(自然死: 왕하 14:29)와 그의 아들 스가랴의 처형(왕하 15:8-11)에 대한 기록과 일치하고 있다. 아마샤는 '여로보암 가문'에 대한 아모스의 심판 예고를 '여로보암 자신'으로 바꾸어 아모스의 예언을 왜곡한 셈이다. 아마샤는 또한 아모스가 하나님의 말씀이라고 밝힌 대목을 의도적으로 누락시킴으로 아모스의 선포를 하나님과 무관한 하나의 '정치적 선동'으로 폄하하였다. 결과적으로 아마샤는 예언자인 아모스의 선포를 왜곡하고 축소하여 보고하였다.

(2) **아마샤의 예언 금지와 추방 명령**(암 7:12-13). 벧엘 성소를 책임지고 있는 제사장 아마샤는 북 이스라엘의 수도 사마리아에 있는 왕 여로보암 2세에게 전령을 통하여 아모스를 고발한다. 사마리아는 벧엘에서 50킬로미터 이상 떨어져 있었기 때문에 왕의 명령이 전달되기까지는 최소한 하루 이상 기다려야 한다. 아마샤는 왕의 명령이 떨어지기 전에 사태를 수습하려고 한다. 이때 아마샤는 아모스를 선견자(חֹזֶה, '호제')로 호칭한다. 선견자는 하나님의 계시를 받은 사람에게 주어지는 존칭이다. 이로 보아 아마샤는 아모스 예언 직을 인정한 것으로 보인다. 아마샤는 아모스가 야웨에 의해서 세워진 야웨의 예언자임을 알고 있었다.

아마샤는 여기서 심히 갈등하고 있었던 것으로 보인다. 그는 왕이 지배하는 국가 성소인 벧엘에 속한 제사장으로 사실상 여로보암 2세에게 예속된 신분이었다. 그의 주된 임무는 왕의 권위와 안위를 지키는 것이었다(13절). 그러나 그는 원래 하나님을 섬기는 제사장으로 야웨 하나님의 권위를 받들어 섬겨야 한다. 그는 현실적인 이해관계가 결부된 왕의 권위와 제사장의 본질적인 임무와 관련이 있는 야웨의 권위 사이에서 갈등한다. 어느 한쪽을 택할 수밖에 없는 기로에 서 있게 되었다. 결국 그는 왕의 권위를 택한다.

아마샤는 아모스의 예언을 여로보암에게는 '정치적 선동'으로 왜곡 보고했으나, 그가 아모스를 '선견자'로 부르는 것에서 잘 나타나듯이 그 자신은 그 예언이 하나님의 의지 표명임을 알고 있었다. 그럼에도 불구하고 아모스에게 추방 명령을 내린다(12절). 이는 야웨 하나님의 명령에 정면으로 도전한 것이다. 예언자의 말은 인간의 말이 아니라 하나님의 말이기 때문이다. 야웨의 권위를 등지고 왕의 권위를 따르는 순간이다. 그는 눈에 보이지 않는 주인인 하나님보다 눈에 보이는 주인인 왕을 더 두려워한 것이다. 그는 원래 하나님의 뜻에 의해서 세워진 하나님의 제사장이었으나, 현재는 하나님의 뜻에 반하는 왕의 권위를 따르므로 한 조직의 일원으로 전락하고 만다. 그는 더 이상 진정한 왕이신 '하나님의 제사장'이 아니라, 인간인 '왕의 제사장'이 되어 버린 것이다.

아마샤가 여로보암의 최종 명령을 기다리지 않고 아모스에게 추방 명령을 내린 이유는 무엇인가? 여로보암의 명령은 당연히 아모스의 처형이라는 사실은 누구나 짐작할 만하다(참조. 렘 26:20-24: 여호야김 왕의 명령에 의한 예언자 우리야의 처형). 그는 아모스가 야웨로부터 온 예언자라는 사실을 잘 알고 있었기 때문에 아마도 자신의 보고에 의하여 야웨의 예언자인 아모스가 처형당하는 것을 원치 않았을 것이다. 따라서 아마샤는 아모스에게 유다 땅으로 가서 예언 활동을 하며 생계를 유지하라고 추방 조치를 한 것으로 보인다. 이를 '왕의 남자'로서의 의무를 다하고, 하나님의 종의 억울한 죽음을 회피하는 묘수로 판단하였을 것이다.

(3) **아마샤에 대한 아모스의 반박**(암 7:14-15). 아마샤의 명령에 대하여 먼저 아모스는 '나는 선지자(נָבִיא, '나비')가 아니며 선지자의 아들(בֶן־נָבִיא, '벤-나비')도 아니요 나는 목자요 뽕나무를 재배하는 자이다'라고 대답한다. '선지자의 아들'이라는 말은 예언자가 되기 위해서 훈련받는 사람들을 말한다(왕상 20:3, 5; 왕하 2:3; 4:1; 6:1; 9:1 등). 아모스는 자신이 '예언자 후보생도 아니다'라고 주장한다(참조. 왕하 9:1). 아모스는 아마샤가 보는 것과 같은 직업적 예언자가 아니라는 것이다. 아모스는 떡을 먹기 위해, 즉 생계를 유지하기 위해서 예언 활동을 하는 것이 아니다. 아모스는 자신의 직업을 언급함으로써 자신이 경제적으로 부유한 자임을 밝힌다. 생계 유지를 위해서 예언 활동을 하는 자는 아니라는 것이다. 앞에서도 밝혔듯이 그는 대규모의 가축 떼를 거느리고 있는 목자요, 많은 토지를 소유한 부유한 자였다. 사실 경제적으로 예속되어 있는 사람은 바로 아마샤 자신이었다. 물질을 위해 하나님의 일을 하는 사람은 아모스가 아니라 바로 아마샤였다. 하나님의 일을 맡은 사람이 물질에 예속이 되면 결국 하나님을 떠나고 물질의 노예가 된다(딤전 6:10).

아모스가 예언 활동을 하게 된 것은 경제적인 문제를 위해서도 아니었고, 인간적인 노력이나 의도에서 시작된 것도 아니었다. 그것은 전혀 예기치 못했던 하나님의 엄습으로 유발된 것이다.

> 양 떼를 따를 때에 여호와께서 나를 데려다가 여호와께서 내게 이르시기를 **가서** 내 백성 이스라엘에게 **예언하라** 하였나니(암 7:15).

아모스에 대한 야웨의 부르심은 거역할 수 없는 강권적인 사건이다(암 3:8).

(4) 이스라엘에 대한 심판 예고(암 7:16-17). 16절은 아마샤에 대한 죄를 지적하는 고발이며, 17절은 그 고발에 따른 심판 예고이다. 아마샤의 죄목은 '내 백성 이스라엘에게 예언하라'는 야웨의 명령에 정면 도전하여 아모스에게 '이스라엘에 대하여 예언하지 말며 이삭의 집을 향하여 경고하지 말라'고 하며 예언 선포를 금지한 것이다. 예언자 아모스에 대한 거부는 곧 그를 보내신 하나님에 대한 거부를 의미한다. 원래 하나님의 제사장이었던 아마샤는 여로보암의 제사장으로 변절되어 드디어는 하나님과 맞서는 위치에 서게 된다. 이러한 죄에 대하여 하나님의 심판이 선고된다.

그러나 이 심판 선포는 아마샤 개인에 대한 아모스 혹은 하나님의 복수가 아니다. 아마샤의 아내가 성읍에서 창기가 되고, 자녀들이 칼에 맞아 죽고, 토지를 탈취당하며, 이방인의 땅으로 포로로 끌려가 죽는 것 등은 아마샤 개인에게만 한정되어 닥칠 심판이 아니다. 이스라엘 백성 전체가 경험하게 될 것으로 전쟁의 상황에서 패망하여 포로로 끌려가는 심판의 모습을 묘사한 것이다. 아모스는 이스라엘 백성 전체에게 닥칠 운명을 아마샤의 가족을 예로 들어 구체적으로 묘사하고 있다. 이스라엘이 곧 맞이하여야 하는 심판은 백성 전체에게 오는 것이다.

(5) 메시지: 마지막까지 소명의 삶으로. 이 단락에서는 두 명의 주인공이 등장한다. 첫 등장인물인 아마샤는 하나님께 속한 '야웨의 제사장'으로 시작하였으나 결국 여로보암에게 예속된 '인간의 사람'으로 변질된다. 그에 반해 두 번째 등장인물인 아모스는 '평범한 자연인'으로 시작하였으나 하나님의 강권에 의하여 '하나님의 사람'으로 운명이 바뀐다. 아마샤는 신앙인(하나님의 사람)으로 시작하여 세속인(인간의 사람)으로, 아모스는 그와는 정반대로 세속인에서 신앙인으로 변한다.

아마샤는 본래 하나님의 소명을 받은 자였지만 그는 어느새 직업인이요 한 조직원으로 변질된다. 그는 그를 부르신 하나님께 봉사하기보다는 그의 생계에 직접적인 영향을 끼치는 여로보암에게 충성한다. 그의 제사장직은 더 이상 소명에 의한 것이 아니라 생계의 수단인 직업이 되어 버렸다. 그는 소명인에서 직업인으로 추락한다. 그러나 하나님의 사람 아모스는 예언직을 직업적(생계 수단용)으로 하지 않고 소명에 입각하여 수행한다. 하나님의 사람은 어떤 일에 종사하든 간에 그 일은 단순히 생계만을 위한 수단이 아니라 하나님의 부르심에 응답하는 수단이다. 그런 면에서 소명의 삶을 사는 것이다. 하나님의 사람은 직업인이 아니라 소명인으로 산다. 소명의 삶으로 시작한 삶이 마지막까지 소명의 삶으로 마침표를 찍을 수 있다면 이는 하나님의 커다란 은혜라 아니할 수 없다.

제3장
예언자의 우울증:
모세, 엘리야, 예레미야[*]

1. 들어가는 말

인생은 부침(浮沈)의 연속인지도 모른다. 인생의 오르막길이 있다면, 내리막길도 있는 것 아닌가. 그래서 전도서의 저자는 "형통한 날에는 기뻐하고 곤고한 날에는 되돌아보아라 이 두 가지를 하나님이 병행하게 하사 사람이 그의 장래 일을 능히 헤아려 알지 못하게 하셨느니라"(전 7:14)고 말하고 있다. 한평생을 살면서 침체기를 경험해 보지 않은 사람이 있던가. 구약의 신앙적 영웅이었던 예언자들도 영적 침체(우울증)를 경험했다는 사실은 그들도 사람이기에 당연한 것이지만 그래도 범인(凡人)인 우리에게는 위로가 된

---

[*] 이 장은 "모세, 엘리야, 예레미야의 영적 침체," 『그말씀』 267 (2011, 9월): 6-20에 실린 글을 수정한 것이다.

다. 그들의 우울증(영적 침체) 경험에서 몇 가지 배움을 찾아보기로 한다. 심각한 우울증(영적 침체)을 겪었던 예언자들에 관하여 좀 더 가까이 다가가서 만나보도록 한다.

2. 예언자의 우울증(영적 침체)

1) 모세의 우울증: 노역(勞役/奴役)에서 동역(同役)으로(민 11장: '즉시 나를 죽여 고난당함을 보지 않게 하소서')

민수기 11장은 모세가 지도력의 한계를 경험하고 우울증(영적 침체)에 깊이 빠진 사건을 포함하고 있다. 민수기 11:1-3은 다베라에서의 불평 사건을 기록하고, 11:4-35은 기브롯 핫다아와에서 일어난 불평 사건을 보여주고 있다. 두 번째 단락의 불평 사건은 백성들의 불만(4-9절), 모세의 탄식(10-15절), 하나님의 응답(16-23절), 칠십인 장로에게 임한 하나님의 영(24-30절), 그리고 메추라기와 하나님의 심판(31-34절)으로 구성되어 있다.

민수기 11:1-3은 하나님을 거스르는 불만과 불평의 최초의 사례를 자세하게 설명한다.[1] 하나님은 악한 말로 원망하는 것에 진노하시고, 진영의 끝부터 불사르신다. 이때 모세가 중보기도를 함으로 하나님의 심판의 불은 소거된다. 이것이 다베라 사건의 전말이

---

1. 데니스 T. 올슨, 『민수기』, 차종순 역 (현대성서주석; 서울: 한국장로교출판사, 2000), 105.

다.

모세의 우울증(영적 침체)과 직간접적으로 관련된 단락은 민수기 11:4-15과 11:16-23이다. 먼저 첫 번째 단락(민 11:4-15) 가운데 첫 부분인 4-9절의 이야기에 주목하기로 한다. 이스라엘 백성 가운데 '섞여 사는 다른 인종들'(אֲסַפְסֻף, '아싸프쑤프')이라는 단어는 오직 여기에만 나오며, 직역하면 '백성들의 한 모임'이다. 이 단어는 적절한 분별력과 통찰력에 의하여 통제되지 않고 육적인 욕망에 의해서만 지배를 받는 사람을 가리킨다.[2] 아마도 이 무리들은 이집트를 탈출할 때 함께 나온 사람들('수많은 잡족', 출 12:38)과 관련이 있어 보인다.[3]

비이스라엘인으로 구성된 주변인 집단의 충동질은 이스라엘 사람들로 하여금 소요까지 일으키게 하였다.

> 누가 우리에게 고기를 주어 먹게 하랴(민 11:4).

따라서 공동체의 불만은 주변으로부터 진영의 중심부로 확산된 것처럼 보인다.[4] 그런데 이스라엘 백성의 소요는 사실 굶주림에서 비롯된 것이 아니다. 이미 하나님이 내려 주시는 만나로 기본적인

---

2. 필립 J. 붓드, 『민수기』, 박신배 역 (WBC 성경주석; 서울: 솔로몬, 2006), 231.
3. 정중호, 『새로운 해석과 설교를 위한 민수기 I』 (한국구약학총서; 서울: 프리칭아카데미, 2008), 251.
4. 올슨, 『민수기』, 109.

양식의 문제는 해결된 상태였다. 그들이 지금 요구하는 것은 '더 맛있는 음식'(고기)을 달라는 것이다. 이집트에서 먹던 고기와 과일과 정력에 도움이 되는 맛있는 음식을 요구하고 있다(민 11:5-6). 이스라엘 사람들은 하나님으로부터 이미 주어진 선물에 만족하지 않고 사실상 이를 거절하고 있다. 이는 지나친 탐욕에서 나온 잘못된 것이다. 그래서 4절과 34절은 이들의 행위에 대하여 '탐욕'이라는 단어를 등장시키고 있다. 죽음의 땅인 광야에서 만나라도 먹을 수 있다는 사실은 크게 감사해야 할 일이 아닌가.

이제 모세의 탄식을 다루는 민수기 11:10-15에 주목해 본다. 이스라엘 백성의 온 종족들이 각기 자기 장막 문에서 울고 있다(민 11:10). 이는 공개적인 하소연을 나타낸다. 이런 자세는 대중을 선동하는 시위와 다르지 않다. 그 소리를 모세가 들었다. 그 소리에 모세도 급격히 사기를 잃고 자기 연민에 빠진다.[5] 하나님도 심히 진노하신다.

모세는 하나님이 자신의 어깨에 메어 주신 힘겨운 지도력에 대하여 힘에 부친 나머지 한탄하기 시작한다.

> 어찌하여 주께서 종을 괴롭게 하시나이까 어찌하여 내게 주의 목전에서 은혜를 입게 아니하시고 이 모든 백성을 내게 맡기사 내가 그 짐을 지게 하시나이까(민 11:11).

---

5. 왕대일, 『민수기』 (대한기독교서회 창립 100주년 기념 성서주석; 서울: 대한기독교서회, 2007), 295.

모세는 탈진하였으며 몹시 화가 나 있었다. 모세는 과거 출애굽기 33장의 대화에서는 자신과 이스라엘 백성과의 개인적인 친밀한 관계를 강조하곤 하였다.

> **나와 주의 백성**이 주의 목전에 은총 입은 줄을 무엇으로 알리이까 주께서 **우리**와 함께 행하심으로 **나와 주의 백성**을 천하 만민 중에 구별하심이 아니니이까(출 33:16).

그러나 여기서 모세는 자신과 이스라엘과의 단절을 원하고 있다.[6] 모세는 여기서 이스라엘 백성을 '내 백성'이라 하지 않고 '이 모든 백성'(כָּל־הָעָם הַזֶּה, '콜-하암 하제')이라고 계속해서 네 번이나 부르고 있다(민 11:11, 12, 13, 14). '내 백성'이라는 표현은 백성과의 친밀감을 나타내고, '이 백성'이라는 말은 거리감을 표현한다. 모세는 이 백성이 자기의 자식이 아니라는 점을 강조한다. 사실은 하나님이 어머니처럼 이 백성을 낳았으므로 젖가슴으로 어린아이를 돌보듯 돌보아야 할 책임은 자신이 아니라 하나님에게 있다는 사실을 암시적으로 드러낸다(민 11:12).

모세는 더는 감당할 수 없는 백성들의 요구, 즉 고기를 달라는 요구에 폭발하고 만다(민 11:13). 그렇지 않아도 모세는 이 백성을 인도하는 일로 그동안 주어지는 긴장(스트레스)을 감당해 내는 것도 힘에 겨웠을 것이다. 따라서 고기를 달라고 조르는 그들을 더는

---

6.   올슨, 『민수기』, 112.

감당할 수 없었던 것이다. 모세는 이들이 너무나도 무겁게 자신을 짓눌렀기 때문에 "책임이 심히 중하여 나 혼자서는 이 모든 백성을 감당할 수 없나이다"(민 11:14)라고 외친다. 문제는 모세 혼자서이 책임을 느끼는 데 있었으며, 그 짐은 어깨에 메기에는 너무나도 무거웠다. 모세는 능력의 한계에 도달한 것이다. 결국 모세는 하나님과의 친밀한 관계에 호소함으로써 하나님께 자신을 죽게 하는 은혜를 베풀어 달라고 부탁한다.

> 주께서 내게 이같이 행하실진대 구하옵나니 내게 은혜를 베푸사 즉시 나를 죽여 내가 고난당함을 내가 보지 않게 하옵소서(민 11:15).

모세는 자신의 짐을 혼자서 질 수 없고, 또 그 짐을 나누어 질 수 없다면 어차피 이루지 못할 이 과제에 직면하여 야웨가 차라리 죽음을 내려 주시기를 원한다. 그런데 이는 지금까지 나온 적이 없는 사상이다. 이 점에서 이는 새로운 전환점이 된다.[7]

하나님은 우울증(영적 침체)에 빠진 당신의 종 모세의 절규에 즉각적으로 응답하신다(민 11:16-23). 하나님의 응답은 크게 두 가지로 이루어져 있다. 하나는 모세의 탄원에 대한 하나님의 긍정적인 응답이다(민 11:16-17). 다른 하나는 백성들의 불평에 대한 하나님의 부

---

7. 마르틴 노트, 『민수기』, 이경숙 역 (국제성서주석; 서울: 한국신학연구소, 1986), 101.

정적인 응답이다(민 11:18-23). 하나님은 모세를 도와서 이스라엘을 통솔할 지도자로 70명을 세우라고 명령하신다. 모세의 짐을 덜어 주시는 것이다. 그런데 하나님은 모든 백성에게는 고기를 주어 싫증이 날 때까지 먹이시겠다고 약속하신다(민 11:18-20). 모세는 70인의 지도자를 세우는 일에는 이의가 없으나, 장정만 60만 명이나 되는 백성 전체를 고기로 배불리 먹이시겠다는 약속에는 이의를 제기한다. 실제적으로 가능해 보이지 않는다는 것이다.

> 그들을 위하여 양 떼와 소 떼를 잡은들 족하오며 바다의 모든 고기를 모은들 족하오리이까(민 11:22).

우울증(영적 침체)에 빠진 모세에게는 하나님의 새로운 기적이 보일 리가 없다. 그의 눈에는 현재의 불가능한 상황만 크게 보일 뿐이다. 모세의 말은 합리적일 수는 있지만 신앙적인 말은 아니다. 우울증(영적 침체)은 모세에게서 그 탁월한 신앙의 눈을 멀게 했다.

민수기 11:24-30에서 하나님은 모세의 영을 취하여 칠십 인의 장로들에게 두신다. 장로들은 진영의 거룩한 중앙에 있는 회막에 서서 열두 지파의 지도력에 관한 짐을 나누어 진다. 칠십 인의 장로들은 하나님의 영이 처음 임하자 각각 예언의 말을 하였으나, "다시는 하지 아니하였다"(민 11:25). 장로들이 한 차례 예언할 수 있는 능력을 갖게 된 것은 하나님과 더불어 직접적으로 그리고 지속적으로 말할 수 있는 모세의 독특한 예언적 역할과 크게 대조를 이룬다(민 12:6-8). 또한 민수기 11:31-34에서는 백성의 몰염치한 '탐욕'이 그것이 차고 넘치게 채워지는 형태로 벌을 받는다. 탐욕스런 백성의 과욕과 과식이 많은 사람의 죽음을 초래했다는 것이 암시된다.

민수기 11장에서 모세가 단독 지도력으로 인한 과중한 요구에 견디지 못하고 불평한 사례 가운데 하나님은 모세의 한탄을 적법한 것으로 받아들여 해결해 주셨다. 하나님은 모세의 우울증(영적 침체)의 근원을 적극적으로 해결해 주심으로 모세에게 사역의 짐을 덜어 주고 새로운 돌파구를 제시해 주셨다. 모세의 경우에서 보듯이 과중한 사역이 영적 침체의 원인이 될 수도 있다. 즐거워야 할 사역(使役)이 삶을 짓누르는 노역(勞役) 혹은 노역(奴役)이 될 때, 그때 우울증(영적 침체)의 먹이가 된다. 사역이 노역으로 느껴지는 순간에는 사역을 당분간 내려놓고 쉼의 도움을 청하든지 아니면 사역의 양을 줄이든지, 그것도 아니면 동역자와 사역을 나누어야 할 것이다. 하나님은 당신의 사람들에게 노역시키지 않으신다. 하나님은 우리를 노역자로 삼으시지 않으신다.

2) 엘리야의 우울증: 리콜 대상의 리콜링(왕상 19장: '지금 내 생명을 취하소서')

열왕기상 19장은 예언자 엘리야의 우울증(영적 침체)을 보여 주는 대표적인 본문이다. 이 이야기는 엘리야의 도피와 우울증(영적 침체, 1-8절), 엘리야의 재소명(9-18절) 그리고 엘리사의 소명(19-21절)으로 구성되어 있다. 바알 선지자들과 벌인 목숨을 담보로 한 갈멜

산 대첩은 엘리야의 승리로 대단원의 막을 내렸다(왕상 18장). 그런
데 그 승리감을 충분히 만끽하기도 전에 이 소식을 전해 들은 왕
비 이세벨은 엘리야를 처형하기로 작정한다. 이세벨은 사신을 통
하여 엘리야에게 "내가 내일 이맘때에는 반드시 네 생명을 저 사
람들 중 한 사람의 생명과 같게 하리라 그렇게 하지 아니하면 신
들이 내게 벌 위에 벌을 내림이 마땅하니라"(왕상 19:2)는 말로 선전
포고를 한다.

이때 엘리야는 당시 실질적인 최고의 권력자인 이세벨의 위협
적인 공격을 자신의 사역의 끝으로 이해하는 것 같다. 그는 자신
의 생명이라도 부지하기 위해 야웨의 땅의 최남단인 브엘세바로
도주했고, 그곳에서 자신의 사환을 놓아 보냈다. 이와 같은 행위는
자신의 사역을 포기한다는 것을 암시한다(왕상 19:3).[8] 엘리야는 혈
혈단신으로 브엘세바에서 광야로 하룻길을 더 나아가 한 로뎀 나
무 아래에 머문다(왕상 19:4a). 태양이 작열하는 광야 길에서 그나마
그늘을 만들어 주는 것이 로뎀 나무였다. 이 나무는 3-4미터 정도
의 높이까지 자라는 광야의 관목으로 광야 길을 지나는 사람들에
게 그늘을 제공하기에 충분한 나무였다.[9]

그러나 보통 우울증(영적 침체)에 빠져 있는 사람은 홀로 앉아
죽을 궁리에만 몰두하기 마련이다.

---

8. 시몬 J. 드 브리스, 『열왕기상』, 김병하 역 (WBC 성경주석; 서울: 솔로몬, 2006), 504.
9. 이형원, 『열왕기상』 (대한기독교서회 창립 100주년 기념 성서주석; 서울: 대한기독교서회, 2005), 386.

> 자기가 죽기를 원하여 이르되 야웨여 넉넉하오니 지금 **내 생명**을
> **거두시옵소서** 나는 내 조상들보다 낫지 못하니이다(왕상 19:4b).

엘리야는 무덤에 묻혀 있는 조상들보다도 살아 있는 자신의 현 상
황이 더 좋지 못하다고 느낀다. 절망에 처한 삶은 이미 죽은 사람
만 못하다는 역설이 설득력 있게 들릴 때도 있다. 전도서의 진술
이 이 점을 지적하고 있다.

> 2) 그러므로 나는 아직 살아 있는 산 자들보다
> 죽은 지 오랜 죽은 자들을 더 복되다 하였으며
> 3) 이 둘보다도 아직 출생하지 아니하여
> 해 아래에서 행하는 악한 일을 보지 못한 자가
> 더 복되다 하였노라(전 4:2-3).

지치고 또 모두에게 버림 받은 예언자는 깊은 좌절에 빠져 버렸
다. 어제의 영적 영웅이었던 엘리야가 오늘은 우울증에 사로잡힌
도망자 신세가 되었다. 어느 누구도 따라갈 수 없는 영적 거장처
럼 보였던 열왕기상 18장 속 갈멜 산의 엘리야는 19장에서 너무나
연약하고 초라한 한 인간의 모습으로 전락되었다.

　그런데 우울증(영적 침체)에서 깊이 빠져 죽기를 바라는 엘리야
를 하나님은 천사를 통하여 떡과 물을 주시어 살게 하신다(왕상
19:5). 천사를 통한 '치유의 어루만짐'(healing touch)과 떡과 물의 공

급이 두 번 반복된다(왕상 19:7). 첫 번째는 지금까지의 사역(1차 사역)으로 인한 탈진을 회복시키는 것이고, 두 번째는 새로운 사역(2차 사역)을 통고받을 장소로 이동할 힘을 공급하기 위해 주어진다. 엘리야의 호렙 산행(山行)이 자의적 결행인지 아니면 하나님의 부르심에 의한 것인지는 현재의 본문에서는 분명하지 않다(왕상 19:8).

호렙 산(시내 산)은 모세가 하나님을 만난 장소이고, 하나님의 계명을 받은 곳이며, 이스라엘의 선조들이 하나님의 임재 앞에서 하나님을 성실하게 섬기겠다고 언약을 체결했던 거룩한 곳이다. 즉 호렙 산은 하나님이 이스라엘 백성에게 자신을 처음으로 드러내 보이셨던 곳이다. 하나님은 호렙 산의 동굴에 있던 엘리야에게 말씀하신다.

> 엘리야야 네가 어찌하여 여기 있느냐?(왕상 19:9).

이 질문에서 핵심은 '여기'라는 부분이다. 하나님은 엘리야에게 자신이 허락한 사명지인 이스라엘을 떠나 도망하여 여기 호렙 산에 있는 이유를 질문함으로 엘리야에게 자신의 현주소를 다시 생각해 보고 자기의 사명을 다시 붙잡게 하려고 한 것으로 보인다.[10] 탈진한 예언자는 하나님께 자기중심적인 불평을 터뜨리며 오직 사태의 어두운 면만을 주시하고 있다.

10.　이형원, 『열왕기상』, 389.

> 오직 나만 남았거늘 그들이 내 생명을 찾아 **빼앗으려** 하나이다
> (왕상 19:10).

엘리야의 탄식에는 하나님에 대한 무언(無言)의 비난이 서려 있다.
그러나 하나님은 엘리야를 불러 당신의 앞에 세운다.

> 너는 나가서 야웨 앞에서 산에 서라(왕상 19:11a).

하나님은 탈진하여 고장 난 당신의 종 엘리야를 재소환하신다. 하
나님은 엘리야를 '리콜'(recall)하신다. 고장 난 자동차만 리콜 대상
이 아니라 탈진한 인간도 리콜 대상이 된다. 우울증(영적 침체)에 **빠**
진 사람들은 보통의 말로 혹은 지금까지의 방식으로 설득되어 그
들의 암울한 영적인 동굴 밖으로 걸어 나오는 일이 거의 없다. 하
나님은 지금까지 엘리야의 사역을 이끌었던 전통적인 방식인 '바
람과 지진 그리고 불'이 아니라(참조. 출 19:16-18), 새로운 방식인 '세
미한 소리'를 통하여 그를 다시 세운다(왕상 19:11b-12).

그리고 하나님은 엘리야에게 새로운 임무를 맡기신다. 다메섹
의 하사엘에게 기름을 부어 아람의 왕이 되게 하고, 예후 장군에
게 기름을 부어 이스라엘의 왕으로 세우며, 엘리사에게 기름을 부
어 엘리야의 후계자로 삼으라는 것이다(왕상 19:15-16). 하나님은 우
상숭배자들에게 내릴 심판을 세 가지 방식으로, 곧 이스라엘의 대
적(하사엘)과 장래의 통치자(예후)와 장래의 예언자(엘리사)를 통해 집

행하려고 하신다. 엘리야의 새로운 사역은 이전 사역보다 확대된
다. 사역 영역이 국제적으로 확장되고, 국가의 최고 지도자를 교체
하고, 후임자를 세움으로 자신의 사역이 유종의 미를 거두도록 해
야 한다. 그리고 영적 침체로 좁아진 시야를 교정하여 바알에게
무릎 꿇지 아니한 칠천 명의 동역자를 보게 한다(왕상 19:18). 그의
제2기 사역은 더 이상 외롭지 않을 것이다.

　이어지는 열왕기상 19:19-21은 엘리야가 이스라엘로 되돌아가
엘리사를 만나 그를 후계자로 부르는 사건과 엘리사의 순종을 보
여 준다. 엘리야는 하나님의 명령이 자기에게 구체적으로 전해지
자 호렙 산에서의 쉼과 재충전의 시간들을 청산하고 거기서 떠나
자기가 임해야 할 사역지로 주저하지 않고 나아간다. 처음 왔던
길로 되돌아가는 엘리야의 장도는 그가 그에게 새롭게 부여된 사
명을 받아들였음을 통지하고, 그의 개인적 위기가 끝났음을 알려
준다.[11]

　하나님은 새로운 사명을 고취시킴으로써 엘리야의 우울증(영
적 침체)을 치유하신다. 엘리야의 불평을 압도하는 새로운 사명 의
식의 고취가 그의 입을 막는다. 엘리야의 사역의 포기와 생명의
포기는 하나님의 직접적인 재위임에 의해서 극복된다. 하나님이
그에게 새로운 일을 주셨을 때, 의심은 끝나고 걱정은 사라진다.[12]

---

11. 리차드 넬슨, 『열왕기상·하』, 김회권 역 (현대성서주석; 서울: 한국장로교출
　　판사, 2000), 211.
12. 드 브리스, 『열왕기상』, 507.

하나님은 탈진한 엘리야를 '리콜'(recall)하셔서 '리콜링'(recalling: 재소명, 제2의 소명)하심으로 그를 치유하시고 새롭게 사용하신다. 사역 속에서 경험하게 되는 탈진과 우울증과 좌절감으로 말미암아 자기 의와 자기 연민에 빠져 영적 침체에서 헤매는 사람이 치료받을 수 있는 최상의 방법은 새로운 사명을 발견하여 매진하는 것이다. 인간은 밥만 먹고 사는 게 아니라 의미를 먹고 산다. 인간은 의미 없음을 견딜 수 없다. 인간을 살게 하는 힘은 '의미에의 의지'이다. '왜 사는지를 아는 사람은 어떻게든 살 수 있다.' 엘리야는 왜 살아야 하는지를 재발견한 것이다.

엘리야의 제2기 사역은 동역자가 바뀐다. 지금까지의 사환과는 결별하고 후임자가 될 엘리사와 함께 동역한다. 그의 새로운 사역은 전통적인 하나님의 현현 양식인 바람과 지진과 불이 아닌 새로운 방식인 세미한 음성으로 시작된다. 우울증(영적 탈진)은 지금까지의 삶의 방식을 떨어내는 진통의 과정이기도 하다. 진통의 과정이 끝나면 새롭게 탄생하여 새로운 일을 감당할 수 있게 된다. 그리고 사역의 범위가 더 확대된다. 엘리야 시대뿐만 아니라 현대에도 사람들은 때때로 탈진과 우울증 그리고 극한 고독감과 좌절감을 경험하게 된다. 그런데 이때 영적으로 회복시키시고 재기할 수 있게 해 주시는 하나님으로부터 두 번째 소명을 발견하면 삶에 대한 새로운 의지와 희망을 얻을 수 있게 된다.

3) 예레미야의 우울증: 창조적인 흔들림(렘 20:7-18: '어찌하여 내가 태에서 나와서')

예레미야의 우울증(영적 침체)의 절정을 보여 주는 내용은 예레미야 20:7-18에서 발견된다.[13] 이 단락은 예레미야의 탄원(고백)들(렘 11:18-23; 12:1-6; 15:10-21; 17:14-18; 18:18-23; 20:7-18) 가운데 마지막 구절에 속한다. 이 단락은 7-13절의 탄원 시와 14-18절의 자기 저주로 나뉜다. 탄원 시 부분은 7-9절과 10-13절로 다시 나눌 수 있다.

예레미야의 탄원은 야웨께서 자신을 유혹했다고 고발하면서 시작한다.

> 여호와여 주께서 나를 **권유하시므로**(פָּתָה, '파타')
> 내가 그 권유를 받았사오며
> 주께서 나보다 **강하사 이기셨으므로**(חָזַק, '하자크')
> 내가 조롱거리가 되니
> 사람마다 종일토록 나를 조롱하나이다(렘 20:7).

여기서 '권유하다'(פָּתָה, '파타')라는 히브리어 동사는 여성에게 결혼 전에 성행위를 승낙하도록 설득, 유도하는 것을 의미한다(출 22:16; 참조. 호 2:14; 욥 31:9). '강하사 이기다'(חָזַק, '하자크')는 여성에게 혼외정사를 강요하는 것으로서, 그녀의 의사에 반하여 성행위가 이루어지는 것을 뜻한다(신 22:14; 참조. 삿 19:25). 즉 '파타'(פָּתָה)는

---

13. 이 단락에 대한 자세한 분석을 위해서는 다음을 참조하라. 차준희, 『예레미야서 다시보기』 (서울: 프리칭아카데미, 2007), 228-234.

'유혹' 또는 '후리기'를 뜻하고, '하자크'(חָזַק)는 '성폭행'을 의미한다. 이 단어들은 하나님을 주어로 쓰기에는 적절하지 못한 용어들이다. 예레미야는 자기 자신이 마치 힘센 총각이신 하나님께 자신의 저항에도 불구하고 처녀성을 유린당한, 성폭행당한 여성과 같다고 느낀다.

예레미야는 하나님이 자신의 입에 넣어 준 말씀을 성실하게 전한다. 그런데 그 말씀은 '파멸과 멸망'이었다. 그러나 예레미야의 입에서 나오는 폭력적인 심판 선포는 즉시 성취되지 않았고, 오히려 그것이 부메랑이 되어 백성들로부터 온갖 치욕과 모욕을 받을 수밖에 없었다(렘 20:8). 예레미야는 결국 자신의 말씀 선포 사역을 중단하기로 결단한다.

> 내가 다시는 여호와를 선포하지 아니하며
> 그의 이름으로 말하지 아니하리라 하면
> 나의 마음이 불붙는 것 같아서 골수에 사무치니
> 답답하여 견딜 수 없나이다(렘 20:9).

그러나 이 또한 허락되지 않는다. 사역을 중단하면 더 큰 고통에 직면해야 했다. 내적인 불 고문에 시달려야 했던 것이다.

이어지는 단락(렘 20:10-13)은 탄원(10절), 신뢰 고백(11절), 간구(12절) 그리고 찬양(13절)으로 구성되어 있다. 예레미야의 대적자들은 그가 전한 하나님의 말씀을 거부하고 예언자를 조롱하는 수준에

서 더 나아가 그를 제거하려고 한다(렘 20:10). 이때 예레미야는 사
방이 두려움으로 가득 찬 상황에서 눈을 들어 하나님을 바라본다.
그는 위기와 절망의 순간, 자신이 소명을 받을 때 주어진 예레미
야 1:18-19의 약속의 말씀을 상기한다. 이를 통하여 그의 시선은
야웨로 방향을 잡는다. 야웨로 방향을 고정시키자 내면에서 신뢰
의 고백이 뜨겁게 흘러나온다(렘 20:11). 하나님에 대한 깊은 신뢰감
은 간구로 이어진다.

> 주께서 그들에게 보복하심을 나에게 보게 하옵소서(렘 20:12).

예레미야는 자기에게 보복하겠다고 하는 박해자들에게 직접 맞서
지 않고, 야웨께서 그들에게 보복해 주시기를 기도만 하고 있다.
예레미야의 탄원은 찬양으로 마무리된다(렘 20:13). 예레미야의 심
정이 내적인 혼란과 외적인 박해로 야기된 압력 앞에 좌절당했을
때, 즉 그가 시련을 당하고 있을 때 그의 중심이 야웨를 향하자 오
히려 야웨께 대한 신앙이 새로워졌고, 고요한 내적 평화를 경험하
고 찬양이 흘러나오게 되었다.
  그런데 이어지는 단락(렘 20:14-18)에서는 뜻밖에도 예언자의 자
기 저주가 돌출한다. 예레미야 20:13에서 표현된 확신 있는 찬양
의 여운이 채 끝나기도 전에 바로 이어지는 14-18절은 독자들을
당혹하게 한다. 여기서 예레미야는 자신의 삶을 저주하고 있기 때
문이다. 예레미야는 자신의 생일을 저주한다(렘 20:14). 보통 저주란

인격을 가진 사람이나 원수를 대상으로 하는데 여기서는 생일을 저주하고 있다. 생일이 원수로 간주되고 있다. 예레미야는 자신의 출생을 저주함으로써 자기의 삶과 직무 전체를 근본적으로 문제 삼는다.

예레미야는 더 나아가 사내아이를 출생했다는 좋은 소식을 자신의 아버지에게 전한 사람도 저주하고 있다(렘 20:15). 예언자는 여기서 이 사람이 마치 소돔과 고모라처럼 망하고 전쟁의 재난을 겪었더라면 좋았을 것이라는 식으로 말하고 있다(렘 20:16). 한 생명이 태어나는 것은 기쁜 일이고 그날은 마땅히 축하받을 날인데, 현재의 삶이 너무 힘들고 고통스러워서 기쁜 소식을 전하는 죄 없는 사람에게 그 책임을 덮어씌울 정도로 그가 당하는 괴로움이 극에 이른 것이다.

예레미야는 차라리 어머니의 배 속에서 죽었으면 더 좋았을 것이라 하며 절규한다.

> 이는 그가 나를 태에서 죽이지 아니하셨으며
> 나의 어머니를 내 무덤이 되지 않게 하셨으며
> 그의 배가 부른 채로 항상 있지 않게 하신 까닭이로다(렘 20:17).

예레미야는 "어찌하여 내가 태에서 나와서 고생과 슬픔을 보며 나의 날을 부끄러움으로 보내는고"(렘 20:18) 하며 깊은 탄식으로 자신의 고백을 마감한다.

예레미야와 같이 경건한 하나님의 사람도 내적으로 고양되는 순간에 또다시 침체의 시간으로 빠져들기도 한다. 우리는 여기서 한 예언자가 경험한 최악의 우울증(영적인 침체)의 순간을 만난다. 하나님의 사명은 구약의 위대한 예언자인 예레미야에게도 예수님의 겟세마네 기도와 같은 고통과 절망의 기도를 드리게 만들었다. 당혹스럽게도 예레미야의 탄원은 여기서 끝난다. 이후 회복되었다는 기록이라도, 아니면 적어도 '하나님이 낙담한 예레미야의 심정을 공감하고 있다'라는 암시라도 있어야 하지 않은가. 그러나 당혹을 넘어 충격적으로 한 예언자의 절규는 아무런 해명 없이 여기서 끝난다.

성공 신화에 길들여진 현대인들에게 이 이야기는 부담스럽고 심지어 안타깝게 들리기도 한다. 그러나 영적 침체의 순간 흔들리는 경험이 늘 잘못된 것이거나 부정적인 것만은 아니다. 흔들릴 때 제대로 흔들려야 바로 설 수 있는 법이다. 우울증(영적인 침체)을 겪고 있는 예레미야의 현 모습은 실패자의 모습을 보여 주는 것이 아니다. 하나님이 인도하시는 좁은 길을 제대로 걸어가고 있는 자의 한 모습이다. 올바른 길로 걸어가기에 더 심히 흔들리는 것이다.

망설임은 '성실성의 증거'이고, 확신은 '사기의 증거'일 수도 있다. 너무 지나친 말일지 모르지만 회의 없는 강철 같은 확신은 아무래도 의심스럽다. 삶 자체가 이럴 수도 있고 저럴 수도 있는 모호하기 이를 데 없는 것 아닌가. 만물은 흔들리면서 흔들리는 만큼 튼튼한 줄기를 얻는다. 무릇 살아 있는 것들은 다 흔들리게 마련이다.[14] 한 시인의 마음도 이를 간파한 것 같다.

〈흔들리며 피는 꽃〉(도종환)

흔들리지 않고 피는 꽃이 어디 있으랴

이 세상 그 어떤 아름다운 꽃들도

다 흔들리면서 피어나니

흔들리면서 줄기를 곧게 세웠나니

흔들리지 않고 가는 사랑이 어디 있으랴

젖지 않고 피는 꽃이 어디 있으랴

이 세상 그 어떤 빛나는 꽃들도

다 젖으며 젖으며 피었나니

바람과 비에 젖으며

꽃잎 따뜻하게 피웠나니

젖지 않고 가는 사람이 어디 있으랴

예언자도 그리고 하나님의 사람도 모두 사람이 아닌가. 흔들려도 괜찮다. 아니 흔들려야 한다. 그래야 뿌리를 더 깊이 내리고 줄기가 든든해진다. 사도 바울이 빌립보의 그리스도인에게 준 권면도 이와 같은 맥락과 결부되어 이해되지 않을까.

---

14. 김기석, 『일상순례자』 (서울: 틈, 2011), 21.

나의 사랑하는 자들아 너희가 나 있을 때뿐 아니라 더욱 지금 나 없을 때에도 항상 복종하여 두렵고 떨림으로 너희 구원을 이루라 (빌 2:12).

오히려 확신이 없는 사람이 예수님을 제일 아름답게 닮은 것은 아닐까? 겟세마네의 예수님처럼. 그렇다면 우울할 때(영적 침체기)에는 몸과 마음을 내려놓고 흔들림에 완전히 몸과 마음을 맡겨도 괜찮을 듯싶다. 하나님을 향한 시선만 분명하다면 거룩한 떨림과 창조적인 흔들림은 결국 더 깊이 있는 사람을 만들어 낼 수 있기 때문이다.

3. 나가는 말

구약성서에서 특히 우울증(영적인 침체)을 경험했던 대표적인 예언자들은 모세, 엘리야, 에레미야를 꼽을 수 있다. 모세는 과중한 사역으로 감당할 수 없는 한계에 도달하자 우울증(영적 침체)에 빠져들게 되었고, 하나님은 즉각적으로 그의 업무를 덜어 주는 방식으로, 즉 70명의 지도자를 붙여 주심으로 그를 침체로부터 구원하신다. 모세는 자신의 권리와 권한을 독점하지 않고 겸허하게 그리고 사심 없이 나눈다.

엘리야는 제1기 사역을 성공적으로 마무리했으나, 뜻밖에도 그에게 남은 것은 생명 부지를 위하여 도망 다니는 일이었다. 하나님은 이후의 삶의 목적을 상실하고 우울증(영적 침체)에 빠진 엘리야를 일단 먹이고 쉬게 함으로 육신을 회복시키신다. 그리고 그에게 제2기 사역의 새로운 미션을 부여하심으로 그를 보다 폭넓은 예언직 전선에 재투입하신다.

예레미야는 처음부터 강압적으로 떠맡은 사역 자체로 인하여 괴로운 나날을 보낸다. 선포 사역에 열매도 없고, 오히려 저항에 부닥치고 조롱거리가 되어 사역을 포기하려고 한다. 그러나 사역을 내려놓으려고 하면 속이 타들어 가는 고통 때문에 사역을 포기하지도 못한다. 한순간 하나님을 바라보면 찬양이 나오다가도 현실로 되돌아오면 다시 탄식이 저절로 나온다. 차라리 태어나지 않았으면 하며 끊임없이 흔들린다. 예레미야에게는 우울증(영적 침체)이 일상이 되어 버린 것 같다. 그러나 예레미야의 흔들림은 불신의 모습도 아니고, 우유부단의 처신도 아니며, 잘못된 길을 가는 것도 아니다. 모든 살아 있는 것들은 흔들리게 마련이다. 북극을 가리키며 흔들리고 있는 나침반은 고장 난 것이 아니다. 오히려 한 곳을 향하여 멈추어 서 있다면 그 나침반은 고장 난 것이다. 바로 폐기되어야 한다. 하염없이 한쪽을 향하여 떨고 있는 나침반은 자기의 길을 제대로 걷고 있기에 더더욱 믿음이 간다. 예레미야는 흔들리면서 그의 사역이 확고해지고, 그의 영성이 더 깊어진 것이 아닐까.

제4장
예언서 오독 바로잡기*

이 장은 예언서 본문 가운데 대표적인 오독(誤讀) 구절을 소개하고
이 본문에 대한 바른 해석을 제시하는 데 목적이 있다. 한국 교회
설교 강단에서 가장 많이 선포되는 구약 본문은 창세기, 출애굽기,
시편, 이사야라고 한다. 예언서 가운데 이사야서가 설교 본문으로
가장 많이 선호되고 있기에, 이사야서에서 세 개의 본문(사 14:12;
34:16; 58:6)이 선택되었고, 또한 대부분의 설교자들이 오해하는 호
세아서 한 구절(호 6:1)이 대표적인 오독 본문으로 추려졌다.

---

* 이 장은 "신구약 오독 구절 바로잡기: 선지서," 『목회와 신학』 376 (2020, 10
월): 126-131에 발표된 것을 일부 수정한 것이다.

1. '계명성'은 '루시퍼 사탄'이 아니고
'바벨론 왕'이다(사 14:12)

구약의 예언서 가운데 가장 잘못 해석되거나 오해받고 있는 가장 대표적인 본문은 아마도 이사야 14:12일 것이다.

> 너 아침의 아들 **계명성**이여
>
> 어찌 그리 하늘에서 떨어졌으며
>
> 너 열국을 엎은 자여
>
> 어찌 그리 땅에 찍혔는고(사 14:12).

이 본문은 루시퍼와 관련된 사탄의 정체를 설명해 주는 본문으로 널리 알려져 왔다. 원래 '루시퍼'라는 이름은 이사야 14:12에 등장하는 '계명성'의 라틴어 번역이다. 라틴어 역본인 불가타 성경은 계명성의 히브리어 '헬렐'(הֵילֵל)을 '루시퍼'(lucifer)로 번역하였고, 그 이후로 사탄의 이름은 점차 '루시퍼'로 불리게 되었다.[1]

원래 라틴어 '루시퍼'는 '빛나는 별' 또는 '샛별'(the morning star)을 뜻하는 '일반 명사'였다. 그러나 루시퍼가 사탄으로 해석되면서 결국 이 단어는 사탄의 이름을 뜻하는 '고유 명사'로 둔갑하고 말았다. 본래 루시퍼라는 단어는 사탄과는 아무런 관련이 없다. 이러한 오해는 본문이 다양하게 해석되는 과정에서 생겨난 오류이

---

1. 장세훈, 『문맥에서 길을 찾다: 바른 구약 읽기』 (용인: 토브, 2018), 168.

다. 예를 들어, King James Version은 계명성을 '루시퍼'(O Lucifer)
라는 고유 명사로 번역을 하고 있으며, 다수의 사람들은 이 명칭
을 '사탄'을 가리키는 표현으로 오해를 하게 되었다.[2]

우리말 성경의 '계명성'(啓明星)은 '새벽의 밝음을 열어 주는 별'
이라는 뜻의 한자어인데, 순수 우리말로 '샛별'이라 부른다. 샛별
은 새벽 동쪽 하늘에 반짝이는 '금성'(金星, Venus)을 가리킨다.[3]

성경의 본문은 우선적으로 그 본문이 속한 맥락에서 해석되어
야 한다. 이사야 14:1-2은 이스라엘의 회복을 예언한다. 3-20절은
바빌론의 몰락을 예언한다. 이 단락(3-20절)을 좀 더 세분하면 3-11
절은 몰락한 바빌론 왕을 조롱하는 노래이다.

> 너는 바벨론 왕에 대하여 이 노래를 지어 이르기를
>
> 압제하던 자가 어찌 그리 그쳤으며
>
> 강포한 성이 어찌 그리 폐하였는고(사 14:4).

천하를 호령하던 바빌론 왕이 몰락할 것이다. 당연히 온 세상을
괴롭히던 압제자의 몰락에 그동안 눌려 있었던 천하가 환호할 것
이다.

2.　장세훈, 『문맥에서 길을 찾다』, 170.

3.　류호준, 『이사야서 I: 예언서의 왕자』 (서울: 새물결플러스, 2016), 643.

> 7) 이제는 온 땅이 조용하고 평온하니
>
> 무리가 소리 높여 노래하는도다
>
> 8) 향나무와 레바논의 백향목도
>
> 너로 말미암아 기뻐하여 이르기를
>
> 네가 넘어져 있은즉
>
> 올라와서 우리를 베어 버릴 자 없다 하는도다(사 14:7-8).

이어지는 12-17절도 바빌론 왕을 조롱하는 내용이며, 18-20절은 바빌론 왕에 대한 심판의 말씀이다. 세상의 뭇 왕과는 달리 바빌론 왕은 정상적인 묘에 묻히지도 못한 채 전장에서 죽어 뒤섞인 주검처럼 방치될 것이다.

문제의 본문인 12절의 "너 아침의 아들 계명성이여"에서 '너'는 '바빌론 왕'을 말한다. 바빌론 왕은 하늘에서 떨어진 계명성으로 묘사된다. 가장 높은 곳에서 가장 낮은 곳으로 떨어졌다는 대조를 통해 문학적 효과를 극대화한다. 바빌론 왕은 스스로를 신격화하였으며(13절), 감히 '지극히 높은 이'(하나님)와 동등해지려고 할 정도로 극도로 교만(hubris)하였다(14절). 그러나 별 중에서도 가장 높은 지위를 탐하던 샛별(바빌론 왕)이 스올의 가장 밑바닥에 떨어질 것이다(15절).

실제로 대제국 바빌론의 치세는 오래가지 못했다. 당시 고대 근동의 급변하는 정세 속에서 어제의 승자가 오늘의 패자가 되는 것은 예삿일이었다. 본문은 그토록 강성하던 바빌론의 갑작스런 몰락을 조롱하고 있다.[4] 여기서 '계명성'은 '루시퍼 사탄'이 아니고 '바빌론 왕'이다. 이사야는 여기에서 교만한 자를 때가 되면 반드시 낮추시는 하나님을 보여 준다(사 2:12-17).

2. '제 짝'은 '성경의 짝'이 아니고 '짐승의 짝'이다(사 34:16)

이사야 34:16도 많이 오해되고 있는 본문 중의 하나이다.

> 너희는 여호와의 책에서 찾아 읽어 보라
>
> 이것들 가운데서 빠진 것이 하나도 없고
>
> 제 짝이 없는 것이 없으리니
>
> 이는 여호와의 입이 이를 명령하셨고
>
> 그의 영이 이것들을 모으셨음이라(사 34:16).

종종 이 구절에 나오는 '빠진 것이 하나도 없고'라는 표현과 '제 짝'이라는 단어를 가지고 성경의 완전성을 강조하는 분들이 있다. 적지 않은 성도들이 이 구절을 성서영감설(聖書靈感說)의 근거 구절로 오해하고 있다.

'너희는 여호와의 책에서 찾아 읽어 보라'고 했을 때, 여기서

---

4. 홍국평, 『이사야 I(1-39)』 (연세신학백주년기념 성경주석; 서울: 대한기독교 서회, 2016), 224-225.

'여호와의 책'은 곧 '성경책'이라는 것이다. 또한 '이것들 가운데 빠진 것이 하나도 없고'라고 할 때, '이것들'은 성경에 담겨 있는 하나님의 말씀을 가리키는 것으로 본다. 성경에는 하나님의 말씀이 빠진 것이 없이 다 들어 있다고 이해한다. '제 짝이 없는 것이 없으리니'라는 것은 구약과 신약의 말씀이 다 짝을 이룬다고 생각하고, 종교개혁자들이 말한 '성경이 성경을 해석한다'는 원칙을 말한 것으로 받아들인다. '이는 여호와의 입이 이를 명령하셨고'는 성경의 말씀은 야웨께서 입으로 직접 명령하신 것을 사람이 받아 쓴 것임을 말한다고 본다. '그의 영이 이것들을 모으셨음이라'는 성경의 말씀들이 하나님의 영감으로 수집된 것을 말한다고 해석한다.[5]

그러나 조금만 사려 깊은 독자라면, 적어도 '하나님의 말씀'을 일컬어 '이것들' 혹은 '그것들'이라고 하지 않는다는 것쯤은 알아차릴 수 있을 것이다. 우리말 성경에서는 말씀을 일컬어 '그것들' 혹은 '이것들'이라고 부른 예가 없기 때문이다.[6] 게다가 '여호와의 책'은 단수형인데 반해 '이것들'은 복수형을 의미한다. 따라서 '이것들'을 여호와의 책과 연결시키는 것은 누가 보아도 무리가 있다.[7]

이 구절 역시 이사야 34장 전체의 맥락에서 해석되어야 한다.

---

5. 민영진, 『성경 바로 읽기: 민영진 박사의 성경 클리닉』 (서울: 대한기독교서회, 1999), 62-63.
6. 민영진, 『성경 바로 읽기』, 63.
7. 장세훈, 『문맥에서 길을 찾다』, 185.

이사야 34장은 에돔의 심판을 통하여 열방에 대한 야웨의 주권을 강조하는 내용이다. 여기서 '에돔'은 하나님의 백성을 괴롭히고 조롱하는 대표적인 나라로 선택된다. 1-15절은 에돔에 대하여 심판하고, 16-17절은 야웨의 주권에 대하여 확증하고 있다. 세부적으로 보면 1-4절은 열방을 향한 하나님의 심판을 묘사하고, 5-15절은 보다 구체적으로 에돔에게 임할 심판을 기술한다. 5-15절은 두 부분으로 나뉜다. 첫째, 5-7절은 에돔에게 임할 심판을 칼과 피의 이미지를 이용하여 진술하고, 둘째, 8-15절은 하나님의 심판으로 황폐하게 된 에돔의 상황을 묘사한다. 또한 8-15절의 단락에서 8-10절은 에돔 땅이 심판으로 인하여 사람이 살지 않는 황무지가 될 것임을 말하고, 11-15절은 사람 대신 짐승들이 그 땅을 차지하게 될 것을 말한다.[8]

　여기에는 열두 가지의 동물들이 열거된다. 즉 당아새, 고슴도치, 부엉이와 까마귀(11절), 승냥이와 타조(13절), 들짐승, 이리, 숫염소와 올빼미(14절), 독사(우리말 성경은 부엉이)와 솔개들(15절)이 언급된다. 이 동물들 가운데 실존하는 동물들의 경우 대개 부정한 것들이고, 시체들과 연관되거나 황야에 사는 동물들이며, 어떤 동물들은 상상 속의 동물로서 혼돈의 세계와 연관된다.[9] 이러한 동물들이 폐허가 된 에돔 땅에 살게 될 것들이다.

8.　손석태, 『성경을 바로 알자』(서울: CLC, 2013), 209.
9.　안소근, 『이사야서 1-39장』(거룩한 독서를 위한 구약성경 주해; 서울: 바오로딸, 2016), 446.

따라서 16절의 '이것들'은 바로 11-15절에 언급된 짐승들을 가리키는 것이 분명하다. 이 구절은 에돔 땅이 사람은 전혀 살 수 없고, 짝을 이룬 짐승들만이 우글거리는 황폐된 장소가 될 것임을 선포하는 것이다. '여호와의 책'은 이사야가 이전에 예언한 것을 가리킨다. 에돔의 멸망은 하나님께서 이미 말씀하셨다('여호와의 입이 이를 명령하셨고'). 하나님은 당신의 영을 통하여 심판의 약속을 성취하신다('하나님의 영이 이것들을 모으셨음이라'). 야웨의 입에서 나오는 '명령'과 그분의 '영'에 의해 수행되는 불러 모음이 동역하고 있다. 하나님의 영은 명령을 '허공에 떠 있게' 만들지 않고 현실이 되도록 실행에 옮긴다.[10]

17절의 '그것들'과 '그들'도 '짐승들'을 가리킨다. 이 구절은 하나님의 영이 짐승들을 모으시는 상황을 보다 상세하게 묘사하고 있다. 따라서 여기서 '제 짝'은 '성경의 짝'이 아니라 '짐승의 짝'이다. 이사야는 이 본문에서 하나님의 주권이 열방에도 섭리 가운데 철저히 행사되고 있음을 보여 준다.

---

10. 로이드 R. 니브, 『구약의 성령론』, 차준희·한사무엘 역 (한국구약학연구소 총서; 서울: 새물결플러스, 2017), 164.

3. '하나님이 기뻐하는 금식'은 '금식'이 아니고 '정의와 자비의 삶'이다(사 58:6)

이사야 58:6은 한국의 많은 기독교인들이 잘 알고 사랑하는 말씀이다.

> 내가 기뻐하는 금식은
> 흉악의 결박을 풀어 주며
> 멍에의 줄을 끌러 주며
> 압제당하는 자를 자유하게 하며
> 모든 멍에를 꺾는 것이 아니겠느냐(사 58:6).

교회의 지도자들은 경건 생활이나 병 고침 혹은 문제가 생겼을 때 금식을 권하곤 한다. 이때 이 성경 구절을 많이 인용하며 암송을 권하기도 한다. 하나님이 '나의 기뻐하는 금식은' 하고 말씀하셨으니 '하나님이 금식을 기뻐하신다'는 것이다. 그래서 금식기도원도 생겨나고, 많은 기독교인들이 기도원에서 금식하며 문제를 해결받기도 하고, 하나님의 능력을 체험했다는 간증도 넘친다. 아마도 우리나라 기독교인들처럼 금식을 많이 하는 사람들도 없을 것이고, 우리나라처럼 금식기도원이 많은 나라도 없을 것이다.[11] 그래서 금식한답시고 금식기도원에 즐비하게 누워서 금식 날짜나

---

11. 손석태, 『성경을 바로 알자』, 211.

계산하며 누가 더 오래 금식을 하고 있는지 경쟁적으로 '금식 배틀'을 하는 웃지 못할 상황도 연출되곤 한다.

이 구절이 정말 '하나님은 금식을 기뻐하신다'는 말씀일까? 이 말의 본래 문맥을 전혀 고려하지 않고, 거두절미한 채 이 구절만 따서, 하나님이 금식을 기뻐한다고 단정 짓는 것은 심각한 오독이다.

이사야 58장에는 '내가 기뻐하는 금식'이라는 표현이 두 번 나온다(5절과 6절).

> 5) 이것이 어찌 **내가 기뻐하는 금식**이 되겠으며
> 이것이 어찌 사람이 자기의 마음을 괴롭게 하는 날이 되겠느냐
> 그의 머리를 갈대같이 숙이고
> 굵은 베와 재를 펴는 것을
> 어찌 금식이라 하겠으며
> 여호와께 열납될 날이라 하겠느냐
> 6) **내가 기뻐하는 금식**은
> 흉악의 결박을 풀어 주며
> 멍에의 줄을 끌러 주며
> 압제당하는 자를 자유하게 하며
> 모든 멍에를 꺾는 것이 아니겠느냐(사 58:5-6).

5절의 경우, 사람들이 금식하는 날이라고 하여 밥은 먹지 않지만,

금식의 효과에 대하여 의심하고, 오락을 찾아 즐기고, 심지어는 주먹으로 서로 치고받으니, 이것이 어찌 하나님이 기뻐하시는 금식이겠느냐라는 뜻이다(4절).

6절의 경우, 하나님이 기뻐하시는 금식은 굶어 가면서 금식기도나 하는 것이 아니라, 흉악의 결박을 풀어 주고, 멍에의 줄을 끌러 주며, 압제당하는 자를 자유하게 하고, 모든 멍에를 꺾는 것이다. 더 나아가 하나님이 기뻐하시는 금식은 주린 자에게 양식을 나누어 주고, 유리하는 빈민을 집에 들이며, 헐벗은 자를 보면 입히고, 골육을 피하여 숨지 아니하는 것이다(7절). 따라서 이 본문은 하나님이 금식을 장려하거나 금식을 격려하는 말씀이 아니다. 오히려 외적이고 형식적인 금식을 책망하는 말씀이다.[12]

따라서 하나님이 금식을 기뻐하신다는 말씀이 아니라, 하나님이 기뻐하는 금식은 이어지는 행동을 실천하는 것이다. 즉 하나님이 당신의 백성에게 원하시는 것은 형식적인 종교 생활보다 사회에서 압제당하고, 주린 자들을 돌보는 것이다. 6절의 내용은 '정의의 삶'을 말하고, 7절의 내용은 '자비의 삶'을 말한다. 6절은 사회 제도와 구조의 변화를 도모하는 사회 개혁이나 '사회 운동'(social action)과 관계되고, 7절은 자신의 것을 아낌없이 나누며 사랑으로 돌보는 '사회봉사'(social service)와 관계된다.

적어도 이 본문은 하나님이 금식을 기뻐하신다는 것이 아니다. 물론 성경은 금식을 근본적으로 금하지는 않는다. 금식은 건강

---

12. 손석태, 『성경을 바로 알자』, 212.

을 목적으로, 또한 경건성을 함양하기 위해서도 할 수 있다. 그러나 진정한 의미의 경건은 은밀한 가운데 이웃을 배려하는 것이고, 일상에서 약자들에게 다가가 그들의 손을 잡아 주는 것이다. 결국 하나님이 기뻐하시는 금식은 '굶는 금식'이 아니고, '정의와 자비의 삶'이다.

4. '여호와께로 돌아가자'는 진정성이 없는 '거짓 참회'이다(호 6:1)[13]

호세아 6:1은 교회나 기독교인들의 특별 집회에서 슬로건으로 많이 애용된다. '오라 우리가 여호와께로 돌아가자!'

> 오라 우리가 여호와께로 돌아가자
> 여호와께서 우리를 찢으셨으나
> 도로 낫게 하실 것이요
> 우리를 치셨으나 싸매어 주실 것임이라(호 6:1).

호세아 6:1-3은 외견상으로 볼 때 이스라엘 백성의 참회기도로 보

---

13. 이 부분은 다음의 글에서 축약한 것이다. 차준희, 『열두 예언자의 영성: 우리가 잃어버린 정의, 긍휼, 신실에 대한 회복 메시지』 (서울: 새물결플러스, 2014), 10-27.

인다. 그래서 많은 설교자들이 이 본문을 오해하고 있다. 심지어 구약성경 전문가들도 이 본문을 잘못 이해하는 경우가 종종 있다. 이 말씀은 참회의 형식을 취하고는 있지만, 진정한 참회라고 볼 수 없다. 사실 이 말(호 6:1-3)은 하나님께 아뢰는 것이 아니라 사람들끼리 하는 말이다. 호세아의 권고가 아니라, 백성들의 말을 호세아가 인용한 말이다. 즉 호세아 6:1-3은 호세아가 백성의 형식적 참회의 말을 인용한 것이고, 4-6절이 호세아 자신의 말이다.

호세아 6:1-3은 이스라엘 백성의 '피상적 회개'에 지나지 않는다. 그 이유로 첫째, 이 말에는 참회 시의 필수 요소인 '진지한 죄의 고백'이 결여되어 있다. 이는 다윗의 참회 시인 시편 51:1-2의 "주의 많은 긍휼을 따라 내 죄악을 지워 주소서, 나의 죄악을 말갛게 씻으시며 나의 죄를 깨끗이 제하소서"와 같이 자신의 죄를 계속해서 진지하게 고백하는 내용과 너무나 대조적이다. 백성들은 죄를 고백하지도 않고 흉내만 내고는 하나님의 용서를 당연시하고 있다.

둘째, 이러한 피상적인 고백에 이어 나오는 호세아 6:4의 하나님의 탄식도 호세아 6:1-3의 회개가 위선적임을 보여 준다.

> 에브라임아 내가 네게 어떻게 하랴
> 유다야 내가 네게 어떻게 하랴
> 너희의 인애가 아침 구름이나
> 쉬 없어지는 이슬 같도다(호 6:4).

보통 회중의 참회기도가 끝나면 이어서 제사장들이 참회자의 간곡한 기도에 하나님이 응답하실 것이라는 약속을 주는 것이 상례이다.

> 엘리가 대답하여 이르되 평안히 가라 **이스라엘의 하나님이 네가 기도하여 구한 것을 허락하시기를 원하노라** 하니(삼상 1:17).

그러나 여기서 호세아는 뜻밖에도 지금까지의 관례를 깨고 백성들의 참회를 배격한다. 하나님께로 돌아가기만 하면 하나님이 언제라도 무조건 만나 주실 거라고 생각하는 이스라엘의 자신감과 확신에 찬 고백에 하나님께서 깊은 탄식으로 답변하신 것이다.

> 내가 어찌해야 좋단 말인가?

호세아는 이러한 하나님의 탄식에 이어서 하나님의 심판을 선언한다.

> 그러므로 내가 선지자들로 그들을 치고
> 내 입의 말로 그들을 죽였노니
> **내 심판은 빛처럼 나오느니라**(호 6:5).

호세아는 하나님이 진정 원하시는 것은 입에 발린 '형식적인 참회'가 아니라 '인애'(חֶסֶד, '헤세드')와 '하나님을 아는 것'(דַעַת אֱלֹהִים, '다아트 엘로힘')임을 알려 준다.

> 나는 **인애를 원하고** 제사를 원하지 아니하며
>
> 번제보다 **하나님을 아는 것을 원하노라**(호 6:6).

적어도 호세아 6:1 본래의 맥락적 이해를 벗어나서 잘못 사용하는 일이 더는 없었으면 한다. "오라, 우리가 여호와께로 돌아가자"(호 6:1)를 집회의 슬로건으로 쓰면, '우리 거짓된 참회를 하자'라는 뜻이 된다. 이러한 오용에서 벗어나기를 바란다. 사실 하나님이 진정 원하시는 것은 '형식적인 종교적 회개'가 아니라 삶 속에서 '인애와 하나님을 아는 것'이다.

제5장
내가 추천하는 예언서 베스트 주석*

1. 들어가는 말

우리나라 목회자만큼 설교에 치여 사는 설교자도 없을 것이다. 매주 감당해야 할 목회자의 설교의 횟수는 다른 나라 강단의 설교 횟수와는 비교가 되지 않을 정도로 과도하게 많다. 이런 상황임에도 불구하고 설교자들은 설상가상 시간과 정보의 부족으로 오래된 종합 주석서 및 연속 강해서만을 참고 도서로 활용하곤 한다. 따라서 설교 준비에 늘 스트레스를 받고 산다.

설교의 현장에서 종종 주석서를 보지 않고 설교를 준비하는 것이 신령한(?) 설교자라는 말을 공공연히 듣게 된다. 주석서를 보

---

* 이 장은 "전문가가 추천하는 성경 책별 베스트 주석: 선지서," 『목회와 신학』 368 (2020, 2월): 130-133에 실린 글을 일부 수정 보완한 것이다.

는 것이 마치 실력이 없거나 게을러서 남의 것을 훔치는 것으로
여기는 모양이다. 그러나 주석서로 검증되지 않는 설교는 불량 식
품일 경우가 많다. 미안하지만 주석을 보지 않는 설교에는 귀를
줄 필요가 없다. 주석을 떠난 설교는 성경 본문도 떠나 본문에 대
한 이해가 부족하거나 왜곡되어 본문의 원래적 의미와 무관할 경
우가 많기 때문이다.

　설교는 단순히 비슷한 본문을 찾아서 나열하는 것이 아니다.
설교가 본문의 표층에만 맴돌아서는 안 된다. 설교는 본문의 심층
을 파고들어서 깊은 곳에 숨겨진 하나님의 본의를 파헤치는 작업
에서 시작된다. 설교는 본문의 본래적 의도를 발견하고, 청중의 상
황을 고려하여 그 의도에 현대적 언어로 옷을 입혀, 인격을 담아
전하는 행위이다. 본문을 파는 도구로 주석서는 절대적이다. 주석
의 도움이 없이는 본문을 파고들어 갈 수 없다. 주석은 본문의 심
층을 뚫어주는 필수적인 굴착기이다.

　우리나라 설교자들의 목회 환경을 고려하여, 예언서 설교를
위한 주석서를 각각 단 한 권만 추려서 소개하고자 한다. 우리말
로 번역되지 않는 외국의 양질의 주석서도 머리에 떠오르지만, 강
단의 설교자들은 전문 연구자가 아니고, 그만한 시간적 여유가 주
어지지 않기 때문에 우리말로 출간된 주석이나 강해서로 제한하
고자 한다. 우리말로 된 참고 도서만으로도 양질의 설교를 만드는
데 충분하다.

2. 종합 주석서

우선 양질의 종합 주석서를 언급하고 지나가는 것이 좋을 듯싶다. 필자가 보기에 우리말로 읽을 수 있는 매우 건전하고 유용한 주석서로는 다음의 세 가지가 있다.

첫째, 한국장로교출판사가 출간한 『현대성서주석』 시리즈는 목회자와 설교자를 위한 주석이다. 미국의 유명한 성서학자들이 필진으로 동원되었다. 각 분야의 최고의 전문 성서학자들이 교회에서 성경을 가르치고 설교하는 일에 도움이 되고자 하여 본문을 쉽게 풀어서 해설한 책이다. 해설이 학문적이지 않고, 일반 신자들도 읽기가 수월하다.

둘째, 대한기독교서회 창립 100주년을 기념하여 출간한 『성서주석』 시리즈이다. 이 주석은 국내 성서학자들이 총동원되어 설교자들을 돕기 위해서 집필한 책이다. 초교파적으로 오직 한국의 설교 강단을 고려한 국내 성서학자들의 본문 해설이라는 점이 특징이다. 단락마다 마지막 부분에 메시지가 담겨 있다. 교단의 성서학자들이 찾아낸 메시지가 강단의 설교자들에게 좋은 자료가 될 것이다.

셋째, WBC 성경 주석 시리즈이다. 이 주석은 영미권의 복음주의권에 속하는 성서학자들의 학문적 성취를 담아내고 있다. 학술적 주석서이기에 원문 주해(본문의 번역 문제), 양식/구조/배경, 주석, 해설로 구성되어 있다. 설교자들에게는 주석과 해설 부분이 큰 도

움이 될 것이다. 이 주석서를 소화하여 반영된 설교는 적어도 본
문의 본래 의도에서 크게 벗어나지 않을 것이다.

3. 베스트 단권 주석과 주석 류

1) 이사야: 김근주, 『특강 이사야: 예언자가 본 평화의 나라 새 하늘과 새 땅』 (서울: IVP, 2017).

저자는 이사야서로 학위를 받은 이사야서 전문가이다. 이 책은 이
사야서 전체를 풀이하는 주석서는 아니다. 이사야서 가운데 중요
한 몇 장만 추려서 풀이하고 메시지를 던지고 있다. 이 책에는 예
언자의 핵심 메시지인 정의(מִשְׁפָּט, '미쉬파트')와 공의(צְדָקָה, '쩨다카')
가 전면에 흐르고 있다. 정의와 공의가 사라진 한국 교회에 예언
자의 정신을 수혈받을 수 있는 좋은 기회가 될 것이다.

2) 예레미야: 차준희, 『예레미야서 다시보기』 (서울: 프리칭아카데미,
2007).

저자는 예레미야로 학위를 받은 예레미야서 전문가이다. 이 책도
예레미야서 전체를 분석한 주석서는 아니다. 예레미야서 가운데
중요한 스물 다섯 장을 선택해서 풀어내고 있다. 유일하게 국가
멸망을 경험한 예언자인 예레미야의 심장이 여기저기서 요동치고
있다. 특히 예레미야의 성전 설교(렘 7장)는 한국 교회의 살 길을 제

시한다.

3) 예레미야애가: 트렘퍼 롱맨 3세, 『예레미야, 예레미야애가』 (UBC 시리즈; 서울: 성서유니온, 2017).

트렘퍼 롱맨 3세는 국내에서도 낯설지 않는 복음주의권의 구약학자이다. 그의 구약 책은 늘 믿고 읽을 만하다. 이 책은 예레미야애가에 대한 우리의 부족을 채워 줄 수 있는 주석이다.

4) 에스겔: 크리스토퍼 라이트, 『에스겔: 새 마음과 새 영』 (BST 시리즈; 서울: IVP, 2021).

크리스토퍼 라이트는 건전한 복음주의권의 구약학자로서 교회 지향적인 저술과 강연으로 유명한 학자이다. 이 책은 복잡한 학문적 논의는 배제한 채, 본문의 본래적 의미와 현대적 메시지를 설득력 있게 진술하고 있다. 이 시리즈(BST)의 의도는 성경 본문을 정확하게 해설하고, 그것을 현대 생활에 관련시키며, 읽기 쉽게 만드는 것이다.

5) 다니엘: 김회권, 『하나님 나라 신학으로 읽는 다니엘서』 (서울: 복 있는 사람, 2010).

이 책은 묵시문학에 속한 다니엘서를 풀이한 책이다. 이 책은 원래 구두로 선포된 설교를 책으로 다듬어 출간한 것이다. 하나님 나라 신학의 관점에서 다니엘서를 생동감 있게 풀어내고 있다. 본

문의 풀이도 상세하여 도움이 되지만, 결론의 설교는 다양한 지식
이 총동원되어 독자들의 마음을 무장 해제시키고 설득력을 강화
해 준다.

6) 호세아: 김필회, 『호세아 주석서』 (한국구약학총서; 서울: 프리칭아카
데미, 2010).

이 책은 국내에 소개된 호세아서 주석서 가운데 가장 탁월하다고
평가할 수 있다. 저자는 영어권, 독일어권, 불어권 자료를 자유롭
게 인용하면서 철저히 분석하여 난해한 호세아서의 내용을 설득
력 있게 풀어내고 있다. 특히 각 본문에 딸려 나오는 〈메시지〉 부
분은 설교에 큰 도움이 될 것이다.

7) 요엘: C. R. Seitz, *Joel* (The International Theological Commentary;
London: Bloomsbury T&T Clark, 2016).

우리말로 출간된 요엘서 단행본을 찾을 수 없어서 부득불 원서를
제시할 수밖에 없다. 이 책은 가장 최근에 나온 요엘서 주석서이
다. 이 책은 개론과 주석 부분으로 나누어져 있으며, 학문적이면서
도 현대적 의미도 담아내려고 노력하고 있다.

8) 아모스: 류호준 & 주현규, 『아모스서: 시온에서 사자가 부르짖
을 때』 (개정증보판) (서울: 새물결플러스, 2020).

이 책은 국내에 소개된 아모스 주석서 가운데 가장 탁월한 책으로

평가하고 싶다. 이 책은 수준 높은 연구서이지만, 동시에 지적인 설교집 같다. 저자(류호준)의 글쓰기는 신학자 가운데 최고봉에 해당되는 자리에 놓여 있다고 해도 과언이 아니다. 선지자 아모스를 한국 교회에 말씀사경회 강사로 모시고 우리말로 설교를 듣는 것 같다.

9) 오바댜: 문희석, 『저주의 신학: 오바댜서 연구』 (서울: 대한기독교 출판사, 1979).

이 책은 40년 전에 출간된 아주 오래된 연구서이다. 오바댜서는 한 장밖에 안 되는 아주 작은 책이다. 이 책은 오바댜의 메시지를 저주의 신학으로 풀이하고 있다. 이 책 외에 우리말로 된 오바댜서 연구는 (필자가 보기에) 찾아보기 어려웠다.

10) 요나: 팀 켈러, 『팀 켈러의 방탕한 선지자』 (서울: 두란노, 2018).
이 책은 요나서에 대한 저자의 설교를 묶은 책이다. 저자는 요나서를 가지고 열두 번의 설교를 하고 있다. 그런데 이 책은 단순한 설교집이 아니다. 미주(尾註)가 마치 전문적 논문과 같이 빼곡히 달려 있다. 미주의 내용도 살피면 좋은 설교 자료를 발견할 수 있다. 팀 켈러의 진면목을 보여 주는 책이다.

11) 미가: 김창대, 『주님과 같은 분이 누가 있으리요?: 미가서 주해』 (서울: 그리심, 2012).

이 책은 미가서에 대한 전문적인 연구서이다. 따라서 본문에 대한 해설은 매우 자세하고 충분하다. 또한 단락마다 〈본문의 의도〉가 실려 있어서, 이 부분이 설교에 도움될 것이다.

12) 나훔: 강성열, 『열방을 향한 공의: 나훔, 하박국, 스바냐 안내』
(서울: 땅에쓰신글씨, 2003).

나훔서에 대한 간략한 소개와 요약된 주석으로 나훔서의 의도를 쉽게 파악하도록 돕는다. 그러나 보다 자세한 풀이를 위해서는 또 다른 주석서를 참조하는 것이 좋을 듯하다.

13) 하박국: 박동현, 『더딜지라도 기다리라!: 다시 읽는 하박국』
(한국구약학연구소 편 구약사상문고; 서울: 대한기독교서회, 2010).

이 책은 하박국서에 대한 연구서이다. 본문의 우리말 번역 문제부터 꼼꼼히 분석하고, 각 내용을 풀이하고 난 이후, 단락마다 〈가르침〉이라는 항목으로 끝난다. 이 부분이 설교의 메시지에 해당된다.

14) 스바냐: 강성열, 『열방을 향한 공의: 나훔, 하박국, 스바냐 해설서』 (서울: 땅에쓰신글씨, 2003).

스바냐서에 대한 서론적 소개와 간략한 주석으로 스바냐서의 의도를 빠르게 파악하도록 한다. 보다 자세한 풀이를 위해서는 다른 주석서를 참조하는 것이 바람직하다.

15) 학개: 권혁승, 『학개의 신앙과 신학: 학개서 주석적 연구』 (한국 구약학총서; 서울: 프리칭아카데미, 2010).

이 책은 학개서에 대한 치밀한 연구서이다. 학개서는 두 장에 불과한 책인데, 상당한 양을 할애하여 본문의 의미를 풀이하고 있다. 또한 단락별 나오는 〈설교 및 교훈 자료〉 부분은 설교자에게 실제적인 도움을 주는 신학자의 헌신이다.

16) 스가랴: 장세훈, 『스가랴: 스가랴서 주해와 현대적 적용』(개정판) (서울: SFC, 2021).

이 책은 우리말로 나온 스가랴서에 관한 책들 가운데 가장 탁월한 책으로 평가하고 싶다. 본문에 대한 풀이도 적절하고 충분하며, 학문적 내용을 쉽게 정리하고 있다. 또한 매 단락마다 〈현대적 적용〉이 실려 있어서 설교자에게는 큰 도움이 될 것이다.

17) 말라기: 권오현, 『말라기 예언서 주석』 (서울: 한마음세계선교회 출판부, 2008).

이 책은 말라기서에 대한 탁월한 주석서이다. 저자는 성서학자이면서 현장 목회자이기에, 말라기서의 본문을 전문적으로 분석하면서도 〈신학적 의의〉라는 항목에서는 설교자의 가슴을 뜨겁게 하고 있다.

4. 나가는 말: 예언서 설교에서 특히 주의할 점

첫째, 대예언서(이사야, 예레미야, 에스겔)를 설교할 경우

이사야는 66장, 예레미야는 52장, 에스겔은 48장이다. 대예언서는 말 그대로 그 내용이 많은 예언자들의 신탁을 모은 책이다. 적어도 대예언서를 설교할 경우, 한 장도 빼지 않고 모든 장과 모든 절을 모두 설교할 필요는 없을 것 같다. 우선 설교자도 지치고, 청중도 힘들어진다. 특히 예언서는 심판의 내용이 주를 이루고 있기에 내용 자체도 반갑지 않은데다가 비슷한 내용이 계속해서 반복된다. 필자의 경험으로 볼 때 특히 대예언서는 중요하고 유명하고 필요한 장을 추려서 설교하는 것이 바람직하다.

둘째, 소예언서를 설교할 경우

한국 강단은 예언서 설교에 익숙하지 못하다. 대예언서에 비해 소예언서는 더 생소하다. 소예언서의 내용은 설교자들도 이해하기가 만만치 않다. 청중에게 소예언서의 내용은 매우 낯설다. 따라서 소예언서를 설교할 경우 우선 열두 예언자의 핵심 본문을 중심으로 정경의 순서를 따라 열두 번 설교를 하는 것도 추천할 만하다. 이때 다음의 책이 도움이 되었으면 한다.

- 차준희, 『열두 예언자의 영성: 우리가 잃어버린 정의, 긍휼, 신실에 대한 회복 메시지』 (서울: 새물결플러스, 2014).

이 책은 열두 예언서 각각의 핵심 본문을 발췌하여, 그 본문의 배경과 내용을 자세히 풀이하고 있다. 그리고 본문에서 추출한 메시지를 소개하고 있다. 이미 여러 교회에서 설교로 활용되어 설교자에게 말씀의 권위가 한층 더 부여되기도 하였다.

또한 소예언서에 대한 탁월한 주석 같은 책이 출간되었다. 다음의 책이 그러하다.

- 김근주, 『소예언서 어떻게 읽을 것인가 1: 호세아, 요엘, 아모스, 오바댜』 (서울: 성서유니온, 2015).
- 김근주, 『소예언서 어떻게 읽을 것인가 2: 요나, 미가, 나훔, 하박국』 (서울: 성서유니온, 2016).
- 김근주, 『소예언서 어떻게 읽을 것인가 3: 스바냐, 학개, 스가랴, 말라기』 (서울: 성서유니온, 2018).

김근주의 소예언서 책들은 예언서 전문가의 학문적 검증을 거친 본문 해설이다. 본문을 풀이하는 곳에서 갑자기 오늘을 향한 예언자의 메시지가 터져 나오고 있다. 따라서 주석을 읽다 보면 해당 소예언자를 한국에서 직접 만나는 착각을 일으킬 정도이다. 이 책들은 소예언서 설교에 신선한 영감을 불어넣어 줄 것이다. 모쪼록 한국 교회 강단에서 예언자의 메시지가 충분히 선포되기를 간절히 빌어 본다.

부록

예언서 연구를 위해 무엇을 읽을 것인가?*

구약 예언서는 설교 강단에서 자주 등장하는 본문들은 아니다. 이러한 예언서 설교 기피 현상은 아마도 예언서의 내용이 주로 고발과 심판으로 이루어져 있고, 이러한 내용이 오늘의 청중들에게 그리 반길 만한 본문이 아니라는 점에서 비롯되었을 것이다. 또한 예언서는 특정한 역사적 상황에서 특정한 이들을 향한 하나님의 말씀을 선포한 것들의 모음집이다. 따라서 예언자의 메시지는 역사적 상황을 정확하게 꿰지 못하면 본래의 의미에 제대로 다가갈 수 없다는 점도 역사적 지식이 충분하지 못한 설교자들에게 적지 않은 부담으로 작용하였을 것이다.

그러나 설교자들은 예수의 어록 중 한 본문인 마태복음 23:23

---

* 이 장은 "신학 연구를 위한 필독서(4): 예언서 연구를 위해 무엇을 읽을 것인가?," 『목회와 신학』 394 (2022. 4월): 194-197에 실린 글을 일부 수정 보완한 것이다.

에 나타난 예수의 유언과도 같은 메시지가 미가 6:8에 집약된 구
약 예언자의 핵심 메시지를 요약한 것이라는 사실을 명심해야 한
다.

> 화 있을진저 외식하는 서기관들과 바리새인들이여 너희가 박하
> 와 회향과 근채의 십일조는 드리되 율법의 더 중한 바 **정의**와 **긍**
> **휼**과 **믿음**은 버렸도다 그러나 이것도 행하고 저것도 버리지 말아
> 야 할지니라(마 23:23).

> 사람아 주께서 선한 것이 무엇임을 네게 보이셨나니
> 여호와께서 네게 구하시는 것은
> 오직 **정의**[아모스의 핵심 메시지: 암 5:24]를 행하며
> **인자**[호세아의 핵심 메시지: 호 6:6]를 사랑하며
> **겸손하게 네 하나님과 함께 행하는 것**[이사야의 핵심 메시지: 사 7:9]이
> 아니냐(미 6:8).

알고 보면 예수의 내면에는 '예언자(아모스, 호세아, 이사야)의 영성'이
깊이 자리 잡고 있었다. 예수의 피에는 예언자의 피가 흐르고 있
었다. 당시 많은 사람들은 예수를 "예언자 가운데 한 사람"으로 간
주하기도 하였다(마 16:13-14; 막 8:27-28; 눅 9:18-19). 구약 예언자의 메
시지를 외면하거나 등한시하거나 무시하는 것은 예수의 메시지를
부정하는 것과 다르지 않다. 무엇보다도 한국 교회의 강단에 예언

서에 대한 설교가 보다 더 강화되어 균형 있는 메시지가 선포되어
야 한다.

　설교자들의 예언서 이해와 설교를 위해서 기본적인 지침과 가
르침 그리고 도움을 받을 수 있는 우리말로 출간된 예언서 교과서
는 다음과 같다.

- 클라우스 코흐. 『예언자들 (1): 앗수르 시대』. 강성열 역, 서울: 크리
  스챤다이제스트, 1999.
- 클라우스 코흐. 『예언자들 (2): 바벨론과 페르시아 시대』. 강성열
  역, 서울: 크리스챤다이제스트, 1999.
- 아브라함 요수아 헤셸. 『예언자들』. 이현주 역, 서울: 삼인, 2004.
- 도널드 E. 고웬. 『구약 예언서 신학』. 차준희 역, 서울: 대한기독교
  서회, 2004.
- 로버트 치즈홀름. 『예언서 개론』. 강성열 역, 크리스챤다이제스트,
  2006.
- 배정훈. 『대예언서』. 신학전문 도서 시리즈; 서울: 한국장로교출판
  사, 2007.
- 김태훈. 『소예언서』. 신학전문 도서 시리즈; 서울: 한국장로교출판
  사, 2009.
- 게르하르트 폰 라트. 『예언자들의 메시지』. 김광남 역, 서울: 비전
  북, 2011.
- 차준희. 『예언서 바로 읽기: 차준희 교수의 평신도를 위한 구약특

강』. 서울: 성서유니온, 2013.

- 차준희. 『열두 예언자의 영성: 우리가 잃어버린 정의, 긍휼, 신실에 대한 회복 메시지』. 서울: 새물결플러스, 2014.
- 고든 맥콘빌. 『예언서』. 박대영 역, 성경이해; 서울: 성서유니온, 2021.

이 가운데서 예언서 연구를 위한 필독서로 외국 도서 한 권과 국내 도서 한 권을 소개한다. 그 내용은 다음과 같다.

- 도널드 E. 고웬. 『구약 예언서 신학』. 차준희 역, 서울: 대한기독교서회, 2004.

이 책의 원제는 『예언서 신학: 이스라엘의 죽음과 부활』(*Theology of the Prophetic Books: The Death & Resurrection of Israel*)이다. 이 책은 전체가 다섯 장으로 구성되어 있다. 제1장은 "신학자들로서의 예언자들"이라는 제목으로 예언서에 대한 개론적인 내용과 연구사를 중심으로 진술하고 있다. 제2장은 "주전 8세기: 아시리아의 위협과 이스라엘의 죽음", 제3장은 "주전 7세기 말과 6세기 초: 신-바빌로니아의 위협과 유다의 죽음", 제4장은 "주전 6세기 중반과 그 이후: 약속의 땅으로의 귀환", 제5장은 "구약 예언의 계속되는 영향"을 다루고 있다.

고웬은 예언자가 전하는 말씀을 예언자 시대에서 보게 할 뿐

만 아니라 예언서가 형성된 후대의 상황에서 다시 들려지는 하나
님의 말씀으로 읽게 한다.

> 필자 또한 이 방식[정경적 읽기]을 중요하게 여김으로써, 각각의 예
> 언서들의 완결된 형태를 포로기와 재건의 경험 속에서 피어난 포
> 로기 이후 유대교의 성숙한 반영으로서 다루고자 한다. 그러나
> 또한 어떠한 자료들이 두 왕국에 재앙이 내려진 시기에 형성되었
> 는지를 가려내는 일도 빠뜨리지 않을 것이다(34쪽).

따라서 고웬은 예언자의 '선포'(말씀)를 그때 그 상황에서 들려진
말씀으로만 머무르지 않고, 그 말씀이 예언의 '책'으로 기록된 상
황에서도 여전히 들려지는 하나님의 말씀으로 듣게 한다.

이러한 방향은 최근의 예언서 해석의 중심이 '선포'에서 '책'으
로, '예언'에서 '예언서'로, '인물'에서 '문서'로, '예언자의 신앙'에
서 '예언서의 신학'으로 이동하는 흐름과 맥을 같이하고 있다. 예
언서가 담고 있는 의미의 층은 하나가 아니라 최소한 둘(예언이 선
포되던 자리와 오늘의 예언서로 편집된 정황) 이상이다. 예언은 적어도 선
포되었던 '말의 자리'(Sitz in der Rede)와 그 예언이 한 권의 책으로
편집된 '문서의 자리'(Sitz in der Literatur)라는 두 가지 정황에서 살
펴보아야 한다. 따라서 '예언자의 신앙'도 소중하고 '예언서의 신
학'도 주목받아야 한다.

고웬은 예언자의 말씀을 예언서로 완성된 시점에서 통합적으

로 읽는 방법을 제시하면서, 예언자가 활동한 역사적 순서를 따라 15권의 구약 예언서를 재배치하여 연구하고, 각 예언자의 중심 사상을 밝혀주고 있다. 고웬은 다니엘서를 매우 다른 형태의 문학 작품으로 간주하며, 이 책의 대상에서는 제외시키고, 정경적 예언자(소위 문서 예언자)의 선포에만 국한한다(19-20쪽).

고웬은 특히 아모스부터 말라기까지 예언서 전체를 이스라엘 역사에서 일어난 세 가지 주요 '사건'에 대한 '응답'으로 본다. 첫 번째 사건은 주전 722년 북 왕국 이스라엘의 멸망이다(제2장). 이 시기는 아시리아의 위협과 이스라엘의 죽음의 시기로, 이 시기에 해당되는 예언자가 아모스(760년), 호세아(750-724년), 미가(730-700년), 이사야 1-39장(738-701년)이다.

두 번째 사건은 주전 7세기 말과 6세기 초의 남 왕국 유다의 멸망이다(제3장). 이 시기는 신-바빌로니아의 위협과 유다의 죽음의 시기(주전 587년)로, 이 시기에 해당되는 예언자는 스바냐(630-620년), 나훔(612년), 하박국(609-597년), 예레미야(627-583년), 오바댜, 에스겔(593-571년), 요나이다.

세 번째 사건은 주전 539년 고레스 칙령 사건이다(제4장). 이 시기는 약속의 땅으로의 귀환 시기로, 여기에는 이사야 40-55장(550-538년), 학개(520년)와 스가랴(520-518년), 이사야 56-66장, 말라기(5세기 중반), 요엘이 속한다. 고웬은 요엘, 오바댜, 요나의 활동 연대는 불확실하다고 진술한다(29쪽).

고웬은 첫 번째 사건인 북 왕국 이스라엘의 멸망과 두 번째 사건인 남 왕국 유다의 멸망을 '죽음'의 주제로, 세 번째 사건인 고레스 칙령으로 인한 포로에서의 귀환을 '부활'의 주제로 나누어 진술한다. 바로 여기에서 구약과 신약을 함께 읽는 기독교인들에게 특별한 의미를 주는 신학적 메시지가 있다.

> 하나님의 백성은 죽었다. 그리고 그들은 죽음으로부터 나와 새롭고 더 나은 삶을 얻었다(462쪽).

> 예언자들은 하나님께서 우리의 죽음을 미리 막아 주시지 않으리라고 선언했다. 끝을 맞이해야만 할 사람들이 많이 있기 때문이다. 그러나 예언자들은 하나님께서 죽음으로부터 더 나은 무언가를 창조해 내실 능력과 의도를 가지고 계시다고 주장했다(463쪽).

> 인간의 상황은 토라와 예수의 좋은 가르침과 예화들로는 도저히 해결되지 않는다. 우리 안의 무언가가 반드시 죽어야만 한다. 그래야 우리는 그리스도 안에서 새로운 삶을 얻을 수 있다(463쪽).

> 민족의 죽음, 하나님의 아들의 죽음, 존재 그 자체의 죽음—이러한 각각의 죽음으로부터 성서는 주장한다: "하나님께서 이 모든 것을 다시 살리실 것이다"라고 말이다(464쪽).

이 책과 관련하여 설교자들에게 한 가지 팁을 드리자면 다음과 같다. 먼저 연대순으로 나열된 예언자들에 관한 이 책의 설명과 함께 해당 예언서 본문을 같이 정독하여 읽고, 이를 정리하여 각 예언자의 역사적 상황과 선포의 의도를 파악해 둔다. 그리고 나서 각 예언자의 핵심 메시지를 중심으로 아모스의 영성, 호세아의 영성, 이사야(1-39장)의 영성, 미가의 영성, 스바냐의 영성, 예레미야의 영성, 나훔의 영성, 하박국의 영성, 에스겔의 영성, 이사야(40-55장)의 영성, 학개의 영성, 스가랴의 영성, 이사야(56-66장)의 영성, 말라기의 영성, 요엘의 영성, 오바댜의 영성, 요나의 영성으로 나누어 17번의 설교를 권하고 싶다. 각 시대마다 하나님이 예언자를 통해서 하신 말씀이 새롭게 들릴 것이고, 이러한 메시지는 오늘에도 여전히 유효하다.

- 차준희. 『예언서 바로 읽기: 차준희 교수의 평신도를 위한 구약특강』. 서울: 성서유니온, 2013.

통독, 다독, 필사, 큐티, 암송 등 우리나라 기독교인들만큼 성경을 사랑하고 귀하게 여기는 민족도 없을 것이다. 그러나 성경의 배경과 본래의 의미를 제대로 이해하며 읽는 성도들은 과연 얼마나 될까? 성경을 매일 읽고, 정기적으로 공부하고, 매주 설교를 하거나 듣는 현장에서도 성경의 본뜻이 종종 잘못 이해되거나 곡해되고, 심지어 왜곡되는 현실을 부정하기 어렵다. 저자는 이 점을 안타깝고 심각하게 생각하고 '정독 시대'를 열어야 한다고 주장한다.

이제는 정독 시대! '정독'이란, 의미를 새겨 가며 자세히 읽은 것
(精讀)을 가리키는 동시에 글의 참뜻을 바르게 파악하는 것(正讀)을
말한다. 이제는 '꼼꼼한'(精) 독서와 '바른 독서'(正)가 필요하다. 통
독이 숲에 초점을 맞추어 읽는 것이라면, 정독은 숲뿐만 아니라
그 안에 심어진 나무 한 그루 한 그루까지도 주목하여 읽는 것이
다(10쪽).

이 책은 저자가 구약 예언서의 본뜻을 일반 독자도 이해할 수 있
도록 강의한 내용을 모은 교과서 겸 성경 공부 교재이다. 문체도
문어체가 아니라 구어체로 되어 있어서 마치 신학교에서 강의를
듣는 것 같다.

저자는 "예언서 들어가기"라는 입문 부분에서 문서 예언자의
활동 연대를 설명하고 도표를 제공한다(22쪽). 예언자의 활동 연대
는 학자들마다 다 다르다. 신뢰할 만한 한 학자의 연대표를 온전
히 수용하는 것도 하나의 방법이다. 이 활동 연대표를 복사하여
각자의 구약 예언서 맨 앞인 이사야서 바로 앞에 끼워 넣어서 각
각의 예언서를 읽을 때마다 활동 시대를 참조할 수도 있다.

고웬의 책이 각각의 문서 예언자를 활동 연대순으로 배열하여
다루고 있는 반면, 이 책은 개신교 정경의 순서를 따라 진술하고
있다. 전자는 다니엘서를 배제시킨 반면, 후자는 다니엘서를 포함
하고 있다.

이 책은 각 예언서의 '구조', '주요 본문', '중심 메시지'로 구성되어 있다. 전체 구조는 해당 예언서의 전체 장을 한눈에 볼 수 있도록 정밀하게 도표화되었다. 주요 본문은 해당 예언서 가운데 중요한 본문들을 선택하여 간략한 풀이와 오늘의 메시지로 마감하고 있다. 중심 메시지는 해당 예언자의 핵심 메시지를 하나로 집약하고 있다. 예를 들면, 이사야는 '절대 신앙의 예언자'(73-75쪽), 예레미야는 '눈물의 예언자'(132-133쪽), 에스겔은 '성령의 예언자'(170-171쪽)로 정리한다.

이사야서, 예레미야서, 에스겔서, 다니엘서의 주요 본문 풀이에서 주목되는 내용을 하나씩만 소개하면 다음과 같다.

> 샬롬은 '적대자 제거'가 아니라 '적대감 제거'에서 비롯됩니다. 샬롬은 '제거'가 아니라 '공존'을 통해서 이루어지는 것입니다. 그래서 회복된 하나님의 나라는 약육강식의 먹이사슬로 묶인 적대 관계가 공생 관계로 바뀌게 되는 것을 의미합니다. 그렇기에 원수 같은 사람도 우리가 서로 화해하고 회복해 가야 할 공존의 대상임을 알아야 합니다. 이것이 '메시아 노래'가 우리에게 주는 중요한 메시지입니다(53쪽).

> 내가 가는 그 길에 대해서 '흔들림 없는 확신'보다는 '흔들림 있는 고민'을 하는 것이 훨씬 더 건강한 신앙인의 자세입니다. 흔들린다는 것은 내 안에 자리 잡고 있는 '옛 자아'와 거듭난 신앙인

으로서의 '새로운 자아' 사이에서 끊임없이 대화가 진행되고 있
다는 증거입니다. 그래서 이것은 '창조적 흔들림'이요 '거룩한 떨
림'이라고 할 수 있습니다(120쪽).

광야 시대의 모세는 그 무너진 곳을 스스로 막아서 하나님의
진노의 불을 돌이켰습니다. 그러나 바빌로니아 포로 시대에는 그
무너진 곳을 스스로 막아서는 이가 단 한 사람도 없었습니다. 그
래서 결국 예루살렘은 멸망하게 된 것입니다. 하나님의 진노의
불을 돌이킨 모세의 중보기도는 우리 신앙인들이 꼭 배워야 할
모습입니다. 오늘날에도 하나님께서는 모세와 같은 중보자들을
우리 가운데 찾고 계십니다. 이 시대의 구멍 난 곳을 막아서 하
나님께 간절히 매달리며 기도하는 중보자들을! 제2의 모세를! 중
보자가 곧 이 시대의 모세입니다(165쪽).

다니엘서의 역사적 배경은 바빌로니아 포로기이지만 다니엘서
가 책으로 기록된 것은 주전 2세기입니다. 주전 165년 이전의 험
악한 시절에 하나님을 믿겠다고 고백하는 사람들은 다니엘과 같
이 사자 굴에도 들어갔고, 다니엘의 세 친구들과 같이 풀무 불에
도 들어가야 했습니다. … 이들은 세계에 대한 하나님의 역사 계
획을 인정하고 지상의 권력에 무릎을 꿇지 않는 의로운 자들입니
다. 이들이 목숨을 치르고 얻어 낸 부활 신앙은 구약 시대의 끝부
분에서 깨닫게 된 신앙입니다. 이러한 부활과 영생 신앙은 묵시

신앙에 속합니다. 우리의 삶의 끝은 이 땅이 아니라는 것이 바로 '묵시 신앙'의 핵심적 가르침입니다(195-196쪽).

열두 소예언서 부분은 구조와 중심 메시지로 정리되어 있다. 이 부분은 같은 저자의 또 다른 책(『열두 예언자의 영성』)이 보다 자세하다. 이를 통해 더 많은 정보를 얻게 될 것이다.

이 책과 관련하여 설교자들에게 권하고 싶은 말이 있다. 이미 몇몇 목회자들이 실행하고 있는 바와 같이 이 책을 가지고 성경 공부를 직접 인도하는 것이다. 가르침이 최고의 배움이다. 목회자들이 이를 통하여 예언서를 좀 더 깊이 있게 공부하고, 자신의 것으로 숙지시킨 다음, 이 책의 내용을 바탕으로 설교를 해 보도록 권하고 싶다.

예언서 연구와 설교를 위한 교과서를 소개하는 자리에서 본의 아니게 필자와 관련된 책들만 소개하게 되어 참으로 민망하다. 하지만 그만한 이유가 있을 것이라고 넓은 마음으로 품어 주시기를 기대한다. 구약 예언서 전공자의 안목으로 볼 때, 예언자의 영성이 적절하게 수혈되면, 한국 교회의 강단에 균형이 잡히고, 한국 교회의 영성도 보다 건강해질 것이다.

『팀 켈러의 방탕한 선지자』 북 리뷰*

이 책은 팀 켈러 목사가 1981년, 1991년, 2001년에 요나서 전체 강해 설교를 하고 난 이후 2018년에 한 권의 책으로 출간한 것이다. 이 책은 요나서 4장 전체를 9개의 본문으로 세분하여 본문의 순서에 따라서 강해하고, 이어서 요나서 전체를 3개의 주제로 나누어 종합적으로 요나서에 담긴 더 깊은 의미를 상세하게 풀어내고 있다.

팀 켈러에 대하여 문외한인 필자는 부끄럽지만 그의 책을 이번에 처음 접했다. 이번 기회에 그를 가리켜 '21세기 C. S. 루이스'라고 부르는 찬사가 빈말이 아님을 확인할 수 있었다. 한순간에

---

* 이 장은 "전문가의 책 읽기 북 리뷰 〈팀 켈러의 방탕한 선지자〉: 우리 안에 있는 요나를 직면하다," 『목회와 신학』 359 (2019, 5월): 190-191에 실린 글을 다듬은 것이다. 여기서 북 리뷰한 책의 서지 정보는 다음과 같다. 팀 켈러, 『팀 켈러의 방탕한 선지자』, (서울: 두란노, 2018).

팀 켈러의 팬이 되어 버렸고, 그의 모든 도서를 구입하여 공부하고 싶은 강한 충동을 느꼈다.

이 책은 일반적인 강해 설교집과는 차원을 달리한다. 우선 빼곡한 각주가 매우 인상적이다. 구약학자로서 직업 정신을 버리지 못하고 참고 문헌을 일일이 들여다보면서 요나서에 관한 대표적인 구약학자들의 양질의 주석서들이 눈에 들어왔고, 동시에 이 분야의 전문 도서들과 소논문들이 인용된 것을 보며, 또 한 번의 감탄을 자아내지 않을 수 없었다. 게다가 소설 등 일반 도서들도 상당히 많이 인용되었다. 1907년 한국의 평양에서 열린 사경회에 대한 예화는 특히 한국 독자에게 또 한 번의 호감을 선사한다(117-119쪽). 팀 켈러의 요나서 강해는 성서학적인 전문적 지식을 바탕으로 풍부한 인문학적 독서와 사색으로 보강된 탄탄한 내용으로 채워져 있다.

저자에 따르면, 요나는 요나서의 전반부에서는 예수님의 유명한 비유에 등장하는 아버지를 떠나 달아난 '집 떠난 탕자'(prodigal son, 눅 15:11-24)의 역할을 하고, 후반부에서는 '집 안에 있는 형'(눅 15:25-32)의 역할을 한다. 탕자의 형은 아버지에게 순종하지만 아버지가 회개하는 죄인에게 뜻밖의 은혜를 베풀자 그를 나무란다.

형이 아버지에게 순종한 것은 사랑해서가 아니었다. 순종이 아버지에게 감정적 부채감을 안겨 주어 자신이 원하는 대로 하도록 통제하는 방법이라고 생각한 것뿐이다. 두 아들 모두 아버지의 사랑을 신뢰하지 않았다(30쪽).

아버지의 눈에는 두 아들이 모두 탕자이다. 한때 집을 떠났던 아들은 '돌탕'(돌아온 탕자)이고, 늘 집에 머물고 있는 아들은 '집탕'(집에 있는 탕자)이다. 따라서 요나는 집탕과 돌탕 모두에 해당되는 역할을 하고 있는 '방탕한 선지자'(prodigal prophet)라 할 수 있다. 이런 맥락에서 이 책의 제목은 『방탕한 선지자』(원제는 The Prodigal Prophet: Jonah and the Mystery of God's Mercy이다)가 된다.

보통 구약성서의 선지자들은 대부분 삶과 사역이 본이 되는 진면교사가 된다. 그러나 선지자 요나의 경우는 예외이다. 요나서는 '요나 같은 사람이 되지 말라'는 것이 주된 메시지이다. 요나는 반면교사가 된다. 저자는 이런 점에서 요나를 '방탕한 선지자'로 부르고 있다. 높아진 자아로 하나님도 거부하는 사람이 바로 요나이다. 하나님께 실망한 사람, 하나님의 은혜를 망각한 사람, 자기의에 빠진 사람, 자신의 신앙만이 옳다고 주장하는 사람, 스스로 신실하다고 자부하는 사람들이 이 시대의 요나들이다. 이 책은 우리 안에 있는 요나를 발견하게 하고 다시, 하나님의 은혜를 먹고 소생하기를 촉구한다.

요나서는 우리가 각자의 결론을 내릴 수 있도록 미완성으로 끝난다. … 당신이 요나이고, 내가 요나이기 때문이다(174쪽).

저자는 요나가 자신의 정체성을 밝히는 장면에서 자신의 민족(히
브리 사람)을 가정 먼저 밝히고 그다음에 종교를 밝히는 부분(욘 1:9)
에서 요나의 정신세계를 분석해 낸다. 요나는 하나님보다 민족이
더 우선이라는 것이다(71-72쪽). 여기서 이방 민족인 니느웨에게 회
개를 촉구하라는 하나님의 명령을 그토록 반대한 이유가 설명된
다고 본다. 야웨 신앙은 특정 집단이나 민족의 이익을 넘어서서
공공선을 향한다.

> 그리스도인들이 다른 민족과 종족의 유익 또는 구원보다 자신들
> 의 이익과 안전에 더 관심을 가진다면, 요나 같은 죄를 짓고 있는
> 것이다. 그들이 인류의 유익이나 세상에서 하나님 나라가 진척되
> 는 것보다 자기 나라의 경제적 군사적 번영을 더 중요하게 여긴
> 다면, 요나와 같은 죄를 짓고 있는 것이다(139쪽).

저자의 다음의 가르침은 일부 한국 교회의 맹목적인 교회성장주
의와 특히 다른 이념과 종교에 대한 지나친 배타성과 혐오성에 대
하여 깊이 생각하게 해 준다.

> 교회가 복음 전도를 하고 회심자들을 만들어 내는 것이 세상의
> 눈에는 교회가 자기 부족을 키워 머릿수를 늘리고 세력을 키우는
> 것으로 보일 뿐이다. 세상은 기독교를 믿는 사람이든 믿지 않는
> 사람이든 가리지 않고 이웃의 필요를 희생적으로 섬기는 우리의

모습을 봐야 한다. 그때 비로소 세상은 신자들을 움직이게 하는 동력이 힘을 쌓고 싶은 욕구가 아니라 사랑이라는 것을 인식하게 될 것이다(250-251쪽).

하나님은 우리에게 어떻게 다른 사람들을 긍휼의 마음 없이 바라볼 수 있느냐고 물으신다. 우리와 전혀 다른 신념과 행동 방식을 가진 이들이라도 말이다(284쪽).

이 책은 요나서에 대한 깊이 있는 연구서인 동시에 대중서이다. 목회 현장에서 설교자들이 이 책을 중심으로 요나서를 시리즈로 설교하면 좋을 듯싶다. 요나서에 관한 책 가운데 이 책만큼 전문성과 대중성을 골고루 가진 책은 아직은 없는 것 같다. 어떤 설교자도 이 책의 내용을 능가하는 설교를 하긴 실제적으로 어려울 것 같다. 따라서 처음부터 이 책을 중심으로 설교할 것이라고 청중에게 정직하게 밝히고, 각 설교자의 목회 현장에 맞추어 약간의 첨삭을 한다면, 요나에 관한 최고의 꼴을 먹일 수 있지 않을까. 또한 소그룹의 성경 공부 교재로도 적극 추천하고 싶다. 우리가 요나임을 인정하고 새로워지는 계기가 되기를 간절히 바란다.

『예언자적 상상력』 북 리뷰*

정체성을 잃어버리고 사나워진 한국 교회

한국 교회는 지금 침체의 늪에서 허우적거리고 있다. 무엇보다 안타까운 것은 교회가 정체성을 잃어버린 것 같다. 교회가 남을 공격하고 비판하며 사나워진 것이다. 서로 싸우는 사람들을 화해시키는 본래의 사명을 망각하고, 한쪽 편에 서서 스스로 전사(戰士)가 되어 앞장서서 싸움닭이 되어 버린 것 같다. 특정 이념이나 특정 계층을 배제하는 것만이 이 시대 기독교가 추구해야 할 근본 방향은 아닐 것이다.

---

* 이 장은 "전문가의 책 읽기 북 리뷰 〈월터 브루그만의 예언자적 상상력〉: 새로운 질서를 활성화시키는 예언자적 상상력," 『목회와 신학』 409 (2023, 7월): 200-203에 실린 글을 일부 수정 보완한 것이다. 여기서 북 리뷰한 책의 서지 정보는 다음과 같다. 월터 브루그만, 『예언자적 상상력』 (서울: 복 있는 사람, 2023)

기독교는 혐오와 배제가 아니라 사랑과 용서를 최우선의 가치로 삼는다. 기독교의 근본 가르침은 '사랑의 이중 계명'인 '하나님 사랑'과 '이웃 사랑'이다(마 22:34-40; 막 12:28-34; 눅 10:25-28). "이 두 계명이 온 율법과 선지자의 강령이니라"(마 22:40)는 말씀은 '이 두 계명 안에 전체 율법과 선지자들이 매달려 있다'는 뜻이다. 예수님의 제자들이 걸어가야 할 길은 이웃 가운데 누군가를 '배제'하는 것이 아니라 이웃 모두를 '포용'하는 것이다. 우리의 주군(主君)은 원수까지도 사랑하라 가르치시고(마 5:44), 친히 원수마저도 품으시는 분이시다(눅 23:34).

예언자의 영성: 예언자의 피가 흐르고 있는 예수님

예수님을 주군으로 모시고 사는 사람들은 그분의 가르침을 늘 재소환하고 지금 기억하여 오늘의 삶의 기준으로 삼는다. 예수님은 구약 예언자적 전통의 결정체이시다. 이는 다음의 말씀에서도 잘 드러난다.

> 화 있을진저 외식하는 서기관들과 바리새인들이여 너희가 박하와 회향과 근채의 십일조는 드리되 율법의 더 중한 바 **정의와 긍휼과 믿음**은 버렸도다 그러나 이것도 행하고 저것도 버리지 말아야 할지니라(마 23:23).

여기서 십일조와 더불어 놓치지 않아야 하는 것으로 율법의 정신인 '정의'와 '긍휼'과 '믿음'이 언급되고 있다. 이 세 가지는 사실 구약 예언자들의 근본 가르침을 가리킨다. 이 모두는 미가의 예언에 고스란히 담겨 있다.

> 사람아
> 주께서 선한 것이 무엇임을 네게 보이셨나니
> 여호와께서 네게 구하시는 것은
> 오직 **정의**(מִשְׁפָּט, '미쉬파트'; 암 5:24)를 행하며
> **인자**(חֶסֶד, '헤세드': 호 6:6)를 사랑하며
> **겸손하게 네 하나님과 함께 행하는 것**(사 7:9)이 아니냐(미 6:8).

미가가 제시하고 있는 이 세 가지는 미가의 선배 예언자들 각각의 핵심적인 가르침을 집약한 것이다.

> 오직 **정의**(מִשְׁפָּט, '미쉬파트')를 물같이,
> 공의를 마르지 않는 강같이 흐르게 할지어다(암 5:24).

> 나는 **인애**(חֶסֶד, '헤세드')를 원하고 제사를 원하지 아니하며
> 번제보다 하나님을 아는 것을 원하노라(호 6:6).

> 만일 **너희가 굳게 믿지 아니하면**
> 너희는 굳게 서지 못하리라 하시니라(사 7:9).

사실 예수님의 혈관 속에는 예언자의 피가 흐르고 있었다. 예수님의 영성은 '예언자의 영성'이다. 오늘의 한국 교회도 근본으로 돌아가서 예수님의 영성을 재발견하고 이를 회복해야 한다. 그 영성은 바로 예언자의 영성이다. 한국 교회는 예수님의 혈관에 흐르는 예언자의 피를 수혈받아야 한다. 일찍부터 이 점을 지적하고 목회 현장에 수혈되도록 목 놓아 설파한 구약학자가 있다. 바로 이 책의 저자 브루그만(1933년생)이다.

40여 년 전 학생으로 읽던 책을 교수로 다시 읽다

브루그만의 이 책은 1978년에 처음 출간된 『예언자적 상상력』(*The Prophetic Imagination*) 40주년 기념판이다(이 책은 우리말로 1981년에 대한기독교출판사에서 처음 출간되었다). 필자는 40여 년 전 이 책을 대학원 구약학 석사 과정의 학생으로 처음 접했다. 그때 구약성서와 구약학의 세계가 확 열리는 새로운 신학적 체험을 하고, 구약학도로 힘찬 날개 짓을 하는 데 결정적인 원동력을 얻었다.

40년 만에 개정 증보되고, 보다 깔끔하게 편집된 세련된 책을 다시 읽으며, 좀 더 객관적이고 비평적인 독서를 할 수 있었다. 학생 시절 밤새 정독하며 꼼꼼히 줄을 치고 메모하고 가슴이 뜨거워짐을 경험하면서 배웠던 책을, 이제 동료 구약학자로서 읽는 감회가 남달랐다. 여전히 역시하며 고개를 끄덕이기도 하고, 인상을 찌푸리며 고개를 좌우로 흔들기도 하고, 때로 아쉬운 점들을 발견하면서 고개를 세워보기도 한다. 그럼에도 불구하고 우리 시대의 고

전인, 〈크리스채너티 투데이〉 선정 '20세기를 형성한 100권의 책'
과의 재회는 뜻깊은 만남이었다.

왕권 의식, 예언자적 상상력, 예언자

이 책을 이해하기 위해서는 저자가 핵심 용어로 사용하는 '왕권
의식'과 '예언자적 상상력'에 대한 저자의 개념을 먼저 파악해야
한다. 이와 더불어 '예언자'에 대한 저자의 정의도 짚고 넘어가야
한다. 저자는 성서의 주된 흐름을 중심과 주변으로 나눈다. 중심은
'왕권 의식'이며, 주변은 '예언자적 대안 의식'이다. 예언자적 대안
이 바로 '예언자적 상상력'이다.

저자는 40주년 기념판의 서문에서 '왕권 의식'이라는 용어를
'전체주의'로 대체하고자 한다. 물론 이 책의 본 내용에서는 왕권
의식이라는 용어를 그대로 사용한다. 다만 왕권 의식을 오늘날의
전체주의라는 의미로 이해하며 독서할 것을 권고한다. 브루그만
이 이해하는 "전체주의는 지배 이데올로기가 사회의 전 영역을 장
악하고 대안적 가능성을 전혀 용납하지 않는 사회-이데올로기적
질서를 가리킨다"(35-36쪽).

또한 저자의 이해에 의하면, "예언자는 야웨의 특별한 뜻과 목
적(토라에서 드러난다)이 그 시대의 전체주의 밖에 있으며, 전체주의
의 힘에 의해 조롱당하거나 무너질 수 없다고 주장한다"(36쪽). 그
래서 저자는 "예언자들은 하나님께서 전체주의 밖에서, 전체주의
를 초월해서, 그리고 전체주의와 상충되게 행동하실 자유가 있다

고 주장한다"(37쪽)고 본다.

더 나아가 저자가 제시하는 '예언자적 상상력'이라는 개념은 다음의 문장에서 알 수 있다.

> 예언자들은 청중 앞에 펼쳐진 가시적이며 구체적인 세상과는 전
> 혀 다른 세상을 전한다. 따라서 예언자의 발언은 '상상적' 특성을
> 지녀야 한다. 다시 말해, 예언자의 발언은 쉽게 통제할 수 있는
> 세상과 질적으로 다른 세상을 불어 내고 펼쳐 보이는, 말과 이미
> 지로 이루어지는 상상의 행위여야 한다. 그러므로 정권이 절대적
> 이고 영원하다고 착각하며 버틸 때, 예언자들은 철저히 전통을
> 기초로 삼아 사회 현실을 깊이 간파하며, 강력한 언어의 힘을 사
> 용해 현실 세상이 심판과 위협 아래 놓였음을 상상한다(38쪽).

예언자적 상상력: 예언자의 비판과 활성화

예언자적 상상력은 기존의 잘못된 체제를 비판하고, 이에 그치지 않고 더 나아가 새로운 질서를 활성화시킨다. 저자는 제1장 "모세 의 대안 공동체"에서, 오늘날 미국 교회가 소비주의 풍조에 너무 깊이 빠져들었고, 그 결과 믿음이나 행동에서 전혀 힘을 쓰지 못 하고 있다고 진단한다. 이는 성서의 예언자 신앙 전통을 저버리고, 그 결과 교회의 정체성을 상실한 데서 기인한다고 본다. 그래서 오늘날에도 예언자적 상상력이 재발견되어야 한다는 것이다.

저자는 이를 위해 모세가 보여 주었던 대안 공동체를 분석해

낸다. 모세와 이스라엘이 이집트 제국의 현실과 완전히 갈라선 것은, '정적인 승리주의(static triumphalism)의 종교'와 '억압과 착취의 정치'로부터의 단절이라는 두 차원에서 이루어졌다고 본다. 모세는 '하나님의 자유를 내세우는 대안 종교'를 통하여 질서와 승리를 최고의 가치로 두는 제국의 '정적인 승리주의의 종교'를 해체시키고, '정의(justice)와 긍휼(compassion)의 정치'를 내세워서 '억압과 착취의 정치'를 해체했다는 것이다. 저자는 모세가 '하나님의 자유의 종교'와 '인간의 정의의 정치'와 결합하는 데까지 나아갔다고 주장한다.

> 우리가 만일 '가진 자들'의 이익만을 옹호하는 질서의 정적인 신을 따른다면 억압을 떨쳐 버리는 것은 불가능하다. 반대로, 자유롭게 행하시는 하나님, 곧 기존 체제로부터 자유로울 뿐만 아니라 그 체제를 반대하실 만큼 자유로운 분, 노예들의 탄식을 들어주실 뿐만 아니라 응답해 주실 만큼 자유로운 분, 제국이 정해 놓은 모든 신의 속성으로부터 자유로운 하나님을 인정한다면 이 사실은 사회학에 결정적인 영향을 미치게 될 것이다. 하나님의 자유가 벽돌 공장을 뒤덮고 정의와 긍휼의 모습을 밝혀낼 것이기 때문이다(74쪽).

예언자적 상상력은 왕권 의식에 사로잡힌 지배 의식을 해체하려고 현존하는 질서의 불법성을 드러내고 '비판'한다. 또한 예언자적 상상력은 신앙 공동체가 바라볼 하나님의 새로운 미래를 약속하고 선포함으로써 개인과 공동체를 '활성화'(energizing)한다. 저자는 파라오의 고착화된 승리주의와 억압 체제에 대한 모세의 비판과 활성화를 본문을 근거로 생생하게 논증하고 있다.

솔로몬의 종교에 도취한 한국 교회

저자는 제2장 "왕권 의식과 대항 문화"에서 솔로몬의 왕정 체제에서 모세가 저항했던 파라오의 체제를 철저하게 분석해 낸다. 저자는 솔로몬의 왕권 의식이 풍요, 억압적인 사회 정책, 정적인 종교에 기초하고 있음을 논증한다. 왕권 의식은 "경탄할 만한 신비는 존재하지 않으며 단지 풀어야 할 문제만 있다고 생각하는 경영적 사고방식에 의해 움직인다"(113쪽). 왕권 의식의 종교(솔로몬 종교)는 "하나님이 할 일이란 우리의 생활수준을 보호해 주면서 궁정 안에 주어진 자기의 자리를 지키는 것이 전부라고 생각한다"(113쪽). 왕권 의식은 "이웃을 우리 역사 속에서 생명을 나누어 주는 존재로 보는 생각을 버릴 것을 요구한다"(113쪽).

저자가 분석하는 왕권 의식 또는 솔로몬의 종교의 실체가 풍요를 궁극적 가치로 따르고, 억압적 사회 정책에는 눈감아 버리며, 자기가 만든 하나님을 따르는 오늘의 주류 미국 교회와 한국 교회의 모습과 오버랩되어 보이는 것 같아서 매우 안타깝고, 두렵기도 하고 불안하기만 하다. 한국 교회는 솔로몬의 종교라는 왕권 의식에 최소한의 문제의식이나 경계 의식도 없이 한껏 도취되어 사로

잡혀 있는 것 같다.

예언자적 비판과 파토스, 그리고 활성화와 경탄

저자는 제3장 "예언자적 비판과 파토스의 포옹"에서 예레미야를 모세적 의미의 예언자적 상상력을 구현한 예언자의 전형으로 분석한다. 예레미야의 비판은 분노가 아니라 고뇌(파토스)였다는 것이다. "고뇌만이 삶을 낳고 애통만이 기쁨을 가져오며 종말의 수용만이 새로운 시작을 열어 준다는 깨달음은 성서적 신앙이 가르치는 통찰이자 비밀이다"(140쪽). 또한 제4장 "예언자적 활성화와 경탄의 출현"에서는 제2이사야(사 40-55장)가 절망한 왕들에게 희망을 전하는 예언자를 위한 경탄 언어의 대표적 전령임을 분석한다. 제5장 "나사렛 예수의 비판과 파토스"와 제6장 "나사렛 예수의 활성화와 경탄"에서는 예레미야와 제2이사야 등의 예언자적 비판과 파토스, 그리고 활성화와 경탄이 어떻게 나사렛 예수에게 발전적으로 계승되었는지를 상세하게 추적한다. 마지막 제7장 "목회의 실천에 관한 주"는 자신의 주장을 요약하고, 예언자적 목회와 관련된 실천적인 문제를 다룬다.

> 우선, 내 주장 전체를 요약하고자 한다. 출애굽과 모세의 운동을 통해 역사 속에 새로운 일이 발생했다. 모세는 먼저 파라오의 억압적인 제국을 해체하고자 했으며, 다음으로 하나님의 자유의 종교와 정의와 긍휼의 정치를 중심으로 한 새로운 공동체를 세우고

자 했다. **해체**는 이스라엘 백성의 신음과 탄식으로부터 시작하고, **활성화**는 새로운 공동체의 송영에서 시작된다(221쪽).

예언자적 상상력의 교회를 꿈꾸며

"예언자적 상상력이란, 애통과 희망이 지배 문화의 굴레를 깨뜨린다는 확신을 지닌 참된 신앙인들이 행하는 구체적인 실천이다"(229쪽). 저자는 '슬픔과 희망'을 품고서 '저항과 대안'을 이루는 일에 참여하는 구체적인 목회 현장을 소개하며, 오늘의 목회 현장에 예언자적 상상력이 적용되기를 호소한다.

> 나는 예언자적 목회가 거창한 사회개혁 운동이라든가 의분을 쏟아 내는 비판적인 행동으로 이루어지는 것이 아니라는 점을 말했다. 오히려 예언자적 목회란 **대안적인 현실 인식을 제공하는 일**이요, 사람들로 하여금 하나님의 자유 안에서 또 정의에 대한 하나님의 뜻에 비추어서 자신들의 역사를 볼 수 있게 해 주는 일이다(223쪽, 볼드체는 필자의 것이다).

> 교회의 모든 기능은 다 예언자적 목소리가 되어야 하고 또 될 수 있으며, 그 예언자적 목소리가 우리를 둘러싸고 있는 지배 문화를 향해서 **비판**을 가하는 한편 신앙인들에게는 **활력**을 불어넣는 데 봉사한다는 사실을 다시 생각하게 되었다. 목회적 돌봄은 예언자적 목회가 될 수 있다. 교회학교의 교육도 예언자적 목회가

될 수 있다. 교회학교의 교육도 예언자적 목회가 될 수 있다[심지어 회의 모임조차도 예언자적 목회가 될 수 있다!](234쪽, 볼드체는 필자의 것이다).

이 책의 실천 후기(229-235쪽)는 예언자적 상상력의 목회를 실험하고 실천하는 예를 소개하고 있다. 이 책은 교회의 정체성과 방향성을 잃고 표류하는 한국 교회에 참신한 아이디어와 새로운 바람을 불어넣어 주는 고마운 책이다. 예언자적 상상력의 교회가 여기저기에 누룩과 같이 번지기를 꿈꾼다.

| 참고 문헌 |

* 여기서는 본서에 수록된 몇몇 학술 논문의 참고 문헌만을 수록했습니다. 또한 직접 인용되지 않았더라도 해당 주제와 관련하여 '참고할 만한 문헌'까지도 수록되었음을 밝힙니다.

제2부 제2장

강사문. "구약에 나타난 평화," 『구약의 하나님』 (서울: 한국성서학연구소, 1999), 282-286.

김근주. 『소예언서 어떻게 읽을 것인가 2: 요나, 미가, 나훔, 하박국』 (서울: 성서유니온, 2016).

김래용. "미가서에 나타난 미쉬파트와 쉐에리트," 『구약논단』 57집 (2015, 9월): 10-37.

김이곤. "구약성서적 입장에서 본 평화," 『구약성서의 고난신학』 (천안: 한국신학연구소, 1989), 303-318.

김이곤. "요나서의 평화신학," 『구약성서의 고난신학』 (천안: 한국신학연구소, 1989), 319-340.

김이곤. "거룩한 전쟁신앙에 나타난 평화사상: 출애 14:10-14와 시편 44:1-8[2-9]을 중심하여," 『구약성서의 고난신학』 (천안: 한국신학연구소, 1989), 341-358.

림버그, 제임스. 『호세아-미가』, 강성열 역 (현대성서주석; 서울: 한국장로교출판사, 2004).

만케, 헤르만. 『한 권으로 마스터하는 구약성경』, 차준희 역, (서울: 대한기독교서회, 2010).

민영진. "거짓 예언과 거짓 평화," 『평화 통일 희년』 (서울: 대한기독교서회, 1995), 27-40.

아르투어 바이저 & 칼 엘리거. 『소예언서』 (국제성서주석; 서울: 한국신학연구소, 1985).

박신배. 『평화학』 (서울: 프라미스 키퍼스, 2011).

박준서. "샬롬의 현대적 의미," 『구약세계의 이해』 (서울: 한들출판사, 2001), 381-392.

버치, 브루스 C. 월터 브루그만, 테렌스 E. 프레타임 & 데이비드 L. 페터슨. 『신

학의 렌즈로 본 구약개관』, 차준희 역 (한국구약학연구소 총서; 서울: 새물
결플러스, 2016).

송병현. "미가4장: 심판의 먹구름 사이로 비추는 구원의 서광," in: 목회와신학
편집부,『호세아·미가: 어떻게 설교할 것인가』(두란노 HOW 주석; 서울:
두란노아카데미, 2012).

스미스, 랄프.『미가-말라기』, 채천석·채훈 역 (WBC 성경주석; 서울: 솔로몬,
2001).

왕대일. "보습을 쳐서 칼을, 낫을 쳐서 창을(욜 3:10a[H 4:10a]): 칼을 쳐서 보습
을, 창을 쳐서 낫을(사 2:4a; 미 4:3a)에 대한 요엘서의 도전, 그 해석학적
진단,"『구약논단』62집 (2016, 12월): 14-43.

요더, 페리 B. & 윌라드 M. 스와틀리.『평화의 의미: 성경연구』, 신상길·소기천
역 (서울 한국장로교출판사, 2003).

이경숙. "성서로 본 거짓 평화 유형 연구,"『구약성서의 하나님, 역사, 여성』(서
울: 대한기독교서회, 2000), 96-110.

장윤재. "세계화 시대, 성장의 종말과 그리스도교의 선교," in: 김경재, 김경호,
김동문, 김상근, 김진호, 김창락, 박정진, 양희승, 이진구, 장윤재, 정나진, 차
정식, 채수일, 최형묵,『무례한 복음』(서울: 산책자, 2007), 244-267.

조용훈.『우리 시대를 위한 하나님의 열 가지 말씀: 십계명의 영성과 윤리』(서
울: 동연, 2015).

카이저, 월터 C.『구약성경윤리』홍용표 역, 서울: 생명의 말씀사, 1990.

최순진. "전쟁과 평화: '보습을 쳐서 칼을' 아니면 '칼을 쳐서 보습을': 이사야
2:1-5, 미가 4:1-5, 요엘 3:1-10의 성경적 해석,"『제95차 한국구약학회 춘계
학술대회 발표 논문』(2014년 4월 25일, 대전신학대학교), 227-246.

홍성혁. "메시아 예언 본문들에 나타난 '샬롬'(평화),"『구약논단』55집 (2015, 3
월): 121-152.

Veerkamp, T. "오직 그의 의만이 평화를 이룰 수 있다: 미가 4,1-15에 대한 설교
및 몇 가지 주석적 언급들," 김창락 편,『새로운 성서해석: 무엇이 새로운
가』(서울: 한국신학연구소, 1987), 100-118.

Brueggemann, W. "'Vine and Fig Tree': A Case Study in Imagination and
Criticism," *CBQ* 43 (1981), 188-204.

Jeremias, J. *Die Propheten Joel, Obadja, Jona, Micha* (Das Alte Testament
Deutsch; Göttingen: Vandenhoeck & Ruprecht, 2007).

Kessler, R. *Micha* (Herders Theologischer Kommentar zum Alten Testament; Freiburg; Basel; Wien: Herder, 1999).

Nogalski, J. D. *The Book of the Twelve: Micah-Malachi* (Smyth & Helwys Bible Commentary; Macon, Georgia: Smyth & Helwys, 2011).

Oberforcher, R. *Das Buch Micha* (Neuer Stuttgarter Kommentar Altes Testament; Stuttgart: Verlag Katholisches Bibelwerk, 1995).

Schottroff, W. "Die Friedensfeier: Das Prophetenwort von der Umwandlung von Schwertern zu Pflugscharen (Jes 2,2-5 / Mi 4,1-5)," in: ders., *Gerechtigkeit lernen: Beiträge zur biblischen Sozialgeschichte* (ThB 94; Gütersloh, Gütersloher Verlagshaus, 1999), 205-224.

Wolff, H. W. *Dodekapropheton 4: Micha* (Biblischer Kommentar Altes Testament; Neukirchen-Vluyn: Neukirchener Verlag, 1982).

제2부 제3장

김이곤. "하나님이 원하시는 것은 제물(what)이 아니라 '바로 너다'(who)," 『성경연구』 2 (1995, 1월): 39-49.

라이트, 크리스토퍼. 『현대를 위한 구약윤리』 김재영 역, 서울: 한국기독학생회출판부, 2006.

바이저, 아르투어 & 칼 엘리거. 『소예언서』 국제성서주석; 서울: 한국신학연구소, 1985.

뷔르트바인, 에른스트 & 오토 메르크. 『책임』 황현숙 역, 서울: 대한기독교서회, 1991.

슈미트, 베르너 H. 『구약성서 입문』 차준희·채홍식 역, 서울: 대한기독교서회, 2007.

슈미트, 베르너 H. 『구약신앙: 역사로 본 구약신학』 차준희 역, 서울: 대한기독교서회, 2007.

왕대일. 『새로운 구약주석: 이론과 실제』, 서울: 성서연구사, 1996.

이동수. "미가서에 나타난 정의와 공의" (1999), 『예언서 연구』, 서울: 장로회신학대학교출판부, 2005, 218-239.

이동수. "하나님과 겸손히 동행하는 삶: 미가 6:1-8," 『교회와 신학』 41 (2000, 여름): 112-123.

정중호. "미가 6:1-8 연구," 『계명신학』 8집 (1993): 63-85.

차준희. "야웨께서 네게 구하시는 것(미가 6:6-8)," 『기독교사상』 482 (1999, 2

월): 192-200.

채홍식. 『구약성경의 윤리』, 서울: 한님성서연구소, 2006.

Albertz, R. "Aufrechten Ganges mit Gott wandern ...: Bibelarbeit über Micha 6,1-8," in: *Zorn über das Unrecht. Vom Glauben, der verändern will* (Neukirchen-Vluyn: Neukirchener Verlag, 1996), 44-64.

Albertz, R. "Das kollektive Schuldbekenntnis im Alten Testament," *EvTh* 56 (1996): 29-43.

Barton, J. *Understanding Old Testament Ethics: Approaches and Explorations* (Louisville; London: Westminster John Knox Press), 2003.

Ben Zvi, E. *Micah* (FOTL; Grand Rapids, Michigan: Eerdmans), 2000.

Birch, B. C. *Let Justice Roll Down: The Old Testament, Ethics, and Christian Life* (Louisville, Kentucky: Westminster John Knox Press, 1991.

Birch, B. C. "Old Testament Ethics," L. G. Perdue (ed.), *The Blackwell Companion to the Hebrew Bible* (Malden, Massachusetts: Blackwell, 2001), 293-307.

Bloch, R. "Midrash," in: W. S. Green (ed.), *Approaches to Ancient Judaism: Theory and Practice* (Missoula, Montana: Scholars Press), 1978, 29-50.

Carroll R. M. D. "'He Has Told You What Is Good': Moral Formation in Micah," in: M. D. Carroll R. & J. E. Lapsley (Eds.), *Character Ethics and the Old Testament: Moral Dimensions of Scripture* (Louisville; London: Westminster John Knox Press), 2007, 103-118.

Clark, G. R. *The Word Hesed in the Hebrew Bible*, (JSOT.S; Sheffield: Sheffield Press), 1993.

Clifford, R. J. *Proverbs: A Commentary* (The Old Testament Library; Louisville, Kentucky: Westminster John Knox Press, 1999).

Crüsemann, F. *Maßstab: Tora. Israels Weisung für christliche Ethik* (Gütersloh: Gütersloher Verlagshaus, ²2004).

Crüsemann, F. "'... nichts als ... mitgehen mit Deinem Gott' (Mi 6:8): Nachdenken über ungegangene Wege," *WuD* 24 (1997): 11-28.

Dawes, S. "Walking Humbly: Micah 6:8 Revisited," *Scottish Journal of Theology* 41 (1988): 331-339.

Deissler, A. "Micha 6:1-8: Der Rechtsstreit Jahwes mit Israel um das rechte

Bundesverhältnis," *Trierer Theologische Zeitschrift* 68 (1959): 232, 229-234.

Ebach, J. "Was bei Micha 'gut sein' heißt," *Bibel und Kirche* 51 (1996): 172-181.

Farmer, K. "What Does It Mean To 'Do Justice?'," *Journal of Theology* 108 (2004): 35-48.

Forer, G. *Jesaja 1-23* (Zürcher Bibelkommentare; Zürich: Theologischer Verlag, ³1991).

Glueck, N. *Das Wort ḥesed im alttestamentlichen Sprachgebrauche als menschliche und göttliche gemeinschaftsgemäße Verhaltungsweise* (BZAW 47; Giessen, 1927).

Hyman, R. T. "Questions and Response in Micah 6:6-8," *Jewish Bible Quarterly* 33 (2005): 157-165.

Janzen, W. *Toward Old Testament Ethics* (Grand Rapids: Academic Books Zondervan, 1994).

Jensen, J. *Ethical Dimensions of the Prophets* (Collegeville, Minnesota: Liturgical Press, 2006).

Kessler, R. *Micha* (Herders Theologischer Kommentar zum Alten Testament; Freiburg; Basel; Wien: Herder, 1999).

Kessler, R. "Zwischen Tempel und Tora: Das Michabuch im Diskurs der Perserzeit," *Biblische Zeitschrift* 44 (2000): 21-36.

Koch, K. "Tempeleinlaßliturgien und Dekaloge," in: *Spuren des hebräischen Denkens: Beiträge zur alttestamentlichen Theologie, Gesammelte Aufsätze,* Band 1 (Neukirchen-Vluyn: Neukirchener Verlag, 1991), 169-183.

Lapsley, J. E. *"Can These Bones Live?": The Problem of the Moral Self in the Book of Ezekiel* (BZAW 301; Berlin: Walter de Gruyter), 2000.

Lescow, Th. "Die dreistufiger Tora: Beobachtungen zu einer Form," *ZAW* 82 (1970): 362-379.

Lescow, Th. *Micha 6,6-8: Studien zu Sprache, Form und Auslegung,* Stuttgart: Calwer Verlag, 1966.

Levinson, B. M. & Otto, E. (Hrsg.), *Recht und Ethik im Alten Testament,* Münster: LIT Verlag, 2004.

Mafico, T. L. J. "Ethics," *ABD* 2, 1992, 645-652.

Mays, J. L. *Micah* (OTL; London: SCM Press, ³1985).

McKane, W. *The Book of Micah: Introduction and Commentary* (ICC; Edinburgh: T&T Clark, 1998).

Mein, A. *Ezekiel and the Ethics of Exile* (UK: Oxford University Press, 2006).

Otto, E. "Art. Micha / Michabuch," *TRE* 22 (1993), 695-704.

Plöger, O. *Sprüche Salomos (Proverbia)* (Biblischer Kommentar Altes Testament; Neukirchen-Vluyn: Neukirchener Verlag, 1984).

Renaud, B. *La formation du livre de Michée: Tradition et actualisation* (EtB), Paris, 1977.

Roth, W. "Art. II. Deuteronomistisches Geschichtswerk / Deuteronomistische Schule," *TRE* 8, 1981, 543-552.

Rudolph, W. *Micha-Nahum-Habakuk-Zephanja* (Kommentar zum Alten Testament; Gütersloh: Gütersloher Verlagshaus, 1975).

Sellin, E. *Das Zwölfprophetenbuch I: Hosea—Micha* (KAT, 1929), 343.

Smend, R. "Ethik: Alte Testament," *TRE* 10 (1982), 423-435.

Stade, B. "Bemerkungen über das Buch Micha," *ZAW* 1 (1881): 161-172.

Stoebe, H. J. "Art. ḥaesaed Güte," *THAT* I (⁴1984), 604-605.

Stoebe, H. J. "Und demütig sein vor deinem Gott: Micha 6,8" (1959), in: *Geschichte, Schicksal, Schuld und Glaube* (BBB 72; Frankfurt am Main, 1989).

Thiel, W. *Die deuteronomistische Redaktion von Jeremia 1-25* (WMANT 41; Neukirchen-Vluyn: Neukirchener Verlag, 1973).

Thiel, W. *Die deuteronomistische Redaktion von Jeremia 26-45* (WMANT 52; Neukirchen-Vluyn: Neukirchener Verlag, 1981).

Utzschneider, H. *Micha* (Zürcher Bibelkommentare, Zürich: Theologischer Verlag, 2005).

Weiser, A. *Das Buch der zwölf Kleinen Propheten I: Die Propheten Hosea, Joel, Amos, Obadja, Jona, Micha* (ATD 24; Vandenhoeck & Ruprecht, ⁶1974).

Werner, W. "Micha 6,8: eine alttestamentliche Kurzformel des Glaubens? Zum theologischen Verständnis von Mi 6,8," *Biblische Zeitschrift* 32 (1988): 232-248.

Wessels, W. "Meeting Yahweh's requirements—a proposed reading of Micah 6:1-8," *OTE* 15 (2002): 539-550.

Willi-Plein, I. *Vorformen der Schriftexegese innerhalb des Alten Testaments: Untersuchungen zum literarischen Werden der auf Amos, Hosea und Micha zurückgehenden Bücher im hebräischen Zwölfprophetenbuch* (BZAW 123; Berlin; New York, 1971).

Wolff, H. W. *Micha* (Biblischer Kommentar Altes Testament; Neukirchen-Vluyn: Neukirchener Verlag, 1982).

제2부 제5장

기민석. "아브라함 이야기의 구조, '허접한 남편', 사라의 쓴웃음," 『구약논단』 31 (2009): 73-87.

김상래. "야훼의 '땅' 약속에 대한 아브라함의 믿음의 의미 재해석," 『구약논단』 30 (2008): 85-100.

김윤이. "아브라함 전승에 나타난 사라 죽음의 의미," 『구약논단』 31 (2009): 88-112.

김재구. "여성 아브라함들," 『구약논단』 30 (2008): 31-51.

김재구. "아담과 노아의 실패와 아브라함의 성공," 『구약논단』 31 (2009): 52-72.

배정훈. "희년서의 아브라함 전승," 『구약논단』 30 (2008): 67-84.

오원근. "창세기와 희년서의 아브라함 상 비교," 『구약논단』 30 (2008): 52-66.

유은걸. "'아브라함의 자손': 한 유대적 개념의 기독교화 과정," 『구약논단』 30 (2008): 103-124.

이영미. "성서주석과 해석의 윤리: 창 22장을 중심으로," 『구약논단』 30 (2008): 10-30.

서명수. "아브라함과 군자상," 『구약논단』 31 (2009): 32-51.

한동구. "아브라함의 후손: 아브라함 전승의 다문화적 해석," 『구약논단』 31 (2009): 10-31.

Albertz, R. *A History of Israelite Religion in the Old Testament Period*, 2 vols (OTL; Louisville: Westminster John Knox Press, 1994).

Alt, A. "Der Gott der Väter" (1929), in: A. Alt, *Kleine Schriften zur Geschichte des Volkes Israel*, Bd.1 (München: ²1959).

Baltzer, K. *Deutero-Jesaja* (KAT; Gütersloh, 1999).

Bautch, R. J. "An Appraisal of Abraham's Role in Postexilic Covenants," *CBQ* 71 (2009): 42-63.

Blenkinsopp, J. *Isaiah 40-55* (AB; New York: Doubleday, 2000).

Blenkinsopp, J. "Abraham as Paradigm in the Priestly History in Genesis," *JBL* 128 (2009): 225-241.

Cazelles, H. פרה, *ThWAT* 6 (1989).

Clements, R. E. אברהם, *ThWAT* 1 (1973), 53-62.

Crüsemann, F. "Abraham und die Bewohner des Landes. Beobachtungen zum kanonischen Abrahambild," *EvTh* 62 (2002): 334-348.

Dietrich, W. "Die David-Abraham-Typologie im Alten Testament," in: A. Grapner, H. Delkurt & A. B. Ernst, *Verbindungslinien*, FS W. H. Schmidt (Neukirchen-Vluyn: Neukirchener, 2000, 41-55.

Fuhs, H. F. *Ezechiel 2: 25-48* (NEB; Würzburg: Echter Verlag, 1988).

Goldingay J. & D. Payne, *Isaiah 40-55*, Vol. II (ICC; London: T&T Clark, 2006).

Görg, M. "Abraham-historische Perspektiven," *Biblische Notizen* 41 (1988): 11-14.

Görg, M. "Abraham: Glaubensgestalt für Israel und die Völker," *Una Sancta* 51 (1996): 294-307.

Gosse, B. "Abraham and David," *JSOT* 34 (2009): 25-31.

Grimm, W. & K. Ditter, *Deuterojesaja, Deutungen-Wirkung-Gegenwart* (Calwer Bibelkommentare; Stuttgart, 1990).

Höffken, P. "Abraham und Gott, oder: Wer liebt hier wen?: Anmerkungen zu Jes 41,8," *Biblische Notizen* 103 (2000): 17-22.

Jeremias, C. "Die Erzväter in der Verkündigung der Propheten," in: D. Herbert (Hg.), *Beiträge zur alttestamentlichen Theologie*, FS W. Zimmerli, Göttingen: Vandenhoeck und Ruprecht, 1977, 206-222.

Joyce, P. M. *Ezekiel: A Commentary* (The Library of Hebrew Bible / Old Testament Studies; New York; London: T&T Clark, 2007).

Kessler, R. *Micha* (HThKAT; Freiburg: Verlag Herder, 1999).

Kilian, R. *Jesaja 2. 13-39* (NEB; Würzburg: 1994).

Koole, J. L. *Isaiah, III / 2: Isaiah 49-55* (Historical Commentary on the Old Testament; Leuven: Peeters, 1998).

Köckert, M. "Die Geschichte der Abrahamüberlieferung," in: *International Organization for the Study of the Old Testament: Congress Volume*, VTS 109; Leiden: Brill, 2006, 103-128.

Oeming, M. "Der Glaube Abrahams. Zur Rezeptionsgeschichte von Gen 15,6 in der Zeit des zweiten Tempels," *ZAW* 110 (1998): 16-33.

Rom-Shiloni, D. "Ezekiel as the Voice of the Exiles and Constructor of Exilic Ideology," *HUCA* 76 (2005): 1-45.

Rudolph, W. *Jeremia* (HAT; Tübingen: J. C. B. Mohr, ³1968).

Salzmann, J. C. "Der Rekurs auf Abraham im Alten Testament," in: C. Barnbrock & W. Klän (Hg.), *Gottes Wort in der Zeit: verstehn-verkündigen-verbreiten*, FS Volker Stolle, Münster: Lit, 2005, 245-260.

Sauer, G. "Die Abrahamgestalt im 'Lob der Väter': Auswahl und Intention," *Wiener Jahrbuch für Theologie* 1 (1996): 387-412.

Schmid, H. "Die Gestalt Abrahams und das Volk des Landes," *Jud.* 36 (1980): 73-87.

Spieckermann, H. "'Ein Vater vieler Völker': Die Verheißungen an Abraham im Alten Testament," in: R. G. Kratz & T. Nagel (Hg.), *"Abraham, unser Vater": Die gemeinsamen Wurzel von Judentum, Christentum und Islam*, Göttingen: Wallstein Verl.: 2003, 8-21.

Stuhlmueller, C. *Creative Redemption in Deutero-Isaiah* (AnBib 43; Rome: Biblical Institute Press, 1970).

Thiel, W. *Die deuteronomistische Redaktion von Jeremia 26-45* (WMANT 52; Neukirchen-Vluyn: Neukirchener, 1981).

Tiemeyer, Lena-Sofia, "Abraham-A Judahite Prerogative," *ZAW* 120 (2008): 49-66.

Westermann, C. *Genesis. 2. Teilband: Genesis 12-36* (BK; Neukirchen-Vluyn: Neukirchener, 1981).

Westermann, C. *Das Buch Jesaja Kapitel 40-66* (ATD; Göttingen: Vandenhoeck & Ruprecht, ⁵1986).

Whybray, R. N. *Isaiah 40-66* (NCB; Grand Rapids: Eerdmans, 1975).

Wildberger, H. *Jesaja 3. Teilband: Jesaja 28-39* (BK 10/3; Neukirchen-Vluyn: Neukirchener, 1982).

Wiley, H. L. "They Save Themselves Alone: Faith and Loss in the Stories of Abraham and Job," *JSOT* 34 (2009): 115-129.

Zapff, B. M. *Jesaja 56-66* (NEB; Würzburg: Echter Verlag, 2006).

Zimmerli, W. *Ezechiel 25-48* (BKAT; Neukirchen-Vluyn: Neukirchener, ²1979).